宋元學案補遺

七

〔清〕王梓材 馮雲濠 編撰
沈芝盈 梁運華 點校

中華書局

宋元學案補遺卷七十四目録

宋元學案補遺卷七十四

慈湖學案補遺

後學 鄞 王梓材 慈谿馮雲濠 同輯

象山門人

補 文元楊慈湖先生簡

梓材謹案。四庫全書著録先聖大訓六卷。提要云。是編蒐輯孔子遺言。排比成五十五篇。而各爲之註。又言慈湖之學出陸象山。其註是書。往往借以抒發心學。未免有所牽附。然秦漢以來。百家詭激之談。緯候怪誕之說。無一不依託先聖爲重。龐雜蕪穢。害道滋深。學者愛博嗜奇。不能一一決擇也。慈湖此書。削除僞妄。而取其精純。刊落瑣屑。而存其正大。其閒字句異同。文義舛互者。亦皆參訂斟酌。歸于一是。較之薛枝集語。頗爲典核。求洙泗之遺文者。固當以是爲驪淵矣。

梓材又案。四庫又本永樂大典。著録先生五誥解四卷。惟闕梓材一篇。提要言。其受學于象山。好舉新民保赤之故。推本于心學。又當字説盛行之後。喜穿鑿字義。爲新奇之論。然如康誥言惠不惠。懋不懋。則歸重于君身。服念旬時。則疑孔傳三月爲過久。酒誥厥心疾狠。指民心而言。召誥顧畏于民碞。謂民愚而神可畏如碞險。洛誥公無困哉。謂困有倦勤之意。皆能駁正舊文。自抒心得。至如先卜黎水。用鄭康成顧彪之說。封康叔時。未營洛邑。用蘇氏書義之說。復子明辟之訓詁。圻父薄違之句讀。用王氏書義之說。又能兼綜羣言。不專主一家之學矣。又本永樂大典。裒輯慈湖詩傳二十卷。提要云。是書大要。本孔子無邪之旨。反覆發明。而據後漢書之說。以小序爲出自衞宏。不足深信。篇中所論。如謂左傳不可據。謂爾雅亦多誤。謂陸德明多好異音。謂鄭康成不善屬文。甚至自序之中。以大學之釋淇澳爲多牽合。而詆子夏爲小人儒。蓋其學出象山。故高明之過。至于放言自恣。無所畏避。其他箋釋文義。如以聊樂我員之員爲姓。以六駁爲赤駁之訛。以天子葵之葵有向日之義。間有附會穿鑿。然其于一名一物。一字一句。必斟酌去取。旁徵遠引。曲暢其説。其考核六書。則自説文爾雅釋文。以及史傳之音註。無不悉蒐。其訂正訓詁。則自齊魯毛韓以下。以至方言雜説。無不博引。可謂折衷同異。自成一家之言。非其所作易傳以禪詁經者比也。

梓材又案。阮亭居易録引李中麓太常云。如楊慈湖之易。林之奇之書。詩則王氏總聞。春秋則木訥經筌。及衛湜之禮記集説。多有高出朱註之上者。此外能發明經旨者。抑又不止四五十家。宋刻已古。鈔册漸訛。再過百年。俱失傳矣。必須題請之。後有京板。以及各書坊有鏤板。始可遍行天下。不然則以拘拘背朱爲嫌。而經術不幸。不減秦火。此論雖過當。然可見慈湖之易。實有關于聖人之旨矣。

慈湖遺書

易曰。百姓日用而不知。孔子曰。二三子以我爲隱乎。吾無隱乎爾。吾無行而不與二三子者。大戴記孔子之言。謂忠信爲大道。忠者忠實。信者誠信不詐僞。而先儒求之過。求之幽深。故反不知道。孔子又名大道曰中庸。庸者常也。日用平常也。孟子亦謂。徐行後長。卽堯舜之道。又謂。以羊易牛之心。足以王。先生諄諄爲學者剖白斯旨。深切著明。而學子領會者寡。某不自揆度。敢少致輔翼之力。專敘如右。象山遺文序。

八卦者。易道之變也。而六十四卦者。又變化中之變化也。物有大小。道無大小。德有優劣。道無優劣。其心通者。洞見天地人物盡在吾性量之中。而天地人物之變化。皆吾性之變化。尚何本末精粗大小之閒。雖說卦有父母六子之稱。其道未嘗不一。周易解序。

天下無二道。六經安得有二旨。以屬辭比事爲春秋者。國俗之所教習也。非孔子之旨也。故孔子曰。屬辭比事而不亂。則深于春秋者矣。不亂者。不睹其爲紛紛。一以貫之也。春秋之不亂。卽詩之不愚。卽書之不誣。卽樂之不奢。易之不賊。禮之不煩也。一也。春秋解序。

孔子曰。心之精神是謂聖。孟子曰。仁。人心也。變化云爲。興觀羣怨。孰非是心。孰非是正。人心本正。起而爲意而後昏。不起不昏。直而達之。則關雎求淑女以事君子。本心也。鵲巢昏禮天地之大義。本心也。柏舟憂鬱而不失其正。本心也。鄘柏舟之矢言靡他。本心也。由是心而品節焉。禮也。其和樂。樂也。得失吉凶。易也。是非。春秋也。達之于政事。書也。迹夫動乎。意而昏。昏而困。困而學。學者取三百篇中之詩。而歌之詠之。其本有之善心。亦未始不興起也。詩解序。

孔子曰。吾未見能見其過而內自訟者。今見其人矣。先公有焉。仲兄有焉。某親見先公自悔自怨。至于泣下。至于自拳。如是者數數。仲兄亦深入其趣。嘗告某曰。予有過。實自訟。是以內訟名齋。亦如今國學有齋曰自訟。有大過則居焉。士恥之。而仲兄樂之者。深入其趣也。內訟齋記。

聖人謂時習而悅。斯可言學。苟未能無時而不習。有斯須之違焉。不可以言學。或自以爲時習矣。有滯留之意。無油然之樂。亦不可以言學。時習而悅。此善學之驗。大哉聖言。洞照學者心術之隱微。萬世不可違。其有違者。所學必非。樂平縣學記。

禹告舜曰。安女止。女謂舜也。言舜心本靜止。惟安焉而已。奚獨舜心。太甲本心亦靜止。故伊尹告以欽厥止。厥猶女也。奚獨太甲。舉天下古今人心皆然。故孔子曰。于止知其所止。于止。本止也。安止齋記。

復者。復吾自所有之禮。非外取也。禮廢樂壞。逾二千載。學者率求禮于外。先聖特曰復。所以針二千載之膏肓。發人心之所自有。復禮齋記。

吾儕改過樂善之意。不素明白。異時年長官高。則人皆敬而遠之。置之度外。誰復與吾切磋者。今略計一歲中。逆耳之言至于吾耳者有幾。可不懼哉。父有爭子。何以謂之爭。事父母幾諫。見志不從。又敬不違。勞而不怨。此爭子之法也。禮曰。與其得罪于鄉黨州閭。寧熟諫。事之至此者。亦鮮矣。諫爭說。

人性至善。人性至靈。人性至廣至大。至高至明。人所自有。不待外求。人所自有。不待外學。孩提之童。無不知愛其親。及其長也。無不知敬其兄。見牛觳觫。誰無不忍之心。見孺子匍匐將入井。誰無往救之心。是謂仁義之心。是謂良心。卽堯舜禹湯文武周公孔子之心。卽天地日月鬼神之心。人人皆有此心。而顧爲庸庸逐逐貪利祿患得失者所熏灼。某切痛之。樂平縣學講義。

人心自正。人心自善。孩提之童。無不知愛其親。及長。無不知敬其兄。不學而能。不慮而知。人皆有惻隱之心。皆有羞惡之心。皆有恭敬之心。皆有是非之心。孔子語子思曰。心之精神是爲聖。人人皆與堯舜禹湯文武周公孔子同。人心非血氣。非形體。精神廣大無際畔。範圍天地。發育萬物。何獨聖人有之。人皆有之。時有古今。道無古今。形有古今。心無古今。百姓日用此心之妙而不自知。以其意動而有過。故不自知。孔子曰。改而止。謂學者改過卽止。無外起意。無適無莫。蒙以養之。孔子曰。吾有知乎哉。無知也。文王不識不知。孔子每每戒學者毋意。意態有四。必固我皆意也。如蒙如愚。以養其正。作聖之功。吴學講義。

人情亦豈能終月樂。終年樂。亦有哀焉。有所惻焉則哀。有所傷焉則哀。或哀焉。或樂焉。哀樂相生。其變萬狀。於戲至哉。孔子閒居解。

天有四時。春秋冬夏。風雨霜露。寂然渾然。其教我也昭然。自地而上。莫非神氣。神氣之可指者。如風霆。風霆作而芽甲形。庶物露生。寂然渾然。其教我也昭然。同上。

忠信卽道。何淺何深。何近何遠。學者知忠信不可淺求。遂深求之。推廣其意。高妙其説。謂忠信必不止于不妄語而已。吁。其謬哉。舍不妄語。何以爲道。學者請書。

吾鄉日有數語曰。吾兩目散日月之光。四體動天地之和。步步欲風生雲起。句句若龍吟鳳鳴。其閒周還中規。折還中矩。珠璣咳唾。蘭蕙清芬。此豈人力所能爲哉。天機妙運。道體變通。我猶不得而自知。人又安得而詰我。恪請書。

世謂王逸少書爲天下第一。吾謂逸少書俗字爾。逸少如傾國之色。麗則麗矣。而少莊敬中正之容。君子所不道。故吾字畫惟方正古樸和平近于隸。今之楷卽隸之訛。隸者篆之變。篆極善。

隸庶幾。楷猶庶幾。至于草。去古遠矣。予爲楷而似隸。庶幾三代莊敬中正之遺風不遂泯絶也。歐陽正矣和矣而不古。病在于不方而媚。虞柳病與歐同而又弱。顔方正莊敬古質。善矣。所少者。和爾。蔡與虞柳同。凡是去取。非吾一人之獨見。乃萬古默同之心。過庭書訓。

人情率厭常而喜新。翫平夷而尚奇偉。此自古學者通患。聖人知學道者率求之高深幽遠。特曰中庸。庸。常也。平常也。洪範曰。王道平平。舒德彰墓碣。

辭氣惟謹。執事惟敬。斯謹斯敬。動中之静。得此爲賢。盡此爲聖。中庭召呼磬銘。

慈湖家記

易卦諸彖言大矣哉者十二卦。豫遯姤旅言時義。隨言隨時之義。豈他卦皆無時義哉。豈他卦之時義皆不大哉。坎睽蹇言時用。豈他卦皆無時用哉。豈他卦之時用皆不大哉。頤大過解革言時。豈他卦皆非時哉。豈他卦之時皆不大哉。六十四卦皆時也。皆有義也。皆有用也。皆大也。大矣哉。蓋歎其道之大。有言不能盡之旨。聖人偶于此十二卦發其歎。非此十二卦與他卦特異也。

衆人見天下無非異。聖人見天下無非同。天地之閒。萬物紛擾。萬事雜併。實一物也。而人以爲天也地也萬物也。不可得而一也。不可得而一者。睽也。睽。異也。故不可得而一者。衆人之常情。而未始不一者。聖人之獨見。非聖人獨立此見也。天地萬物之體。自未始不一也。

吾深念堯舜三代所以治天下之本旨。不復見于後世。自孔子没。似是而非。似正而邪之辭。

充塞宇宙。斯人相與沈迷于昏昏之中。而正道不明也。舜命龍曰。朕堲讒説殄行。震驚朕師。周有訓方氏。乃正辭之謂。言之失正失實。則作之于心。發于其事。卒以害道。害道。禍亂之原也。正辭所以教之也。聖人治天下。禁民爲非而已。無他事也。禮樂刑政一本諸此。

見善卽遷。當如風雷之疾。有過卽改。當如風雷之疾。如此則獲益。人誰無好善之心。往往多自謂己不能爲而止。人誰無改過之心。往往多自以難改而止。凡此二患。皆始于意。以上論易。

舜典曰。象以典刑。漢書所謂畫衣冠而民不犯也。漢儒去古近。宜有所傳。後孔安國乃更其説曰。象。法也。法用常刑。不越法。後儒又因别爲説曰。象民所犯輕重而加以常刑。皆不明白。釋象字不平正。象。畫也。畫其所犯之典刑于衣冠而恥。而實不刑之。此皆寬恤之類。

尚書稱堯文思。思者。知藏于中。深靜不露也。稱舜文明。明者。别賢否凡百敷見于外也。學問之道。雖曰求放心而已。不在于外貌。然外貌斯須不莊不敬。卽失其所謂帝則。豈有措身于淫逸非僻之地。而曰吾求放心足矣哉。

書云。兢兢業業。一日二日萬幾。幾。微也。一二日。此必念慮之微。可言萬也。堯舜時太平無事。如何一二日有許多事。今朝廷每日敷奏。亦不知甚多。一二日斷無萬事。

王者誠能竭心盡情。精擇左右大臣。與夫親信近臣。皆得其人。如滌水之源。其流派不足慮矣。如培木之本。其枝葉無所患矣。用力少而取効多。其機甚近。而其應甚速。所謂休者。以此中材之主。苟知安危治亂惟在近臣。深憂精察。自然不敢輕易以從違爲用舍。周公。大聖人。灼見治亂之機。在于知恤而已。故深致其意。以啓成王。以上論書。

無邪之思。人皆有之。而不自知。如輿薪置其前而不見。如鐘鼓震其旁而不聞。如目不見睫以其太近。如玉在懷中而終日奔走索諸外。苟知徐行後長之心卽堯舜之心。則知之矣。知乍見孺子將入井。皆有怵惕惻隱之心。則知之矣。論詩。

春秋借二百四十二年之行事以明斯道。非爲春秋之君臣設也。爲萬世設也。而諸儒作傳。不勝異說。大旨終不明白。論春秋。

智者卽心而言禮。愚者自外而言禮。曰禮自外作者。非聖人之言也。

學記。古之教者。家有塾。黨有庠。術有序。國有學。鄭康成求術之説不獲。乃曰術當爲遂。聲之誤也。此說殊未安。按周禮士居六鄉。農居六遂。遂非建學之所。説文。術。邑中道也。夫鄉學自五百家之黨有庠之外。不聞別有講學之地。則道路之旁設序。可以講學。爲宜爲便。則術序爲鄉學明矣。何必改讀。改讀又礙。以上論禮。

大抵精神外浮。此心放逸。則安得仁。仁。人心也。動則失之。而況于外浮乎。放逸乎。由心而發。爲事親。爲從兄。爲衆善。爲百行。如四時之錯行。如日月之代明。隨物而動。爲昏迷。爲機巧。爲詐妄。

法令不出于德。則將以遏民之不善。反以長民之不善。禮樂不出于德。則禮文不足以道民心之正。而反以起民心之僞。樂音不足以導民心之和。而反以感民心之淫。任選不出于德。則我旣無德。亦不知何者爲德。以賢爲不肖。以不肖爲賢。賞罰不出于德。則賞以行一人之私喜。罰以行一人之私怒。兵財不出于德。則將不肖而兵惰。兵雖多而蠹財。兵多財匱。雖周公不能爲也。人君無德。而欲爲政。無一可者。

君子之心。無私好。無私惡。如天地太虚然。萬物縱横。紛乎其中。天地太虚安知哉。

君子疾没世而名不稱焉。此非病其無名。病其無實也。有實則有名。其上曰君子病無能焉。下曰君子求諸己。

曾子曰。夫子之道。忠恕而已矣。此語甚善。子思曰。忠恕違道不遠。此語害道。忠恕即道。豈可外之。以忠恕爲違道。則何由一貫。

其智。有才智者或能之。其愚。非有道者不能。有一點動心處。便不能愚也。故甯武子之不可及。至于愚乃見。

上智與下愚不移。非謂其斷不可移也。特甚言下愚之不可告語。不肯爲善。亦猶上智之不肯爲不善。故曰不移。

離動而言静。則愈求愈遠。必也應酬萬務而未始不寂然。不可以心知意度者。庶幾乎可以言仁之静。

發憤疑無樂。今聖人則樂。天下之所謂樂者。必有時而已。今聖人乃以此樂終老。此意聖人自知之。

此書德行則善。而謂宰我子貢止于言語。冉有季路止于政事。子游子夏止于文學。則害道。不可而猶不止。亦忠愛矣而失于過。是謂私欲。故聖人正之。人心卽道。特有以害之。故聖人之訓。惟治其害人心者。此三者窒。則道心自無恙矣。以上論論語。

孟子謂伊尹治亦進。亂亦進。未嘗伊尹之心。徒以就湯就桀之迹言之爾。夫伊尹處畎畝之中。樂堯舜之道。雖湯再使人聘之。未爲之起。豈亂亦進。意度哉。無非惟義之從爾。

孔叢子後章。謂孔子欲貓得鼠。琴音爲之變。甚失孔子好生之志。此皆後篇託詞。亦猶言堯瞽瞍北面朝舜。孔子曰。于斯時也。天下殆哉之類乎。

先儒董仲舒曰。仁義禮智信。所當修飾。又曰。設誠于內而致行之。此道人心之所自有。何以修飾設爲。其不達大本如此。以上論諸子。

學者當先讀孔子書。俟心通德純。而後可以觀子史。學者道心未明。而讀非聖之書。溺心于似是而非之言。終其身汨汨。良可念也。孔子之言。出于古學者所紀録。猶或失眞。況于非聖人之書。其害道者多歟。泛論學。

任俠輕生。以周人之急。有足尙者。而敢于犯禁。敢于殺人。似義而非正。相師成風。肆行無忌。此豈一日之積哉。上之人無以救其始也。論風俗。

附録

先生既長任幹蠱。主出入家用外。終日侍通奉公旁。二親寢已。弇燈默坐。候熟寐。始揭弇佔畢。或漏盡五鼓。爲文清潤峻整。務明聖經。

至富陽。閱兩月。無一士來見。怪問之。左右對曰。是邑多商人肥家。不利爲士。故相觀望。莫之習也。先生惻然。卽白宰補生徒。日詣學相講習。秀民由是興奮。恨讀書晚。

受紹興府理掾。公平無頗。惟理之從。二府史觸怒帥。送獄勘之。先生白無罪可勘。命勘平日。先生曰。吏過詎能免。若今日則實無罪也。必摘往事置之法。某不敢奉命。帥大怒。先生歎曰。是尚可爲乎。歸取告身納之。爭愈力。帥知不可屈。遂已。

朱文公持庾節。薦先生學能治己。材可及人。

先生嘗督三將兵。接以恩信。得其心腹。出諸葛武侯正兵法習之。軍政大備。衆大和悅。先生于是益信人心至靈。至易感動。億萬衆之心。一人之心也。徒恃詐力相籠絡。若虎豹然。日憂其將噬。大不可。故每論元帥當以四海爲一家。撫士卒如室中人。

宰饒之樂平。登講席。邑之士大夫咸會。誨之曰。國家設科目。欲求眞賢。實能共理天下。設學校。亦欲教養眞賢。實能使進于科目。而士之應科目。處學校。往往謂取經義詩賦論策耳。善爲是。雖士行掃盡。無害于高科。持此心讀聖人書。不惟大失聖人開明學者之意。亦大失國家教養之意。其言坦易明白。有聞而泣下者。

趙忠定去國。祭酒李祥抗章辨之。先生上書言。昨者危急。軍民將潰亂。社稷將傾危。陛下所親見。汝愚冒萬死。轉危爲安。人情妥定。汝愚之忠。陛下所心知。不必深辨。臣爲祭酒。屬日以義訓諸生。若見利忘義。畏害亡義。臣深恥之。未幾亦遭斥。

知温州。帝遣使至郡譏察。使于先生爲先世契。出郊迎不敢當。從間道走州入客位。先生聞之。不敢入。往來傳送數四。乃驅車反。將降半。使者趨出。立戟門外。先生亦趨出。立使者外。頓首言曰。天使也。某不敢不肅。使者曰。契家子禮有常尊。先生曰。某守臣。使者銜天子命辱没臨敝邑。天使也。某不敢不肅。遂從西翼偕進。禮北面東上。先生行則常西。步則後。及階莫敢升。已乃同升自西階。足踧踧莫敢就主席。使者曰。邦君之庭也。禮有常尊。先生曰。春秋王人雖微。例書大國之上。尊天子也。況今天使乎。持之益堅。使者辭益力。如是數刻。使者知不可變。乃曰。某不敏。敢不敬承執事尊天子之義。即揖而出。既就館。先生乃以賓禮見。儀典曠絶。邦人創見之。莫不瞿然竦觀。屏息立。

一名卿治第甚華。中有堂尤偉麗。固常日交賓之所。先生往謁。特委蛇。延之别館。猶愧發顔間。豪侈頓消。兼并衰止。

去温州。葉侍郎適書别先生曰。執事二年勤治。公私交慶。惠利所及。戴白老人以爲前此未有。載于竹帛。形于圖繪。雲聚山積。懽沸井里。

嘉定三年。面對。稱舜曰道心。明心卽道。孔子曰心之精神是爲聖。孟子曰仁人心也。此心虛明無體。廣大無際。日用云爲無非變化。無思無爲而萬物畢照。

雲濠謹案。四庫書目提要于先聖大訓引此云。其立言宗旨。已開新會餘姚之派。又言。心之精神是爲聖。此據孔叢子之文。其實尚書大傳先有此言。不云孔子。僞撰孔叢子者。剽剟其文。駕言先聖耳。

洪文敏送楊敬仲遷國子博士詩曰。楊君解墨綬。去作國子師。邑人十萬户。遮道嬰兒啼。曩歲天苦旱。赤地無餘遺。饑餕千百輩。上山爭採薇。採薇有時盡。詎能救長饑。慨然顧自任。舍我將告誰。昧爽出廳事。日暮忘旋歸。大家貯陳粟。出糴不敢遲。偷兒分狗竇。鋤治如平時。一意手摩撫。如子得母慈。明年彝麥登。比屋無流移。史牒載循吏。于今親見之。我亦受一廛。惜哉輕語離。橋山未訖役。酌薦疏酒巵。聊述路人頌。持作送君詩。

陸復齋與學者書曰。子靜入浙。則有楊簡敬仲。石宗昭應之。諸葛誠之。胡拱達材。高宗商應朝。孫應時季和從之游。其餘不能悉數。皆亹亹篤學。尊信吾道。甚可喜也。

樓攻媿舉慈湖狀曰。楊某學問深醇。操行介潔。議論堅正。皆有本原。是臣鄉人。素爲畏友。非敢私薦。公論推服。

又答敬仲論詩解曰。發明無邪之思。一貫之旨。天人同心。大道至平。古説難盡信。雖載之左傳者。亦不可據。爾雅亦多誤。大學所引亦有率合。詩序多失經意。釋文多好異音。詩人諷咏。或有包于事實制度名數。不盡合于禮典。先王皆在商世。難拘以周禮。文王以服事商。不應作禮欒。如此類未易概舉。皆前輩之所未發者。尤用服膺。然惟尊意每不自以爲足。而欲人之言。鑰亦不能自已。欲效所見。試陳其甚明者。正欲反覆論辨。以歸至當。非恃相與之厚。非愛此書之深。不及此。

朱子答潘子善書曰。楊敬仲。其人簡淡誠慤。自可愛敬。而其論議見識自是一般。又自信已篤。不可復與辨論。正不必徒爲嘵嘵也。

又語類曰。從陸子靜學。如楊敬仲輩。持守亦好。若肯去窮理。須窮得分明。然他不肯讀書。只任一己私見。有似箇稊稗。今若不做培養工夫。便是五穀不熟。又不如稊稗也。次日又言。陸子靜楊敬仲有爲己工夫。若有窮理。當甚有可觀。惜其不改也。

又論子由古史言帝王以無爲宗。因言佛氏學只是任他意所爲。于是無有是處。德明云。楊敬仲之學是如此。先生曰。佛者言但願空諸所有。謹勿實諸所無。事必欲忘卻。故曰但願空諸所有。心必欲其空。故曰謹勿實諸所無。楊敬仲學于陸氏。更不讀書。是要不實諸所無。已讀之書皆欲忘卻。是要空諸所有。

又至之舉似楊敬仲詩云。有時父召急趨前。不覺不知造淵奥。此意如何。曰。如此卻二了。有箇父召急趨底心。又有箇造淵奥底心。纔二便生出無限病痛。蓋這箇物事。知得是恁地。便行將去。豈可更貼著一箇意思在那上。

袁絜齋書贈傅正夫曰。自象山既歿之後。而自得之學始大興于慈湖。其初雖有得于象山。而日用其力。超然獨見。開明人心。大有功于後學。可不謂自得乎。

錢融堂狀先生行實曰。先生天資醇實。渾然不雜。是故立志也剛。進學也勇。而行之也有力。既大省發。終身以之勉競。無須臾微懈。且又克永厥壽。習久益熟。遂造純明之盛。眞所謂天民先覺者歟。其歸自胄監也。家食者十四載。築室德潤湖上。館四方學者。于熙光詠春之閒而啓迪之。于是始傳詩易春秋。傳曾子。始取先聖大訓閒見諸雜説中者。刊訛剔誣。萃六卷。而爲之解。其領玉局而歸也。門人益親。始傳古文孝經。傳魯論。而釐正其篇次。

眞西山書慈湖行述曰。嘉定初元。先生以祕書郎召見。其齋明盛服。非禮不動。燕私儼恪。如臨君師。朞功之戚。下洎緦麻服制喪期。一以經理爲則。而容色稱之。平居接物。從容和樂。未始苟異于人。而清明高遠。自不可及。同僚有過。微諷潛警。初不峻切。而聽者常慺然。

又書慈湖訓語曰。慈湖先生之道。或不能無竊議者。謂泯心思。廢持守。談空妙。略事爲也。今觀正夫所録。有曰無思甚妙。思之正亦甚妙。又曰徒思固不可爲學。不思如何是學。然則先生之學。其果泯心思耶。曰學未純熟。不可廢守。又曰敬以守之于意態未動之先。守定用力。自然光明。先生之學。其果廢持守耶。至于言道以本心爲正。言德以直心爲主。則其爲論至平實。既與談空説妙者不同。而于當世之務。討論區畫。若指諸掌。又非脱略事爲者也。其爲説有曰成身莫如敬。書曰欽。曰敬。曰謹。曰克艱。曰孜孜。曰兢兢。曰勤恤。三五盛際。君以此命臣。臣以此戒君。蓋灼知不敬則此心易動。敬則此心不動。此心微動。百過隨之。此心不動。常一常明。

嗚呼。斯言至矣。

袁蒙齋書慈湖遺稿曰。先生居處無一惰容。接人無一長語。作字無一草筆。立朝大節正直光明。臨政子民眞如父母。

葉紹翁曰。慈湖楊氏不信元公無極之説。以爲道始于太極而已。

梓材謹案。四庫全書著録楊氏易傳二十卷。提要云。簡之學出陸象山。故其解易惟以人心爲主。而象數事物皆在所略。甚至謂繫辭中近取諸身一節。爲不知道者所僞作。非孔子之言。故明楊時喬作傳易考。竟斥爲異端。而元董眞卿論林栗易解。亦引朱子語録。稱楊敬仲文字可毁云云。實簡之務談高遠有以致之也。考自漢以來。以老莊説易始魏王弼。以心性説易始王宗傳及簡。夫易之爲書。廣大悉備。聖人之爲教。精粗本末兼該。心性之理未嘗不藴易中。特簡等專明此義。遂流于恍惚虚無耳。

中興藝文志曰。慈湖古文孝經解中。如德性無生。何從有死之語。蓋近于禪矣。

王深寧記慈湖書院曰。慈湖先生立心以誠明篤敬爲主。立言以孝弟忠信爲本。躬行實踐。仁熟道凝。盛德清風。聞者興起。可謂百世之師矣。遺老見而知之。後學聞而知之。春木之芚兮。其人若存兮。此書院之所爲作也。

又曰。于大易見先生潔靜精微焉。于廣居賦見先生廣大高明焉。于過庭訓之言學。見先生自强不息焉。于講堂訓之言孝。見先生一貫之道焉。先生之文章。皆性與天道之昭著。俯川流而仰高山。卽心之精神。昭乎江漢秋陽之皜皜也。

又困學紀聞曰。大戴禮記誥志篇。孔子曰。古之治天下者必聖人。聖人有國。則日月不食。星辰不孛。慈湖謂堯舜禹之時。歷年多無日食。至太康失邦始日食。曆家謂日月薄食可以術推者。衰世之術也。而亦不能一一皆中。一行歸之君德。頗與孔子之言合。一行之術精矣。而有此論。則誠不可委數。

黄東發題李縣尉□□所作曰。余雖生慈湖先生之里。而慈湖以覺爲超悟。與孟子言先覺覺後覺。主于開曉後進之覺不同。以道心爲道卽在心。與帝典人心惟危。道心惟微。理欲對言之道心不同。故惟敬其人。而未嘗究其學。

方桐江送家自昭晉孫自庵慈湖山長序曰。四明志謂。慈湖師象山。自爲一家之學。施之政事。人笑其迂。而自信益篤。此兩自字。乃慈湖以自爲是。以自爲高。不顧訕笑云者。王尚書應麟伯厚嘗語予曰。朱文公之學行于天下。而不行于四明。陸象山之學行于四明。而不行于天下。此言亦復有味。

仇遠稗史曰。楊敬仲先生曰。仕宦以孤寒爲安身。讀書以饑餓爲進道。骨肉以不得信爲平安。朋友以相見疏爲久要。理到之言也。

柳道傳跋先生與劉子固書曰。子固其里中子。初筮爲尉。致書通問于公。而公小楷細書以答之。無一筆少縱。且以皋陶之兢業。曾子之戰兢者。深寓期勉之意。則知公心學之正。造次之閒。純明儼恪如臨君師。雖尋常小夫竿牘必致其敬謹。又以見平居接引後進。一是中和之所著見者如此。

黄南山先賢慈湖楊先生贊曰。慈湖啓教。象山是宗。一誠貫徹。萬象昭融。臨民若神。處己卽易。巍然祠宫。四方是式。

謝山句餘土音楊文元公舊里詩。淳熙正學推四公。慈湖先生爲最雄。降生實在三江東。是夜祥光貫白虹。連理之楊連理筍。弟兄和氣與天通。先生踐履眞温恭。一念不忘歸沖融。涑水横渠將無同。頗疑言覺言悟近禪宗。殆爲中人以下資發蒙。先生講堂在碧沚。西湖花鳥歸春風。絳紗不以身後冷。鄉校肄業猶雍雍。陋儒門户妄相攻。言朱言陸總朦朧。試問生平踐履果何似。尚其泥首三江東。

又鮚埼亭詩集返棹慈湖先生墓下守潮詩。晨起望早潮。茫茫霧如海。黑雲遍蘆中。朝爽失眞宰。四明北諸峯。翠碣擅晴靄。胡忽眩我睛。三歎生感慨。誰謂平旦氣。定足見精采。長夜亦梏亡。疇爲洗荒穢。竚需旭日光。祛兹周遭累。靈臺頓矍然。石窗共瀟洒。

慈湖講友

樓先生鑰詳見邱劉諸儒學案。

補太學蔣先生存誠

附録

慈湖曰。某屢奉秉信周旋。灼見秉信之果有覺。非學者所知。

補湯藝堂先生建

雲濠謹案。温州府志載樂清宗晦書院。引明一統志云。宋建。舊名藝堂書院。内祀朱文公。咸淳中。令鄭滁孫改名宗晦。舊名藝堂。當係先生授徒故居。而祀朱子。豈其本爲朱學者耶。抑鄭爲朱學而改之耶。

雲濠又案。兩浙名賢録載先生云。少爲陳傅良所知。故梨洲原本列先生于止齋之門。儒林宗派别以爲永嘉葉氏學派。未知所本。

教授高先生宗商

詹先生阜民並詳槐堂諸儒學案。

鄉貢林草廬先生鼒别見滄洲諸儒學案補遺。

文靖張壽張先生虙

張虙字子宓。慈谿人。慶元二年進士。教授臨江。歷官太學。轉對。言人君當以静制天下之動。今日之治。或有咈人心傷國體者。宜革之。時新進多逞小才害大體。故先生言及之。端平間。爲國子司業兼侍講。以禮記月令進講。至獄訟必端平之語。因敷暢厥旨。力辭勸講之職。升國子祭酒。以爲月令雖出吕不韋。然後天而奉天時。此書不爲無助。乃因已講者爲十二卷。按月觀之。兼權工部侍郎。卒贈四官。諡文靖。寧波府志。

梓材謹案。先生與慈湖友善。見劉子固行狀。又案。先生號壽張。

月令解

天有十日。以應五行。播于四時。故十日各有所屬。甲乙屬春。以春盛德在木也。漢魏相傳。東方之神太皥。乘震執規而司春。近世夏伏辨六服之色。以衮如蓑青草也。鷩赤毳黄希白玄黑皆然。

天地之大德固難形容。至分而爲四時。則各有所在。凡見于萬物之生者。皆木之德也。迎之郊。重其至。示敬也。

迎其氣。非有神矣。

應劭云。千畝之田。必有籍以紀之。曰帝籍。則與民之公田異矣。周禮甸師帥其屬而耕耨王籍。帝籍卽王籍也。

毋聚大衆。不集大師徒。毋置城郭。不興大力役。以上孟春之月。

夾鍾。又謂之圜鍾。以春主規言之也。

仲月所居在左右之中。不謂之中。而謂之廟。方氏云。以或享神于此。尊之曰大。天子不敢以爲己居。此呂氏之制也。

當塞之時。塞向墐户。脩之者。去其向之塞。闔其户之墐。古人慮農事之或妨也。謂農之闔扇。可乘閒而脩之。若國之寢廟。既以畢備。不必作此大事。以妨農之事。蓋寢廟告成。無有虧闕。不必脩也。

周禮春蒐。火弊獻禽。因焚萊除草也。然惟蒐時爲然。常時固有禁。

習樂。于樂無所不習。不特舞也。古人作樂。所以導和于天下。乃時之常事。豈必有所爲。乃一習之哉。以上仲春之月。

咸理。不特一工爲然。日號。不特一日爲然。

聖人順陰陽之理。惟恐邪之足以干正。春氣發生。有不正者干之。則發生之功不遂。于是難之。以畢春氣。逐其不正。使春氣得以成功也。以上季春之月。

丙丁屬夏。以夏盛德在火也。

漢魏相傳。南方之神炎帝。乘離執衡而司夏。火性炎上。故曰炎。融者。火之明盛也。

夏與冬爲對。人之生。不在家則在路。夏祀竈。賴其養于家。冬祀行。賴其利于路也。

蛙能鳴。蟈鳴尤甚。故周禮蟈氏掌其禁。

禮樂不可一日廢。以時習合。非有所爲也。

當夏之時。物無不長。無不高也。勿使有壞。是繼之。勿使有墮。是增之也。土功一起。築城鑿池。能無壞墮乎。大衆一發。車徒征行。能無壞墮乎。若伐大樹。則壞墮又甚矣。皆所當戒也。

夏葛冬裘。天下之常。惟天子尤以順時爲道也。周禮内宰職。后妃率内外命婦。始蠶于北郊。以爲祭服。則蠶于蠶室者。内外命婦也。后妃因内外蠶事之畢。以其繭獻于天子。當季春蠶事之興。天子薦鞠衣以求福。今蠶事既畢。后獻于天子。以告成功。禮也。

貴賤長幼如一。什一則皆什一。什二則皆什二也。以上孟夏之月。

火流則暑退。暑極于火中。此時方至也。毋燒灰。毋暴布。此二事亦爲染而發。考工記㡛氏。湅帛以欄爲灰。言以欄木之灰漸釋其帛。又曰。晝暴諸日。則布亦必暴矣。而曰毋者。燒灰暴布則耗傷陽氣。不欲張而用之也。

挺重囚。益其食。恐以瘐死。傷助長氣也。

鹿。山獸。麋。澤獸。山高而澤卑。鹿受高燥之氣必資于陰。麋受卑溼之氣必資于陽。故其角生新而解舊也。

言可以者。惟仲夏爲宜也。眺望可遠。或困目力。山陵可升。或有嵐障。臺榭可處。或避高寒。則亦有時不宜矣。以上仲夏之月。

黼黻文章。見于冕服。其事爲重。法古人所制。故古人所用。一或差貸。則爲不衷之服矣。

黑黄蒼赤。泛言五采。又非冕服比。質取其實。良取其善。一有詐僞。則邪慝之物也。且不特用之于服也。以爲旗章。而貴賤等級皆從此定。可不謹哉。

夏季穀垂成矣。今行春令。氣不足以成之。所以鮮而落。非衰而落也。肺受風故欬。春主發散。人情亦然。故遷徙。水潦。金生水也。以上季夏之月。

五行播于四時。戊己屬中央。

相傳中央之神黄帝。乘坤艮執繩司下土。黄者。中央之色也。五行獨土神稱后。后。君也。位居中。領四方。故稱君也。以上中央土。

庚辛屬秋。以秋盛德在金也。

相傳西方之神少皞。乘兌執矩而司秋。元氣廣大謂之皞。春爲太皞。則秋爲少皞。

塞向墐户。至春而出。户祀其出也。萬寶告成。至秋而入。門祀其入也。人自右手。以命脈爲主。于是爲脾爲肺。乃入左手。爲心爲肝爲腎。而春脾。夏肺。中央心。秋肝。冬腎之祭定矣。

鷹祭與豺獺祭小異。祭時猶生。祭後始殺之。故云用始行戮。

秋爲白。藏不言白而言章。赤白爲章。白在其中矣。四時惟秋繼夏爲尅我。赤白不相離。故以總章名秋所居。

秋所乘路宜尚白。而言戎路。以用言之。若詩元戎小戎。重兵也。但兵車鞔之以革。而漆之無他飾。此飾以白耳。麻。木穀。金王之時。恐其或過。取物之竊我者以殺之。犬。金畜。金王之時。恐其或悖。取物之同類者以調之。食得其調則疾不生。亦所以安性。古人之食。惟取其宜而已。不以珍異進也。廉。稜也。以春對觀。圜則深廣。廉則方嚴。達則顯。深則隱。

命有司脩法制。至不可以贏。此章反覆用刑之道。謂秋之肅殺。天之道。不可以不順。然天道好生。聖人之刑。將以教民。非以虐民。又未嘗不寓其惻隱之仁也。

宫室當脩。牆垣當壞㊀。城郭當補。此治國之常經。蓋治國猶治家也。藩籬衰敗則盜生心。棟宇傾敧則人肆侮。國體所係。豈止禦災捍患已哉。

封諸侯。始建國者割地。則有功而加地也。雖與祭統不合。然亦不相悖也。

陽氣復還。宜萬物之所喜。而反不能成實。則出之無時。非徒無益也。以上孟秋之月。

養老。古之盛禮也。若衰老之人。則其禮不同矣。然授以几杖。與致仕者同。則其禮亦不薄。爲之糜粥。憫其不能食也。此與祝鯁祝噎之意同。正未可輕視也。

吕刑一書。反覆用刑之道。謂苗民殺僇無辜。上帝降咎。乃絶厥世。反受其咎。信不誣也。夫人臣任用刑之責。以枉橈受殃。固其自取。惟國家以若人掌刑。使一婦銜寃。三年大旱。一夫茹苦。六月隕霜。怨恨所鍾。乖氣成象。至于促國之脈。銷國之福。殃在一人。而并流毒四海。掌刑之責。可輕付哉。

㊀「壞」當爲「坏」。

聖人有以順陰陽之氣。深慮夫邪之得以干正。春氣發生。有不正者干之。則發生之功不遂。故難曰。以畢春氣。令春氣使畢出也。秋氣告成。有不正干之。則氣必抑塞。故難曰。以達秋氣。令秋氣得以行也。夏不難。陽氣極盛。邪氣自消。不待難也。

至冬大難則磔牲。秋則不磔。蓋達秋氣有輔相裁成之意焉。惟天子能之。不假有所磔也。

仲夏關市毋索矣。至秋則萬寶告成焉。先生㊀之制。關譏而不征。市廛而不稅。此來商旅之至要。其道未嘗不易。此商旅所以願藏于王之市。願出于王之塗也。夫四方之集。遠方之至。豈有以號召之哉。成周之時。司關司市。設官分職。無非爲民也。以此理財。財若無由而足。而君有餘財。民有餘力。其道乃自易中得之。後世設關則爲暴。于市則圖利。豈知易之義哉。

季夏戒之。言舉大事之殃。仲秋教之。言舉大事之道。

雨不降。則無以助陰氣之肅。所以草木榮。國之有恐。殺氣不行。人有玩心也。蟲當藏而不藏。穀不當生而生。皆非正也。雷已收聲。謂之收雷。先行者。非時而發也。草木未當死而死。亦失正也。以上仲秋之月。

來賓。言來而得所。如賓之授館也。草木凋零。而鞠始茂盛。物著黄而落。鞠獨黄而華。記

㊀「生」當爲「王」。

異也。豺性貪。祭獸知有先矣。以爲未足。又用禽而戮之。戒貪也。

天地之氣有發亦有藏。人豈能自異于天地哉。藏則不復宣出矣。會猶參也。人之一身與天地並。頃刻之中。或呼或吸。皆有陰陽。一日之中。或作或息。必須晝夜。則一歲之中。或出或内。豈能離春秋之舒慘乎。

冢宰將以制國用。不舉其要。國用何由而制。然此特舉其要而已。漢文帝問宰相。一歲錢穀出入之數幾何。周勃辭以不知。是失舉要之職。陳平辭以有主者。又失舉要之義。唐以宰相領度支。領鹽鐵。失之益遠矣。

將休老勞農。凡終歲勤動者。無不休矣。百工之役。使之小息。亦聖人順時之政也。

聖人視民。猶父母之于子。疾痛苛養甚于在己。民未嘗以力不堪告。而上之人探其情。爲是恩勤之教。嗚呼仁哉。

仲秋告全具矣。至此又告備焉。古人于祭祀誠篤如此。不厭其煩也。

炭以禦寒。人之所資。非不急也。然必待草木黄落之後始取之。物既歸根。用亦隨宜。斧斤以時。亦王政之一事也。

爲政無取乎督促。獄刑則惡乎留滯。入秋以來。孟則嚴之。仲又申嚴之。至季乃趣桎梏之苦。箠楚之痛。望而畏之。此豈可留者。易曰。山上有火。旅。先王以明慎用刑。而不留獄。旅。不處也。聖人以不留獄象之。信夫。以上季秋之月。

壬癸屬水。以冬盛德在水也。

漢魏相傳。北方之神顓帝。乘坎執權而司冬。顓之言專也。陰盛則靜而專。頊之言正也。冬氣升而其位正。故帝曰顓頊。春爲蒼天知冬爲玄。南爲明方知北爲冥。故神曰玄冥。

水冰地凍。皆氣凝也。雉之爲蜃。雉不自知。由得水而然也。虹。天地之淫氣。見于春。乘陽也。藏于冬。伏陰也。

寒氣不可過。故食火穀以減之。寒氣不可抑。故食當方之牲以存之。

念死事之人。慮其孤寡。不得所養。從而賞之。順時之政。于是爲至。

阿黨之察。亦係之太史者。如董狐趙盾之書。南史崔杼之書。其阿黨之罪。毫無掩蔽也。

天地交泰。故春言和同。天地不交否。故冬言閉塞。和同之時。天下皆知春之爲春。不必詔告也。閉塞之時。天下雖知之。而或有不謹。則無以爲藏。卽無以爲發。故特命有司。人苟知閉藏之義。則事事物物皆不敢肆矣。

魚至冬而美。故冬取魚。民皆取魚。故有水泉池澤之賦。後世澤之萑蒲。舟鮫守之。海之蜃蛤。祈望守之。守之嚴則征之嚴。而民始失利矣。月令戒其侵削取怨。亦恐有司苛取以病民乎。以上孟冬之月。

寒氣增于地之上。故冰益壯。暖氣生于地之下。故凍者坼。

黃鍾動。而萬物潛起。則天地之房。其隱然萌動者。原未嘗不暢。非閉塞之令所能遏也。命之名而曰暢。豈苟乎哉。

夏之日至。陰方來而與陽遇。冬之日至。陽方來而與陰遇。未止其所。故爭。夫天地造化。陰陽消息。自然之運。何嘗有爭。其爭。以人度之耳。昆蟲草木。生于春夏者。死于秋冬。顯然可見。故曰生死分。若自死而生。則起于萌芽之微。初無可見之迹。故惟言諸生蕩而已。然此論時令則然。若君子所以治身。其至誠滌慮。退藏于密。固無分。于冬夏而身不止毋躁。且欲寧焉。于聲色不但止之。而且去之。耆欲不但節之。而且禁之。外養其形。内養其性。其一歸于靜者。更重于夏日至之時也。月令一篇。聖人所以順陰陽之序。相天地之宜。上爲國家計。下爲民生計。無遺憾矣。未見修身養心之要。至此然後知聖人齊戒之誠。入于至誠而無閒。修身養心之要。誠不苟也。

月令自入秋來。凡所動作施爲。無非示收藏之義。至冬又從而閉藏矣。今于仲冬之末。反覆之。總括之。以一陽既生。物皆繫榮。氣不可少泄。正易所謂至日閉關。商旅不行。惟持養之深。則其鋭無挫。保護之堅。則其鋒不折。助天地之閉藏。乃所以助天地之發達也。以上仲冬之月。

東漢志。季冬立土牛六頭于國都郡縣城外丑地。以送大寒。又于立春之日。立青旛。施土牛耕人于門外。以示兆民。後世唯存立春之制。而無季冬之制矣。

季春大合樂。固有吹矣。樂以導和。此大合吹而罷。所以畢一歲之事也。

季夏己命四監收秩芻以養犧牲。至此又命收秩薪柴以供燔燎。以上季冬之月。

附録

先生序黄勉齋續儀禮經傳通解曰。處分符星渚。乃文公遺愛之地。高山仰止。惓惓予懷。兹又得全其所欲述之書。豈非幸歟。第閑習禮度。不如式瞻儀型。諷味遺言。不如親承音旨。誠有如古人之論。撫卷爲之三歎也。

黄東發繳申慈湖壽張行實狀曰。慈湖爲時儒宗。壽張質行表表。皆先帝朝名法從。皆足垂示將來。法合立傳。

袁清容曰。壽張先生。精忠讜論。爲一代師表。其居家御飭子弟。遺言懿範。故家往往猶能傳誦稱道。

梓材謹案。四庫全書本永樂大典。著録先生月令解。提要云。十二月各自爲卷。奏稱每一月改。則令以此一月進于御前。可以裁成天地之道。輔相天地之宜。雖未免過膠古義。不盡可見諸施行。然辭義曉暢。于順時出政之際。皆三致意焉。其用心有足取者。

雲濠謹案。先生官南康。續刊勉齋所修喪禮。又屬楊信齋重修祭禮。併刊之。共二十九卷。觀其序言。則其私淑朱子深矣。

朝請周戒軒先生□附子元龜。

周□。平陽人。累贈朝請大夫。是爲戒軒先生。先生嗜古。及交慈湖鶴山。其學根義理。達事物。子元龜。字錫疇。擢嘉熙進士第。教授廬州。官至台守常簿。階朝請大夫。自號蒼巖。雜著八十卷。林霽山集。

壽張學侶

寺丞臧先生格

臧格字正子。鄞人。慶元五年進士。與慈谿張虙爲友。歷官太常丞。周濂溪二程先生謚議皆出其手。寧波府志。

附録

戴剡源跋濂溪二程謚議曰。考功爲謚議時。去黨禁之開。歲月纔幾許。而剖析精微。蒐揚幽眇。繪畫舖張。委曲各當。非知之眞。其孰能爲此之言哉。

慈湖同調

判院王先生休

王休。慈谿人。攻戴氏禮。慶元二年進士。擢湖州教授。改訓徽州。遷祕閣校書。判樞密院事。直躬立朝。無所附麗。嘉定末。與柄臣不合。遂謝事歸。一日。上忽思之。遣使驛召。時先生已卒。乃命定海鎮營葬。先生以文學著稱一時。士類宗之。若杜洲童居易。著作劉厚南。右曹郎程士龍。皆其門人。晚歲文思益進。金石文多出其手。姓譜。

侍郎梁先生季珌

梁季珌字飾父。麗水人。歷官尚書。户吏二部侍郎。兼敕令所詳定官。所至一室蕭然。惟圖史是娱。楊慈湖爲世名儒。不妄交友。聞先生曰。吾未見約于自奉誠于求去者。遂款門求見。其爲人所敬慕如此。姓譜。

舒先生揚

舒揚字德彰。樂平人。其兄與慈湖同年。慈湖爲樂平。先生所居伊邇。節朔相過。其卒也。權知興國軍許錫狀其行。曰孝友。曰睦婣。曰任恤。曰文雅。與鄉貢未仕。而道無窮通。無精粗。無本末。一以貫之云。慈湖遺書。

文肅徐先生應龍

徐應龍字允淑。浦城人。淳熙二年第進士。調衡州法曹。湖南檢法官。改秩。知瑞州高安縣。吕大愚祖儉言事忤韓侂胄。謫死高安。先生爲之經紀其喪。且爲文誄之。有勸之避禍者。則曰。吕君吾所敬。雖緣此獲譴。亦所願也。朱子貽之書曰。高安之没。義風凜然。累進户部侍郎。遷國子司業。兼權工部侍郎。遷吏部侍郎。進刑部尚書。兼侍讀。在講筵。多指陳時政。宰相史彌遠惡之。免侍讀。未幾。兼太子詹事。徙吏部尚書。以焕章閣學士提舉嵩山崇福宫。卒。贈開府儀同三司。謚文肅。子榮叟。清叟。宋史。

梓材謹案。方秋崖代與袁太監書云。某以世禄得官。一俗吏耳。然逮事先尚書。見其訓誨諸父。得聞慈湖絜齋兩先生之學。即其書而讀之者有年矣。蓋代先生之孫朝奉書也。先生以楊袁之學訓其子。則先生固與楊袁爲同調。

王先生居安

王居安字資深。一云資道。號方巖。黄巖人。淳熙十四年進士。擢右司諫。極論韓侂胄竊柄誤國之罪。請肆市朝。以爲不忠者戒。時吕大愚以直言遠竄。上疏鳴其冤。以伸忠鯁之氣。會趙彦逾與樓鑰林大中並召。言邪正并用。非所以視趨向于天下。疏已具。有微聞者。除目夜下。遷起居郎。崇政殿説書。既供職。遂極論之。且言臣爲陛下耳目。諫紙未乾。乃以忤權要徙他職。不得其言則去。臣不復留矣。帝爲改容。中丞雷孝友論其越職。詔奪一官罷。太學諸生舉旛乞留。四明楊慈湖邂逅山陰道中。謂此舉吾道增重。江陵項平庵致書曰。左史。人中龍也。踰年復官。知隆興府。盜起郴黑風洞。江右寇亦起。先生受命往討。次第討平。刻石記功。徙鎮襄陽。已而閒居十有一年。嘉定中。與魏鶴山同召。遷工部侍郎。中朝皆動色相賀。終龍圖閣直學士。卒贈少保。有方巖集行于世。台州府志。

附録

吴荆溪序方巖文集曰。自古養才如養木。木雖堅勁。耐歲寒。要亦以培植而成。以摧拉而毀。

乾淳間培植而成者衆。嘉定後摧拉而毀者多。如公之魄磊卓特。當其拜司諫。帥隆興時。儻不以惡讒去。得直遂而迅上。所樹立豈在乾淳人物下哉。此可爲浩歎者也。

教授王先生宗傳

王宗傳字景孟。寧德人。學問該博。尤精于易。以上舍登進士第。歷廣東韶州教授。著有易傳行世。福建通志。

梓材謹案。先生淳熙八年進士。號童溪。林焞序童溪易傳云。世謂天下王景孟。則其人也。

雲濠謹案。四庫書目著録童溪易傳三十卷。提要云。宗傳之説。大概祧梁孟而宗王弼。故其書惟憑心悟。力斥象數之弊。至譬于誤註本草之殺人。林焞序述宗傳之論。有性本無説。聖人本無言之語。不免涉于異學。與楊簡慈湖易傳宗旨相同。蓋弼易祖尚玄虚。以闡發義理。漢學至是而始變。宋儒掃除古法。實從是萌芽。然胡程祖其義理。而歸諸人事。故似淺近而醇實。宗傳及簡祖其玄虚。而索諸性天。故似高深而幻窅。考沈作喆作寓簡。第一卷多談易理。大抵以佛氏爲宗。作喆爲紹興五年進士。其作寓簡。在淳熙元年。正與宗傳同時。然則以禪言易。起于南宋之初。特作喆無成書。宗傳及簡則各有成編。顯闢别徑耳。

方巖學侶

王先生粹然父公乂。

王粹然。黄巖人。與王方巖同學。父公乂。字治表。淡泊無爲。無所嗜好。惟嗜書。積數千卷。由是得盡讀諸經傳子史百家言。下至軒岐醫學之書。靡不通曉。台州府志。

童溪講友

林先生焞

林焞。寧德人。與童溪生同方。學同學。同及辛丑第。其序童溪易傳云。易。盡性書也。而何至于多言。我知之矣。六丁㓨易。在天三爻。吞易在人。天而人之。易其顯乎。童溪易傳序。

附傳

統制吴先生從龍

吴從龍字子雲。奉化人。理宗時。爲建康府統制。李全犯揚州。主帥遣先生爲先鋒往援。挺身赴敵。馬蹶被執。使至泰州諭降。佯許之。及至城下。大呼曰。吾右軍統制吴從龍也。被執至此。揚州無恙。泰州宜堅守。賊無能爲也。賊大怒。寸臠之。罵不絶口。以至于盡朝廷嘉之。詔立廟揚泰二州。賜額褒忠。官其弟從虎爲武經大夫。寧波府志。

附録

黄東發曰。方逆全猖獗時。維揚閫守未知爲計。但給得泰州城一開。卽賊之窟穴多。而揚州孤。事未可知。先生從容就義。以一死爲國忠謀。視解揚事殆過之。非尋常死節比。不爲之立傳。何以勵臣子之節。

梓材謹案。黄氏日鈔文集。咸淳四年。任史館檢閲。繳申慈湖壽張行實而併及之。又謂。某生晚不及登三君子之門。而聞風興起。公議所在。有不容遏云。

鄒氏先緒

鄒先生雯

鄒雯字德顯。號南野居士。樂平人。慈湖高第。夢遇之父也。孝于親。友于兄弟。與人無尊賤一用吾情。嘗有言曰。正吾此心。萬里畢見。順理而出。萬事自行。不假調停。了無滯礙。日進而久。愈熟以安云。慈湖遺書。

慈湖家學

楊先生叔正

楊叔正。慈湖之猶子也。慈湖作廣居賦。廣居之室後轉而之他。先生能復其故物。袁蒙齋紀其事。袁蒙齋集。

楊先生叔中

楊叔中。慈湖猶子也。舒文靖嘗答其書云。來書謂得令叔講誨。甚喜有嚴父兄。舒文靖文集。

梓材謹案。慈湖兄伯明五子。恬。惟。恉。慥。愉。疑惟字叔正。慥字叔中。

慈湖門人

補 堂長馮先生興宗

梓材謹案。袁蒙齋跋其祖妣厲與其妣李二夫人行實。言紹定己丑暮春。某延請慈湖馮君振甫教子家塾云。

言行記 袁蒙齋輯。

篤學。窮日夜不倦。通經史諸子百家之學。日誦有録。題其首曰。惟民之生。渾乎其天。是爲常則。因物有遷。習矣弗察。莫究其然。顧操存之有要。庶云爲之罔愆。試肅將于一念。已參乎其在前。儻須臾之弗離。則斯道庶乎其可望焉。繼今必書。小子勉旃。

慈湖作其從弟國壽哀辭曰。予與振甫相親。先後問答無幾。遽爾皆覺。覺非思慮言語所及。其爲慈湖許可如此。

暮年見世途嶮巇。嘗題詩壁間曰。眼俗難觀古。時閒只順天。平生羞詭遇。投老更加鞭。

補 文靖史自齋先生彌忠

附録

袁清容書文靖爲西山薦黄參軍家問曰。嘗讀西山先生通文靖公啓有曰。四紀奉常之第。三州刺史之符。華塗咸擬于直登。雅操獨安于平進。又曰。青原彭蠡善政。有百年之思。太白東湖勝賞。窮四時之樂。味繹詞旨。蓋不以赫奕爲可貴也。

謝山句餘土音過史文靖墓詩。眞翁家世半清秀。文靖于中亦拔尤。曾與楊袁同學術。不因子弟減風流。奪情自戾先公志。誤國誰承壑相羞。我過墓門三太息。應憐弓冶墮箕裘。原註云。予于獨善堂詩。極表史氏六賢之盛。不以宗衮累其家聲。惟文靖之賢。不下諸公。而偶未之及。適游同谷。過公墓。因有此作。又云。永公奪情之罪。固干清議。其弟薦秋壑。誤國尤鉅。

梓材謹案。文靖于史氏彌字行頗長。當是楊袁學侶。而非受業爲弟子者。故謝山詩云。爾尙俟博攷以正之。

雲濠謹案。宋史袁正肅甫傳。史嵩之帥江西。專主和議。甫奏曰。臣與嵩之居同里。未嘗相知。而嵩之父彌忠。則與臣有故。嵩之易于主和。彌忠每戒其輕易。今朝廷甘用父子異心之人。臣謂不特嵩之之易于主和。抑朝廷亦未免易于用人也。據此則文靖與正肅爲故舊。蓋以同爲楊袁之徒耳。亦可見文靖之爲人矣。

補

忠宣史滄洲先生彌堅

梓材謹案。先生一字開叔。蓋固叔其始字也。

雲濠謹案。袁清容記外祖母張氏墓。述其言曰。汝外曾祖太傅忠宣公。居東湖滄洲十有四年。作書諫兄忠獻辭相位不輟。歲賜生日器幣。辭一再始受。後數年不復受。

附録

孫燭湖與開叔書曰。開叔雖以私制少淹膴仕。然得日夕師相之側。承顏順色。以盡子道。退以餘暇。致力于學。乃天所以進開叔之器業。爲大受之基也。

又曰。開叔胸中所存不淺。近且進學不已。今時諸人愛重開叔者。不過曰佳子弟耳。唯僕之期望賢友。大不止此。

補 華文史獨善先生彌鞏

謝山句餘土音史中奉獨善堂詩。一門五宰執。史氏稱極盛。誰居東江東。翻以隱約勝。寒氊四十年。嬾致宗衮敬。高門徧行馬。吾自閉蒿逕。清流交口推。謂足嗣八行。我攷諸史中。尙自多佳令。光光忠宣公。辭相苦口爭。晚卧黄金湖。麾手謝遺贈。更有和旨翁。再世辭恩命。甚而自樂翁。憂患長相迸。亦粤十二郎。碧沚諸傳正。有事弗令知。衛社所稱病。不以歲寒凋。偏藉疾風勁。三傳爲璟卿。以死殉莊靖。獨善不終獨。行葦連枝映。六賢校五公。誰足延餘慶。宋史登其二。遺文疏考證。至今空堂下。寒泉輝藻荇。雲濠案。和旨。原註云。見剡源集。自樂。原註云。見陳習庵集。

補 史和旨先生彌林

梓材謹案。先生與定之。皆楊袁門人之傑然者。見謝山所作甬東靜清書院記。先生爲忠定王季弟。饒州君定之。則忠定第二子彌正之子也。

附録

戴剡源曰。夫生而貴。有德而禄。命也。不必以不仕然後爲賢。而況富貴人之常情。二君于此。顧能有所不爲。辭遜之行。植于一門。非講之而習。履之而察。有以養其心而不亂。殆不至此。此固尚德君子成人之美者之所願聞也。

補 帥屬錢融堂先生時

雲濠謹案。館閣續録。先生所著四書管見。蓋論語古文孝經大學中庸也。又有國史宏綱。

梓材謹案。四庫全書本永樂大典編次融堂書解二十卷。提要云。融堂之意。主表章書序。每篇之首。皆條具大旨。其逸書之序。則參考史記。核其時事。以釋篇題。復采經典釋文史記集解史記索隱所引馬鄭説。引伸其義。雖因仍舊説。不知書序非詩序之比。未免稍失考證。然用意則可謂精勤。所解如羲和曠厥職則本諸東坡。康叔封衛在成王時則仍用孔傳。康王之誥則兼採横浦書説。不專主一家之學。至以秦誓爲告西岐師旅。牧誓爲告遠方諸侯。皆不依傍前人。自抒心得。又謂武成本無脱簡。前爲武王告師之辭。後爲史臣紀事之體。康誥首節。以周公初基定爲東都營洛邑。封康叔以撫頑民。不當移置于洛誥。尤爲不惑于曲説。亦宋人經解中之特出者也。又著録融堂四書管見十三卷。提要云。此編凡論語十卷。孝經一卷。大學一卷。中庸一卷。俱先列經文。略加音訓。而詮釋其大旨于後。孝經用古文。大學但析爲六章。不分經傳。蓋時之學出于楊簡。簡之學出于陸九淵。門户迥殊。故不用程朱之本。其解論語崇德辨惑章。謂誠不以富。亦秖以異二句。乃證愛欲其生。惡欲其死之爲異。齊景公有馬千駟節。合上文爲一章。謂其斯之謂與句。乃指夷齊便是求志達而言。又大學此謂知本。此謂知之至也二句。仍附第一章末。謂是聖人承上厚本薄末。反覆曉人之意。亦俱根據舊文。不肯信爲錯簡。朱子與陸九淵書。所謂各尊其所聞。各行其所知也。然金溪之學。惟憑心悟。或至于恍惚窈冥。時則以篤實爲宗。故其詮發義理。類多平正簡朴。不爲離析支蔓之言。又敖繼公儀禮集説後序。所謂以魯男子之不可。學柳下惠之可者矣。

融堂講論

論學先論志。天下之事。未有無志而成者。養叔之射。庖丁之牛。郢之于斤。秋之于奕。痀瘻之于蜩。與夫鍾王之于書。吴道子之于畫。雖一藝之微。皆定于所志。習之終身不厭。而後造其極。況吾聖人之所謂學乎。

爲學當以聖人爲的。學聖人當以聞道爲的。三代而下。或志于縱横。或志于刑名。或志于富强。或志于虚無。異端邪説紛紛。千流萬派。而卒爲名教之罪人。若是者。非無志也。不先立夫其大者。而志非所志也。

有所嗜好。卽不足以言志。有所繫累。卽不足以言志。有所拘隨。有所貪戀。卽不足以言志。有苟焉自恕之念。不足以言志。有自詭自欺之念。不足以言志。有剽輕浮動之念。不足以言志。有藩籬物我之念。不足以言志。無深固不拔弗得弗措之見。而有營求卜度揣摩校計之念。不足以言志。或隕穫于貧賤。或充詘于富貴。或回撓于憂患變故。或變亂于生死禍福。皆不足以言志。

孔子。聖人也。自常情言之。曰天縱。曰生知。宜若迥出天外。不可梯接者。反觀其自敍。

三十而立矣。不至于不惑不止也。四十不惑矣。不至于知天命不止也。五十知天命矣。不至于耳順不止也。六十耳順矣。不至于從心所欲不踰矩不止也。然沿流而遡其源。所以首途發軔。不過曰。吾十有五志于學而已。大哉志乎。雖聖人從心所欲不踰矩之妙。由此而始。況學聖人者乎。

此志一立。金石可化。水火可蹈。況天爵良貴。我所自有。全體渾然。匪由外鑠。而有不可得者乎。世之人。富貴利達。一切難必之事。往往決志求之。晝夜憂勞。莫知所止。至于此事。不煩措畫。不費經營。一念之回。八通四闢。出險阻而由大路。脱荆棘而居廣居。所謂素其位而行。無入而不自得者。乃或甘心暴棄而不知求。亦惑矣。

附録

慈湖曰。某于子是至契。子是先已覺。惟閒有微礙。某剗其礙。遂清明無閒。無内外。無始終。無作止。日用光照。精神澄静。某深所敬愛。

先生狀慈湖行實曰。伏羲肇畫。初無文義可傳。孔氏遺書。不從言語上得。本心本聖。無體無方。虚明變化。無非妙用。斯道也。堯以之安安。舜以之無爲。禹以之行其所無事。湯以之懋昭。文王以之順帝則。武王以之訪洪範。周公以之師保萬民。孔子以之爲刪爲定爲繫。爲筆削褒貶。是之謂中。是之謂極。是之謂秉彝之則。茫茫千古。智探巧索。如瞶商律。如瞙指杓。而先生得之。斯道于是大明。

袁蒙齋贈先生詩序曰。融堂自淳安來。某延入郡庠。講書首論立志。乃講顔子問仁一章。敷繹斯義最爲的切。夫志非他。志于仁而已。大哉仁乎。充宇宙。滿六合。接于耳目。著于日用。何往非仁。天本仁。渾全通貫。此心卽仁。不勞外索。人患志不立耳。

補司農洪默齋先生夢炎

附録

慈湖記默齋曰。季思平平守此默。默卽聖。卽不厭之學。卽喜怒哀樂之妙。卽天地四時變化之妙。卽先聖默識之妙。

補司業陳習庵先生塤

和仲文集

或謂塤曰。近世儒生闡説。其徒競出紀録。後來者收拾摹傳。雖汗牛充棟。且未厭止也。子之所述。不甚解約乎。塤語之曰。先生之道。如青天白日。何庸語。先生之語。如震雷驚霆。何庸録。録而刊。猶以爲贅也。而今而後。有誦斯録。能于數千言之中見一言焉。又于其中見無言焉。則先生之道明矣。刊象山語録序。

附録

魏鶴山答史提舉彌忠曰。比見令甥陳和仲論諫剴切。又有傳録到中和堂跋語者。學問淵源。端有自來。若上之人有以容養作成之。緩急可以倚仗。

袁蒙齋題陳和仲尊明亭曰。亭在山巔。氣象巍然。山從何來。蜿蜿蜒蜒。我來亭上。極目一望。羣峯畢朝。尊我與抗。我撫亭下。萬象難寫。一一分明。入我醉斝。有時攜筇。偕我朋從。莫知我心。獨撫孤松。

劉後村跋孫夢得習齋曰。語二十章。習第一義。作聖工夫。實基于是。陳以名庵。孫以名齋。劉叟贊嘆。舜何人哉。

謝山句餘土音賦同谷陳侍郎講舍詩。少受文元學。長荷文忠知。並承兩家傳。高座光其師。風姿眞天挺。造詣尤淵微。本心所不安。寧爲舅氏羈。歷官諸實政。震蕩人心脾。同谷山水秀。涵泳入聖涯。遵明亭兀兀。觀聚齋怡怡。而今孫枝散。空餘雙闕楣。連甍三講舍。茂草共離離。原註云。侍郎在慈湖先生門。與袁正肅公齊名。而省試第一。出西山先生門。

補 直閣桂石坡先生萬榮

附録

慈湖書遺先生曰。夢協謂心之精神是爲聖。此聖人之言。何敢不信。但學者所造淺深。簡謂道無淺深。先聖曰改而止。謂改過卽止。無庸他求。精神虛明。安有過失。意動過生。要道在不動乎意爾。

補郡守童杜洲先生居易

杜洲遺文

來諭云。無禮無義。則安宅已亡。尊爵已失。誠辱人也。卽曰君也。國之大者得而役之。卽曰賢也。賢之大者得而役之。故吾深慨不仁者。爲天下著此論。固仁者之言。其利溥矣。第既云無禮無義。夫誰君之。獨夫是矣。又誰賢之。下愚是已。所得而役之者。將不擇人矣。奚俟國之大。品之賢者乎。孟子曰。人役而恥爲役。正以辱人之役可恥也。若以小賢而役于大賢。是畢散輩之服文王。七十子之服孔子也。亦何恥之足云。否則是弟子而恥受命于先師。有是理乎。凡人出乎理義。卽入乎人欲。既入乎欲。則凡可以得役者。甘役之而不辭。如嗜味者役于庖丁。嗜利者役于石郭。嗜勢者役于趙孟。嗜色者役于毛嬙。爭忿者役于荆聶。將百端以投其喜。而不知己之賤也。百端以避其忌。而不知己之病也。由是執鞭不足賤。牛後不足羞。相門可以洒掃。道旁可以伏謁。祭酒之尊。可舞八風。縉紳之貴。可吠籬犬。爾汝是受。笑罵爲榮。一權奸也。趨庭而稱父。一奴虜也。納款而稱臣。一內豎也。得以從酤天子。一哲婦也。得以氣使黼黻。淺言之。工奴顔善婢膝役也。深言之。蘇模棱胡中庸亦役也。役可勝道哉。雖然天爵既失。貴亦賤矣。安宅既亡。逸亦病矣。故賢而傭者上賓乎平仲。孝而傭者感格乎天神。是傭而不傭也。戴不肖之傭以驅奴者。終不失辱人之氣骨。竊非義之貴以驕人者。亦何殊不遜之小人。是不奴而奴也。吾又何以人之役不役辨人欲乎。答眞西山人役解。

附録

楊文元公聞杜洲先生名。一日過訪。問克己復禮。先生曰。此是剛自外來。而爲主于內。文元矍然曰。吾三十年來。不聞有若先生之達此妙也。欽之欽之。自是結爲斷金友。門人問先生曰。果爾。則禮從外得乎。先生曰。不然。子不聞性之德合外內之道乎。凡人動念。知內而不知外。此卽是已。動以天倪。無內無外。此便是禮。孔子言外來。豈卽謂吾心之宰從外入乎。蓋以理攝性。以性攝情。而俾天眞之森然外見者種種觀皆自得。本然之淵然內涵者種種發因外扣。由是形氣化于烏有。故我定于性靈。己克矣。禮復矣。所謂廓然大公。物來順應者。此也。寂然不動。感而遂通者。此也。固无妄之道也。正仁也。又問曰。若是解。則克己無工夫矣。先生曰。爲主二字。便是工夫。便是非禮不動等目。便是不遷不貳學力。要識顏子工夫與末學不同耳。

梓材謹案。先生後人模易學繼志述先生如是。是以先生爲慈湖之友。而未及其門也。謝山爲杜洲書院記云。其中爲慈湖祠。旁爲六先生祠。其後人則謂杜洲與慈湖爲斷金交。共奉于書院内。先賢祠列朱文公左右。豈元時重朱子。特添文公。而以慈湖杜洲左右之耶。又案。先生八十八歲卒。所著有精義與寧吾集。

補尚書趙先生彦悈

雲濠謹案。袁清容書趙監酒墓記後有云。監酒君于魏王爲九世孫。而文昌公之從子也。文昌師性命之説于慈湖。先生爲時儒宗。蓋謂先生。

附録

先生書慈湖孔子閒居解後曰。曾定遠既刊慈湖己易。又刊所解孔子閒居。閒居眞聖人之言。伊洛諸賢未嘗及之。道之不明也。我知之矣。不肖者不及。賢者又過之。中庸。庸。常也。棄日用平常。而起乎意説。吾不知之矣。

補曾先生熠

梓材謹案。先生書己易後云。楊先生己易。曩先生宰樂平時。嘗加改訂。熠得其本。因謁知丞趙公是正之。鋟木以詒同志。書孔子閒居解後云。熠頃侍教于知丞趙公。嘗言楊先生昔著孔子閒居解。熠請之而未獲。近乃寄示。誠足以開悟後學。因鋟木以傳之。知丞趙公。卽尚書彦悈。云侍教于知丞。豈先生嘗客于趙氏之門歟。

補 鄉貢鄒艮齋先生夢遇

梓材謹案。慈湖志鄒魯卿墓云。首得鄒夢遇。某字之曰元祥。元祥之叔祖近仁魯卿又來訪道于先生。碣亦云。夢遇相與從容。後又得夢遇之叔祖近仁。是先生之從慈湖遊先于魯卿也。

附録

其舅謂元祥色温言約。神定氣和。喜愠不形。動容周旋。莊肅閒泰。其處事一于義理。不可奪。

補 鄉貢葉同庵先生祐之

梓材謹案。先生字元吉。吴縣人。舊慈湖書院附祀。右列延平葉子祐之。又吉水葉子元吉。蓋誤分爲二人。而又各係其里居。皆與吴縣異。不可解。

補 祕監徐先生鳳

梓材謹案。袁清容志陳教授墓。溯博學宏辭詞科。謂眞文忠公傳諸徐鳳。徐鳳傳諸尚書王公應麟。以年考之。深寧之生。前先生之卒一年。而西山且少先生一歲。始疑袁集徐鳳係徐幾之誤。然進齋不習詞科。當是先生詞學先及謙文。而後傳之深寧耳。其于西山。蓋爲詞學之侶。而非受業弟子也。

補 張先生渭

附録

渭叔篤于好善。勇于改過。朋友之所共敬。

補 里正孫先生明仲

梓材謹案。先生富春人。專守執事敬之言。錢融堂爲慈湖行狀言。慈湖之在富陽。有自山出者。尤朴茂。來問學。慈湖曰。子姑習拱。既數月。曰。可矣。與之語。孜孜窮日夜不厭。慈湖憂去。輒提篋以隨。願卒學。後擢第爲名儒。未知即先生否也。

補 布衣魏先生榘

雲濠謹案。昌國州志載岱山書院云。往宋咸淳癸酉。里人魏榘等請于郡。以岱山廢酒坊空官地建立。咸淳癸酉上溯慈湖之卒寶慶丙戌已四十八年。又案。朱進士介。昌國志進士題名未見其人。

補 朝請劉寶山先生厚南

梓材謹案。先生號寶山。爲無閡先生繼寬之曾孫。程撫州士龍狀先生行實言。師舅氏祕勘蓀渚王公休。季父宣幹滋蘭公叔向。而未言其師事慈湖。攷劉氏譜。先生父勉。字懋伯。號鈍庵。與楊文元張文靖盧桂石坡王蓀渚休爲率真交。慈湖荅先生劄子。有里巷相從。略去繁文。胡爲執禮太過。自今無復襲施。似先生以慈湖爲父執。因而嚴事之者。

附録

試策謂。漢自石顯董賢之既斥而政去公室。竇憲梁冀之既誅而權歸閹寺。唐自李林甫敗而楊國忠用。李輔國戮而程元振出。一小人方去。一小人乘之。甚可畏也。考官倪齊齋思眞西山德秀讀至此。相與擊節。調瑞安尉。慈湖出守。先生不恃鄉黨。略事上禮。勤瘁奉職。慈湖愛敬逾至。兼沂王府教授。講易主伊川易傳。參以大易粹言。王心爲之開悟。

補 舒先生益

雲濠謹案。袁蒙齋記樂平縣慈湖先生書閣云。書閣之建。邑之令佐謝君溥。許君應龍。與夫有職于學者舒君益而下。凡十有四人。薈萃先生所著羣書于閣。而率學子日觀習焉。

補 邵先生甲

梓材謹案。陳北溪集有與邵生甲書。知先生嘗從北溪遊。

補 薛玉成先生疑之

雲濠謹案。温州舊志作薛凝之。載其母嗜江鰲。母殁。終身不忍食。詔求直言。上書陳時政數千言。執政怒其戆。欲加罪。先生自若。嘗正喪禮。以壽終。又云。慈湖銘其墓。

曾先生汲古

梓材謹案。先生字子濬。廬陵人。慈湖遺書述其所編誨語論易者居多。蓋亦慈湖高第也。慈湖嘗爲作復禮齋記。又爲作安止記。

附録

先生書復禮齋記後曰。家君創一小齋。名曰主一。取程伊川云敬只是主一。上起樓則名光風霽月。取周濂溪灑落如光風霽月。慈湖曰。光風霽月。字雖瀟灑。不免逐物。主一則未離乎意。宜名以復禮。汲古云。願承復禮之教。慈湖遂口授其旨。令汲古書之。

又書安止記後曰。慈湖因論安女止三字。汲古敬求其旨。遂蒙慈湖書其辭以賜汲古。

知州袁先生肅詳見絜齋學案。

縣令孫先生伯温

孫伯温字南叟。豐城人。幼端莊。讀書敏悟。紹興進士。調龍城教官。改知新昌縣。爲治先教化。後刑罰。豪民競田。先生繩以法。遂中萋斐見謫。新昌人有平田謠紀其事。後再知臨湘縣。嘗師楊慈湖簡。又從漕使楊方受爲己之戒。每謂學者當知三坑四關之病。曰利欲坑。文藝坑。枯寂坑。惟義與利是生死關。惟誠與僞是虛實關。惟敬與肆是安危關。惟動與靜是吉凶關。博學工詩文。有集若干卷。南昌府志。

別駕陳先生瑢

陳瑢字端甫。□□人。學于慈湖楊氏。官衢州別駕。寶慶三年。州被盜。爲平糴倉。民賴以活。袁正肅甫爲之記。袁蒙齋集。

附録

教授潭州。眞西山帥潭。新郡學。續廩費。先生請于西山。願有以淑士。西山示以古者爲己之學。先生揭其言于學。以爲士之則。

梓材謹案。此條本西山潭州示學者説。劉後村誌王臞軒墓。言除正字。參預文忠眞公時已病。余與門人陳瑢瑞甫問疾云云。則先生固西山門人。

周先生之德

周之德。慈湖門人。嘗與馮振甫興宗。取慈湖訓語之要。聚爲一編。袁蒙齋集。

參軍陳先生從父邦臣。

陳從字□□。鄞人。父承奉郎邦臣。教子有法。既朝夕訓飭之。又擇明師俾之受業。從師事國博楊先生。故先生學有源流。擢進士第。尉玉山。甚有能名。爲徽州録事參軍。受知郡太守。無問細鉅。委以參訂。袁絜齋集。

項先生復

項復字吉甫。松陽人。嘗從慈湖學。一日。慈湖問曰。學而時習作如何説。先生倉卒無以對。但云。三日不談。口生荆棘。慈湖撫几嘆曰。正是此説。先生由是警悟。學業益進。晚年有薦之朝者。以白衣授校書郎。隱居不仕。自號耕樂。處州府志。

雲濠謹案。袁蒙齋贈先生以耕樂説。又爲作莫能名庵記。

附録

慈湖書遺項吉甫曰。吉甫既有覺。善養毋怠荒。匪思匪爲。澄然有光。是爲用力。非助長非忘。

眞西山題跋曰。項君講義。諸賢題品已盡。不待予言。獨觀其名庵之義。犂然有當予心者。安樂先生言。圖雖無文。吾終日言未嘗離乎是。君之名庵。殆其近之。雖微講義。知君之爲善學。

張先生元度

張元度。臨川人。以鄉舉至禮部。持象山書。踵門就見于慈湖。慈湖稱其誠確可敬。又復見。益知其篤志己學。蓋夜則收拾精神。使之于靜。慈湖告以元度所自有本自全成。何假更求。視聽言動。不學而能。惻隱羞惡恭敬是非。隨感輒應。不待詔告。清明在躬。廣大無際。精神四發。

不疾而速。不行而至。收之拾之。乃成造意。休之靜之。猶是放心。學問之道無他。求其放心而已矣。吾心本無妄。無妄而更求。乃成有妄。故曰。無妄之往何之矣。先生猶自以爲未能無過。慈湖曰。有過惡即改。元度精神何罪而收拾之。慈湖又稱其好賢樂善。孜孜如不及云。慈湖遺書。

劉先生伯諶

劉伯諶字諶甫。歙縣人。慈湖楊氏弟子。徽州府志。

李先生鶚

統領胡先生革並見絜齋學案補遺。

從事汪先生伋別見廣平定川學案補遺。

孫先生誼

孫誼字子方。□□人。慈湖之甥也。以進士知德清縣。其卒也。慈湖奠之曰。吾甥始以夢中而覺。夢中已拱。達旦猶拱。自是心明。達于日用。舅劉餘礙。喜甥之覺。妻甥以冢女。每每講切。謂甥用力于仁。庶幾乎仁。何壽之促。慈湖遺書。

通直趙先生與岦

趙與岦字行之。臨江人。以敏悟之資。秀出璇源。方弱冠。已薦取科舉。補官右選調筦庫之任。于婺于泰于衢者三。又監御前軍器三十年。未嘗一日忘舉業。故以鎖廳舉而試者亦三。春闈率不偶。積階至忠翊循從事丞。處之麗水。年五十七卒。上章告謝。尋通直命下。弗之覯也。趙彝齋文編。

梓材謹案。先生一字德行。著有賓退録十卷。陳崇禮序。稱其從慈湖先生問學。蓋亦楊氏門人。考宋史宗室世系表。蓋太祖七世孫也。儒林宗派載慈湖弟子。先生與焉。

朝散陳先生師稷別見廣平定川學案補遺。

博士李三江先生元白詳見廣平定川學案。

吴先生定夫

吴定夫。□□人。劉漫堂有送往慈湖文。蓋時聞有求敕葬慈湖者云。辟疆園宋文選。

吴先生□

吴□。盱江人。貌甚樸野。家世耕且學。幼習父師訓。有志斯道。建閣舍傍。朝夕講學焉。嘗尊慕慈湖而見之。慈湖誨之以孔子曰心之精神是爲聖。卽以名其閣。而蒙齋記之。袁蒙齋集。

翁先生埏

梓材謹案。先生慈谿人。高隱彦陽之曾孫。先生嘗請書于慈湖。慈湖書曰。孔子曰。心之精神是謂聖。人皆有是心。心皆具此聖。百姓日用而不知耳。而況于同邑君子翁彦陽有夷齊之行。非聖乎。

汪先生文子

梓材謹案。先生嘗界紙求書所欲言于慈湖。慈湖爲書曰。某思古學字爲斈。斈卽今孝字。本音孝。借音學。于此見古者造字本旨。以爲學者。孝而已矣。自孝之外無他道。後世始加兩羽之習。又加冖。象學舍焉。又曰。聞文子于事親之閒有省焉。敬之敬之。兢兢孜孜毋忽。又案。陳止齋集有送四明汪文子詩。首云。文盛經生少。宦輕舉子繁。誰能堪遠役。相與及微言。

少師趙節齋與簒 補

梓材謹案。謝山困學紀聞三箋于詩擇三有事條云。宋之弊政。始于趙與簒岳珂之聚斂。繼而爲史宅之趙汝楳之履畝。又繼而爲賈似道之公田。深寧所以浩歎也。

別附

忠獻史同叔彌遠

史彌遠字同叔。鄞人。忠定浩次子。淳熙中進士。累官至太師左丞相。兼樞密使。卒諡忠獻。封衛王。姓譜。

雲濠謹案。司馬述序燭湖集云。淳熙甲辰。史忠定王延致先生。講道東湖。丞相魯公與其昆弟實從之遊。誦集中詩文。可以想見當日傳習之要指。期待之盛心。

附録

孫燭湖與同叔書曰。努力學問。儒素清苦。不爲富貴之氣所移。通知國家源流。習朝廷憲度。

講太傅宰相事業。不媿韓范諸大家。于以報稱君父。其志念當倍切于衡門甕牖之士。乃可浸浸爲時用。不患無顯官貴仕。惟願益養器業。以揚先烈。

又曰。同叔以師相子有賢稱。

孫氏學侶

孫先生孚器

孫孚器。富春人。明仲之尊行也。其子弟從其教。烝烝于善。慈湖言二人有志于道。能務實。不務文。求諸内。不求諸外云。慈湖遺書。

附傳

周先生懷孝

周懷孝。豫章人。楚大儒也。丁鶴年從之學。時寓武昌。執經問難者比肩立。然獨器重鶴年。戴九靈集。

慈湖私淑

文潔林溪堂先生公遇別見艾軒學案補遺。

架閣陳先生大猷

陳大猷。東陽人。登紹定二年進士。由從事郎歷六部架閣。著尚書集傳。張雲章説。

梓材謹案。宋有兩陳大猷。其一號東齋者。都昌人。饒雙峯弟子。爲雲莊澔之父。先生則號復齋。著又有尚書集傳或問二卷。四庫全書提要云。此書皆論集傳去取諸説之故。與朱子四書或問例同。又云。此陳大猷爲理宗初人。故所引諸家。僅及蔡沈而止。其稱朱子曰朱氏晦庵氏。持論頗示異同。至論堯典敬字一條。首舉心之精神謂之聖。此孔叢子之語。而楊簡標爲宗旨者。其學出慈湖無疑。若都昌陳大猷。乃開慶元年進士。當理宗之末年。時代既後。又大猷受業饒魯。魯受業黄榦。榦受業朱子。淵源相接。尊朱子若神明。而視楊氏若敵國。安有是語哉。

劉蒙川先生黻

劉黻字聲伯。樂清人。以太學上書。言朝廷進退大臣當以禮。忤執政。送南安軍安置。既還。復極言政治得失。官至吏部尚書。二王泛海。陳宜中迎先生共政。至羅浮。以疾卒。所著有蒙川集。姓譜。

雲濠謹案。宋史慈湖本傳云。咸淳間。制置使劉黻即其居作慈湖書院。蓋謂舊書院也。

梓材謹案。先生字一作升伯。經義考著録太極説一篇。又引鄭滁孫云。弟子稱曰蒙川先生。温州舊志載先生登景定第。贈亞樞。謚忠肅。

附録

至南安。盡取濂洛諸子之書。摘其精切之語。輯成書十卷。名曰濂洛論語。

沿海制置知慶元府事。建濟民莊。以濟士民之急。資貢士春官之費。備郡庠耆老緩急之需。

湯氏門人

趙先生汝馭

趙汝馭。樂清人。登嘉定戊辰第。淳祐三年。守惠州。政務安靜。而飾以文學。興利剔蠹。耳目一新。士民慕之。温州舊志。

雲濠謹案。經義考引胡一桂説。以先生爲湯藝堂之門人。藝堂著周易筮傳。先生序而刊之。

王氏門人

郡守童杜洲先生居易

朝請劉寶山先生厚南並詳慈湖門人。

知州程先生士龍

程士龍字應辰。慈谿人。登進士。主句容簿時。歲饑。督濟有方。老弱賴以全活。校文于歙。眞西山重其才。薦。知仙居李宗勉復薦之。累官右曹郎知撫州。姓譜。

徐氏家學

文靖徐先生榮叟

徐榮叟字茂翁。煥章閣學士。應龍之子。嘉定七年舉進士。歷拜右諫議大夫。遷擢禮部尚書。

兼權吏部尚書。拜端明殿學士。簽書樞密院事。淳祐二年。乞歸田里。以資政殿大學士提舉洞霄宮。六年轉一官致仕。卒謚文靖。其父子兄弟皆爲名臣。宋史。

附録

嘗言朝廷當以節義勵士大夫。則緩急必無求生害仁之事。

忠簡徐先生清叟

徐清叟字直翁。梓材案。原作眞翁。今從方秋崖集改正。應龍子。嘉定七年進士。遷太常博士。入對。疏言。陛下親政以來。精神少振。而氣脈未復。條目畢舉。而綱紀未張。公道若伸。而私意之未盡克者。則亦風化之先務。勸戒之大權。與夫選用之要術。猶有闕略而未之講明者爾。何謂風化之先務。曰厚人倫以釋羣惑者是已。何謂勸戒之大權。曰惜名器以示正義者是已。何謂選用之要術。曰因物望而進人才者是已。蓋欲請復皇子竑王爵。裁抑史彌遠恤典。召用眞德秀魏了翁也。累拜殿中侍御史兼侍講。歷知泉州。靜江府。温州。婺州。袁州。紹興府。潭州。廣州。召赴闕。權兵部尚書。吏部尚書。遷禮部尚書。拜端明殿學士。簽書樞密院事。封晉寧郡公。拜參知政事。尋知樞密院事。論罷。出知泉州。提舉祐神觀。卒。贈少師。謚忠簡。其父子兄弟皆以風節相尚。而直翁劾罷袁甫。于公論少貶云。宋史。

知州徐先生拱別見絜齋學案補遺。

方巖家學

王先生㫚

王㫚字伯俊。黄巖人。方巖從子。景定中。爲桂陽通判官。時邕宜告警。衡永既不支。桂陽且無城守。州守棄官走匿山中。軍民驚擾。先生微知守匿所。夜半匹馬追及之。力挽守出視事。衆志乃定。已復設立木城。修備戎器。泣諭衆曰。若寇難叵測。吾決當與爾共斃。寇知有備。卒不來。其秉正類如此。人謂其有方巖之風。台州府志。

馮氏門人

通判袁先生傒附詳絜齋學案。

融堂家學

補錢誠甫先生槱

附録

慈湖曰。誠甫近于嘉定十有二年元夕後一日有覺。至晦日又大通。

又贈言曰。誠甫遠訪。從容近月。問答亦詳矣。將歸。侍復求言。孔子曰。天有四時。春秋冬夏。風雨霜露。無非教也。地載神氣。神氣風霆。風霆流形。庶物露生。無非教也。誠甫領斯教矣。毋或昏。

融堂門人

補 隱君夏自然先生希賢

梓材謹案。先生號安正。金居敬總序趙東山春秋四書。言其稟學資中黄氏。嘗往淳安質諸教授夏公。夏公爲言其先君子安正先生爲學本末甚悉。又言。後夏公教授洪都。東山再往見焉。夏公特出其夏氏先天易書。又曰。吾先人遺書。當悉付子矣。

附録

朱楓林曰。淳安夏氏讀易十字樞。一曰中。二爲下卦之中。五爲上卦之中。二曰偏。初三下卦之偏。四上上卦之偏。三曰正。陽居陽位。剛畫居初三五。陰居陰位。柔畫居二四上。四曰反。陽居陰位。陰居陽位。五曰應。初與四應。二與五應。三與上應。陰陽相得。謂一陰一陽相遇。六曰敵。初與四。二與五。三與上。陰陽相敵。謂皆是陰。皆是陽。七曰比。初與二比。二比三。三比四。四比五。五比上。八曰遠。不相比。九曰乘。本爻在彼爻之上。十曰承。本爻在彼爻之下。

梓材謹案。夏氏讀易十字樞。蓋卽安正先生先天易書之説也。

習庵家學

補 侍郎陳先生蒙

雲濠謹案。袁清容述其先大夫師友淵源。言先生善筆札。治獄多探奇。後爲淮西總領。以浪費公帑罷。貶建昌。疑賈氏加之罪也。又言晚守温州。

習庵門人

補 全本心先生晉孫

謝山句餘土音本心書院詩。闞湖存學統。和仲有遺編。齋與文翁合。宗從孟氏傳。功惟崇踐履。流弗墮狂禪。再世傳高弟。南山亦大賢。原註云。先徵士茹和公有子四人。皆令從陳侍郎和仲傳慈湖之學。建書院曰本心。慈湖之旨也。又云。南山黄僉事潤玉。少受正學于先生之子遯翁。又義田局詩註云。族祖本然。本初。本心。三先生創義田。其少弟眞志先生成之。

林先生金

陳先生鼎新合傳。

林金。陳鼎新。與方秋崖爲鄉友。以薦書試禮部。方秋崖與陳司業書云。盛名之下。久矣服膺。茲願登龍聞一言以自壯。教之以大道之要。語之以當務之急。使得發揮于寸晷者。固寒畯之所欲聞。而國子先生成就之盛心也。方秋崖集。

胡先生見嵩

胡見嵩。亦秋崖鄉友。屢爲有司所推擇。而每見輒忸怩。曰。是區區者何足云。人乃以堂上不我知。意者吾行不稱其文乎。秋崖與陳司業書云。習庵方以斯道化辟雍而權衡天下士。凡士之好修者。以不得出門下爲羞。某用敢以士白云。方秋崖集。

全氏學侶

全先生鼎孫

梓材謹案。先生爲眞志本心二先生之兄。字本然。蓋亦爲陸學者。

杜洲家學

補童聲伯先生鋐

雲濠謹案。先生。杜洲從子。爲松簷從弟。若杜洲次子名錡。字世宣。杜洲卒時。僅十四歲。號泣盡哀。廬墓三年。別爲一人。

補副尉童先生金

雲濠謹案。先生賜號義士。建嘉義坊。門人私諡端介先生。

杜洲門人

補堂長曹楙山先生漢炎

雲濠謹案。王深寧慈湖書院記言。繡衣使者侍其公行部。選一鄉宿望曹君漢炎爲山長云。

梓材謹案。舊慈湖書院附祀左列貢士曹子漢淩。漢古文作淩。蓋先生本名淩炎。後人傳寫誤合二字爲淩。而别加漢字于上耳。

艮齋門人

鄒先生曾附詳慈湖門人。

祕監所傳

尚書王厚齋先生應麟詳深寧學案。

孫氏家學

孫先生元禮

雲濠謹案。先生爲明仲子。故慈湖之祭明仲曰。祭元禮尊人。

劉氏家學

劉先生揚祖別見伊川學案補遺。

劉先生似祖

劉先生仍祖合傳。

梓材謹案。二先生皆寶山先生之子。一字卽翁。號蘭皋。官至樂清主簿。胡石塘嘗以遺逸薦之。一字乃翁。號芷洲。充文學掾。慈湖書院之重建。二先生及諸鄉達共成之。故舊書院左廡附祀。二先生與焉。

邵氏家學

補教諭邵顧齋先生大椿

雲濠謹案。經義考引李德恢云。宋景定甲子。年十二領鄉薦。至元中。爲晦庵書院山長。

附録

元初。士子溺于辭章之習。先生倡明理學。以淑人心。學者始知所趨向。

薛氏家學

補　薦舉薛先生璩

梓材謹案。先生之名。諸本多作據。其自序孔子集語云。其草創也。訂之丞相克齋游先生。又云。時禮部侍郎蘧徑東畂二曹先生。十餘年間列官祕府。遂得借書以閲云云。是先生嘗及游氏之門矣。

附録

劉後村看詳孔子集語進狀曰。克莊竊見近世伊洛門人。各記其師弟子問答之語。謂之語録。或者又纂輯諸家所記。彙次爲朱氏張氏語略。不厭其詳且盡也。論語一書。乃孔門高弟記其師弟子問答之語。然孔氏之言滿天下。薛據采摭夫子之語。不載于家語。與夫莊周列禦寇荀卿所未録。或散于諸子百家之書者。集爲二十篇。名曰集語。其尊師嗜學之志。賢于學伊洛者遠矣。此書有益學者。委可嘉尚。如蒙激賞。念其行誼之美。著書之勤。非泛泛比。察克莊等惓惓公舉之意。見之擢用。可爲尊經立行者之勸。

梓材謹案。四庫全書著録孔子集語三卷。提要言其但分二十篇。殆舊以一篇爲一卷。後人併之。所列書凡三十餘種。又稱其官至浙東常平提舉云。

林霽山序二薛先生文集曰。叔容志宏力毅。負荷千年。念聖遠言湮。爲孔子集語二十卷。

諶甫家學

劉先生伯証

劉伯証字証甫。伯諶弟。以文謁魏鶴山眞西山。咸稱善。爲之序。著有唐史撮要。左氏本末。三傳制度辨等書。眞魏二公相繼論薦。力辭不仕。江南通志。

梓材謹案。証甫一作正甫。安徽通志藝文有劉伯證證甫詩文二十卷。證世多僞作証。蓋卽一人。

節齋家學

趙先生孟至

趙孟至。與篴子。咸淳乙丑進士。官運判。著九經音釋九卷。鄭元慶説。

周氏門人

孝子丁先生鶴年

丁鶴年。其先西域人。元末。因父兄宦游。萬居武昌縣之西山。博學能文辭。尤長于詩。性耿介。不混于塵俗。年九十終于家。有詩集傳世。姓譜。

附録

武昌公卒時。先生年甫十二。已屹如成人。其俗素短喪。所禁止者獨酒。先生以爲非古制。

乃服斬衰三年。仍八年不飲酒。家有遺資。悉推與諸兄。不留一錢自遺。武昌公在時。以先生倜儻類己。甚愛之。俾蔭從父桓州職。亦辭謝不敢有。惟益厲志爲學。清苦自將。與寒畯賤士等。鄉之諸儒長者。以其年幼而有志。多樂教之。年十七而通詩書禮三經。

淮兵渡江襲武昌。先生奉母夫人以行。所在艱阻。三閱月始達鎮江。菽水不給。雖傭販賤業。騎射卑職。皆趨爲之不問。及母卒。哀毀盡癯。鹽酪不入口者五年。

浙東廉訪僉事都堅不花延致先生于家。俾諸子師事之。且剡薦入館。館閣薦章未出而宵逝。

慈谿縣尹陳麟。號稱賢令。四方士大夫多依之。先生居是邑數載。未嘗覿其面。

戴九靈爲作高士傳曰。鶴年專以躬行爲學。非其食不食。非其衣不衣。重然諾。尚氣節。然性頗褊隘。于物少容。因自謂曰。凡爲清士。當以廉爲主。義爲輔。和爲衛。三者備。庶可免于今之世矣。由是德益修而行益勵。有東漢高士之遺風。

陳氏門人

胡先生景南附子釋之。

胡景南。世家東陽之玉山。受業于國子司業陳大猷之門。子釋之。字開甫。自號玉山居士。柳道傳稱其學積于躬。而行儀于家。中遭易代。安隱無競云。柳待制集。

蒙川門人

袁先生斗楠從父漸。附師陳杰。子中立。

袁斗楠字則成。富州人。幼從世父德慶守漸。弱冠。爲徐給事鹿卿所知。延置賓館。陳工部杰長九歲。明于易。同學于郡之東湖書院。遂從受業。聞閩人劉升伯尤擅其學。又往從之。盡得其道。元至元十七年。江西始建儒學提舉司。首辟爲邑教諭。改撫州臨汝書院山長。遷興國大冶教諭。鄂州儒學正。權漢陽府教授。靜江路教授。調壽昌南湖書院山長。陞常州路儒學教授。尤長于醫。子中立。克世其業。初授澧州醫學教授。遷隆興。並不赴。程雪樓集。

本然家學

全先生耆

全先生整並詳全氏家學。

杜洲私淑

顧先生嵩之

顧嵩之。

孫先生元蒙別見滄洲諸儒學案補遺。

顧齋門人

補鄭先生棠

附録

先生壽昌人。少從鄉先生邵顧齋明性理之學。且遠宗東萊之傳。邑生儒皆師事之。質以經史奧義。口如涌泉。浙江分巡魏觀延見。甚加禮焉。嘗歎曰。道學淵源。文章富贍。近代莫及也。壽昌縣志。

丁氏門人

全先生整詳見全氏家學。

慈湖續傳

沈先生師程

沈師程。居慈溪之東山。戴九靈題楊慈湖所書陸象山語曰。文安之學。聖人之學也。韓子謂。求觀聖人者。必自孟子始。予亦謂。求觀文安者。必自文元始。師程知慕二公。取其言與字。尊信而表章之。是亦文元之徒也歟。戴九靈集。

葛先生魁

葛魁。慈溪人。以學行充慈湖書院山長。世居邑學之南。割其地之半歸之學宮。慈溪縣志。

陳先生苑詳靜明寶峯學案。

山長徐先生勉之

徐勉之。□□人。爲慈湖山長。夏立卿送之赴慈湖云。見説慈湖縣。先民有學宮。心源推自得。己易竟誰通。論道非人異。朝宗到海同。朝窗梅蕊白。夜館燭花紅。遵渚三更雁。吟秋四壁蛩。横經山色裏。覓句雨聲中。官況氊何冷。詞場筆最工。棘圍還待子。金榜日華東。正思齋集。

壽張續傳

張先生祖傳

張祖傳。壽張先生曾孫。修謹自振。能世其家。深寧先生爲作存靖齋銘。清容居士集。

楊氏續傳

補隱君楊小隱先生芮

附録

戴九靈哭先生詩曰。家紹文元學。身安原憲貧。世方推獨行。天忽奪斯人。客路誰傾蓋。湖堤幾詠春。回看攜手處。不語自傷神。

獨善家學

史先生駉孫

史駉孫。鄞縣人。彌鞏曾孫。至治三年右榜鄉舉。泰定元年右榜進士。官國子助教。鄞縣志。

史氏禮記説

禮勝則離。樂勝則流。故有分者禮樂之定體。交錯發形者教善之妙用。

吴氏門人

補　縣尹汪遯齋先生汝懋

附録

其爲民興利除害。若嗜欲疾痛之在己。所至必以教養爲職。

戴九靈序禮學幼範曰。古者小學教人以灑埽應對進退之節。事親敬兄隆師親友之道。所以爲修身齊家治國平天下之本也。今其全書雖不可見。而紫陽朱子。嘗以其雜出于傳記者。蒐輯爲内外篇。庶幾小學之教復明于後世。嚴陵汪君。學朱子者也。以爲曲禮一篇。正其幼穉所宜行之禮。但漢儒所記。多不以類而從。學者頗艱于用力。遂取篇中凡爲人子及侍先生長者。與夫飲食言動冠昏喪祭等禮。類聚而編之。至于總言禮之本原。則又别自爲類。以標諸篇首。仍摘鄭氏註語及濂洛諸儒之論附見焉。閒有未安。則足以己意。合爲七卷。謂之禮學幼範。

學正潘先生著附師葉竹岡。

潘著字澤民。嘉興人。受易書于竹岡葉氏。再從吴朝陽氏受春秋。中鄉試備榜。補吴郡甫里書院直學。尋爲廣德學録。改銅陵教諭。以内艱去。服除。調烏程。終湖州路儒學正。有聖筆金經一編。發明春秋微旨甚悉。貢玩齋集。

附録

居喪悉遵朱子家禮。屏浮屠不用。

留正郡學。其講道設教。悉取法安定胡先生。學者翕然向風。

鄉舉汪環谷先生克寛詳見雙峯學案。

魯氏門人

侍讀曾先生燿

曾燿字日章。吴江人。少學春秋于魯道源。洪武間選于鄉。令黄陂。召侍讀禁中。修典令。姓譜。

小隱家學

補楊先生伯純

補楊先生圭合傳。

雲濠謹案。邑志伯純作伯成。以學問老成舉。其子圭。以資稟端慤舉。

汪氏門人

補唐先生轅附弟轂。

附録

戴九靈唐二子傳曰。嗚呼。干戈興。學校廢。禮義喪。風俗隳。中人以下咸漸漬于失教。被服于成習。人倫之際。無不大壞。而天理或幾乎熄矣。于此之時。能以孝友修于身。行于家。

至于舍死而不顧。豈非難得也哉。故吾于轅之代父。轂之代兄。有所取焉。此兩人者。當慷慨就梏時。其心已謂其必死。而終得以無死者。幸也。非其所逆知也。則其所存。可不謂較然不欺哉。

宋元學案補遺卷七十五目録

宋元學案補遺卷七十五

後學 鄞 王梓材 慈谿馮雲濠 同輯

絜齋學案補遺

呂陸門人

補 正獻袁絜齋先生燮

梓材謹案。先生祭倪尚書思文云。某始以諸生事公成均。又云。平生知己。如公實希。是倪齊齋固先生太學受知之師也。

梓材又案。袁清容書進修堂往還尺牘云。始曾大父越公從正獻公時。諸生從正獻公凡數百人。公教不及諸子。母夫人戴氏手模顏魯公大字以教諸孫。又可見先生之家學淵源。不獨前有賢父矣。

絜齋家塾書鈔

治安之時。危亂之萌已兆。漢宣帝渭上之朝。是年元后生成帝。新都篡漢。已兆于極盛之時矣。無虞豈可不戒哉。

舜耕歷山之時。祇見厥父惟知己之有罪。而不見父之爲頑。所以厎豫。及其征苗也。自省未嘗有過。而惟見苗民之作慝。所以逆命。至班師之後。誕敷文德。無異負罪。引慝之心而遂格焉。

滿損謙益。捷于影響。人心豈可以自滿哉。

王伯厚曰。仲虺之誥成湯。召公之訓武王。戒其滿而自矜也。齊桓服楚。魏武得荆州。唐莊宗取汴。皆以滿失之。

梓材謹案。四庫全書本永樂大典著録絜齋家塾書鈔。提要稱其學出陸象山。是編大旨在于發明本心。反覆引申。頗能暢其師説。而于帝王治迹。尤參酌古今。一一標舉其要領。王厚齋發明洛閩之學。多與金溪殊軌。然于絜齋所解儆戒無虞諸條。特採入困學紀聞中。蓋其理至足。則異趨者亦不能易也。

毛詩講義

詩三百。一言以蔽之曰。思無邪。蓋取其直己而發。粹然一出于正。風雅雖變。而思之無邪則一而已矣。大序所謂禮義。卽孔子所謂無邪也。

梓材謹案。四庫全書本永樂大典編定絜齋毛詩經筵講義四卷。提要稱其中議論和平。頗得風人本旨。于振興恢復之事。尤再三致意。如論式微篇。則極稱太王勾踐轉弱爲强。而貶黎侯無奮發之心。論揚之水篇。則謂平王柔弱爲可憐。論黍離篇。則直以汴京宗廟宮闕爲言。皆深有合于獻納之義。胡氏作春秋傳。意主復讐。往往牽經以從己。而絜齋則因經文所有而推闡之。故理明詞達。無所矯揉。可謂能以古義資啓沃矣。

絜齋文集

古者大有爲之君所以根源治道者。一言以蔽之曰。此心之精神而已。心之精神洞徹無間。九州四海靡所不燭。故書曰。光被四表。格于上下。又曰。帝光天之下。二帝之精神也。曰。明明我祖。萬邦之君。德日新。宣重光。三王之精神也。二帝三王。終日乾乾。自强不息。故能全此精神。以照臨天下。至于今仰之。今也雖有仁心仁聞。而大有爲之効未著。願毋以寬裕温柔自安。必以發强剛毅相濟。朝夕警策。不敢荒寧。以磨厲其精神。監觀往古。延訪英髦。以發揮其精神。日進而不止。常明而不昏。則流行發見。無非精神矣。昔我藝祖當寓縣分裂之際。整齊乾坤。如再開闢。詩曰。周雖舊邦。其命維新。新者。精神之謂也。誠能以藝祖爲法。則我宋之維新。亦當常如創業之初。都官郎官上殿劄子。

書曰。有言逆于汝心。必求諸道。有言遜于汝志。必求諸非道。此萬世人主聽言之法也。言雖忤意而合于道。斯忠言矣。言雖可喜而悖于理。斯不忠矣。

風俗無常。惟上所導。導之以正直。則人心皆趨于正直矣。導之以邪佞。則人心皆趨于邪佞矣。以上陳人君宜納諫劄子。

自古患無良將。不患無精兵。得良將以統率之。御之以道。束之以法。怯者可使勇。弱者可使强。省兵篇。

宂官之未省。宂兵之未汰。皆不可言政事。此蠹財之大者。裕財篇。

人生自有樂地。此心無愧。雖貧且賤。自有眞樂。此心有慊。雖富且貴。不堪其憂。再乞歸田里狀。

學以自得爲貴。學不自得。猶不學也。論語一書。多六經之所未嘗言。而孟氏一書。又多論語之所未嘗言。大聖大賢。豈故求異于人哉。得于心。發于言。不自知其爲異也。書贈傅正夫。

口傳耳受。雖多奚爲。發憤力行。弗得弗措。過雖微而必改。善雖小而必爲。立志貴乎恢張。保德務在兢業。毫髮有疑。不可謂學。純明不貳。斯之謂盛。書贈張伯常。

士君子立于斯世。所以殊于衆人者。以其知道也。不學則不知道。不知道則無以爲人。跋滕君勿齋記後。

天下無心外之道。安有不根于心而可以言道者。直躬之直。申棖之剛。仲子之廉。鄉原之忠信。楊墨之仁義。皆不根諸心而已。韶州重修學記。

射必破的。其藝始精。幾于的而不能中。則亦不精矣。惟道亦然。隱諸中心而安。質諸聖人而合。始可爲據依之地。微有差焉。於道歧矣。止善堂記。

兢業之謂敬。敬則不欺。故直。斷制之謂義。義則不屈。故方。敬義立齋記。

人之欲無窮。必求所以滿其欲。非道而取。何所不至。養小喪大。淪胥不仁不義之域。豈不哀哉。是亦樓記。

象山先生曰。學問之要。得其本心而已。心之本眞。未嘗不善。有不善者。非其初然也。孟子嘗言之矣。鄉爲身死而不受。今爲宮室之美。妻妾之奉。所識窮乏者得我而爲之。此之謂失其本心。其言昭晰如是。刊象山文集序。

漢儒雖不逮古。而師資之益。猶汲汲焉。故司馬談學天官于唐都。受易于楊何。習道論于黄子。夏侯勝既從始昌受尚書。又師事簡卿。又請業歐陽氏。蕭望之始事后蒼。復事白奇。又從夏侯勝問論語禮服。所學皆非一師。宜其講習之精。見聞之廣也。戴德甫墓志。

附録

公尉江陰。浙西大饑。提舉常平羅點選僚吏分任振䘏。而以江陰屬公。公謂經理田野之政。自一保始。每保畫一圖。凡田疇山水道路橋梁寺觀之屬。靡不登載。而以民居分布其間。某治某業。丁口老幼凡幾。悉附見之。合諸保爲一都之圖。合諸都爲一鄉之圖。又合諸鄉爲一縣之圖。可以正疆界。可以稽户口。可以起徒役。可以備姦偷。凡按征發爭訟追胥之事。披圖一見可決。在田野爲保社。在軍旅爲伍法。韓信多多益辦。用是故也。公首以此爲荒政之要。由是民被實惠。而欺僞者無所容。

以太學正召。朱侍講及諸名儒已次第去國。未幾。趙丞相罷。公知必不爲時所容。然猶晨入學延見生徒。商榷理道。或謂諸生多上書議斥時事。不當誘進。公不爲變。迄以此論罷。

除禮侍兼侍讀。公匄歸。至八九上。迄不之許。會三學諸生伏闕上疏。斥主和者之非。既而全臺論列。乃併公以罷。太學諸生三百餘人。祖餞都門外。且賦詩以別。公曰。乾道變化。各正性命。雷雨作解。草木甲拆。此吾志也。以直得名。豈其心哉。

公自少有志經濟之業。每謂爲學當以聖賢自期。仕宦當以將相自任。故其所講明者。由體而用。莫不兼綜。謂學不足以開物成務。則于儒者之職分爲有闕。講道于家。以諸經論孟大義警策學者。于書禮記論説尤詳。

公嘗言。所貴乎世家者。非必七葉珥貂。如漢金張。八葉宰相。如唐蕭氏。名位雖崇。而不能皆賢。何世之有。若東都之袁楊二氏。氣脈聯屬。名德俱隆。則可謂世祿矣。

趙野谷送絜齋倉使袁都官歸班詩曰。六轡按部朝出關。郵鈴插羽夜趣還。詔字天飛紫泥濕。一點郎星歸拱北。鄉來翻動大壑魚。致君堯舜眞須臾。金甌未啓請麾去。旋頒漢節登范車。先生有道出洙泗。派分象山接洛水。振鐸重席闡聖傳。此心之外無二理。先生有才輩伊周。胸襟百萬森戈矛。新亭肯作楚囚泣。誓楫一念清神州。此行豈但藺再握。講帷欠公熙帝學。火城照空沙隄新。堂印押班運籌幄。絜齋牆仞世龍門。瓣香夙昔鑽仰心。邑債一了卽歸耕。但當拭目天上新經綸。日與漁樵擊壤歌太平。

眞西山書絜齋訓語曰。始出關。夜宿南山之招提。詰旦甫辨色。吏擊門以告曰。袁司業至矣。亟披衣迎拜曰。先生何出之蚤耶。先生曰。此何時而安寢也。坐論世事。至于涕流。先生盛心。昭揭日月。今猶赫赫也。

蒙齋創東塾告絜齋祠堂祝文曰。肆我先公。體道之元。推以淑人。訓語溫溫。光明本有。意動而昏。昏去明復。照耀乾坤。四海歸慕。絜齋之門。矧伊一家。昆弟子孫。愛及甥輩。罔間藩垣。

程洺水祭袁侍郎文曰。某蒙公之知。受公之教。最爲隆異。歲在丙子丁丑之交。某所寓舍。實在旱河。公時少監祕書也。日旰退省。歸塗經從。必蒙賜顧。有若義理之訓。既極詳明。至論當世之事。尤爲激烈。且言自古聖賢。有志當世。惟孟子尤爲有用之才。其治家也。必曰深其耕。易其耨。五雞二彘。藝牆下以桑。則家烏得不肥。爲國者。能使商賈願出于市。耕者願耕于野。仕者願立于朝。則國烏得而不理。爲天下者。必涖中國而撫四夷。則戎狄安得而不服。有天下者。猶運之掌。則天下烏得而不太平。其氣直而勇。其言壯而明。蓋不惟其學深于孟子。而其資稟實似孟子也。使公而端委廟堂。則進賢黜不肖。内修政事。外攘戎狄。則如前四者之效。當必有可觀者。不然。假以期頤之年。卧之寂寥之濱。使之統斯道之盟。一諸儒之向。譬諸赤刀大璧。不必陳之明堂。而亦足爲清廟鎮。夫何不然。天嗇其祐。一疾不留。殄瘁之哀。實關邦國。安仰之歎。均起多士。蓋不止乎一人之私一日之悲而已也。

劉後村挽袁侍郎詩曰。華髮始遭逢。其如道不同。可曾留孟叟。俄已罷申公。諫草多傳出。經疑盡解通。豈無南董氏。奮筆紀孤忠。

其二曰。遺誥兼新訃。同時至蓽門。龍髯先帝遠。鮐背幾公存。方恨三旌晚。俄驚一鑑昏。潸然關世道。不是哭私恩。

王厚齋跋先生答舒和仲書曰。昔子朱子有言。子思教人之法。以尊德性道問學兩事爲用力之要。陸子靜所言。專是尊德性。絜齋先生之學。陸子之學也。觀其尺牘。皆勉學之要言。蓋尊德性實根本于學問。未嘗失于一偏。是亦朱子之意也。所謂但慕高遠。不覽古今。務爲高論。不在書策者。箴末俗之膏肓。至深至切。所謂古人多識前言往行。日課一經一史。斯言也。學者當書紳銘几。晝誦夜思。尊所聞。行所知。可不勉歟。至于因晚楊梅之餽。推之于大才晚成。此格物之學。一草一木之理。必致其極。節或虧于晚。學或倦于耄。俛焉孶孶。不知年數之不足。尤當以自警。

梓材謹案。晚楊梅之說。厚齋先生所以自命也。語甚懇至。餘補載深寧學案。

方虛谷跋絜齋年譜略曰。公所學。天地之心也。自有天地以來。聖。此心也。賢。此心也。自公之得諸師傳家授以來。象山。此心也。慈湖。此心也。絜齋。此心也。必有事焉而勿正之心也。勿忘而又勿助長之心也。孩之知愛親也。長之知敬兄也。宗廟而欽也。墟墓而哀也。即此所謂本然之心也。

黄南山先賢正獻袁先生贊曰。有鄞儒族。自高而玄。道隆正獻。裕後光前。筌鏞著述。天地其心。魯無君子。後學奚欽。

謝山句餘土音過柳亭訪袁正獻公絜齋書院詩。在昔樓評事。于此闢榛荆。中有袁光禄。實爲都講生。評事既徙居。光禄乃紹承。薪傳歷三世。碩儒大其聲。鳶飛而魚躍。此心共清明。由來小天地。胡爲常惺惺。精廬紛户屨。至教多所成。敏者或自得。鈍者或涕零。嗣音有廣微。家學愈噌呟。王道在尚書。聖學在孝經。瀕江幾楹屋。繁星耀太清。科舉日以盛。微言日以零。千里生民業。但爲温飽營。西瞻鄮山塾。亦復没蒿艿。原註云。正獻解尚書。正肅解孝經。

吴氏先緒

吴先生仁

吴仁字静翁。世居海寧之臨溪。幼警敏嗜書。壯遊辟雍。一時師友皆海内英茂。異時余端禮謝深甫當國。奇其才。欲以異恩畀之。辭焉。屬試屢卻。益卻益厲。晚彌篤。每語其子曰。學以經爲菑。史爲穫。決科之辭抑末耳。平生爲辭章。有静軒雜著。二子。曰光。曰炎。程洺水集。

絜齋講友

鄉貢林草廬先生鼒別見滄洲諸儒學案補遺。

絜齋同調

文肅徐先生應龍別見慈湖學案補遺。

絜齋家學

縣丞袁先生槱別見嶽麓諸儒學案補遺。

袁先生任

袁任字信翁。鄞人。與正獻同曾祖。蒙齋。父行也。官至處州兵馬鈐轄。祝釐崇禧觀。幼從正獻學。蒙齋稱其以材猷自負。而又能以儉約自持。蒙齋文集。

袁先生喬

袁喬字崇謙。絜齋長子。輯絜齋家塾書鈔。蓋録其家庭所聞。至君奭而止。直齋書録解題。

附録

蒙齋媿箴曰。天資正直。急義勇爲。先君子講説諸經。鈔録傳後。炳然有耀。吾媿先長兄。

又絜齋家塾書鈔後序曰。伯兄天資純正。用志勤篤。嘗宰溧陽。視民猶子。邑人德之。惜未盡行所學耳。

補少卿袁晉齋先生肅

附録

蒙齋娩箴曰。博學精職。克紹前聞。居考妣喪。各茹素終三年。仕而見黜。屹無附麗。吾娩先次兄。

補 正肅袁蒙齋先生甫

梓材謹案。宋先生蓋趙訥齋之壻。見下曹先生逢己傳。

雲濠謹案。宋史先生本傳云。有孝經説。孟子解。後省封駁。信安志。江東荒政録。防振録。樂事録。及文集行世。

蒙齋文集

興教化者。不僅止于革面。善士習者。必當明其本心。降衷之良。秉彝之懿。凡民莫不皆然。況名之爲士。乃不知孝弟本良能。忠信非外鑠。縱由科舉以進身。莫識事君之大義。國家何賴于若人哉。知衢州事奏狀。

先君子嘗訓學者曰。立志貴乎恢張。保德莫如兢業。今世之士。往往卑近者乏恢張之志。而俊邁者鮮兢業之誠。有能立大志。奮大勇。傑然立乎千萬人之上。而檢點此身。雖毫釐之間。微有過差。亦不苟恕。則恢張兢業兩得之矣。送林德甫赴京學教授序。

壞天下國家者。私意也。而惟一公字足以藥之。壞士大夫節義者。無羞惡之心也。而惟一恥字足以藥之。贈沈智甫序。

古之學也粹。後之學也駁。古之學也實。後之學也虚。古之學也務本。後之學也趨末。古其可復乎。道與天地準。萬世如一日也。明古之道。修古之教。是亦古而已矣。

有能傳先王之正統。而與學者共之。陶冶作成。一歸于正。親正人。見正行。習正論。磨礱既久。日充日明。秉彝之良。油然感發。孰得而禦之。以上寧國府修學記。

省非難。常省爲難。曾子日三省也以魯。顔子亦足以發也以愚。此魯非魯。此愚非愚。學者于此而省發焉。純純乎。孳孳乎。理融心悟。一以貫也。躬行實踐。默而識也。忠君孝親。本有良貴。仁宅義路。何莫由斯。志其基本。敬其輿也。誦讀則沃以膏液。嚴師畏友則鍼砭藥石也。死生不貳。帝臨汝也。天下歸仁。物我無間也。象山書院記。

桑麻菽粟。舉世不以爲迂。以其能生我也。人非道不生。而舉世一聞談道。則以迂目之。道固在桑麻菽粟外耶。浮梁縣修學記。

夫道。一而已矣。學者各植門庭。將以自尊其師。師道不如是也。三代既遠。漢儒專門名家。破碎大道。自時厥後。紛紛藉藉。不能會于一。我皇朝大儒繼作。始克合百川而宗于海。中興以來。四先生身任道統之責。悉力主盟。凡修之身。行之家。用之國。推以淑諸後進。皆天理人彝。如桑麻穀粟。鑿鑿眞實。不可誣已。四先生無二道。而學者師承多異。于是藩牆立。畛域分。所謂切己之實學。忠君孝親之實心。經國濟世之實用。睽離乖隔。不能會歸有極。反甚于漢儒。可悲也夫。殊不思乾淳以來。四先生相爲後先。所以明義理。别正邪。羽翼吾道。果爲何事。弟子之尊其師。當先識其師之道。大本必正。大旨必明。則道在是矣。奚必于一話言之間。一去取之際。屑屑焉較短量長。以是爲能事哉。迹類而心殊。名同而實異。乃後學之大病。又□㈠可以類㈡先生耶。若夫四先生之自相切磋。則固有不苟同者矣。正以道無終窮。學無止法。更相問辨。以求歸于一是之地。是乃從善服義之公心。尤非後學之所可輕議也。鄞縣學乾淳四先生祠記。

瞻彼山兮。形若塊然。振古青青。發育無邊。靜乃如此。妙不可傳。仁者默識。以永天年。仁者樂山銘。

爲學如射。立志爲先。志在命中。鐵石可穿。企彼聖哲。萬夫莫前。有志竟成。古語信然。立志箴。

過何從生。不觀省故。提起精神。靡間朝暮。精神者何。靈明天賦。惟是觀省。弗得弗措。一日得之。本來素具。不以力索。無物可付。徹上徹下。綽乎有裕。觀省箴贈桂伯順。

忿從何起。反觀諸己。寂然本無。何怒何喜。波浪平息。湛若止水。懲忿之要。如斯而已。懲忿箴。

欲從何生。一念之萌。凝神靜觀。勿與欲爭。雲翳既散。日月自明。窒欲之要。不動亭亭。窒忿箴。

㈠「□」當作「豈」。
㈡「類」當爲「累」。

欲箴。

懿姚虞之傳心兮。曰惟一以惟精。伊尹憫後覺之未覺兮。非予覺之其誰嗚。衛武公歌有覺之句兮。千載猶播其芳馨。洙泗先覺之是賢兮。此道參前而倚衡。覺賦。

衢學講堂更名時習和貳車韻五首

道心無壞亦無成。只怕微雲點太清。重坎之亨人不識。一輪素月本來明。言習坎之心亨也。

意味澄然未動初。綱常大道本同趨。直須麗澤工夫熟。便是當年詠舞雩。言兌澤之講習也。

終身不察是凡人。一日三回省此身。參也親傳端的處。品題宜□㊀不違仁。言曾子之傳習也。

緬懷周道意悠長。事業姬公念不忘。宗廟百官誰識者。仲由也只許升堂。言孔子之習周公也。

莫道今人不古如。分明氣象魯之洙。坤爻六二知何義。試叩膠庠學易徒。言坤六二之不習無不利也。

附録

授祕書省正字。入對。論君天下不可一日無懼心。今無懼者。大端有五。其它禍幾亂萌。不可悉數。將何以答天譴。召和氣哉。

㊀「□」當作「亞」。

知徽州。治先教化。崇學校。訪便民事上之。
知衢州。立句講。務以理義淑士心。歲撥助養士千緡。
提舉江東常平。所至詣學宮講說。刱書院貴溪之南。以祀象山。
遷祕書少監。入見。帝曰。卿久勞于外。篤志愛民。每覽所陳。備見懇惻。先生奏無逸之義。
言知農夫稼穡艱難。自然逸欲之念不起。乞力守更化以來求賢如不及之初意。
嘉熙元年。遷中書舍人。入見。陳心源之說。
遷吏部侍郎兼國子祭酒。日召諸生。叩其問學理義講習之益。時邊遽日至。先生條十事。至
爲詳明。
眞西山序紹定江東荒政録曰。袁侯在江左五年。屬州縣無一歲不告饑。侯無一日不講荒政。
先儒有言。天于菑變之將作。必豫出其人以擬之。若侯者。其天之所擬耶。天之爲心。仁而已矣。
侯之所爲。亦不失其本心而已。
又爲作眞贊曰。傳絜齋心。得慈湖髓。方寸虛明燭千里。是爲鄮山子袁子。
王厚齋四明七觀曰。處則講貫以淑艾。任則善教以昌言。長庚曉月。惟楊暨袁。袁亦有子。
受業于楊。進禮退義。家學用光。
戴剡源孝經説後序曰。正肅公既貴。嘗持江東憲節。數數爲士大夫講象山之說。故江東之人
自正肅公而尊象山之道益嚴。

袁清容書先生懲忿窒慾題扁曰。忿慾皆發之不中節者。易咸以無心爲感。何思何慮。是則安有不正者。漢儒言感物而動。失旨多矣。正肅公謂。忿近于剛。以欲爲剛。德不足探本澄源。有合夫繫辭傳之説。故其平居守身如玉雪。危言讜論。百王㊀交避。其剛之謂也。清齋端居。不避聲色。此絶慾之效也。居朝不一二年。輒以直道去。湯文清哭公之詩有曰。獨留事業在江東。眞實録也。

黄南山先賢正肅袁先生贊曰。巍巍正肅。作聖有功。擢魁嘉定。蹇蹇匪躬。禽鳥春風。予樂攸同。高山景行。允矣儒宗。

梓材謹案。宋史藝文志有先生中庸詳説二卷。經義考云。已佚。四庫全書本永樂大典著録蒙齋中庸講義四卷。提要云。其書備列經文。逐節訓解。蓋平日録以授門弟子者。中間委曲推闡。往往言之不足。而重言以申之。其學出于慈湖。故立説多與象山相合。如講語大語小一節云。包羅天地。該括事物。天下不能載者。惟君子能載之。而天下又何以載。幽通鬼神。微入毫髮。天下不能破者。惟君子能破之。而天下又何以破。此即象山語録所云。天下莫能載者。道大無外。若能載。則有分限矣。天下莫能破者。一事一物。纖悉微末。未嘗與道相離之説也。其講自誠明一節云。誠不可傳。可傳者明。明即性也。不在誠外也。此即象山語録所云。誠則明。明則誠。此非有次第。其理自如此之説也。其他宗旨。大都不出于此。雖主持過當。或不免惝恍無歸。要其心得之處。未嘗不自成一家云。

㊀「王」當爲「壬」。

閤學袁先生商

袁商。正獻季子。官至閤學。與兄肅甫。俱有學問。知名于時。姓譜。

蒙齋講友

伍先生維寅

伍維寅字清之。衢州人。嘉定十六年。擢奉常第司户衡州。嘗與袁蒙齋友。蒙齋言其貌莊而和。言平而實。攷其行。鄉閭稱爲佳士。叩其志。沛乎勇決而莫之禦云。袁蒙齋集。

絜齋門人

補 胡先生誼

梓材謹案。先生著有尚書釋疑十卷。經義考云佚。

附録

正之自以不與時偶。益讀古聖哲書。深求旨趣。以自暢適。晚歲建聚書樓。扁曰觀省。自號觀省佚翁。且作記曰。青嶂當前。翠竿在側。展卷與聖賢對語。優哉游哉。又述絜齋之訓曰。修身爲本。謹行爲先。觀于斯。省于斯。子子孫孫寶之。永無忘。

蒙齋銘其墓曰。癯儒精神。樂哉一貧。是爲絜齋先生之弟子。不辱師門。

補 胡先生謙

梓材謹案。先生著有易説。易林。魏序上文云。尚慮所見未廣。介余友袁廣微將就正于余。甚矣。牧之之好學也。似先生嘗學于鶴山。

附録

魏鶴山序先生易説曰。余謂古之學道。雖分古今。越宇宙。而義理之會。若合符節。牧之于余。有未可强同者。固亦足以交警互發。抑必有一是非于此者矣。邵子曰。先天學。心法也。造化萬物生于心也。每味其言。先儒之所謂學者蓋如此。故更願牧之歸而求之。而予亦以是自警焉。

路先生康

路康字子齡。世居河南。父覲始居象山。先生從學于袁絜齋。絜齋調官江陰。亦從而卒業焉。絜齋集。

吴先生炎

吴炎字晦夫。絜齋弟子。絜齋字之。絜齋集。

博士李三江先生元白詳見廣平定川學案。

少師程洺水先生珌別見嶽麓諸儒學案補遺。

統領胡先生革

胡革字從之。慈溪人。少從袁正獻學。正獻愛其氣質之純茂。志操之堅確。名之曰諶。字以實之。先生苦心刻意。勇于自立。不得志于儒科。思欲以武奮。遂更其名。并字易之。取從革之義。圖通變之功也。仕爲鎮江府都統司左軍統領。大監慈湖楊公。先生亦嘗親炙誨益。服膺不忘。絜齋集。

李先生鶚附師楊子嘉。

李鶚字雄飛。奉化人。家于金溪。師事楊子嘉。既又從沈定川楊慈湖袁絜齋學。共學者咸愛敬之。絜齋集。

汪先生龍友

梓材謹案。先生嘗以父命。受業絜齋于永嘉。見其父從事傳。詳廣平定川學案補遺。

章先生麟父焕。

章麟。慈溪人。其父焕。字昭卿。恨少壯時學不竟力。磨厲諸子不少休。平旦盥櫛。以躬先之。且命其子皆早起。曰。雞鳴而起。孳孳爲善者。舜之徒也。絜齋授徒里校。俾先生受業焉。絜齋集。

張先生伯常

張伯常。龍泉人。與蒙齋友。蒙齋稱其學醇行方。氣充識明。可以爲師矣。袁蒙齋集。

梓材謹案。先生絜齋有書贈之。勉以發憤力行。又其立志貴乎恢張。修德莫如競業。蒙齋以爲訓學者。則先生嘗學于絜齋之門矣。

吴先生祈

吴先生裕合傳。

吴祈。吴裕。鄞人。君若适之二子。而絜齋之甥也。絜齋贈詩以誨之曰。男兒何所急。爲學要立志。此志苟堅强。天下無難事。超然貴于物。萬善無不備。厥初本高明。有過則昏蔽。但能改其過。輝光照無際。厥初本篤實。有過則虚僞。但能改其過。金玉等精粹。改過貴乎勇。不勇眞自棄。有過如坑穽。改過如平地。平地可安行。坑穽宜急避。事親貴乎孝。事長貴乎弟。是爲立身本。奉承無失墜。門户久益頽。盍作興起計。是心通神明。勿使形體累。持之久而純。爲福如川至。其二曰。農夫力耕耘。歲功必倍收。吾儒用心收。學業亦有秋。聖賢有遺訓。好古敏以求。韋編至三絶。發憤窮深幽。寢食俱相忘。此志何時休。矧今後生輩。未脱童丱儔。刻苦猶不足。詎可思悠悠。而母早孀居。其窮未易瘳。殷勤撫二子。不暇爲身謀。雜然萬馬羣。望爾爲驊騮。翕如衆樂奏。望爾爲天球。勿云年尚幼。歲月如川流。及今不加鞭。壯大徒包羞。輕璧惜寸陰。前哲勸進修。勉爾務謹重。戒爾毋輕浮。人百己千之。庶解而母憂。袁絜齋集。

汪先生敏中

汪敏中字耐翁。鄞人。絜齋授徒里社。先生從之學。性資端良。嗜書不倦。仕爲户掾。爲總屬。宰壯縣。倅名邦。秉心如一。職業愈辦。嘗語人曰。吾昔者讀易。有感于敬義立而德不孤之語。自是服膺拳拳。不敢失墜。持身莅官。無大愧怍。皆由是出。絜齋爲記其敬義立齋。袁絜齋集。

朱先生擇善

朱擇善。烏程人。丞相忠靖之孫。嘗游于絜齋先生之門。眞西山歸卧草廬。掩關謝客。居一日。先生來謁。作而言曰。僕之始學也。聞誠意正心之説。以爲直易易耳。今從事于此。固已有年。而一臨利害之境。則自私之念崢嶸乎其中。有不可遏者。夫然後知其爲匪易也。西山曰。昔人不云乎。君以爲難。則易將至矣。惟吾子前日之易也。是以一念之忽。而去道遠焉。今而難之。是子進德之機也。眞西山集。

楊先生□

梓材謹案。蒙齋爲楊璘母何氏墓誌云。吾鄉城南楊氏最盛。先正獻公絜齋先生久處其家塾。子弟多秀士。服習詩書。據此。則絜齋之門必有楊氏在焉。

補太師袁彥淳韶

雲濠謹案。清容居士集袁氏舊書自序言。越公從學正獻時。有手校九經。旁説疑義。皆附書左右。最爲精善。又書進修堂往還尺牘云。嘉定癸酉歲。正獻公自九江召歸郎省。越公亦自桐廬入爲奉常屬官。正獻爲侍從。而越公復入。著庭同朝凡六年。後三年。正獻公奉祠歸里。越公以列卿尹臨安。公作詩十章相寄。獎勵尤深。而其首章有曰。少年妙譽已超然。不肯隨羣苟目前。蓋猶言昔時遲赴禮部相從事也。暨正獻公薨。越公挽章有曰。燕堂聯族子。講席後諸生。蓋言合講時事也。

絜齋私淑

文隱滕寒齋先生公遇別見艾軒學案補遺。

郎中趙野谷先生汝鐩別見麗澤諸儒學案補遺。

梓材謹案。野谷送絜齋歸班詩有云。絜齋牆仞世龍門。瓣香夙昔鑽仰心。蓋嘗私淑絜齋者矣。

蒙齋門人

補文定陳先生宗禮

梓材謹案。深寧困學紀聞評詩潘庭堅題道鄉臺條原註。陳樞密宗禮。景定間持節廣東。有詩云。山川只謂蠻煙累。姓氏多因謫籍香。御史虞慮劾之。陳坐謫。其後陳召入。虞鐫官。謝山三箋云。只謂原本作只爲。爲是。又云。宗禮。絜齋弟子。攷宋史先生本傳。袁甫爲江東提點刑獄。宗禮往問學焉。所云絜齋。蓋蒙齋。傳寫之譌。

莊敏馬裕齋先生光祖詳見西山蔡氏學案。

李先生純父

李純父。蒙齋之徒也。黄東發爲題蒙齋遺訓曰。蒙齋先生。正人也。其言多有足服膺者。純父勉焉。足矣。謹勿更求他人保明。恐世俗好謨㈠。適以怠純父之心。非蒙齋所望也。東發文集。

知州徐先生拱

徐拱字拱辰。浦城人。文肅之孫。累官朝奉大夫。歷知祁門縣。南雄州。高州。興國軍。道州。卒年五十有六。其于祁門。養士如諸侯學。聘進士之里居者使教焉。知興國。以嫌自列。改道州。州以寧一。于是作湖南道院。以表章濂溪之學。而安樂其民云。方秋崖小稿。

梓材謹案。秋崖嘗爲先生與袁太監書云。某官以慈湖之的傳。嗣絜齋之遺響。某安得執御以驗吾心之本靈本明者。又一書云。幸而大父于先正有同朝之喜。季父于執事有同年之盟。惟先生拊之。使薦紳大夫目之曰。是嘗登蒙齋之門。某倚以爲重。則先生自列蒙齋之門矣。

㈠「謨」當爲「諛」。

程先生沐

程沐。松陽人。袁正肅每與講論經義。袁蒙齋集。

曹先生逢己

曹逢己字能謙。長興人。娶趙太常師淵之女。與袁蒙齋爲僚壻。與處。動中繩墨。孜孜于切己之學。蒙齋屏居山樊。先生來書。終日諷誦。夜挑燈忘倦。卒年纔三十有八。蒙齋誌其壙。袁蒙齋集。

葉先生東

葉東字子潤。括蒼人。紹定癸巳。訪蒙齋于鄱陽。聽講中庸大旨。蒙更其字曰朝宗。端平三年。蒙齋去國。先生不遠千餘里。到鄞川東湖。問蒙齋以死生。而蒙齋爲字說以遺之。蒙齋文集。

饒先生□

饒生者。蒙齋學徒也。蒙齋作默識銘以贈之。曰。子之從師。亦既努力。識云多矣。然匪默識。默識如何。誦詩讀書。此讀此誦。與世人殊。人皆不然。而我樂此。大道坦坦。君臣父子。是中何言。是中可言。終日默默。有不默存。蒙齋文集。

梓材謹案。蒙齋集又有竹坡銘。亦贈饒生。

蒙齋私淑

姜先生翔仲

姜翔仲。貴溪人。袁正肅公行部之貴溪。爲象山改創祠塾。先生之先世。故當時講下士大夫一人之數。先生又爲侍祠諸生。能取家藏袁氏孝經説併刊之塾中。可謂鶴鳴而子和之矣。戴剡源集。

胡氏門人

孫先生震

孫震。天台人。胡牧之學子。袁蒙齋集。

朱氏家學

舍人朱先生應元

先應元字見則。安吉人。震之子。歷官監察御史。崇政殿説書。首劾時宰。去之。後爲丁大全所忌。左遷。尋復除監察御史。陞右文殿侍講。會星變。賈似道當國。衆畏縮莫敢言。先生極陳時政。由是遷起居舍人。卽日斥去。姓譜。

越國門人

王臞軒先生邁詳見西山真氏學案。

胡先生余潛

胡余潛字叔昭。臨海人。繈褓而孤。隨母適余氏。束髮以行藝推于鄉。錢相祖象㊀弟兄尤器重。迎致家塾最久。既而席下弟子益衆。應舉猶用余姓。耆舊或告公所自出。即日返本宗而更名。示不忘長育恩。登第爲鉛山主簿。累官辟知藤州。命未下而卒。方巖王居安嘗薦之云。孝友聞于鄉里。人謂實録云。後村大全集。

梓材謹案。先生長子太初。祕書郎兼景獻府教授。袁清容述先大夫師友淵源。言祕書以清苦自檢治。與處州季鏞同其父越公門下士。蓋先生在慶元府幕倉多所補益。注餘姚酒庫。而越公爲班改知平陽縣。以親嫌改金溪。故清容云爾也。

蒙齋續傳

補　教授袁先生裒

梓材謹案。蘇滋溪書袁德平文槀後云。國子伴讀四明袁杲。手其先君子文一編示天爵曰。吾先正獻公學于金溪陸先生。至正肅公益修其學。俱有家集傳焉。蓋非專以文名于世者也。又云。正肅得其先訓。以達于陸氏。杲之先君子。則正獻曾

㊀「祖象」當爲「象祖」。

孫。正肅公之孫也。其于家學。蓋親有所聞焉。又案。元文類載先生文集。號臥雪齋文集。馬有用嘗爲之序云。其子早游于國學。以予嘗從其兄伯長甫官史館。而伯長甫又好予甚者也。請重序其父之文焉。

附録

越國續傳

嘗作求志賦。其自序云。余老于變。患年垂耳順。白首無成。因想先世遺業。敘次爲求志賦。

同知袁先生洪別見景迂學案補遺。

宋元學案補遺卷七十六目録

宋元學案補遺卷七十六

後學 鄞 王梓材
慈谿馮雲濠 同輯

廣平定川學案補遺

張陸門人

補 文靖舒廣平先生璘

梓材謹案。廣平八世孫讓爲廣平淵源録。蓋師南軒張氏。金溪二陸。晦庵朱氏。東萊吕氏。友定川沈氏。絜齋袁氏。慈湖楊氏。攻媿樓氏。止齋陳氏。他如吕子約。徐子宜。皆其所與遊云。

廣平類稿

古之積貯。在穀不在米。官司收糴常平。不如舍米取穀。而穀之中只糴所謂小米穀者。常平官租納米一斛。則折穀二斛。與所糴並藏。反覆思之。無弊有利。果可施行。不惟一路便可措置。若敷奏朝廷。亦可永爲天下法。與陳倉論常平。

國家榷茶鹽。大率淮浙之課在鹽。江鄉之利在茶。二物出產去處。其價廉甚。商旅先以厚資買引。然後以本錢取貨。官價既輕。利亦無幾。故商賈之家不免因官引夾帶。而桀黠者或致於私販。若官司一一苛察。繩之以法。與民爭利。非計之便。論茶鹽。

今之保長。雖曰催科稍便。然期會之奔走。吏胥之乞覓。點對之費用。比較之箠楚。人人所不能免。縱使令長有寬恤之心。深加撫勞。然上下勢嚴。内外情隔。非委之吏。事必不集。集事在吏。非賄不行。矧令長迭更。未必皆賢。賢者尚不能盡察。萬一苟非賢。吏輩誅求。詎有紀極。論保長。

救荒之事。苟恤民。雖在他司門下。尚復致力。矧義倉專屬使臺。以是寬民。不俟他請。曩者訴旱。既多阻抑。今若因是。凡下等不在蠲免者。亦與除放。或截自若干斗以下。悉與蠲免。甚大惠也。

夫薦舉之法。乃國家求賢之道。非士大夫干禄之門。是以古之時。上嘗急於得賢。而不以選拔私其下。下亦謹於自治。而不以利禄干諸上。上下兩盡。天下爲公。故廉恥明而風俗厚。後世義利不明。士失本心。爲己之學乖。利禄之念重。視阨窮遺佚者。不能以一朝居。於是有自鬻之態。有請託之門。上則挾富貴以臨下。下則冒廉恥以干上。拜爵公朝。謝恩私門。而門生恩府之稱。歷數百年。雖名卿大夫。亦安於流俗。而不能擴然以變。謝張守舉狀。

附録

先生答朱子書曰。去冬摳衣晉謁。始獲挹道德之容。降既見之心。執事與進循誘。色温而氣和。情親而禮厚。飲食教裁。不啻父兄之詔告夫子弟也。虛心之教。迫切之誨。佩服不敢忘德。所恨不得朝夕侍側以承博約爲不滿耳。

楊慈湖誌墓曰。元質於書無所不貫。尤精於毛鄭詩。又曰。載遷教授新安。愈自磨勵。其於晦翁東萊南軒及我象山之學。一以貫之。

袁絜齋祭之曰。嗚呼兄乎。孰能盡力閨門。如兄之躬行孝悌乎。孰能保養名節。如兄之肝膽忠義乎。又孰能舉世信之。如兄之不遭譏議乎。考其終身。蹈履純備。死生夜旦。夫復何嗣。而所可深痛者。朋友乏切磨之益。而後學失依歸之地也。

又新安郡庠祠記曰。以篤實不欺爲主。對越上帝而無歉。質諸古人而不怍。元質其人歟。

袁蒙齋記舒公祠堂曰。先生内美充實。有孚盈缶。而即之若虛。叩之若無。第見坦坦蕩蕩。了無偏倚。温温讓讓。不異常人。應事接物。委蛇曲盡。而若未嘗與事物交。小心畏忌。周旋規矩。超然常與造物遊。陶陶乎。浩浩乎。生乎天壤之間。獨能保此太和。享此眞樂。而未易與世人言也。

王厚齋記廣平書院曰。先生之學。講於張而成於陸。考德問業於朱吕。心融神會。精知力踐。其躬行有尙絅之實。其誨人有時雨之澤。沈楊袁三先生道同志合。化東海之濱爲洙泗。位不配德。而教行於鄉。聲聞於天下。

陳本堂文靖公書堂講義曰。文靖先生有立身之正學。有修身之實行。參承於南軒。而仰證於象山。遠則審訂於周程朱之見聞。近則問辨於楊袁沈之交際。力行所到。後學所師。流俗滔滔。道則在是。非吾鄉之碩果乎。

戴剡源題文靖墓詩曰。莫輕數尺黄泥壤。埋卻斯人後更無。山上自難生毒草。樹閒長見聚慈烏。樵耕可免憑鄉俗。灑埽能來是學徒。後有宣尼須痛惜。待將墓額寫嗚呼。

黄南山文靖舒先生贊曰。先生之學。自陸而朱。融會貫通。卒爲大儒。美境佳趣。風雨敝牀。師模後進。煦然春陽。

廣平學侶

舒先生琬

舒琬字傳正。文靖長兄。淳熙甲辰進士。授迪功郎。鄂州崇德縣尉。陞福州簽判。文靖光裕録。

附録

樓攻媿祭簽判文曰。惟吾傳正。負氣敢言。晚對大廷。直聲凜然。止或尼之。不止帝前。尉於武昌。恩威並宣。日剖滯訟。自以不冤。五溪峒蠻。動輿戈鋋。匹馬深入。且喻且鐫。投戈解仇。羅拜馬前。遠邇警歎。詠歌四傳。又曰。兄之於事。如燭照而數計。

舒先生球

舒球字東美。傳正弟。而文靖之兄也。淳熙十六年進士。仕至潁川太守。文靖光裕録。

廣平講友

陳先生傅良詳止齋學案。

樓先生鑰詳見邱劉諸儒學案。

忠文徐先生誼詳見徐陳諸儒學案。

教授高先生宗商詳見槐堂諸儒學案。

汪先生廷佑別見晦翁學案補遺。

楚先生椿

楚椿字仲齡。新安人。學問有源。操履端正。杜門力學。不同流俗。廣平教授徽州。數造其廬。而以學正處之。廣平嘗答其書曰。每念不聞諸友消息。得書知講席不廢。深慰所思。但莊卿書言。別後吾友一洗膠固。入會圓融。而來書但云。目疾作苦。若不能堪。吾友平生爲學。正坐膠固之病。一旦掃除。當日有休休之樂。而來書但云。爾豈復爲外所奪耶。古人固有終身抱疾如支離疏者。猶足以養其身而終其天年。況仲齡未至於此。外無仕進之念。内無饑寒之迫。力學自强。超然自處。雖少有疾。何損於内。孟子曰。夭壽不貳。修身以俟之。雖甚不幸。亦只得自安。若强以命分之説排遣。疾終不能逃卻。恐未免自貽慼慼也。廣平類稿。

鄉貢林草廬先生鼐別見滄洲諸儒學案補遺。

復齋門人

補 端憲沈定川先生焕

梓材謹案。上虞縣志名宦傳於先生云。始與臨川陸九齡爲友。又與朱吕講求問辨。似先生與文達蓋在師友之間。

沈叔晦語

天子必有諫官。今世牧守。遂無諫者。天子不得自行一事。而牧守皆擅喜怒。無敢問者。録事參軍。自漢至唐。專掌彈劾。此職可復修也。

定川經説

道德仁義。渾然無偏倚之謂成。楊墨之仁義。去道德而言之也。老子之道德。去仁義而言之也。二者皆有弊。以執一偏。不知禮也。道德仁義。理一而名二。體同而用殊。各行于其所當行。

而不偏于一曲。非禮不能也。曲禮道德仁義二句。朝廷之上。不言功名之大小。則問官爵之崇卑。利禄之厚薄。此何等風俗哉。今公卿大夫。在朝之士。所言者皆禮。問者以是。對者亦以是。可見禮樂明於上。風俗厚矣。在朝言禮二句。義是禮之變。等是禮之常。于坤乾觀變。於夏時觀常。非聖人孰能觀之。禮運子曰我欲觀夏道節。禮行不是行禮。我與神有二。不可謂之行。聖人之誠。足以感神而無閒。故無往而不得其所欲。故禮行于郊節。

附録

姑蘇一巨室。延以誨其子。同舍以先生貧甚。皆勸其往。君曰。吾方求益師友。柰何捨去。卒拒不許。

爲太學録。常正衣冠。同僚私謂曰。沈君莊肅如是。我輩亦當如是。盛暑時亦然。篤愛其親。以曾子爲法。而復以名諸子。以孝謹爲家傳。兄弟自爲師友。論講切磨。期與古人同。友愛甚篤。

其留别楊慈湖之鵝湖詩曰。任地從天景孰眞。何須向北定三辰。天涯未遇蜃樓市。仙嶠偏多採藥人。分手傳餐每歧路。知心講道更情親。離亭信宿梅花驛。只恐霏霏雨雪頻。

朱子答先生書曰。帥幕非所以處賢者。然自我言之。亦何適而不可安耶。前日務爲學而不觀書。此固一偏之論。然近日又有一般學問。廢經而治史。略王道而尊霸術。極論古今興亡之變。而不察此心存亡之端。若只如此讀書。則又不若不讀之爲愈也。況又中年精力有限。與其汎觀而博取。不若熟讀而精思。得尺吾尺。得寸吾寸。始爲不枉用功力耳。

又祭之曰。嗟吁叔晦。學問辨博。識度精微。官止龍舒之別乘。而才實執政之有餘。人皆戚戚。君獨愉愉。人皆汲汲。君獨徐徐。而惟以道德爲覆載。以仁義爲居諸。以太和爲扃牖。以至誠爲郭郛。至於大篇短章。鏗金戛玉。鉤玄闡幽。海搜山抉者。又特其功用之緒餘也。

史眞隱祭之曰。嗚呼。叔晦淳眞。資稟不羣。試舉大略。可悉其人。以言其道。得師深造。優優聖域。能窺閫奧。以言其材。知悟心開。何患事物。紛至沓來。以言其學。正而不駁。因流知源。横渠伊洛。以言其文。傑出橋門。兩優上第。名亞省元。以言其狀。修髯廣顙。鶴立雞羣。咸知敬仰。以言其言。時然後宣。齒牙餘論。學者爭傳。嗚呼。人有一善。必膺世選。君兼數者。乃不通顯。遲次州佐。效未及收。遽以淪没。命不爲謀。

楊慈湖祭之曰。叔晦之賢。豈吾一鄉所可得而私。蓋天下共之。世方習諛。波頽不可起。叔晦不然。如底柱中流而峙。正色立朝。不肯靡靡。學官發策。無所回畏。雖不旋踵而罷。而亦足以起士大夫萎薾不振之氣。

周益公誌其墓碣曰。昔曾子論宏毅之士。仁爲己任。死而後已。孟子謂明善以誠身。誠身以悦親。悦親以信友。信於友乃獲於上。若我叔晦。所謂任重道遠。誠其身以獲於上者。非耶。

孫燭湖哭沈叔晦墓曰。宿草遂如許。吾誰作九原。堂堂那有此。凜凜尚能存。日落松風久。天清霽氣暄。百年知己淚。灑盡欲何言。

又上晦翁書曰。叔晦沈兄。不幸謝世。此淛中之梁木一壞。豈易復得。

魏鶴山跋先生太學私試策問曰。古之仕二。爲貧爲道而已。爲貧焉。則苟以禄仕。然非飢餒不能出門户不爲也。亦有飢餓而不肯爲者矣。夫苟爲道。則立乎人之本朝。將大行其道。次猶欲行其言。否則去之。雖窮乏者得。我且不爲也。況妻妾宮室乎。此義久矣不明。沈公乃能招諸生而誨之。人主不以爲忤。宰相趙文定亟稱之。此人心之所同也。不知位司成職言責者獨何人而斷斷不可。

袁蒙齋贈沈智甫序曰。先正獻公嘗言。先生少年在鄉校。刻志問學。齋前有竹甚茂。每於林叢中讀書。音韻洪暢。聽者悚然。祁寒襪無絮。則小籃貯故紙用以温足。前輩所謂士大夫必先咬得菜根。乃可有爲者。其先生之謂歟。

王厚齋曰。淳熙大儒。跡濂洛之源。而達之洙泗。是邦諸老之學。始得江右之傳。而考德問業於朱呂張子之門。以修德性求放心爲根本。以顔曾四勿三省爲準的。闡繹經訓。躬行實踐。致嚴於進退行藏之際。致察于義利理欲之幾。明誠篤恭。俯仰無所愧怍。學者知所操存持養。以入聖人之域。四先生之功也。

黄東發讀晦庵文集曰。答沈叔晦所問兩塗之疑。謂聞道讀書。須詰以所謂道何道。所謂書何書。聞之讀之又如何用其力。更願審叩以決其是非。愚謂晦庵以其受象山之學。故其說如此。所謂引而不發者耶。再答讀書數條。先令虛心熟讀本文。若便雜諸說。下梢只得周全人情。恐亦闢其先入爲主者。

黄南山先賢端憲沈先生贊曰。偉哉端憲。本於躬行。師道尊嚴。郡國是倡。曰道與職。惟一無二。任重道遠。名昭百世。

謝山句餘土音沈端憲公墓詩。僉書父子盡醇儒。更有徵君饜道腴。再世衣冠同翕聚。一林櫄楷尚扶蘇。崇邱山下薪傳杳。眞隱堂中蕙帳枯。鄉里義田乃餘事。可憐高誼亦荒蕪。原註云。端憲之父僉判銖。程氏再傳弟子。淵源有自。端憲之弟徵士。陸氏弟子。有苦節。

定川學侶

補 徵君沈先生炳

梓材謹案。深寧困學紀聞引朱文公答項平父書。子靜所說。專是尊德性事。所以爲彼學者。多持守可觀。而看義理不細。謝山箋云。蓋指吾鄉楊文元。袁正獻。舒文靖。沈端憲。及端憲弟季文一輩。

附録

孫燭湖答潘宣幹書曰。沈季文兄。要是强毅。截然不繳繞媚世。眞古學者氣象。他日宜相與展盡餘懷。

定川講友

成公吕東萊先生祖謙詳東萊學案。

王先生茂剛

王茂剛。居明州林村。在巖壑深處。刻意讀書。足跡未嘗妄出。尤邃於周易。沈端憲煥通判州事。嘗訪之。其見趣特出於傳註之外云。延祐四明志。

附録

王深寧八賢贊曰。夢吞三畫。韞玉山棲。象外繫表。捐筌棄蹄。心學自得。羲文與稽。緒言不傳。林深草萋。

謝山句餘土音林村懷王處士詩。不習白茅黄葦學。逝將韋布老山村。崛興寧須五世授。神助早將三爻吞。超然一笑會太極。掃盡諸家付游魂。都尉以來推絶學。苦心若箇見天根。

自註云。王茂剛。容齋隨筆所記講易儒者也。梓材案。白茅黄葦學。原註謂王荆公新經。又案。處士著有武陵易說。

奚先生士達

奚士達字必達。寧國人。淳熙乙未進士。教授復州。改績溪提轄。左藏庫簽書。淮南判官致仕。初。先生與同舍郎沈煥講習禮經。相勉曰。曲禮毋不敬。大學毋自欺。當終身行之。江南舊志。

朝奉滕溪齋先生璘詳見滄洲諸儒學案。

鄉貢林草廬先生鼒別見滄洲諸儒學案補遺。

廣平家學

補學士舒先生銒

梓材謹案。先生以廣平長子爲定川長壻。與吕喬年胡籲李知至爲寮壻。見沈氏譜。

廣平門人

補博士李三江先生元白

雲濠謹案。先生嘗爲永州教授。眞西山薦狀言。其學純行粹。論正氣平。早遊膠庠。士論推服。及爲學録。規範肅然。分教偏州。未究其用云。

附録

廷對。力陳二説。其一論合天下之賢。以起事功。賢者氣類雖一。性行不同。人主當翕受敷施。大臣當兼收並蓄。其二論容天下之言。以作士氣。進言者常病於過。聽言者常病於疑。然言而過。其失在臣子。容納之皦歸朝廷。聽而疑。其失在朝廷。讜直之皦歸臣下。其間敷陳詳密。剴切精當。讀者謂其得奏議體。

授零陵校官。先生至。適廩粟無繼。爲之稽其本末。立爲定式。盡剗浮費。以身率先。既迺葺新殿宇。及禮樂器飾。從祀儀像。增生員解額。課習寒暑不倦。士咸知奮。謂吾邦自濂溪南軒遺風浸遠。先生繼其後。喚起氣脈。相與號召。如江之西。廣之南。負笈者輻輳。時二子亦分教于徽于汀。先生既取朱文公貢舉私議爲學者矜式。遂録二副。并示以訓迪之方。結語云。若解體至意。老懷念釋。其樂教如此。

除國學正。上方親細氈。講經理。輪對謂。帝王之學。莫切於心。三代而上。若堯舜禹湯文武之聖。其心法之要。相傳不失。具載於經。三代而下。若漢武帝唐太宗。雖尊崇招延。意向甚美。由其本之不務。故其治功。若珷玞之於美玉。終始條列。一主於正心。宸扆注聽。謂卿所陳甚明切。遷太學博士。再對。詞益懇。其略曰。有聰明之大德。必有祇懼之小心。聰明一也。善用之。則爲慧爲哲。爲聖爲神。不善用之。則爲察爲苛。爲暴爲肆。英鋭之主。聽覽易曉亦易忘。

志氣易怠。今日之事。有大可慮者。田里多愁歎。邊瑣虞風寒。上而災異狎見。雨暘失節。正天威咫尺之證。下而民情險膚。譸張爲幻。正皇自敬德之基。是必眞見昭融。實意慘怛。且謂大廷端莊而戒謹於燕私亦是心。多難怵惕警省於閒暇亦是心。始初勵精而持循於悠久亦是心。上聳歎久之。

尋遷國子博士。自莅職黌舍。考論安定胡先生明道程先生高公閌所論學制。及朱文公貢舉私議。移文於監。請集議舉行之以爲法。諸生有刻志好修者。力以聖賢事業所可至者。誘掖獎勸。以成其德。

先生天資明粹。氣和而栗。始能言。母張氏教以二南之詩。輒成誦。齠齔出就外傅。記誦質問。出人意表。比長。恂恂篤實。不事表襮。人見之。不待辭色而敬服也。初。先生學。語之曰。學者求道。循序而進。自非上智。焉能一蹴而入其域。夫子至聖。猶曰自志學至不踰距。矧常人乎。但當勉强淬厲。毋輟毋怠。庶幾可也。又曰。道在天地閒。本於一而散於萬。故理之一者爲易明。分之萬者爲難辨。若眞積力久。自然有貫通處。其要只在至誠無息。又曰。聖人教人。正心爲本。故道只於心正時識得。先生聞之。惕然有省。於是操存於沖漠無朕之中。省察於顯隱幾微之際。沈潛羣經。考覈傳註。參以濂洛先儒格言。事事物物。反而求之吾身。以驗夫所以眞知實踐者。或齋居終日。精思體認。至忘寢食。其教學者謂。孟子之思誠。程子之持敬。此是徹上下貫内外事。所以立大本大經者在此耳。夫然後學問思辨以篤于行。故尊德性者不可不道問學。

而世之務窮理者。徒務於外而不知養於内。自治疏矣。凡從先生學者。進德有次第。入道有規矩。而無俗學之弊。平居未見其疾言遽色。子弟或少形忿愠。必誨之曰。温柔敦厚。詩教也。汝學詩人。安得爾。士大夫咸傳誦以相教飭。與鄉人言。必示之以孝弟忠信。且勉之曰。人之爲善。當隨力所至。勿謂小惠未偏而不屑爲。勿謂後日不繼而不復爲。濟十人中濟一人可也。力不能濟。烏知無如我者繼吾後也。濟得一人是一人之功。做得一日是一日之事。人皆感其誠而服其訓。强戾者愧改焉。以上墓誌銘。

梓材謹案。先生墓誌銘。宣參政繒所撰。有云。先生遺文。有讀經纂義。讀史纂論。語孟義類。庸學圖說。濂洛師友問答。辨義子集。鉤玄通若干。其禮記纂。永州諸生刊于郡庠。詩禮講義二百篇。雜文五十卷。又云。先生既從舒公遊。承聞諸老先生論說。上泝濂洛之淵源。故其學問深淳。操履誠正。縉紳學者咸尊師之。至其末年。簡在帝心。進之經幄。而先生已老矣。於是有若樓公鑰。蔡公幼學。眞公德秀。袁公燮。楊公簡。其出處前後雖不同。而風義相與爲尤篤。是則先生於蔡文懿諸公。蓋在師友之閒。上文有云。吾鄉諸老先生之學。皆有源委。先生咸登門。是其於樓袁楊三先生。未嘗不北面事之矣。

鄭安晚書先生碑陰曰。嘉定初。先生糾録成均。清之以諸生見。或斂躬危坐。片詞不接。莫窺其際。退未嘗不爽然失也。或宴居恬適。聆一二話。眞實有味。退未嘗不充然得也。堂序矩矱不詔而嚴警。飭行於事外。交際容色未施而信篤。愛生於慮表。噫。何修而得此哉。南華子所謂德人者。非先生而誰歟。

劉中傳經堂銘序曰。蓋自禮部父子親承文靖文忠之傳。架閣伯仲又私淑齊國九峯之學。故其傳經之精微。師友之淵委。其來甚遠。此傳經所由作也。

梓材謹案。禮部父子。蓋謂先生與長子正字以稱。架閣兄弟。豈卽正字與弟以制耶。

陸景龍傳經堂詩曰。由唐而宋文運隆。濂洛道統傳羣公。闡明大意發旨奧。風霆赫赫開盲聾。紫陽夫子傳心學。深病漢儒多舛錯。尤于刪後三百篇。六義吟哦意沈著。東萊吕氏解説詩。頗泥小序反費辭。輔廣衍爲童子問。羽翼朱傳猶庶幾。設科取士尙經術。南渡以來非一日。正葩獨數江口李。朱蔡師生分派的。禮部秘書一再傳。正科別魁名蟬聯。於鄉於曹又於監。秉花佳讖誇多賢。六世聞孫早聰慧。傳經有圖纂先緒。王安黄杜皆名流。前後相仍久不墜。

梓材謹案。柳州陸氏又爲李氏秉花堂賦云。慨詩書之源委兮。羣各專門而校讐。偉紫陽之一出兮。弗雜揉於薰蕕。眞蔡爲之羽翼兮。鍾黄杜與安劉。曾王爭先而頡頏兮。正尹東發相繼而纂修。玉海兮剡源。同聲兮倡酬。然則三百年李氏之詩學。秉花之嘉名。當與四明山川典籍而同收也。與此詩互相發明。正尹東發。蓋因朱輔詩學而及之。玉海剡源。又因東發而及之耳。至王安黄杜之王。當是厚齋之父。別詳麗澤諸儒學案補遺云。

謝山句餘土音李朝散祠詩。三江慈湖里。奎芒騰列宿。慈湖既西遷。光前孰輝後。廣平有高弟。系出忠臣胄。明德產達者。學統所鍾厚。況兼永嘉傳。經制妙指授。禮疑三鄭支。詩笑二毛陋。坐言而起行。賑恤有名奏。區區夸世科。不過其小就。頗聞殘元時。遺宫尙俎豆。斯人不悦學。掌故失推究。誰從魚鹽中。爲振講堂舊。原註云。朝散父子同科。其時孫吉甫太常亦父子同科。甲第中以爲佳話。然兩家並承學統。豈獨科名哉。

梓材謹案。寧波府志載。先生受業於舒文靖。傳毛詩學。門人以次傳授。黄應春。杜夢觀。安劉。王良學。其傑然者。杜夢觀當作孫夢觀。王則斷非良學也。府志又言。毛詩之學。惟文靖與楊博士琛得其淵懿。文靖又傳先生。故奉之詩學最盛者。鄞唯王文貫首稱云。

補羅先生子有

梓材謹案。廣平與徐子宜書有云。羅氏子雙眸炯炯。讀禮有趣。老師藉助不少。士子多願共學。第規橅素陋。糧食單乏。校官不能展手。時作念不無望舊使君也。蓋謂先生。

方先生琢

方琢字元章。歙縣人。慶元元年鄉貢進士。嘉泰三年。試江東朝漕。補入太學。嘉定七年。以中等上舍殿試袁甫牓。中第五甲第一人。升第四甲。授楚州州學教授。改蓬州。辟四川總領所措置糴買兼准備差遣。坐蜀事爲言者論列。尋授吉陽軍軍學教授。入廣。嘗權通判融州。經略司檄委買馬於邕州横山。廣西提刑錢宏祖挾私憾誣劾。對獄踰年。坐謫封州卒。先生早有聞於四明舒公。實爲徽州詩學之祖。自入太學。聲名已盛。至爲前廊。學者甚衆。在蓬利州。蜀士執經。皆喜得師。利路帥曹彦約尤深相知。所刊朱文公師友問答。委之訂正。方桐江集。

朝散陳先生師稷見下定川門人。

傳正家學

舒先生銳

舒銳字子春。琬之子。廣平之從子也。廣平兄弟遊學四方。受師友開悟。歸與鄉人士共學。先生氣稟醇厚。感發之機特敏。讀古人書。善自涵畜。平居簡重。言不妄出。與之處者。潛格其非。廣平謂其克踐所學。年二十六而卒。廣平類稿。

元英門人

補 諸葛先生□

雲濠謹案。象山與朱子書云。明越諸公無在此者。敬仲夏閒必來赴官。舒元賓亦當赴江西漕掾。其弟元英與諸葛誠之。欲因此時過此相聚。尚未見來。吕子約與誠之。近與舒元英相疑。稍破其執己自足之意云云。大愚遊候濤山記所云元英與其徒諸葛生。恐卽諸葛誠之也。

定川家學

補 別駕沈先生省曾

梓材謹案。周平園跋王獻之保母墓碑謂。故友四明沈煥叔晦之子省曾出示云云。亦可見周沈之交矣。

定川門人

補 竺先生大年

附録

袁清容跋竺氏藏舒沈二先生書曰。伏讀沈公書誨有曰。兢兢自持。若果能爾。何用師友。審竺君誠能用力於是。舒公誌其歲月則曰。樂道其教子。薦更百年。敦厚愷悌之澤。今復未艾。竺君諸孫。宜力修而善繼焉。俾弗墜。

監獄孫先生枝詳見滄洲諸儒學案。

從事汪先生伋父汝賢。

汪伋字及甫。奉化人。父汝賢。常州録事參軍。先生自幼識趣已不凡。長益嚴重。宜州通守廣平舒公。未第時已有盛名。録參器之。妻以女。先生與之款密。得聞師友學問操履之詳。太學録定川沈公。嚴毅不苟合。先生勤勤請益。以得親炙爲幸。又從將作監慈湖楊公講立身之要。一話一言。服膺無斁。又與絜齋袁公交游四十年。嘗遣其長子龍友受業於永嘉。淳熙中。補迪功郎。紹熙四年。超轉從事郎以卒。絜齋爲誌其墓。袁絜齋集。

李先生鶚別見絜齋學案補遺。

朝散陳先生師稷

陳師稷。奉化人。善詞賦。嘗試進士舉。不售。去。試武舉。絶倫。又不售。輒歸而問道於鄉先生楊文元舒文靖沈端憲之門。里閭推尊爲儀範。年八十三。以子貴。爲宣義郎。致仕。贈朝散郎。戴剡源集。

史先生安之

史安之。眞隱之孫也。眞隱嘗送之往依沈叔晦師席云。吾孫年甫冠。抗志在青冥。重趼輕千里。求師爲一經。功名適來去。器識是丁寧。既得賢模範。歸歟喜過庭。鄮峯眞隱漫録。

季文家學

沈先生唯曾附見季文門人。

季文門人

李先生師尹父必達。附師沈唯曾。

李師尹字□□。其先占籍四明。至曾大父徙餘姚。父必達從師四明。知以理義爲宗。袁絜齋銘其墓。沈季文家居。以經學教授鄉里。先生以父命師事之。絜齋集。

吴先生适

吴适字君若。鄞人。其母爲沈僉判之女。舅氏以戴禮名家。先生師承焉。絜齋集。

廣平續傳

教官舒先生泌附子棫。格。孫明翁。

舒泌字子和。文靖之孫也。淳祐甲辰進士。嘗主象山縣學。子棫。字德文。元至元二年。任象山縣教諭。棫弟格。字景禮。任婺州麗澤書院山長。格子明翁。字朋之。至元中。任廣平書院山長。文靖光裕録。

梓材謹案。厚齋尚書爲廣平書院記云。淳祐中。先生有孫明經。世其學。晚始對策集英。典教象山縣庠。退而紬楹書。啓迪後昆。案其年世。蓋爲子和。而記以爲名棫。殆傳刻之譌。然深寧集鈔本正作泌。

雲濠謹案。任松鄉重建文公書院云。昔文公提舉浙東常平日。循行台温郡。泊舟奉化之龍津。長吏率諸生請講書於學宫。景定初。前進士李君潚。舒君泌。童君幼該。請立書院于津之左。聚徒讀書。其下榜曰龍津書院。尋遷廟學東偏。是先生固私淑朱學者。

補太學舒先生滸

梓材謹案。寧波府志謂。先生講明正學。寒暑勿懈。經義考載。先生易釋二十卷。佚。又案。奉化二舒平叟著易釋繫辭釋共二十有三卷。王氏續通考指爲通叟所作。誤也。又案。先生兄弟當受學于廣平諸子。

三江家學

監場李先生詵伯

進士李先生詒伯合傳。

李先生訓伯合傳。

李詵伯。詒伯。訓伯。詞伯。奉化人。修武郎佾之孫。皆三江先生之弟也。三江居長。受學于舒貳車元彬。歸以淑諸弟。既爲太學上舍優選。待年廷試。弟及子俱有場屋聲。詵伯中嘉定元年進士第。監紹興府三江鹽場。詒伯鄉貢進士。訓伯國學免解以稱内舍生。又中上舍選。以制中開禧元年進士第。餘姚縣尉。詞伯在兄弟行中才氣實相上下。從弟森同以舍法待年。再從弟誨伯亦薦于鄉。于是文風大振。遂爲儒門。樓攻媿集。

提舉李清巖先生詞伯

李詞伯字希岳。初名詢伯。避景獻太子諱改焉。奉化人。長兄禮部受學于鄉先生文靖舒公。淵源正學。以授諸季。先生自少年儁聲藉甚。氣體嚴重。言動必于繩矩。喜誘掖後進。見片善則獎成之。樓宣獻謂其天資近道。學力過人。進取未效。士已期之。蓋確論也。年歲六十。始成進士。授襄陽府南漳尉。帥一見。以師儒禮之。僉書光化軍判官。差充京湖宣撫司機宜文字。端平元年。改浙西安撫司議幕。辨疑決滯。心誠求之。和靖書堂初建。亹亹爲諸生講説。除太府簿。兼樞密院編修官。開禧以來史館時政修撰。勘後時會往復。煩滯不舉。先生倣日曆。自開禧迄嘉定。凡朝廷處分。將帥申請。邊防得失。與夫甲兵儲峙。賞罰黜陟之類。別爲三十卷。曰省府禧嘉會編。以其副牒史院。上覽而善之。命改秩。歷爲宗正丞兼勅令所删修官。改兼沂靖惠王府教授。擢著作郎。崇政殿説書。兼國史編修實録校討。論帝王之學。本于正心。欲正心者。必有所事。遂集諸經爲心鑑一卷。上之。復言時政得失。大臣有不悦者。除提舉湖南常平茶鹽。兼武岡軍節制軍馬。以年丐祠。授右文殿修撰。提舉祐神觀。卒。蓋其學以毋欺爲本。議論政事。皆實學之發。顧不得久于朝。竟老外服。識者慨焉。中年爲詩千餘篇。游江漢巫峽。文益奇。詩書講義數百章。雜文駢儷五十卷。名藝游集。藏于家。自號清巖老于。王深寧文集。

補 正字李先生以稱

李以稱字景平。博士長子。事親孝。朝夕色養無闕違。家素枵虛。俸入盡以娛親處兄弟。怡怡如也。見人厄窮。解衣推食無難色。寡嗜慾。一室危坐。終日肅然。由璧水舍選登進士第。典教新安及京庠。推明道學。士心傾向。改宣教郎。知銅陵邑。既以修㊀入館爲正字。兼景獻府教授。卒。袁蒙齋銘其墓。稱先生平生嘉言善行甚衆。而最可記者二事。宰凋邑有實政。試館職無諛語云。袁蒙齋文集。

㊀「修」下疑有脱文。

梓材謹案。先生三女。長適樓枘宣獻之孫。次適袁徽蒙齋從子。其幼未行者。後適王厚齋尚書。見厚齋所作機宜墓誌云。娶公之女弟。是也。又案。袁徽爲先生南齋文集序云。南齋。書塾之扁也。姑以名其集云。

補通判李先生以制

李以制字景禮。國子博士希太之子。臨安府教授景平之弟。未弱冠。躋世科。鄭安晚紀其新昌政略曰。余觀中都以來。自江之西者語新昌事。驪然哂其迂則曰。令下車。邑計曾未訾省。亟新吾鄉校。闢講堂甚偉。令數橫經其間。未幾。又有來哂者曰。令迂滋甚。賦入鮮贏。乃市田爲計。偕續食。閱數月。哂益多。余因筆哂者之言以訊之。令還書曰。是何足迂。方元夕罷燈。市行鄉飲。歌小雅三詩以相禮。刊吾三世龜鑑書以示邑人。迪其孝弟忠信。立羣賢祠壇。植梅子眞陶靖節像。及邑之節行士十人。凡涉風教事。將緒續講行之。吾之哂。于孔孟家法未亡。哂于何有。余于是信新昌之政果有異于今。而未能必其暇乎否也。既再考。邑以治辦聞。士精其業。郡大比。貢者八人。□其民。安其教。臺郡之訴空焉。義庾登登。犴室井井。又建大和橋以濟涉。踰五百尺。臥波之龍翼如也。人樂其成。官不告匱。向之哂者。今誦而歌之矣。噫。兄弟同年。居同里。論其家之賢。方之太邱。自相師友。以家學之懿遺于官。宜以越流俗而追昔人也。鄭安晚文集。

雲濠謹案。袁絜齋記新安舒元質祠堂云。校官李君以制及其諸生有請于郡中。乃營新基云云。

梓材謹案。宣參政誌禮部墓載先生云。通判太平州。是不獨爲新昌令也。然不知其官爵所至。

朝奉李先生以申

李以申字景厚。奉化人。修武郎佾曾孫。事後母以孝聞。李氏自國子博士元白。祕書正字以稱。二先生休聲美譽。彰彰在人耳目。先生亦磨勵學業。必欲追配前人。嘉定十六年登進士。歷陞文林郎。循承直郎。差徽州州學教授。轉承議郎。知溧水。以朝奉郎卒于官舍。袁季子文。

三江門人

忠定鄭安晚先生清之

知州王先生撝並詳麗澤諸儒學案。

補吏部安先生劉

謝山句餘土音安吏部竹林詩。儀同子孫秀。磊落有清襟。肯以廣平學。而分秋壑簪。後村慚晚節。東發結同岑。豈果矜科第。高風溯竹林。原註云。吏部爲廣平再傳弟子。其不屈于賈氏。宜也。清容謂其以科第傲秋壑。言之陋矣。

雲濠謹案。史道祖爲三江李氏作秉花堂記云。博士元白。受文靖詩經之懿。歸以淑諸人。如安東山劉。黃西軒應春。有聲輩咸出其門焉。東山。先生之號。

進士黃先生應春

黃應春。四明人。嘉熙二年進士。寶慶四明志。

雲濠謹案。寧波府志又載。先生著有詩説。内翰應儵。左史黄自然。繳進送監看詳。除國子學録。

梓材謹案。先生號西軒。見史道祖秉花堂記。嘗爲宗學博士。見宣參政所作禮部墓志。

杜先生叔範附從子裕。

杜叔範。奉化人。官常平。奉化習詩者膾炙人口。李祕書景平。楊博士獻子。黄知郡義甫與先生。其尤著也。李楊黄立朝。位望相埒。先生官若不逮。然有才子弟名裕字子問。奉化後來言詩。推子問稱首。去之西。會薦爲文學掾。剡源序以送之。戴剡源集。

梓材謹案。李景平。博士之子。黄義甫。博士門人。先生其流亞也。當及博士之門。陸景龍傳經堂詩所云。王安黄杜之杜。先生其人矣。又案。浙江通志。寶祐四年進士杜夢冠。奉化人。浙西茶鹽司。蓋即先生。又案。剡源集又有杜子問赴建康南軒祠長詩。

舒先生津

舒先生澥並詳舒氏續傳。

方氏家學

方虛谷回別見西山眞氏學案補遺。

東美續傳

舒先生澄之

舒澄之字少度。球孫。嘉定壬午鄉魁。任永嘉主簿。舒氏光裕録。

梓材謹案。宋文憲公爲白湛淵先生墓銘云。本四明名儒舒少度遺腹子。稱之曰名儒。則先生之學術可見矣。

陳氏家學

迪功陳先生育孫

陳育孫。朝散師稷子。韜潛篤厚。伯氏繡衣。公一出仕。亟爲當途所知用。麾馳節奔。不暇私顧。因盡任其留事。闢廣廈幾千堵。贍同堂數百指。娱適朝散無虧容。每曰。仕者養志。居者養體。其爲孝一也。斥餘資。倡義于族黨。晚歲以恩補迪功郎致仕。戴剡源集。

吴氏家學

吴先生祈

吴先生裕並見絜齋學案補遺。

通叟門人

補州判李霽峯先生淯孫

附録

先生棲遲海濱者餘二十年。郡府或以先生名剡上。先生爲强起詣京師。述大都賦以獻。

李氏續傳

承議李先生明善

李明善字叔明。奉化人。朝請郎以稱子。歷官嘉定縣丞。至承議郎。歸老田園十有七年卒。王厚齋誌墓。稱其嗜學自修。言動中矩。見者肅然。處族清和。莅官清勤謹恪。在公如家。憂民如子。犴無重囚。沐檗其操。終始不渝。所謂實德君子者歟。王深寧文集。

李三江先生明新

李南句先生汲合傳。

李明新字厚齋。亦稱三江先生。其貌癯然。其語泊然。下世十餘年。其子汲以所爲詩文十卷號甬山集。而袁清容序之。袁清容文集。

梓材謹案。先生爲禮部弟誂伯之孫。戴剡源爲作族譜跋。其子汲。號南句先生。見揭汯所作隱君墓誌。程徐所作處士墓誌。

竺氏續傳

竺先生稷

竺稷。剡源人。竺君嗣孫袁清容。稱其猶能守儒保世。庋藏舒沈二先生遺墨云。清容居士集。

陳氏續傳

陳海陰先生曷伯

陳曷伯字貴白。世居奉化之鵕鸛山。父肖孫。浙西提點刑獄。致仕。恩授將仕郎。宋亡不復仕。鄉人尊之爲海陰先生。先生少歲力古學。不屑事科舉。聚羣經師説。商略讐證。下逮旁聞曲記。遺言懿行。譜牒星曆之學。皆手抄。與梓本書相並。篤于信行。傾急解難。道里寒暑。不廢其學。深湛詳博。尊聞傳信。懼悟解者汩其眞。嘗禁止之。非其友不友。既友矣。必反覆護衛。不使有議之者。友或叛去。先生泊然不爲言。人益服之。延祐六年卒。年七十有七。清容居士集。

梓材謹案。清容嘗爲先生子士直墓誌云。貴白甫有子命名。長曰紹廉。季曰紹庭。廉言清。庭言直也。雲濠謹案。戴剡源集自題陳貴白畬齋。又壽陳貴白詩。有寡語薄味。足以養氣。少求簡出。足以養體云云。

海陰同調

隱君汪先生懋卿附弟森卿。子灝。瀚。

汪懋卿。奉化人。與弟森卿同學同貢。並因宋亡不仕。杜門著書。子灝字季彝。瀚字幼海。受家學。治易春秋。躬耕孝養。季彝嘗從海陰陳曷伯講學。幼海薦授衢州路學録。辭不赴。寧波府志。

霽峯家學

李先生象賢

李象賢。台州人。徙籍華亭。明春秋。贍文辭。洪武初。舉本府訓導。子至剛。亦舉明經。一統志。

李先生至剛

梓材謹案。台州府志作家賢。云。洧孫生家賢。賢生至剛。

李至剛。寧海人。洪武初。以明經舉。侍懿文太子。太宗登極。歷禮部尚書。初開經筵。同解縉進講。及修永樂大典。多所裁定。及縉被譖。詞連先生。下詔獄。仁宗嗣位。復以爲通政。改守興化。卒。台州府志。

三江門人

王先生良學詳見深寧學案。

南句家學

隱君李先生彌厚

李彌厚字彥深。奉化人。秉義八世孫也。九歲從伯父南句先生學。父德之卒。哀甚。而負土成墳。母羅氏得心疾。彌年不痊。先生齋戒。籲于天。願以身代。飲食必親。常以父母之心爲心。如是三十年。晚好禮經。嘗曰。有家者。非禮不足以明父子之親。有國者。非禮不足以明君臣之義。禮可一日廢哉。洪武戊申。得渴疾不痊。迺語諸子曰。吾疾不可以起。命也。其以葬叔者葬我。蓋先生之葬。一本朱子家禮。其德性之美。南句先生之教爲多。而睦姻族。恤貧乏。則皆秉義之遺訓云。揭伯防文集。

處士李先生彌光

李彌光字彦謙。彦深弟。數歲解誦二南章句。讀書過目即不忘。伯父南句先生爲家塾師。夜坐必講説古今治亂。人物賢否。歸則歷歷俱道于父母前。無遺者。尋先喪父而母遭疾。力侍養親。調飲饌者三十餘年。建松坡精舍于墓左。以祀其先。程仲能文。

海陰門人

汪先生灝附見海陰同調。

德文續傳

都事舒先生莊

舒莊字汝臨。德文之孫。性介特。以名節自期。讀古人書。亹亹不倦。至正間。以文學徵。

仕至浙東道都元帥府都事。後因方國珍起。遂隱。入明。改本州知州。不就。耕釣以終。郡誌。

都事講友

運判張竹居先生元禮附師許山心。

張元禮字仲和。號竹居。世爲越人。六世祖某徙明之奉化。再遷而城居。先生幼而敏悟。長好讀書。從鄉先生許山心授尚書。累薦不第。因授徒昌國之翁洲書院。歷授大嵩場鹽司丞。建嵩江書院。延名師訓其里人。朔望舍菜後。升堂會諸生。講論道德。晚築別墅于月湖之濱。以昭信校尉福建等處都轉鹽運使司判官致其仕。卒。浙東宣慰使都事舒莊。與先生居同郡。學同師。而其情相好。爲之謁銘于貢禮部玩齋。貢玩齋集。

三江私淑

教授王先生厚孫詳見深寧學案。

宋元學案補遺卷七十七目録

宋元學案補遺卷七十七

後學 鄞 王梓材　慈谿馮雲濠 同輯

槐堂諸儒學案補遺

石氏先緒

侍御石先生公揆

石公揆字道佐。新昌人。參蔡京之御史中丞公弼從弟也。高宗時爲侍御史。極論秦檜朋比。章凡十上。檜罷職。及檜再相。遂坐廢。先生氣節與兄伯仲。詩文已不傳。石氏家乘中尚存劾秦檜章二篇。南宋文範作者考。

雲濠謹案。周益公爲循吏石大夫墓誌銘載先生有云。樞密使秦檜再相。君連上疏論其失。

附録

呂紫微詩集會稽石道叟教授南劍與治郡學作詩敘其本末云。聖没道則微。世久學欲絶。區區續微言。未易勝邪説。石侯東南秀。睹此心欲折。分教南劍州。意在補亡缺。歘今兵火後。復見俎豆設。廟貌甚尊嚴。上下有區別。先生默無語。風化動閩粵。斯文自明白。如仰見日月。坐令穿鑿悞。不待湯沃雪。不知旁祠誰。今代古豪傑。孰能與之齊。共此寒歲節。入門日在望。未返意已歇。由來正心術。不在費頰舌。乃知熏陶功。自與聞見别。參魯回不愚。亦豈有優劣。此理倘可求。萬古同一轍。

大夫石先生盡問

石盡問字叔訪。新昌人。侍御公揆之子。年四歲。奉母屏居山寺。苦學。工文詞。秦檜死。上書訟父冤。詔復職與恩澤。補將仕郎。歷知撫州。卒年七十有四。官朝請大夫。初爲郡縣。首白郡。請寬賦斂。退與民爲期會。寬而信。簡而明。周益公誌其墓。稱之曰循吏云。周益公集。

邊氏先緒

邊先生友誠

邊友誠字仁叟。一字應叟。鄞人。每誦昔人此亦人子之語曰。敬人所以敬己也。以是自律。復以教子。先生雅好書。喜讀論語。若有所契合。晚多疾。或勸之修鍊。答曰。論語書無非養生法。何以他爲。袁絜齋娶其兄女。因從之遊。一日入其室。視其銘諸座右者。有曰。逆心行。事必生。安吾分。無他恨。絜齋歎曰。流俗滔滔。不反諸心。故去古人遠甚。公以心爲師。其本如是。其爲安分大矣。袁絜齋集。

補 通判傅曾潭先生夢泉

梓材謹案。舒雙峯猥稿通傳教授啓云。今以象山一瓣之香。來爲合江諸儒之倡。風流不遠。輩行柜推。石鼓横經。姑少令于螟肖。天池得路。當遠見于鵬摶。蓋謂先生。

附録

先生爲衡州教授。過白鹿洞書院。時周益公帥長沙。小隊奄至。乘先生不備。請先生高坐講易。先生顧左右。得周易正文。攝衣升堂。讀乾坤。又讀屯與蒙。聽者已倦。忽藏之袖中。正色大言曰。此紙上易。不足講。講三聖人易。可乎。于是倦者悚容。益公離坐躡先生後而言曰。今日見子淵矣。

象山與朱子書曰。傅子淵前日到此間。聞其舉動言論多狂肆。渠自云。聞某之歸。此病頓瘳。比至此。亦不甚得切磋之益。渠自謂刊落益至。友朋視之亦謂其然。其長子自一二年來。鄉人皆稱其敦篤循理。過于子淵。子淵亦甚譽其子。比日不知何疾。一夕奄然而逝。

朱子語類。坐間有言及傅子困者。曰。人雖見得他偏。見得他不是。此邊卻未有肯著力做自家工夫。如何不爲他所誤。近世人大被人誤。可笑。見人胡亂一言一動。便被降下了。只緣自無工夫。所以如此。便又有不讀書之說可以誘人。宜乎陷溺者多。

補主簿傅琴山先生子雲

雲濠謹案。先生所著。又有詩解。孟子指義。河圖洛書釋義。離騷經解。揲蓍說。黄東發謂其欲剖判象山及朱晦翁之說。其自任亦果矣。

録象山語

攻乎異端。斯害也已。今世類指佛老爲異端。孔子時。佛教未入中國。雖有老子。其說未著。卻指那箇爲異端。蓋異與同對。雖同師堯舜。而所學之端緒與堯舜不同。卽是異端。何止佛老哉。有人問吾異端者。吾對曰。子先理會同底一端。則凡異此者皆異端。

黄東發曰。孔子指凡非所習者爲異端。孟子獨指楊墨爲異端。自唐韓昌黎至本朝濂溪伊洛及乾淳諸儒。皆指佛老爲異端。象山則力辨異端不專指佛老。而自孟子歿後。以至當世。千五百年間。凡講學者皆爲異端。且謂心本自虛。理本自明。凡言講學窮理。皆是異端邪說。未知然否。然講學本孔子之事。而窮理又大易之言也。

附録

琴山謂。人心惟危。道心惟微。猶言槩水惟危。清水惟微。勿撓勿濁。乃燭鬚眉。其說頗異。

補 黄先生叔豐

荆州日録

元吉自謂智昧而心惋。先生曰。病固在此。本是骨。凡學問不實。與朋友切磋不能中的。每發一論。無非泛説。内無益于己。外無益于人。此皆己之不實。不知要領所在。遇一精識。便被他胡言漢(一)語壓倒。皆是不實。吾人可不自勉哉。

補 彭世昌先生興宗

附録

象山與王謙仲書曰。彭世昌去冬嘗至無爲求見。挾梭山之書。聞治行之忙。不及瞻望。今已息肩。共學耕于此矣。此公志向。不肯碌碌。人皆謂之狂生。然其平生所爲。甚異流俗。爲私者嘗少。而爲義者嘗多。惜其前日不甚得從師友。擇之未精耳。

補 知州詹默信先生阜民

梓材謹案。詹氏所述象山語録。于此心澄瑩中立下云。竊異之。遂見先生。先生目逆而視之曰。此理已顯也。又乙巳再

(一)「漢」當爲「亂」。

人都見先生。先生坐定曰。子何以束縛如此。云云。學案原傳似誤合爲一時事。

雲濠謹案。慈湖之易。先生刻之新安郡齋。胡庭芳云。

附録

袁絜齋祭之曰。昔我與公。同僚會稽。道義磨切。古人相期。惟公秉心。篤實不欺。學有根源。象山是師。天臺之政。吏戢民依。自列于朝。人望益歸。典司宗祏。蘭臺有輝。出牧大邦。仁恩是施。貴名方起。胡擿其疵。心苟無瑕。孰爲成虧。

補陳先生去華

附録

別後。象山謂人曰。去華方是一學者。後又謂嚴松曰。廣中陳去華。省發偉特。惜乎此人亡矣。

補進士諸葛誠之先生千能

梓材謹案。東陽石洞遺芳載。郭湜妻吴氏。嘗爲其姑葉氏築高塘庵。命子肄業其間。延先生與錢文子並主師席。講明洛學云。

附録

朱子答劉晦伯書曰。浙中學者。修潔可喜者多。楊敬仲孫季和皆已薦之。諸葛誠之兄弟亦時來相處。但心地不虛。我見太重。恐亦爲學道之障也。

孫燭湖祭之曰。講學之難。久各自知。喟我同儕。成德其誰。十五六年。耿耿昨非。惟其弗措。終或庶幾。達材之厚。天既奪之。誠之之强。又摧折之。死者已矣。生者何居。神理不昧。尚克相兹。

知軍石天民先生斗文 補

梓材謹案。孫燭湖代石應之狀先生行實云。所與游。皆一時巨人長者。又言其育德果行。醇粹明白。及交廣漢張先生。東萊吕先生。臨川二陸先生。晚交新安朱先生。公年皆其長。而方惓惓師慕。請所以詔之者。自恨不克盡力竟學云。

附録

九歲而孤。家貧。處僻陋。無師友。母氏茹躬紡績。資遣游學。先生即感奮刻苦。問辨思索。窮日夜不怠。遂工文詞。必根柢于義理。

初。假館授書自給。主人一慢易。徑謝去。士友以此重敬之。

授臨安府學教授。臨安學故敝陋。游士以請託冗食其中。士之自好者恥而不入。先生至。歎曰。是非所以稱輦下教養意也。卽與同寮捐俸丐資。守帥新其宮而大之。既則一視成均。律以法度。拔能表善。訓誨諄切。未幾。鄉風競勸。多成就者。

至漢陽。學舍尤荒涼。士子絶寡。先生居數月。風厲興起。旁郡秀民來游日盛。

揚州罷還。至瓜州。風怒不可渡。先生爲文。取酒酹江。略曰。唯貪惟不靖。臣子大罪。誠一毫髮如議者言。某當盡室溺江。甘死不憾。不然。便風一帆。賜以安濟。凡我同涉。與蒙福焉。語訖解維。則北風送舟而南矣。

其治家不細苛。淡而有恩。寬而不弛。正己以感人。告教子弟。歔欷繼之。汲引後進。尤喜講評文辭。越中士多其門人子弟。

平生志念。無一日不在君民。其攷訂當日急政要務。規橅細大本末。略無遺者。

補侍從石應之先生宗昭

附録

朱子答周叔謹書曰。應之甚恨未得相見。其爲學規模次第如何。近來呂陸門人互相排斥。此由各徇所見之偏。而不能公天下之心。以觀天下之理。甚覺不滿人意。應之蓋學于兩家。不知其于此看得果如何。因話叩之。因書喻及爲幸也。

補

判軍孫燭湖先生應時

梓材謹案。先生上邱文定公書。多稱侍郎先生。且一則曰師門。再則曰門下。蓋文定帥蜀。先生嘗應辟預科。故自居及門云。又案。先生少學于魏子明。燭湖集有祭文。儒林宗派又列先生于東萊學派。

梓材又案。朱子與劉須溪書云。此書附制司幹官孫應時。頃在淛東時所舉吏也。後生好學。志趣不凡。經由必得進見。倘辱延納而教誨之。幸也。則先生當又及須溪之門。

梓材又案。謝山鮚埼亭詩集姚江贈同年施明府蘗齋有云。浙東列城雖褊小。風俗由來擬鄒魯。姚川更踵光嶽靈。崟㠖三儒踵接武。燭湖先生楊袁流。本心之傳開系譜。光光文成眞天人。拈出斗杓掃榛蕪。梨洲克紹蕺山緒。九流百家互參伍。此外人物尚如林。前光後輝難悉數。

孫季和語

舉直而加之枉之上則民服。枉固服于直也。舉枉而加之直之上則民不服。直固非枉之所能服也。困學紀聞。

燭湖文集

學者。學孔氏者也。然自曾子子思孟軻没。孔氏之書僅存而學不傳。惟濂溪河南師友淵源之懿相承益光。扶王極。正人心。於是王道明而刑名功利之説熄。聖途闢而百家異端之辨窮。異時六經語孟微言大義沈汩破碎于淺陋雜駁之談。乃今發越條達。簡易平實。故惟三先生爲得斯道之傳。遂安縣學兩祠記。

大抵觀聖賢者當觀其大用。聖賢之大用在時。堯舜禪授。湯武征伐。時也。以堯舜之禪授而責湯武。以孔子之尊王而繩孟子。則非矣。蓋春秋時。王室漸微。然齊晉託于尊周而人心附焉。是天下固周之天下也。故孔子作春秋以尊王室。至於戰國。諸侯不復顧藉王室旣久。而皆僭號爲王。而周之天子之號亡矣。曆數已盡。天命人心已去。文武之餘澤已竭。孟子烏得而强尊之哉。故孟子因齊梁之旣王。而勸之行王政。適其宜也。聖賢之大用。主于安天下。孔子之時。必尊周可以安天下。孟子之時。諸侯可行王政者則可以安天下。雖孔子復生。必不易孟子之言矣。疑孟說。

今來所用力處。且欲得信實不欺。虛己下人。取善掩惡。消磨平常矯僞好勝之心。庶幾循是以復乎性情之正。而益消其利欲之惡。病未能也。故且欲量力守分。簡靜自養。而不敢過意作之使高。恐虛高而實無積累之地耳。

某耿耿夙心。鄉慕義理。每對聖賢遺言。頗亦切身知味。邪思妄動。隨自剛制。不至甚難。閱世淡泊。忮求亦寡。然而氣質未重。規矩未嚴。析理語滯。應事膽薄。自視枵然一庸人耳。故願委身師範。日月漸摩。庶幾變化之益。

中庸哀公問政一篇。疑聖人于哀公未必直說許多。或者家語反鈔中庸入之。又頗疑大學所定。其他皆分明。只淇澳一段。恐或本在首章正經之下。通證明德新民至修身爲本之意。似差渾成。

而于舊本下文連接亦順。末由面請。乞賜批誨。

頃蒙教以易學端緒。深願從事于斯。亦嘗求得先生易説。實多啓發。未知何日從容師席。得條所疑以請。庶幾于卒業也。以上俱上晦翁書。

越中朋友彫落。在者各散遠閒。獨賴季文沈兄相鞭策。有與仆植僵之力。但講評義指多不相合。如謂顔子德進而不聞道。恐先生無此論也。

某所願請益。節目固多。非面莫展。然大指頗自知所歸。不容負平日之教也。以上俱上象山書。

學校久廢。某始至。卽延一士授徒其中。每旬一再詣之。略爲講説。亦嘗一再課試。稍成氣象。近方立周程三先生祠。亦設南軒東萊祠其旁。蓋曩嘗爲邦侯郡博士也。與王君保書。

此身萬事付之造物。獨吾初心。決不可自負。虛見易長。實德難進。閲歷益多。亦可以自觀矣。努力鞭策。尚可補過。不然。竟墮無聞見惡之域。其可懼哉。與杜仁仲書。

附録

朱子與先生書曰。來諭諄悉備詳爲學次第。甚慰所懷。大抵學者專務持守者見理多不明。專務講學者又無地以爲之本。能如賢者。兼集衆善。不倚于一偏。或寡矣。更望虛心玩理。寬以居之。卒究遠大之業。幸甚。

又曰。近世言易者。直棄卜筮。而虛談義理。致文義牽强無歸宿。此弊久矣。要須先以卜筮占決之意求經文本意。而後以傳釋之。則其命詞之意。與其所自來之故。皆可漸次而見。如元亨利貞。只是以卜得此卦者大亨而利于正耳。乾卦彖傳文言。乃孔子推説。非文王本意也。

又曰。書小序不可考。但如康誥等篇。決是武王時書。卻因周公初基以下錯出數簡。遂誤以爲成王時書。然其詞以康叔爲弟。而自稱寡兄。近誦文王而不及武王。其非周公成王時語的甚。吴才老胡明仲皆嘗言之。至於梓材。半篇全是臣下告君之詞。而亦誤以爲周公誥康叔而不之正也。其可疑處類此非一。

楊慈湖誌先生壙曰。簡與季和承學于象山先生。季和由是信此心本善。方相與講切進德。項氏家説曰。朱先生謂孫季和曰。明善誠身。正當表裏相助。不可彼此相待。若行之不力。而歸咎于知之不明。知之不明。而歸咎于行之不力。則因循擔閣。無有進步之期矣。

涑水司馬述序先生文集曰。燭湖先生早承學于象山晦庵之門。天分既高。學力尤至。窮理盡性。深探閫域。四方之士。翕然景從。凡經指授。隨其才品。有以自立。

又曰。先生道德文章。師表一世。而名高數奇。中道折軸。縉紳大夫士莫不嘆惜。

王深寧困學紀聞曰。孫燭湖讀通鑑詩。簿書流汗走君房。那得狂奴故意降。努力諸公了臺閣。不須魚雁到桐江。又。清濁無心陳仲弓。圓機聊救漢諸公。末流不料兒孫誤。千古黄初佐命公。朱文公謂二絶甚佳。

黄東發讀晦庵文集曰。季和自謂病在輕弱。晦庵令痛下功夫。知行並進。又與論中庸太極等說。且云。浙間學問。一向外馳。百怪俱在。亦頗覺有弊否。

補中散胡達材先生拱

附録

袁絜齋祭之曰。維兄資稟端良。德宇粹夷。刻意爲學。古人自期。求師友于四方。探聖賢之淵微。不違世以立異。不同流而詭隨。恬澹自守。不求聞知。此善類所賴以磨琢。而吾道所賴以扶持。謂降年其有永。何一往而莫追。信夭壽之不可必。而造化之未易推也。

補提舉胡崇禮先生撙

附録

黄東發曰。葉水心胡崇禮誌云。先世故書。緹囊珍篋重封之。屏几遺字。籠玩往復或移日。蓋譏之也。又云。初。朱元晦吕伯恭以道學教閩浙士。有陸子靜後出。號稱徑要簡捷。諸生或立語已感動悟入。以故越人爲其學尤衆。雨併笠。夜續燈。聚崇禮之家。皆澄坐内觀。蓋譏之尤深也。

補 教授陳先生剛

梓材謹案。先生學于陳止齋。又學文于葉水心。並見劉後村集饒應子墓誌。

附録

曾雲巢寄陳正己曰。戾彖深閉斷經過。倒榻陳編且臥痾。九十日春晴景少。一千年事亂時多。吟成楚些翻愁絶。鬢染吴霜柰老何。心鐵正堅思急試。憶君終夜起悲歌。

補 周先生清叟

録象山語

後生看經。須著看註疏及先儒解釋。不然。執己見議論。恐入自是之域。便輕視古人。孝經十八章。孔子于曾子踐履實地中說出來。非虛言也。

學者不長進。只是好己勝。出一言。做一事。便道全是。豈有此理。古人惟貴知過則改。見善則遷。今各自執己是。被人點破便愕然。所以不如古人。

韓退之言。軻死不得其傳。不敢誣後世無賢者。然直是至伊洛諸公。得千載不傳之學。但草創未爲光明。到今日若不大段光明。更幹當甚事。

補 隱君饒止翁先生延年

梓材謹案。象山文集與饒壽翁凡七書。壽翁與先生之名相當。豈始號壽翁。而後號止翁耶。其第四書云。德固壽翁二友居山。想至可樂也。德固劉氏。見象山與胥必先書。

補 直閣趙先生師雍

附録

象山與先生書曰。積雨小霽。始得一訪風練飛雪之狀。方念不得與賢昆仲共之。是晚書來適至。喜可知也。去非從善。勇決如此。沛然之狀在胸中矣。又何以觀瀑爲哉。狂聖之相去遠矣。而罔念克念之端。頃刻而分。人心之危。豈不甚可畏哉。有虞之朝。克艱之説。從逆之戒。伯禹進之。警戒無虞之説。逸樂怠荒之戒。伯益又進之。明明穆穆。聚精會神。其切磋琢磨之功如此。若已汨于利欲。蔽于異端。遑志遂非。往而不返。雖復雞鳴而起。夜分乃寐。其爲害益深。而去道愈遠矣。奚足以言此哉。今然道方恥利欲之習。知異端之非。願益致擴充之功。則吾道幸甚。

雲濠謹案。先生官至吏部郎。袁蒙齋嘗因其子之請。爲作沛然堂記。

補 趙先生師蒧

梓材謹案。先生字詠道。儒林宗派載。朱子門人趙師哲子詠道。黄巖人。文公孫壻。師蒧師哲。蓋卽一人。而兼學朱陸者也。查宋史宗室世系表。師雍從弟有師藏師折。而無師晳。其字詠道。固與師折無當也。

補 包克堂先生揚

附録

象山與書曰。足下之病。得于好事。凡親師友。爲學立行。皆從好事中來。故虚而不實。宜于今而未宜于古。此言甚苦甚難聽。足下未必肯服義。然其實是也。

補 包先生約

附録

象山與書曰。爲學日進。尤以爲喜。詳道天質淳眞。但不爲夸詐者所惑。亦自有過人處。文采縱不足。亦非大患。況學之不已。豈有不能者。獨恐無益友相助耳。

朱子語類。包詳道書來。言自壬子九月一省之後云云。先生謂顯道曰。人心存亡之決。只在出入息之間。豈有截自今日今時便鬼亂。已後便悄悄之理。聖賢之學。是揹揹定定做。不知不覺。自然做得徹。若如所言。則是聖賢倏爲講學都不須得。只等得一旦恍然悟去。如此者。起人僥倖之心。

補 包先生遜

附録

敏道跋江泰之所收象山劄子墨蹟曰。象山先生論詩。又出告往知來以意逆志之外。蓋其精鑑如權度天下之輕重長短。毫髮絲粟不可得而加損也。豈特于詩爲然哉。

眞西山跋敏道講義曰。縣尹宋侯延致庠校。發揮孟氏要指。聞者莫不聳動。歎未嘗有。予復屈致家塾。君首以夫子之志學。孟子之尚志。爲兒輩言之。次論人性之善。所以可爲堯舜者。明白切至。聽者訢然忘倦。蓋君早從朱陸二先生游。得諸傳授者旣甚的。而家庭伯仲自相師友。切劘講貫。壯老如一。故其所造。益以超詣。今年七十有八矣。浩然之氣。畧不少衰。稠人廣堂。音吐清暢。徐問響答。往往破的。

補 州守高先生商老

雲濠謹案。象山語録引括蒼高先生之言曰。先生之文。如黄鐘大吕。發達九地。眞啓洙泗鄒魯之祕。其可不傳耶。蓋即開禧三年先生刊象山文集跋語。

補 提舉潘先生友文

附録

孫燭湖與潘料院書曰。今時作邑。定未能便及古人。日行乎不得已之中。亟去其太甚。其餘漸損益之。歲計有餘。則爲善矣。然吾輩學未充。精力短。始雖鋭行其志。事變淩奪。日月推遷。能使初志寖闌。是則可懼。僕方自以爲戒。因敢以告。

宋潛溪題朱文公手帖曰。文叔尤善問辨。文公與論大學致知格物之義。雖反覆數四而弗措。

補 進士周先生良

梓材謹案。象山精舍之作。學徒各來結廬。先生書其居曰蕙林。

補 知州危驪塘先生稹

雲濠謹案。先生著有諸經講義集解。經義考云佚。

雲濠又案。王阮亭居易録載。黄俞邰所鈔南宋詩小集。有臨川危稹逢吉巽齋稿。

補 幹辦吴先生紹古

梓材謹案。象山爲作經德堂記云。雲錦吴生紹古而來從余遊。求名其讀書之堂。今既名而書之。且爲之説。使歸而求之。是卽袁清容集所謂瑱山經德堂記也。

補 章從軒先生節夫

梓材謹案。先生學文于陳先生剛。而饒先生應子又得之先生。見劉後村集饒應子墓誌。

補 教授高先生宗商

梓材謹案。先生與石應之宗昭祭薛艮齊㈠文。並稱學生。時先生爲迪功郎昌國縣主簿。主管學事。石爲迪功郎新州司户參軍。見浪語集附録。

補 縣令俞先生廷椿

附録

陳子淵曰。俞氏復古編謂。冬官不亡。錯簡五官之内。于是取其近似者別爲一卷。以補冬官。又于五官之内。盡剔其不類者而各之其類。夫周官曷常有類。其精神脈絡環流于三百六十之屬而無所不通。非如後世某官而任某職。某事而專責一官也。安用類爲。自俞氏之求類也。而五官大類。以古本校之。非復周公之舊矣。其後王次點氏。邱葵氏。吴澄氏。最後何喬新氏。相繼而增損之。以補俞氏之未備。此五家者。人各持其所見。于是有臨川之書。有永嘉之書。清源之書。崇仁之書。椒邱之書。此如無主之田。而五人爲之耦也。其不墾而傷也者希矣。

雲濠謹案。四庫全書著録周禮復古編一卷。提要謂。復古之説。始于俞氏。厥後邱葵吴澄皆襲其謬。説周禮者遂有冬官不亡之一派云。

㈠「齊」當爲「齋」。

推官邊先生恢

邊恢字汝實。鄞人。順昌丞友聞之子。子承奉郎友誠。先生少讀書異常兒。承奉教之嚴。年十四五已知學問之大略。登紹熙元年進士。廷對有曰。不以堯舜之道告其君者。不忠也。不知其君可以興堯舜之道者。不智也。堯舜之治必可興于今日。堯舜之道皆已具于聖心。陛下有堯舜之聖心。而形于政治未如其心。盍亦反而求之。辭意懇切。授鎮江軍節度推官。始先生嘗受教于金溪。有所啓發。對策之語。蓋得于講切者。擢第而歸。孜孜于司馬氏通鑑。考理亂興亡之跡。而推其是非得失之原。諸子百家亦掇其要。卒年三十有八。袁絜齋集。

朱先生克家

梓材謹案。先生從于白鹿洞講義之會。考象山年譜。應天山書院其齋曰達誠者朱幹叔。蓋卽其人也。象山與吳子嗣書中作幹伯。猶象山與朱益叔書。語類作朱益伯也。

路先生謙亨

梓材謹案。先生從于白鹿洞講義之會。象山集有與路彥彬書。蓋卽其人。

胥先生訓

梓材謹案。朱子識象山白鹿洞講義云。淳熙辛丑春二月。陸兄子靜來自金陵。其徒朱克家陸麟之周清叟熊鑑路謙亨胥訓實從。考象山集與胥必先書四。其一云。近得吳伯顒書云。麟之姪言。必先治生甚進。而學植荒落。豈信然耶。蓋必先其字。訓其名也。

葛先生少良

葛少良。金溪人。嘗從象山遊。象山文集。

曾先生敬之

梓材謹案。象山文集與曾宅之書二。與曾敬之書一。又語録有曾充之來問學。宅之名祖道。見滄洲諸儒學案。敬之與充之。不知其名。

朱先生元瑜

朱元瑜字忠甫。□□人。從象山學。初名虎。字伯虎。以虞書有朱虎。請更其名字。而象山爲之説。象山文集。

桂先生德輝

桂德輝。貴溪桂店人。其族甚盛。乾道壬辰。先生從學象山。處槐堂之茅屋。象山年譜。

周先生伯熊

周伯熊。□□人。從學于象山。象山問。學何經。對曰。讀禮記。曾用功于九容乎。曰。未也。且用功于此。後往問學于晦庵。晦庵曰。僊里近陸先生。曾見之否。曰。亦嘗請教。具述所言。晦庵曰。公來問某。某亦不過如此説。象山年譜。

張先生伯强

張先生行己合傳。

張先生少石合傳。

梓材謹案。象山與王謙仲書云。鄉人素恨此山之名辱于異教。今皆翕然以象山爲稱。故侍郎張南仲之居。實在山下。南仲諱運。其諸子鄙之。徙居鄱陽。其諸姪咸在故里。皆尊尙儒術。舊亦多游從者。彭世昌極貧。開山之役。諸張實欣助之。其經營之初。亦張爲之地。今張氏子弟咸來相從。一家結廬于東塢之上。名曰儲雲。一家結廬于前山之右。名曰佩玉。是則侍郎從子固有從學于象山者。又考象山年譜。淳熙戊申。在山間精舍。學徒各來結廬。養正堂張伯强。明德張行己。儲雲伯强行己。佩玉張少石。封庵伯强行己少石。蓋卽張氏子弟也。而名不可考矣。

周先生孚先

周孚先。□□人。結廬象山。書其所居曰志道。

倪先生伯珍

倪伯珍。□□人。書其所居曰愈高。

祝先生才叔

祝才叔。□□人。其所居曰規齋。

馮先生元質

馮元質。□□人。嘗言象山常居方丈。誨以收斂精神。涵養德性。虛心聽講。諸生皆俛首拱聽。非徒講經。每啓發人之本心也。象山年譜。

毛先生剛伯

毛剛伯字必彊。□□人。其言象山之講學也。先欲復本心以爲主宰。既得其本心。從此涵養。使日充月明。讀書考古。不過欲明此理。盡此心耳。其教人爲學。端緒在此。故聞者感動云。象山年譜。

章先生至仲

章至仲。□□人。言象山講論。終日不倦。夜亦不困。若法令者之爲也。動是三鼓。學者連日應酬。勞而蚤起。精神愈覺炯然。問曰。何以能然。象山曰。家有壬癸神。能供千斛水。象山年譜。

吴先生厚若

吴先生誠若合傳。

梓材謹案。二先生一字仲詩。一字叔有。並象山妻弟。象山與仲詩書。謂其精神儘好。但不要被場屋富貴之念羈絆。與叔有書。勉其卽今奮拔。何復論前日。蓋皆問學于象山者。其父漸。字茂榮。知象山于童稚。以女妻之。後與象山同舉于鄉。其卒也。象山爲志其墓云。子五人。顒若厚若誠若皆世其業。厚若嘗與丁酉舉。顒若字伯顒。象山亦志其墓。

張先生衎

張衎字季悅。□□人。嘉定五年。編象山遺文成。而傳子雲爲之序。象山年譜。

雲濠謹案。象山文集有與先生書。勉其益盡精微。

張先生季忠

張季忠。□□人。與周元忠善。象山嘗與之書曰。聞元忠說友朋間唯季忠篤志不懈云。象山文集。

吴先生郇附子行世。孫益。

吴郇。金溪人。從象山傳道德性命之學。子行世。福州教授。孫益。太學進士。宋文憲集。

邵先生中孚

邵中孚。□□人。象山與之書曰。所示進學證驗。此乃吾友天資朴茂。立志堅篤。故能如此。告以讀書不必强加揣量。以其明白昭晰者日加涵泳。自然日充月明云。

宋先生復

宋復。文安陸子門人臨川于珪母。張氏女。先生之外孫也。有婦德。能爲里中女子説禮記内則。曹大家女戒。常以明經勗其子。吴文正集。

陳先生經

陳經字正甫。梓材案。先生一字顯之。安福人。慶元中進士。官終奉議郎。泉州泊幹。姓譜。

尚書詳解自序

帝王之書。帝王之行事也。帝王之行事。帝王之心也。帝王以是心見諸行事。而載諸典謨訓誥誓命。夫人能皆知之。至于皓首窮年。研精極思。率不能得其要領者。往往得裏遺表。見其異不見其同。則典謨訓誥誓命之所載者。是直典謨訓誥誓命而已。于己何與哉。道行于天地之間。散在萬物。萃于人心。廣大悉備。悠久無疆。卓然常存。而未始須臾亡也。精粗一理。古今一時。物我一機。天人一致。得其所謂一。則應變酬酢。開物成務。亦無所而非一之所寓也。

梓材謹案。宋史藝文志載尚書詳解五十卷。四庫書目提要言其自序稱。今日語諸友以讀此書之法。當以古人之心求古人之書。吾心與是書相契而無間。然後知典謨訓誥誓命皆吾胸中之所有。亦吾日用之所能行云云。尤近于象山六經注我之說。殆傳金溪之學派者。然其句櫛字比。疏證詳明。往往發先儒所未發云。又案。先生所著。又有詩講義。存齋語録。諸書已佚不傳。象山號存齋。存齋語録蓋録象山之語。當卽象山弟子也。

汪先生堅老

汪堅老。象山之徒也。象山嘗贈之序曰。易有否泰。君子小人之道。迭相消長。各有盛衰。

純駁晦明之辨。不在盛衰。而在君子小人。今顧略于智愚賢不肖。而必以純粹清明歸之貴富壽福。駁雜淪晦歸之賤貧夭禍。則吾于五行書誠有所不解。生盍爲吾言之。象山文集。

承奉李先生充庭

李充庭字伯振。奉化江口人。修武郎佾第四子。躬行善道。刻意教子。平居以書史自娛。前言往行有契于心者。必書之座右。首曰。有一言而可以終身行之者。其恕乎。如心之謂恕也。又曰。我必不忠不仁無禮㊀自反之道也。又曰。一飯之德必飽㊁。況其有盛于一飯之德者乎。可以知其所存矣。間作詩歌。平淡如其人。閲名臣言行録。遇合意即作詩以紀之。至百餘篇。慈福宮慶典。以二子在學。封迪功郎。嘉定二年郊祀。恩轉承奉郎。樓攻媿集。

梓材謹案。先生爲三江先生元白之父。宣參政繒爲三江墓誌。稱先生僉判蘄春。云。吾鄉諸老先生之學皆有原委。先生咸登門。而僉判府君與同里舒公璘居太學友善。遂委己受業焉。又云。四明自慶曆以來。爲文獻之邦。乾淳間。考亭朱文公。象山陸文安公。倡鳴道學。于是先生之父僉判府君與舒公太學考德問業于東萊南軒。而及登夫文安之門者也。據此。則先生實友廣平。同爲象山門人。而兼及張吕之門矣。

吴先生君玉

吴君玉。□□人。自負明敏。至槐堂五日。象山每舉書句爲文。隨其所問。解釋其疑。然後

㊀「禮」下脱「皆」。
㊁「飽」當爲「報」。

從其所曉。敷廣其説。先生再三稱歎。然退省其私。又卻都無事云。象山語録。

周先生康叔

曾先生充之合傳。

周康叔問學于象山。象山曰。公且説扶渡子訟事來。曾充之來問學。象山曰。公且説爲誰打關節來。只此是學。又無事尚解忘。今當機對境乃不能明。象山文録。

謝先生希孟

謝希孟。象山之高弟也。少豪俊。好狎游。象山每責之。但敬謝而已。越數時。在妓所。恍有所悟。忽起歸輿。不告而行。本事詞。

許先生□

梓材謹案。象山每稱之爲許氏子。而不舉其字。必其父有不足重者。考象山爲吴茂榮墓志言。乾道庚寅。許君及之蘇君總龜爲教官。志吴伯顒墓則云。許深甫蘇待問爲教官。深甫。及之之字。後劾葉水心者。如卽其子。面象山鄙之。可謂有先見之明矣。

易先生□

雲濠謹案。象山與朱子辨太極圖書。首言黄易二生歸奉書。其名皆不可考。

補通判劉淳叟堯夫

附録

吴草廬序金溪劉太博文集序曰。劉君詩文皆典雅温潤。明白敷暢。讀之可見其爲正大胸懷。皎潔坦易。畧無塵滓嶔崎。蓋其天資超特。人物偉然。自宜居當世之第一流。年十七而登陸子之門。二十四而入學。二十九而釋褐。四十四而遽終。予深惜其達之太早。不得久于親師。又惜其逝之太速。不得竟其務學。是以所就但如是而已。

顔子堅□

顔子堅。□□人。嘗問學于象山。象山與之書云。向在八石時。嘗納區區之忠。既而子堅曾用節夫諸人推轂。遂變儒服。端謂迂拙之言。必蒙見棄。屬者屢蒙見過。每于鄙言。謂有所啓。追念疇昔。爲之慨然。乃知高明終當遠到。豈遽不能明衆人所同知之道哉。象山文集。

梓材謹案。子堅蓋亦劉淳叟之流。象山之徒也。亦嘗從遊于南軒。朱子嘗答其書云。觀來書。詞氣之間輕揚傲誕。殊無謹厚篤實之意。意者。吾子于下學之功。有未嘗加之意者。不知往年見張陸二君子。其所以相告者果何事也。又聞不念身體髮膚之重。天敍天秩之隆。方將毁冠裂冕。以從夷狄之教。不意吾子知尊敬夫。而所趨者若是。顯道不能諫止。已失朋友之職。節夫更有助緣。尤非君子愛人之意也。聞已得祠曹牒。髡劗有期。急作此奉報。且更與子静謀之。必無異論而爲之。似亦未晚。顯道節夫亦皆象山之徒也。合之象山集所云。曾用節夫諸人推轂。遂變儒服。是子堅已由儒而釋。旋去釋而儒矣。又案。朱子文集又有答顔子壽書。子壽名鑄。或其兄弟行耳。

陳氏講友

范先生應鈴

范應鈴字旂叟。豐城人。開禧初進士。知崇仁縣。甚有政績。累遷大理少卿。卒謚清敏。號西堂先生。所著有西堂雜著及對越集。徐鹿卿稱其經術似倪寬。決獄似雋不疑。治民似龔遂。風采似范滂。理財似劉晏。而正大過之。人以爲名言。姓譜。

敏道學侶

吴先生千兕

吴千兕。粤山學長也。紹定己丑。包敏道過粤山之麓。縣尹宋侯延致庠校。發揮孟氏要指。是日學官洎學子會於堂上者凡百數十人。聞其講説。莫不聳動。歎未嘗有。先生等以其講義刻于學。眞西山集。

驪塘學侶

補 主簿危蟾堂先生和

梓材謹案。文文山序危恕齋論云。近世有驪塘巽齋二危論行于世。今讀其文。庶幾前輩之彷彿者矣。吾州恕齋危先生。其所謂論積成帙。學者爭傳爲珍。或又云臨川廬陵之危。是或一道也。巽齋與蟾塘。未知爲一人否也。

俞氏同調

文康葉竹埜先生時 別見晦翁學案補遺。

曾潭家學

傅先生和父

傅先生子野 合傳。

傅和父。子野。皆曾潭先生子淵二弟也。兄弟天資俱高。輔以篤學。不安于小成。而用力于大道。昭晰無疑。毫髮不差。子淵化行百里。不勞施爲。自然感動。三年間。杖有罪者纔十有六。和父居官。率由此道。子野雖老于韋布。而開禧所上書。慨然有憂宗社生靈之心。其子正夫。嘗親炙慈湖。袁絜齋集。

鄧氏家學

（補）鄧先生泳

雲濠謹案。儒林宗派列先生于象山門人。蓋與父同學于象山者。

鄧先生傳之 詳見水心學案。

琴山門人

補知州葉是齋先生夢得

雲濠謹案。包文正記三陸祠堂云。葉公得傳公之傳。而自象山者也。

馮先生泰卿

馮泰卿。□□人。傅季魯學徒也。其從季魯。所居之廬初名梅窗。以季魯家諱。象山爲改瓊芳。而先生書之。象山年譜。

彭氏門人

陸先生循之

別見象山學案補遺。

燭湖門人

王先生子知

王子知。官主簿。通書于孫燭湖。執師生之禮。燭湖嘗與書曰。吾友英發。有膽決志。度不少一第。分内事諒不以自多。少年日月。家居無事。計當洗心聖賢之訓。博以古今之變。他日成就未可量也。天姿不可恃。風俗易溺人。願敬毋忽。燭湖集。

李先生知仁

李知仁字任甫。□□思湖人。再從孫燭湖遊。相與讀書于蓬藋荒莽之中。始名知幾。字吉先。謁燭湖。易之而爲之說。燭湖集。

孫先生康祖

孫康祖者。越士也。學于孫燭湖。稱其有志操。燭湖集。

雲濠謹案。先生從燭湖于海陵。燭湖薦之滁守趙叔明之門。亦見燭湖集。

趙先生師白

雲濠謹案。先生字唐卿。蓋燭湖之徒。燭湖集有邀遊西湖及和韻遊横溪詩。

司馬先生述

司馬述字尊古。涑水人。其父宰海陵。孫燭湖適丞是邑。因得朝夕侍左右。燭湖集序。

雲濠謹案。孫燭湖司馬氏七子字説云。金華通守司馬季若。温國文正公從曾孫也。恢然長者。生七丈夫子。曰速。曰道。曰述。曰遂。曰逢。曰近。曰迅。森然秀整而興于學。余爲之字。速曰大亨。道曰元履。述曰尊古。遂曰林良。逢曰深原。近曰知先。迅曰晉明。又案。季若名儀。爲邑海陵時。燭湖爲作縣宰不欺堂説。

忠獻史同叔彌遠別見慈湖學案補遺。

胡氏家學

補 侍郎胡先生衛

附録

衛道與水心友。知常州時。以鄒忠公墓亭請水心記之。水心曰。衛道託于學之士也深。而士之報宜厚矣。

補 知軍胡先生衍

梓材謹案。孫燭湖爲高公亮戴夫人壙記。里人孫某代於潛宰。胡衛爲之銘。衛嘗師公亮。宜銘云。

附録

孫燭湖與書曰。近來專看何書。所作何事業。觀聖賢之學。考帝王之治體。以及歷代興替隆汙之變。而達乎今日之世。故精思而默識。自計新功云何。若未及此。亦當有循序著實下手用功之處。

陳氏門人

章從軒先生節夫詳上象山門人。

饒氏家學

饒先生焯

饒焯。長者延年子。兩貢于鄉。是爲東山先生。劉後村集。

鄒氏門人

補丞相吴履齋先生潛

存悔齋十二箴

性一以靜。心虚而明。以明合靜。曰純粹精。昂昂天民。昭昭帝命。萬善百行。始于持敬。雲行雨施。魚躍鳶飛。愚回早覺。賜達晚知。濂溪光霽。延平灑落。其間善人。先去剛惡。大小往來。屈伸感應。其機不停。莫若中正。吉生于悔。吝必有凶。所以聖賢。貴乎反躬。辱踵榮後。毁居譽前。吉無不利。在乎謙謙。蹇則修德。困則致命。無怨無尤。敬恭以聽。

爲善成名。求名喪善。有爲無爲。義利之判。
言倍招憂。事倍招患。以約失之。吾見亦罕。
當遯戒尾。當集貴翔。聖人之道。進退存亡。
兩夜包晝。偶陰對陽。君子所懼。南方之强。

附録

邵□復識存悔齋箴後曰。先生以履名齋者也。履者禮也。自上天下澤之象立。以禮制行。正心誠意。其本也。脩身齊家治國平天下。其用也。天理人慾。限界易迷。别嫌明微。莫重于禮。禮苟不持。何以爲悔。悔苟不存。何以爲箴。故悔一而義二。警□于遷善改過之端。覺悟于今是昨非之證。則是悔也。進德之機也。震无咎者。存乎悔是也。顚冥于進退存亡之鄉。昏亂于□遅䠊𨈆之境。則是悔也。憂虞之象也。遠近相取而悔吝生是也。先生之學。以忠孝爲大節。以誠敬爲實務。切切于理慾之辨。義利之分。是其心境内融。禮輿外馭。固不至于有悔。而猶存悔以自警。則始于寡。終于无。克己復禮。即顔子不遠復之時也。以禮自防。即衛武公聽用我謀之日也。大册涣庭。行攄素藴。□□天下。先生其履而泰者乎。易曰。視履考祥。其旋元吉。先生以之。

季苾祭履齋文曰。潞公不能不疏。温公不能不毁。趙忠簡不能不遷。寇萊公不能不死。爾民無禄。豈天厭之。嗚呼。後世而無先生者乎。孰能志之。後世而有先生者乎。孰能待之。

包氏家學

補文肅包宏齋先生恢

梓材謹案。先生年十九。嘗見文公于武夷。見方桐江讀宏翁敝帚集跋。

雲濠謹案。萬姓統譜言。先生世父約。叔父遜。從朱陸之學。先生少爲諸父門人。據此則先生亦嘗受業於遜矣。

包宏齋語

操若在。舍則無。本無形。何可拘執。無時節。莫知鄉。本無所。何可測識。姑指曰此。此即所也。不必拘執。不必測識。養之自長。長而不没。勿忘勿助。至于純熟。無此無非此。無所無非所。予欲無言。天何言哉。此所説。

黄東發跋曰。宏齋之説曰。操若在。舍則無。本無形。何可拘。余竊意其述孟子之言心爾。抑孟子言操則存。存非若在而已也。言舍則亡。亡者不存則失之耳。非本無也。操存舍亡。孟子正欲人操而不舍。以求放心。若曰何可拘。又幾謂心不可操。宜任其舍之也。何其與孟子之本旨異乎。將別有所指者乎。或自得之得。果非他人之所能曉者乎。理備于經。經明則理明矣。

附録

先生序象山年譜畧曰。文安陸先生之學。偉然立卓。其言論風旨。學者求之。則自有餘師也。然言先生之學者雖多。究先生之學者似少。夫學者。門也。路也。知所從入之門。則必知内有堂室。知所從入之路。則必知前有千萬里之遠。先生以學者茫茫。如在門外。如在路傍。而莫知所從入。其誤認以爲門。以爲路。而誤入者尤多。故其教多先指其所入以示之。乃發足第一步也。由是而之焉。方將循循以導其進于深遠之地。如自志學入。凡五進而極于從心。自欲善入。凡五進而極于聖神。極深則有宗廟百官之美富。悠遠則有博厚高明之配合。苟或升而未入于室。畫而遂廢于中。猶不可。況今有僅于入門入路一步之初。遽止而不復進步。豈先生之學哉。

吴草廬曰。毁周禮。非聖經。在前固有其人。不若吾鄉宏齋包恢之甚。毫分縷析。逐節詆排。如法吏定罪。卒難解釋。觀者必爲所惑。近年科舉不用周禮。亦由包説惑之也。然愚嘗細觀。深歎其無識而已。

顯道門人

吴先生伸

吴先生倫合傳。

吴伸字子直。南城人。與其弟倫。並爲貢士包揚學徒。淳熙辛丑。朱晦翁條上其爲社倉之説。孝宗卽頒其法于四方。且詔民有慕從者聽。而官府毋或與焉。時貢士方客里中。適得尚書所下報可之符以歸。先生兄弟見之。有感。經度久之。乃克有就。遂以紹熙甲寅之歲。發其私穀四千斛者。以應詔旨。而大爲屋以儲之。卽以其年。散斂如法。鄉之隱民。有所仰食。無復死徙變亂之虞。咸以德于吴氏。而先生兄弟則謹謝曰。是倉之立。君師之教。祖考之澤。而鄉隣之助也。吾何力之有哉。且今雖幸及于有成。而吾子孫之賢否不可知。異時脱有不能如今日之志。以失信于鄉人者。則願一二父兄爲我教之。教之一再而不能從。則已非復吾子孫矣。盍亦相與言之有司。請正其罪。庶其懼而有改。其亦可也。于是衆益咨嗟歎息其賢。以爲不可及云。朱子文集。

雲濠謹案。陸放翁爲吴氏書樓記。蓋朱子爲大書書樓二字以揭之。樓之下曰讀書堂。堂之前又爲小閣。閣之下曰和豐堂。旁復有二小閣。左則象山書其顏曰南牕。右則艮齋書其顏曰北牕。堂之後榮木軒則又朱子書之。

梓材謹案。朱子語類。包顯道領生徒十四人來。四日皆無課程。先生令義剛問顯道所以來故。於是次日皆依精舍規矩説論語。一生説時習章。一生説務本章。一生説三省章。一生説敬事而信章。一生説入孝出弟章。一生説温良恭儉章。一生説顏子不愚章。朱子告之甚詳。二吴未知在其中否也。

敏道門人

眞先生志道詳見西山眞氏學案。

高氏門人

邵先生機

邵機。宜興人。高商老之徒也。朱子嘗答其書云。高侯教士養民之績。已悉書之。至高侯之所以教。與足下之所以學。恨未得其詳。然竊意必欲實爲此學。亦當有以自致其力于日用之間。存心養氣。讀書窮理。積其精誠。循序漸進。然後可得也。朱子文集。

梓材謹案。朱子所謂高侯之績已悉書之者。蓋卽常州宜興縣學記也。記云。紹熙五年。宜興縣新脩學成。明年知縣事括蒼高君商老以書來請記。而其學之師生。迪功郎孫庭詢。貢士邵機等數十人。又疏其事以來告。又云。予頃得高君于會稽而知其賢。今乃聞其政教之施于其人者又有成效。如此故已樂爲之書矣。而況其邑之父兄子弟。能率高君之教而有所興起。皆知從事于爲己之學。而不汲汲乎誇多鬬靡之習。以追時好而取世資。則又予之所深歎。而尤樂取以告人者也。

雲濠謹案。朱子文集答邵叔義書四。第一書標目。一本無叔義二字。有機字。卽言高侯者也。第二書云。下車以來。究心職業。非爲貢士者矣。第四書云。子靜書來。殊無義理。又所與左右書。渠亦録來。似亦象山之徒。豈先生與高氏並及陸氏之門耶。又案。象山文集與邵叔誼書二。叔誼卽叔義。古今字耳。第二書有云。是非吾言也。邵機宜之言也。是叔義官機宜文字。故晦翁集第一書本與邵機。轉譌而爲叔義。則叔義非先生之字矣。

驪塘門人

補 寶章羅北谷先生必元

梓材謹案。先生所著。中庸説二卷。雜説五卷。離騷大義一卷。起敬録一卷。詩文三十卷。見後村所作墓誌。

附録

起通判贛州。踐濂溪之後。尊賢懷古。爲君子亭。拙齋自記之。

履齋吴公嘗與公書云。先正肅公得公于不卑小官之日。亟聞于朝。今三十年矣。某中間繼聞于朝。今二十年矣。自是博不相聞。每惜朝廷用公未盡。壬子當國。起汀州。移書勉爲千里一出。公至汀。首祠郡前輩澹軒楊吏部以崇風教。俗易動難更。公欲以詩書之澤新美之。講大學明德一章于學。

初仕。上正肅吴公書千言。欲折衷朱陸異同。後見包先生遜。志氣孚而議論合。及爲眞公從事。參叩益詳。造詣愈深。遇蒙齋袁公于塗。論格物克己。蒙齋服其簡切。

郡守趙石泉先生必健

趙必健字宗强。宗室商王元份之後。世家臨川。先生少嗜書。不知世有紛華盛麗之觀。鄉先生危積。弟和。俱有盛名。從之者如雲。疑難答問。言人人殊。先生在其間。初若無異同。徐出一語折衷。衆皆聳伏。二師曰。吾衣鉢有所付矣。年十七拔漕薦。嘉定丙子再薦。明年擢進士。丁父憂。窶甚。授徒自給。館于大姓羅氏最久。因從北谷公必元游。日夕講貫切磨。所詣愈高遠。服闋。奏對。中乙科。授南昌尉。調桂陽軍法曹。去。爲贛之寧都丞。知永興縣。通判揚州。除知德慶州。未上。改全州。以風聞歸。于屋西偏作書樓。映以亭樹。繚以花木。自號石泉居士。起知英德府。卒。遺文若干卷。先生義方素嚴。父子自爲師弟。劉後村集。

章氏門人

御史饒先生應子別見勉齋學案補遺。

俞氏私叔

通判王東巖先生與之別見伊川學案補遺。

金先生叔明詳見南湖學案。

邱鈞磯先生葵詳見北溪學案。

李氏家學

博士李三江先生元白詳見廣平定川學案。

劉氏門人

主簿范先生士衡別見滄洲諸儒學案補遺。

蟾塘門人

郡守趙石泉先生必健見上驪塘門人。

和叔門人

胡先生衛詳上胡氏家學。

饒氏續傳

御史饒先生應子別見勉齋學案補遺。

安撫饒先生應龍

饒應龍字翔夫。延年孫。端平進士。除監察御史。在臺風力甚勁。或勸其婉言。先生曰。言官其可婉耶。遷直顯謨閣浙東安撫。著有詩文類編六十卷。史討三十卷。盡心録三十卷。奏稾三卷。行于世。人物志。

履齋門人

修撰張先生汴

張汴字朝宗。一字次山。蜀人。少客丞相吴履齋兄弟門。出入荆閫歷年。明習韜畧。履齋兄弟既没。廢斥者十餘年。繼文文山起兵。辟爲祕閣修撰。領廣東提舉。督府參謀。左右幕府。知無不爲。空坑兵敗。爲亂兵所殺。處置使鄒㵯得其屍葬之。宋史。

陳先生鳳附子景茂。

陳鳳號芥軒。□□人。官至朝奉郎。監行在豐儲倉。其爲人剛直有守。與趙東野齊名于玉虹翠浪間。平生遊吴履齋包宏齋嚴華如諸公之門。諸公器之不置。未及用。蚤卒。子景茂。字逢春。幼孤。長而有立。自號肖軒。文文山爲之説。文文山集。

侍郎方秋崖先生岳

方岳字巨山。號秋崖。歙縣人。長于詞翰。有小稿行世。方澄孫序之云。奇奇怪怪之文如其人。磊磊落落之氣如其文。理宗朝。兩爲文學掌故。官中祕書。出守康廬秀水二郡。姓譜。

雲濠謹案。先生紹定五年進士。官至吏部侍郎。罷歸。蓋初忤賈似道。繼忤丁大全。氣節嚴正。才鋒俊厲。尤工駢體云。

梓材謹案。先生與吴履齋書云。某門牆老生也。又與吴相公書。亦自稱老門生。則先生當爲履齋門人。又與王參政書有云。仰視門牆之舊。參政未知何人。又爲白鹿洞後賦序云。晦翁先生去洞之六十又九年。其里中學子方岳幸得主藏書云云。是先生亦晦翁私淑之流也。

復齋六箴

適燕南轅。爾迷爾歧。尙其未遠。跂予改之。不遠復。

休者止也。復能則止。拳拳服膺。顔氏之子。休復。

而既得之。則又失之。曾幾如是。而不踣爲。頻復。

萬物皆流。止者金石。衆狂一迷。惟君子特。獨復。

爲復有道。患不自覺。君子以厚。小人以薄。敦復。

爾有廣居。曷其勿歸。惟聖與狂。差之忽微。迷復。

附録

其與蔡憲簡曰。白鹿書院實先賢講道之地。水木幽茂。雅宜藏修。而比年以來。師道不立。士之處其間者。亦多粥飯僧耳。某初至。見學校不肅。令之曰。紫衫戎服。涼衫凶服。恐不可以見先聖先師。自今以來。不具襴幞者。其勿與殿謁。不具深衣者。其勿與聽講。則皆不以爲是。有一寄居曰。陶教授持文公家禮來曰。涼衫。盛服也。文公自言之矣。何不可之有。某笑指旁一虞兵而謂之曰。若此輩祭其祖先亦着襴幞。豈非怪事。文公家禮爲祭祖先言也。不爲拜先聖言也。故曰。凡言盛服者。官員公裳。士人襴幞。庶人涼衫。市井小人亦有祖先也。則涼衫其盛服矣。

文公之禮。士人猶不可以涼衫見其祖先。而謂可以涼衫見先聖先師乎。蓋禮文之粗淺者。其議論尚如此。則其所講明可類推矣。

又曰。晦庵在郡時。嘗祠濂溪于學。後人又以祠晦庵。是矣。不知何者忽標出于學門之外。使兩先生不得祠于學宫。非禮也。而又有大不然者。周朱以塑像居中。而明道伊川侑坐于其西。可乎。某之此來。其謁文曰。惟吾先生之傳。與周子朱子合堂而處。禮也。師友淵源之所自。顧退然居西廡下。或者其不謂禮。某衹謁之。始徘徊太息。方將下博士諸生議所以。蓋嘗牒前廣文。竟不報而去矣。不知此事合與釐正之否。

宋先生申甫

丁先生應龍合傳。

劉先生瑞龍合傳。

沈先生翥合傳。

王先生尚忠合傳。

陸先生天驥合傳。

錢先生大有合傳。

宋申甫。丁應龍。劉瑞龍。沈翥。王尚忠。陸天驥。錢大有。越人。皆履齋學生。申甫迪功郎。新池州東流縣主簿。充府學學正。應龍鄉貢免解進士。瑞龍鄉貢進士。並充府學學録。翥鄉貢進士。尚忠免解進士。並充府學直學。天驥鄉貢進士。充府學糾彈。大有免解進士。充府學司計。越中金石記。

梓材謹案。淳祐己酉。郡博士邵□復識存悔齋十二箴後云。履齋先奉命帥越。始入學。升堂講禮。招諸生誨之。則諸先生皆履齋學生矣。故並録之。又案。劉先生嵊人。開慶元年進士。沈先生會稽人。寶祐元年進士。陸先生山陰人。景定三年進士。

秋崖講友

鄉貢柯先生維翰附師劉耕道。

陳先生彝仲合傳。

劉先生至能合傳。

柯維翰字從周。興國人。鄉貢進士。糧贏于數百里。以從師問學爲事。而志不克就以卒。方秋崖誌其墓云。始予從劉耕道先生館薦橋門時。朋友則陳彝仲劉至能兄弟。從周未至。于後至能以丙戌進士得黄巖尉。未上而歿。其仲其季亦相繼歿。彝仲甫陞舍而歿。從周僅上名薦書。今又歿。一時遊從。唯予在矣。予銘從周。其奚辭云。方秋崖小稿。

文肅門人

陳先生鳳見上履齋門人。

吴先生良金

吴良金。

李先生溥

李溥。

□玉谿先生□

梓材謹案。先生並登宏齋及歐陽巽齋之門。見吴草廬集。草廬稱之爲玉谿翁。而佚其姓名。

胡先生夢魁

胡夢魁字景明。澗泉朋友之所尚也。建昌新城人。生于陳。從母戴愛而子之。胡陳固同姓。未冠。以明經貢于鄉。既長。登進士。累遷浙西制置司參議。入元。奉母還里。程鉅夫薦。擢僉廣西憲事。久病而歸。其初釋褐也。包文肅公勉之曰。子少年入仕。所至叵量。然自大者人小之。自卑者人尊之。先生曰。謹受教。故平生謙懃委曲。與人語。唯恐傷之。性强記。自少至老。諸書恒在口。言論風旨。恒如布衣時。程雪樓集。

吳氏續傳

吳先生伯厚父□。

吳伯厚。其上世受學于陸文安公。文安題其堂曰經德。而爲之記。歲久。堂不存。先生之父更築之。易之曰尊經堂。蓋言尊敬奉持夫經德之訓也。先生述其意。而求虞集記之。道園學古録。

附録

袁清容跋瑱山經德堂記後曰。晦庵先生晚歲每言陸文安公之門人多得踐履。是蓋深憂其徒之學鄰乎上達。後百餘年。黨同惡異。空言相高。其弊有甚于昔。今觀瑱山吳氏編次師友淵源。罔有缺軼。是又其門人之諸孫也。勉之哉。晦庵之言。是誠有驗矣。

梓材謹案。清容又引朱文公答項平甫書跋象山經德堂記後云。瑱山吳伯厚。乃其門人諸孫。持守之學有舊。謹録文公語于前。俾愧夫世之貴耳賤目者云。

琴山續傳

傅先生斯正

梓材謹案。先生金溪人。琴山之曾孫。吳淵穎序胡石塘文鈔。言與先生再見石塘。又言傅之曾祖父本陸學。亦喜談陸云。

秋崖門人

鄉貢呂古梅先生龍翰

呂龍翰字武賢。歙縣人。咸淳元年貢于鄉。以薦授編校國史院實録院文字。宋亡不仕。家有老梅。以古梅爲號。受詩法于方岳。有古梅吟稾。南宋文範作者考。

吴氏家學

吴先生饒

吴先生可合傳。

吴先生名揚合傳。

吴饒。金溪人。益之子。鄉貢進士。弟可。漕貢進士。名揚。景定甲子進士。兄弟並以文鳴東吴。先生儀。可之孫也。宋文憲集。

吴先生儀別見草廬學案補遺。

俞氏續傳

文正吴草廬先生澄詳草廬學案。

汪先生克寬詳見雙峯學案。

文正方正學先生孝孺詳見明儒學案。

劉氏續傳

劉先生本立別見清江學案補遺。

履齋續傳

教授吴平齋先生臯別見草廬學案補遺。

宋元學案補遺卷七十八目録

宋元學案補遺卷七十八

後學 鄞 王梓材 慈谿馮雲濠 同輯

張祝諸儒學案補遺

百源續傳

補 郎中張觀物先生行成

張文饒語

蓋天之法。如繪像止得其半。渾天之法。如塑像能得其全。堯之曆象。蓋天法也。舜之璿璣玉衡。渾天法也。渾法密于蓋天。創意者尚略。述作者愈詳也。

夫天下之象生于數。而數生于理。未形之初。因理而有數。因數而有象。既形之後。因象以推數。因數以推理。論理而遺數。譬如作樂而棄音律。造器而舍規矩。雖師曠之聰。工倕之巧。安能無失哉。元包數總義序。

附録

魏鶴山曰。近世朱子發張文饒精通邵學。而皆以九爲圖。十爲書。朱以列子爲證。張以邵子爲主。予嘗以乾鑿度及張平子傳所載太一下行九宮法考之。即所謂戴九履一者。則是圖相傳蓋已久。安知非河圖也。

梓材謹案。方桐江跋鶴山周易集義云。臨邛張行成。文靖公鄉人。爲邵易注解通變經世觀物等書。世稱七易。疑文公未之見。別爲一支。以備旁考。又案。王履序王巽卿大易緝説云。嘗觀魏鶴山荅蔣得之書及史學齋臨汝講義。皆祖張觀物語。以九其圖者見後天八卦之象。十其書者具洪範五行之數。謂晦庵不及見是書。故謂十圖而九書。余雖不敢以其説爲然。然亦無以正其説之不然。

樓攻媿跋張德深辨虚曰。檢詳新安張公云。潛虚之言未成而已傳温公。晚始以全書授范太史淳夫。遂傳于蜀。後以問蜀士。曰。非也。觀物先生張兵部所補。託爲此言耳。觀物窮象數之學。著述衍。翼玄。元包總義。潛虚演義。經世索隱。外篇衍義。通變等七書。近百卷。世號精博。嘗取演義讀之。爲卷十六。潛虚之書。章分句析。尤爲詳盡。果如蜀士之言。非此人不能補此書。

丁易東曰。張文饒述衍。以序卦乾變坤。坤變屯。屯變蒙。以至離變咸。未濟復變爲乾之類。必老少陰陽之策各九十六。又以雜卦乾變坤。坤變比。比變師。以至歸妹變未濟。未濟變夬。夬復變乾。亦老少陰陽之策各九十六。其數同。

補 尚書王醒庵先生卿月

附録

未冠而失怙恃。困窮自守。必欲以學奮身。

擢用爲文字官。制詞温厚。眞若素宦。嘗草胡澹庵詞云。吾寧身蹈東海。獨仲連不欲帝秦。至今名重泰山。微相如何以强趙。人多稱之。

縣簿郭先生緒

郭緒字天錫。薄城人。幼而岐嶷。讀書如素習。晚調上杭簿。留意邵子象數之學。兼取揚雄所據列山易。以章會統元推之。久而成書。名易春秋。按圖布卦。計二十萬言。釐爲二十卷。總之以圖。隆興紀元。以其書上。方議推恩而卒。姓譜。

隱君柳先生申錫

柳申錫字彦養。潼川人。著有先天太極諸書。自一歲一月一日一身皆有圖説。至于九疇會極。中央立極。中星合極。復分畫而附益之。又作三易圖説十卷。以探羲文孔氏之秘。而上下經六十四卦。卦爲二圖以釋其義。度周卿銘其墓。而魏鶴山爲書其碑陰云。彦養身既隱矣。明既喪矣。非以釣名干澤也。自陰陽五行星曆氣候。反覆參驗。以求諸心。凡以自明爾矣。魏鶴山集。

湯先生邦彦

湯邦彦。

雲濠謹案。楊誠齋淳熙薦士録有先生云。學邃于易。得先天之數。才濟于用。得經世之心云。

張氏門人

補 太府呂先生凝之

附録

樓攻媿祭之曰。康節之學。茫昧莫測。君得其傳。若數白黑。往古來今。可驗可索。上意響合。動容歎息。曰卿毋行。其在予側。

郡守何先生耕附師史彬。任愷。

何耕字通夫。世居漢州之綿竹。父革。爲同郡德陽史彬壻。彬教授弟子以百數。號絶學先生。兩家既同婚姻。何氏亦占籍德陽。先生甫勝衣。從外祖學詞賦。警敏異羣兒。更授尚書。殫思精義。東西川名士張行成任愷繼爲郡博士。皆奇之。方弱冠。類試奏名第一。教授成都。先生天資高明。積學勤督。士聞風而至。移轉運司幹辦公事。汪尚書應辰以文章典雅科薦之。通判成都府。累徙祕書監。知潼川府。請祠。卒年五十有七。有文集百卷。周益公集。

邵學之餘

補 提幹祝子涇先生泌

梓材謹案。德興縣志云。祝子涇著有觀物解。六壬大占。祝氏祕鈐。蓋先生爲廖氏之徒。謝山序録既舉先生。復别舉廖氏。似未審其人之傳授先後。

附録

吴草廬答鄧以修書曰。邵子著書。本祖于易。直可上接伏羲文王周公孔子之傳。而非管輅郭璞袁天綱李淳風輩小小術數者之比也。祝氏乃一風角鳥占壬課遁甲之流。起卦推占小事。不無小驗。其視管郭袁李當如九地之視九天。而于邵子又何知焉。

謝山鮚埼亭詩集老友董映泉挽詩。其三曰。老去精思審六書。直探皇極鋭何如。而今撒手行空去。脈望翩然返太虚。原注云。君老而好學。欲從予講求祝氏皇極數學。因探聲韻諸圖之藴。予逡巡未果。而君逝矣。

補 巡檢朱水簷先生元昇

梓材謹案。平陽縣志載先生爲陳止齋門人䶊之從子。嘉定武進士。棄官不仕。入南蕩山。嘗曰。貫三才之道者。莫大于易。研精三十年。沛然有得。乃著三易備遺十卷。行于世。

三易備遺自序

周禮春官掌三易。一曰連山。二曰歸藏。三曰周易。連山作于伏羲。用于夏。歸藏作于黄帝。用于商。周易作于文王。用于周。一代之興。必有一代之易。雖不相沿襲。而實相貫通。連山首艮。歸藏首坤。周易首乾。其經卦皆八。其別皆六十有四。是數聖人者。豈各出意見以爲斯易哉。龍馬之所呈。神龜之所授。是皆得之天者也。周公相成王。設官分職。命太卜命筮人並掌三易。不以周用周易而置連山歸藏于無用。是天固將以斯易託斯人也。周轍既東。周禮廢闕。天之未喪斯文也。復生孔子爲天下木鐸。黜八索。闡十翼。韋編三絕。而周易繫矣。之杞而得夏時焉。之宋而得坤乾焉。故天下後世有亡書無亡言。而連山歸藏易傳矣。是天又將以斯易託斯人也。孔子既没。經秦歷漢。連山歸藏寂然無聞。惟周易孤行于世。漢儒用心徒勤。著眼未及。或破碎一卦以直六日七分。或牽强四卦以管二至二分。或雜之以讖緯之文。或引之以老莊之境。如盲摸象。如管窺天。萬端臆説。千差並起。是何易道之不幸也。天開我宋。五星奎聚。兩曜合璧。異人間出。希夷陳摶以先天一圖傳种放。放傳穆修。修傳李之才。之才傳邵子康節。康節以超詣絕塵之姿。加以融會貫通之學。著皇極經世書。包羅萬象。該括三易。本領正大。規模宏遠。是天又將以斯易託斯人也。嗚呼。易固墜也。天固興之。易固晦也。天固彰之。天之心欲以斯易移斯世也昭昭矣。元昇結髮讀書。冥心易學。慨皇王之道。泯泯没没。其不絕者。若一綫之繫千鈞也。元昇上無位。下無應。徒以疏賤。抱此勤志。根極理要。鋪陳規範。掎揭淪墜。顯發幽渺。尚擬補皇王之絕學于千百世之上。存皇王之良法于千百世之下。輒不自揆。本諸河圖洛書。述三易備遺。因世次而冠以先天中天後天之名。庶幾連山歸藏得與周易並顯于世。後之人或因此知邵子之心。則知孔子周公之心與文王黃帝伏羲之心。知孔子周公與文王黃帝伏羲之心。則知天之心。

嘗于其鄉築堰備水。鄉人德之。名朱公堰。

家則堂進三易備遺狀曰。竊見承節郎朱元昇苦心舊學。篤志遺經。獨揀象數之傳。自悟羲黄之藴。著中天歸藏書數萬言。爲圖數十。以述其所自得之學。其謂説伏羲易。先天學也。黄帝易。中天學也。乾南坤北離東坎西震艮巽兑奠于四隅而爲八卦。八其八而爲六十四卦者。先天易也。十月十二子納而爲六十甲者。中天易也。中天自先天來者也。其名雖異。其理則一。于是以中天六十甲。配先天六十四卦。而六十甲之序。與先天六十四卦之序。自然脗合。不爽錙銖。以是知黄帝作六十甲。所以發先天六十四卦不盡之義。載陰陽五行之功。周被之天下萬世者。中天歸藏易也。孔子于商道而取坤乾。所取者。商之歸藏。而中天之易于是乎在。商易名歸藏。而黄帝亦以歸藏爲氏。商易用歸藏。而商之諸君皆以甲丙辛壬爲號。以見歸藏之書作于黄帝。而六十甲與先天六十四卦並行者。乃中天歸藏易也。歸藏易自漢初已亡。元昇述其意而爲此書。以自然之數。納自然之音。符自然之象。縱施横投。無一不合。皆元昇所自悟者也。

雲濠謹案。四庫書目著録三易備遺十卷。提要云。其書本河圖洛書一卷。連山三卷。歸藏三卷。周易三卷。又云。元昇學本邵子。其言河圖洛書則祖劉牧。其言連山以卦位配夏時之氣候。其言歸藏以干支之納音配卦爻。其言周易則闡反對互體之旨。雖未必眞合周官太卜之舊。而冥心求索。以求一合。亦可謂好學深思者。過而存之。或亦足備説易者之參考耳。

楊先生忱中

楊忱中字德夫。義烏人。擢國子監丞。累遷朝議大夫。知蘄州。著易原三卷。其言欲觀八卦生而爲六十四卦。請玩先天圖。欲觀八卦重而爲六十四卦。則繫辭説卦之所言亦不可以無。攷康節之極數知來。其妙在于加一倍法。而重卦之本旨。則恐不專在是。自爲一義可也。其不苟同如此。金華府志。

邵學別派

補杜道士可大

梓材謹案。東維子集送齊易巖序。易巖之言曰。初庵之傳得之建昌廖學海。學海得之于蜀杜可大。可大得之于王天悅。天悅實受之邵子也。

知州張先生大訓

張大訓字學古。番昜人。三歲而孤。以父遺澤補初品官。歷知辰州。請祠。主管華州雲臺觀。藏書數萬卷。博物而强志。每以星曆推人吉凶。能前知國家休戚。謂京蜀得禍必慘。後皆中。其説率以太一爲主。嘗謂知易之妙惟邵子。觀于皇極經世書。實與太一數相通。知乎此。則晦明風雨之變。水旱盜賊之備。皆可以豫定。魏鶴山嘗與先生遇于行都。太史奏五福太一將臨吴分。正韓侂胄開邊之時。鶴山詰之曰。如子之説。福星所臨。能保數十年之安乎。先生愀然曰。此當推陽九百六之數。因自羿浞至五代。歷陳福星之不應者。又推本朝以來。福星所歷之分。奚福奚禍。作而曰。法固謂有道者昌。無道者亡。不可以諉諸數也。鶴山謂人曰。是非星翁曆家之說也。徐叩其所自得。則于邵子先天之說。以及參同運氣。皆能旁通而無滯云。魏鶴山集。

程玉塘先生新恩

程新恩號玉塘。寧國人。有爻象承乘之圖。以乾位乎正南。以坤位乎正北。而包六子其内。自坤而東轉一陽爲復。二陽爲臨。至三陽爲泰。則位正東。大壯之四陽。夬之五陽。又自東而南極于乾焉。而西轉一陰爲姤。二陰爲遯。至三陰爲否。則位正西。觀之四陰。剥之五陰。又自西而北極于坤焉。坤再爲復。生生無窮。伏羲先天之體。遂有合于文王後天之用。黄東發序之曰。玉塘得無以朱子之學善學邵子。不泥其論月氣之説。則亦不泥其方圓之圖耶。黄東發集。

張祝同調

丞相馬玩芳先生廷鸞別見介軒學案補遺。

布衣蔡先生仁

蔡仁字和仲。饒州人。布衣。著有皇極經世衍數一百五十四卷。前集五十五卷。因張行成祝涇甫之書。復考訂以成帙編。卦各有圖。圖各有說。後集五十三卷。因蔡季通續正邵氏曆數。衍其數。紬發其義。條陳其類例。凡古今證應。皆備載焉。内闕十五卷至十八卷。別集十五卷。續集十六卷。皆卦變爻象及揲蓍之説。文集十五卷。又因麻衣道人心法而衍之。皆占卜書也。張氏內閣書目。

楊氏門人

郡學童先生必大

童必大。武義人。受業于楊忱中。登嘉定丁丑進士。授竹山令。有惠政。陞安定知府。開慶己未。裔寇圍城。先生歎曰。死生有命。忠孝豈能兩全。督兵出戰而死。許道復哭以詩曰。百戰孤城身死義。忠魂凜凜在人間。金華徵獻略。

杜氏所傳

補 廖溟涬先生應淮

梓材謹案。先生所著象滋説會補。宋潛溪序溟涬生贊作象論統會聲譜。

附録

去隱宣歙閒。遇余安裕弋陽。將教之。安裕勸先生業中庸。先生瞠目厲聲曰。俗儒幾辱吾康節于地下矣。

復之臨安。市大衍數。夜沽酒痛飲。大叫曰。天非宋天。地非宋地矣。歌曰。禽聲兮啾啾。

草色兮幽幽。風熚熚兮火怒。泉殷殷兮血流。屋將焚兮。燕呢喃而未已。鼎漸沸兮。𧌒婆娑其不休。歸去來兮。不歸兮焉求。

都人士聞之。競指以爲怪民。不與接。獨太學生熊希聖時造其廬。先生私執熊手。謂曰。吾端居曾樓。聞空中戎馬百萬來。人鬼作哭泣聲。壬申襄樊陷。甲戌宮車宴駕。乙亥長江飛渡。似道亦殛死臨漳。丙子三宮播遷。諸王大臣皆南北亂走。噓吸事耳。子不去。欲何爲。居亡何。宋事日非。沿江州郡望風奔潰。先生大慟曰。殺氣又入閩廣中。吾不知死所矣。遂遁去。其言無一不驗。後四年。病死處州學中。

先生宗堯夫先天之學。自謂知易。及論後天。則尊羲畫爲經。彖爻繫辭爲傳。黜文言象象二傳爲九師之言。且謂說卦非聖筆不能作。上下繫乃門人所述。序卦直漢儒記爾。

雲濠謹案。東維子送齊易巖序言。廖學海。國初有聞于世皇。世皇將召之。學海業已語其女曰。我若干日死。死若干日。朝廷命來。我已死。且索我書。我書當傳者。傳氏立。名人也。其人在某所。某自來。異日官極品。汝賴之。官且賜田若干頃矣。已而果然。

梓材謹案。王忠文集齊琦傳言。先生在宋季。言國家運祚禍福如指掌。又言吴曦叛于蜀。盜發王天悦家。出其所著書。道士杜可久得之。以授先生。著有玄玄集畫前妙用等書數十萬言。悉以授傳立。而齊琦得之。據此則傳初庵親受于廖氏。非由彭復之矣。

邵學續傳

山長堯觀物先生允恭

堯允恭字克遜。海陵人。景定咸淳。兩領鄉薦。宋亡。專意經傳。邃于易。深得性命之理。江浙行省兩檄充濂溪東川書院山長。先生皆不赴。安貧樂善。學者多從遊。自號觀物老人。有詩文二十卷。姓譜。

進士齊節初先生夢龍別見介軒學案補遺。

翰林麻先生九疇附門人王説。王釆苓。

麻九疇字知幾。易州人。三歲識字。七歲能草書。作大字有及數尺者。一時目爲神童。金章宗召見。問。汝入宮殿中。亦懼怯否。對曰。君臣。父子也。子寧懼父耶。上大奇之。弱冠入太學。有文名。南渡後。寓居郾蔡閒。入遂平西山。始以古學自力。博通五經。于易春秋爲尤長。興定末。試開封府。詞賦第二。經義第一。再試南省復然。及廷試。以誤黜。士論惜之。已而隱居。不爲科舉計。正大初。門人王説王釆苓俱中第。上以其年幼。怪而問之。及知嘗師先生。特賜進士第。以病未拜官。告歸。再授太常寺太祝。權博士。俄遷應奉翰林文字。先生性資野逸。高蹇自便。度不能與世合。復謝病去。居郾城。天興元年。元兵入河南。挈家走確山。爲兵士所得。驅至廣平。病卒。年五十。先生初因經義學易。後喜邵堯夫皇極書。因學算數。又喜卜筮射覆之術。晚更喜醫。與名醫張子和游。盡傳其學。耆舊趙秉文以徵君目之而不名。金史。

附録

元遺山中州集曰。知幾少時有惡疾。就道士學服氣。數年疾遂平。又從宛邱張子和學醫。子和以爲能得其不傳之妙。大率知幾于學也專。故所得者深。飢寒勞苦。人所不能堪者。處之怡然。不以累其業也。

趙滏水送麻徵君引曰。君以文學行義名天下。天下之人户知之。固不待予言而顯。正大中。天子聞其名而召之。幡然而來。君子以爲知義。悠然而辭。君子以爲知命。退將窮先天之學。以極消息盈虛之理。是可量也哉。

文正劉先生秉忠

劉秉忠字仲晦。初名侃。因從釋氏。又名子聰。拜官後。始更名。邢州人。先生八歲入學。口誦數百言。年十三。爲質子于帥府。十七。爲邢臺節度使府令史。以養其親。居常鬱鬱不樂。一日投筆歎曰。丈夫不遇于世。當隱居以求志耳。卽棄去。隱武安山中。久之。天寧虛照禪師遣徒招致爲僧。後遊雲中。留居南堂寺。世祖在潛邸。海雲禪師被召。過雲中。聞其博學多材藝。邀與俱行。既入見。應對稱旨。屢承顧問。先生于書無所不讀。尤邃于易及邵氏經世書。至于天文地理律曆三式六壬遁甲之屬。無不精通。論天下事如指諸掌。世祖大愛之。海雲南還。先生遂留藩邸。後數歲。奔父喪。賜金百兩爲葬具。仍遣使送至邢州。服除。復被召。奉旨還和林。上書數千百言。世祖嘉納焉。癸丑。從征大理。明年。征雲南。每贊以天地之好生。王者之神武不殺。故克城之日。不妄戮一人。己未。從伐宋。復以雲南所言力贊于上。所至全活不可勝計。中統元年。世祖卽位。問以治天下之大經。養民之良法。先生采祖宗舊典。參以古制之宜于今者。條列以聞。先生雖居左右。而猶不改舊服。時人稱之爲聰書記。至元元年。翰林學士承旨王鶚奏言。秉忠久侍藩邸。積有歲年。參帷幄之密謀。定社稷之大計。忠勤勞績。宜被褒崇。聖明御極。萬物惟新。而秉忠猶仍其野服散號。深所未安。宜正其衣冠。崇以顯秩。帝覽奏。卽日拜光禄大夫。位太保。參預中書省事。詔以翰林侍讀學士竇默之女妻之。賜第奉先坊。且以少府宫籍監户給之。先生既受命。以天下爲己任。事無巨細。凡有關於國家大體者。知無不言。言無不聽。十一年。扈從至上都。其地有南屏山。嘗築精舍居之。秋八月。先生無疾端坐而卒。年五十九。還葬大都。十二年。贈太傅。封趙國公。謚文貞。成宗時。贈太師。謚文正。仁宗時。又追封常山王。先生自號藏春散人。有文集十卷。元史。

藏春集

人常與易不相離。着意求言轉見疑。動靜既萌爻象具。此情明得是蓍龜。讀易。

收心學道造精微。着意工夫已是遲。寡過誰如蘧伯玉。回頭四十九年非。學道。
人之有善與誰行。不善休忘教誨情。責備百中無一二。聰明都是不聰明。偶得。

附録

閻靜軒序藏春集曰。太傅文貞公學參天人。思周通變。早慕空寂。脱棄世務。一旦遭際聖主。運應風雲。契同魚水。有若留侯規畫以興漢室。召公相宅以營都邑。叔孫奉常綿蕝以定朝儀。陸賈詩書之語。賈生仁義之説。當雲靁草昧之世。天開地闢。贊成文明之治。其謚曰文。不亦宜乎。

忠宣張先生文謙詳見魯齋學案。

樞密張先生易

張易字□□。□□人。官樞密。初劉秉忠以大明曆自遼金承用二百餘年。浸以後天。議欲修正而卒。江左既平。世祖思用其言。遂以郭守敬與王恂率南北日官分掌測驗推步于上。而命張文謙與先生爲之主領裁奏于下。左丞許衡參預其事。元史。

文獻杜先生瑛

杜瑛字文玉。霸州信安人也。金之季年。避地河南。居緱氏山。讀書講學。博覽無所不見。金亡。轉居汾晉之閒。授徒爲業。中書粘合珪開府彰德。以書幣迎之。至則待以賓禮而師問焉。

先生從容爲中書言。兵荒之餘。生民窮困日甚。宜緩刑薄賦。以遂民生。修學養士。以興治化。中書從其言。民獲陰受其賜。士子受業者恒以百數。歲己未。世祖奉命南伐。過彰德。召先生入見。問以取宋之策。對曰。惟不嗜殺人。然後能一天下。世祖卽位。召之。使者至彰德。先生聞王文統已居相位。專言功利。以固權寵。輒引退不見。杜門謝客。以修學著書爲事。所著多明經術之意。有春秋地理原委十卷。語孟旁通八卷。皇極引用八卷。皇極疑事四卷。極學十卷。律曆禮樂雜説三十卷。文集十卷。先生既居彰德。因留家焉。初中書憐其貧。與田千畝。不受。年七十卒。將卒。命諸子曰。我死。棺中第置杜甫詩集一編。題其誌石曰處士杜緱山墓。天曆二年。贈翰林學士。追封魏國公。謚文獻。蘇滋溪集。

附録

世祖南伐至桐。召見問計。先生從容對曰。漢唐以還。人君所恃以爲國者。法與兵食三事而已。國無法不立。人無食不生。亂無兵不守。今宋皆蔑之。殆將亡矣。興之在聖主。若控襄樊之師。委戈下流。以擣其背。大業可定矣。帝悦曰。儒者中乃有此人乎。

其於律。則究其始。研其義。長短清濁。周徑積實。各以類分。取經史之説以實之。而折衷其是非。其於曆。則謂造曆者皆從十一月甲子朔夜半冬至爲曆元。獨邵子以爲天開于子。則取日甲月子星甲辰子爲元會運世之數。無朔虚。無閏餘。率以三百六十爲歲。而天地之盈虚。百物之消長。不能出乎其中矣。論閉物開物則曰。開于己。閉于戊。五。天之中也。六。地之中也。戊己。月之中星也。又分卦配之紀年。金之大定庚寅交小過之初六。國朝之甲寅三月二十有三日。寅時交小過之九四。多先儒所未發。

馬祖常作神道碑曰。世祖徵爲彰德懷孟等路提舉學校官。不就。著書窮學。于世之貴富賤貧。一無所動其心。以優游厭飫于道藝以終其身。

王先生士元

王士元字長卿。汾州人。少好讀書。通玄象及先天之象。又善行草。表其號曰白欄居士。士亦多從之游。大德元年。授茌施路軍民總管經歷。調梧州幕府卒。蘇滋溪集。

蕭先生漢中

蕭漢中字景元。泰和人。著讀易考原。朱楓林序之云。蕭氏以爲。二篇之卦。必先卜而後序。閎奧精粹。貫通神聖。誠古今之絶學也。謹節縮爲上下經二圖于右。而録其全文于下。以廣其傳。朱楓林集。

雲濠謹案。讀易考原一卷。成于泰定中。凡三篇。一論分卦。一論合卦。一論卦序。四庫書目提要謂。其説亦出于邵氏。而推闡卦序。頗具精理云。

編修杜清碧先生本詳見草廬學案。

何先生榮祖

何榮祖字繼先。其先太原人。徙家廣平。以吏累遷中書省掾。陞侍御史。歷中書右丞。尋加平章政事。卒。贈光禄大夫。大司徒。柱國。追封趙國公。謚文憲。所著書有大畜十集。又有學易記。載道集。觀物外篇。元史。

梓材謹案。虞道園集有何忠肅公謚議云。謚法。廉方公正曰忠。執心決斷曰肅。史作文憲。豈其改謚耶。

權説

或問。權之爲説。漢儒解之于前。宋儒非之于後。不識權者果何物也。愚曰。權亦事之宜也。然則權與義同乎。曰。不同。請問其説。曰。有常之宜曰義。臨時之宜曰權。問者未達。曰。權之説如此。不有害于道乎。曰。否。孟子嘗言之矣。權正謂害道者説也。竊嘗思之。盈天地之閒。往者過。來者復。裁制萬事。變通無窮者。惟其義而已。蓋仁者。義之愛也。知者。義之辨也。禮者。義之儀也。中者。義之則也。信者。義之實也。雖然。人之情萬殊。事之出萬變。或愛有不可施。智有不可用。禮有不可執。中有不可定。信有不可必。是皆孟子所謂害道者也。聖人知其然。故曰。可與共學。未可與適道。可與適道。未可與立。可與立。未可與權。夫權者。聖人憂道之深謀。處變之大用也。如可乎可。不可乎不可。此義也。或可之中有不可。而不可之中有可。此權也。權與義。無非道也。然君子之用心。所當日進者學也。深造者道也。謹守者義也。不可預知者權也。愚故曰。有常之宜曰義。臨時之宜曰權。

附録

先生齋居雜言詩曰。名教無窮樂。眞知在暮年。中庸萬事果。太極一心全。世事頻觀易。人情靜看天。興來時有句。率爾亦飄然。

隱君鄭先生松

鄭松字特立。樂安人。以邵子經世書止于周顯德。乃自庚申宋興。至甲午宋亡。爲續共二百七十五年。書法視昔尤謹。先生入元隱居布水谷二十年。于凡古今因革聖賢心迹有所疑。每就吴文正細商之。不以輩行自居。姓譜。

通敏陳先生思謙

陳思謙。寧晉人。忠定公祐之孫也。忠定好學。先生亦好學。于凡名物度數。綱紀本末。考訂詳究。而尤深于邵子皇極經世書。官至御史中丞。卒。追封魯國公。謚通敏。姓譜。

王容溪先生□

王□號容溪。陸子方以詩爲贊云。勁竹持高節。餘花表晚香。一瓢顔子巷。六籍鄭公鄉。後學師珪行。先天發寳藏。空攜經世具。獨立暮山蒼。牆東類稾。

劉氏同調

郭先生榮

郭榮號鴛水翁。順德人。通五經。精于算數水利。時太保劉文貞。左丞張忠寅。樞密張易。贊善王恂。同學于州西紫金山。而文貞與先生爲同志友。故俾其孫守敬就學于文貞所。元文類。

朱氏學侶

林先生千之附師朱元夫。

林千之。少以三禮從朱水簷之族子元夫先生游。水簷忘年定交。三易備遺序。

朱氏同調

學士鄭先生滁孫

鄭滁孫字景歐。處州人。宋景定閒進士。知樂清縣。至元末。以薦召見。累官集賢學士。致仕歸。所著有大易法象通贊。周易記玩等書。姓譜。

梓材謹案。先生兄弟爲東谷曾孫。東谷見伊川學案補遺。元史儒學傳言。其兄弟在當時最號博洽。儒學之士翕然推之。

大易法象通贊自序

中天者非他。是卽天也。由其運用合一居中。故曰中天。由其在生兩之後。用九之前。故曰中天。適夫時位。德之稱也。其象藏于互體。其義發見于文王周公孔子之辭。習焉者察弗精。語弗詳。迷其主宰之眞。惑于分別之變。嘻。其久矣。

前聞康節邵先生有曰。氣一而已。主之者乾也。神一而已。乘氣出入乎有無生死之閒。無方而不測者也。不知乾。無以知性命之理。文公朱先生有曰。一陰一陽。此是天地之理。如大哉乾元。萬物資始。乃繼之者善也。乾道變化。各正性命。此成之者性也。繫辭所謂一陰一陽之謂道。繼之者善。成之者性。此是中天時位德業之大綱領。文公舉以歸之于乾元。歸之于乾道。所言造化。豈有異端。二先生之語。皆中天之主旨也。

梓材謹案。大易法象通贊七卷。四庫存目提要云。其序自言。年踰五十。探索先天圖。忽得中天元景云云。案中天之說。始見于干寶周禮注。朱元昇衍之爲三易備遺。然鄭氏所謂中天元景。與干寶之說又異。其說皆幽渺恍惚。不可究詰。蓋指前段之說。然其爲朱氏同調。可見矣。

鄭氏學侶

鄭先生陶孫

鄭陶孫字景潛。學士滁孫。弟宋進士。監西嶽祠。元初徵授翰林國史院編修官。會纂修國史至宋德祐末年事。言臣嘗仕宋。宋是年亡。義不忍書。世祖嘉之。陞應奉翰林文字。出爲江西儒學提舉。所著有文集。姓譜。

景潛遺文

魏太和閒。青州于土中得齊大夫送女器爲牛而背負尊。晉儒之説以爲。全刻牛象之形。鑿其背以爲尊。是亦揣摩。非得于目擊。以負爲鑿體。認不眞故也。古人制器。雖致飾之美。而仁與智具焉。謂牛象之力。足以負尊。而取其形。智也。儻刳腹受酒。則不得爲仁矣。絶其脊以施勺。既幾乎慘。舉而注之口。豈不嫌于穢。人之用器且不宜然。況將潔以享神乎。由是而言。近古所傳刳其腹者。鑿字之訛實啓之也。自文公請改從政和禮器新圖。及班降。則王黼博古所收。厥後嘗以尊口不可施勺。而疑其未然。特未及詳齊器之負。而謁晉儒之鑿耳。陶孫前是固已窺其理。亦恐淪于臆。不敢形諸言。及仕京師。嘗於遂初張氏之容齋睹一㒟尊。乃㒟形而背負尊。極其精古。善鑒者以爲周器無疑。于是始信齊大夫送女器之爲可憑。古人制器。不鑿于知而傷于仁。益可知也。舍奠禮器記。

麻氏門人

教授張濛溪先生著附子思敬。

張著字仲明。襄陵人。少穎悟。不待勉勵。卓然自志于學。戊戌歲。以詞賦中選。既而歎曰。士當遠大自期。雕蟲篆刻。將何爲哉。適貽溪麻先生洎前進士曹兑齋來主經局。先生喜且不寐。曰。今而後。吾學有所正矣。遂刮去故習。沈潛伊洛諸書。雖飢渴寒暑。貧窮得失。不易其初心。介然家居。以樂育諸生爲業。中統建元。張頤齋宣撫河東。擢主潞城簿。頤齋去。以親老西歸。至元乙酉。用薦者授平陽路儒學教授。秩竟不聽其去者逾二歲。厥後子思敬自南陽教官來省。聞彼中風土。樂焉。曰。名山大川。平日所願見。遂命駕南游。以至元壬辰卒于寓舍。年六十有九。詩文雜著曰濛溪集。思敬後以家學充隆福宮宮教。王秋澗集。

文忠王鹿庵先生磐

王磐字文炳。永年人。金人遷汴。父禧舉家南渡河。居汝之魯山。先生年方冠。從麻九疇學于郾城。客居貧甚。日作糜一器。畫爲朝暮食。擢至大四年經義進士第。授歸德府録事判官。不赴。自是大肆力于經史百氏。及河南被兵。避難轉入淮襄閒。宋荊湖制置司辟爲議事官。襄陽兵變。北歸。至洛西。會楊惟中被旨招集儒士。得先生。深禮遇之。遂寓河内。東平總管嚴實興學養士。迎以爲師。受業者數百人。後多爲名士。中統元年。卽拜益都等路宣撫副使。居頃之。以疾免。李璮素重先生。以禮延致之。先生亦樂青州風土。乃置田淵河之上。題其居曰鹿庵。有終焉之意。及璮謀不軌。先生覺之。脱身入京師。璮據濟南。大軍討之。帝命先生參議行臺事。璮平。遂挈妻子至東平。召拜翰林直學士。同修國史。出爲眞定順德路宣慰使。復入翰林爲學士。遷太常少卿。乞致仕。不允。曲阜孔子廟。歷代給民百户。以供灑掃。復其家。至是尚書省以括户之故。盡收爲民。先生言林廟户百家。歲賦鈔不過六百貫。僅比一六品官終年俸耳。聖朝疆宇萬里。財賦歲億萬計。豈愛一六品官俸。不以待孔子哉。且于府庫所益無多。其損國體甚大。時論韙之。再乞致仕。不允。國子祭酒許魯齋衡將告歸。帝遣近臣問先生。先生言。衡素廉介。意其所以求退者。得非生員數少。坐糜廩禄。有所不安耶。宜增益生員。使之施教。則庶幾人才有成。衡之受禄亦可少安矣。詔從之。先生移疾家居。堅乞致仕。帝遣使慰諭之。江南既下。先生上疏。大略言禁戢軍士。選擇官吏。賞功罰罪。推廣恩信。所以撫安新附。銷弭寇盜。其言要切。皆見施行。復以年老。累乞骸骨。進資德大夫致仕。先生無子。命其壻著作郎李穉賓爲東平判官以便養。先生資性剛方。閒居不妄言笑。每奏對必以正。不肯阿意承順。帝嘗以古直稱之。所薦宋衜雷膺魏初徐琰胡祗遹孟祺李謙。後皆爲名臣。年至九十二。卒之夕。有大星隕正寢之東。贈端貞雅亮佐治功臣太傅開府儀同三司。追封洛國公。謚文忠。元史。

秋澗先緒

文元王先生經

王經字伯常。衛州人。文定曾祖。隱居讀書。鄉黨化其德。謚文元先生。文定神道碑。

附録

時昆仲七人同居。内外無閒言。

梓尉王思淵先生天鐸附師王元禮。

王天鐸字振之。汲縣人。秋澗之父也。少聰敏嗜學。父授以律學。即能下筆論斷。推原情法。閭閻如老成人。正大初。自州户曹辟權行部令史。四年。用薦試京師。擢吏員甲。首選充運司案長。五年。補睦親府掾屬。六年。轉補户部令史。開興初。用入粟補滿。授户部主事。既而北還鄉里。尋朝廷遺斷事官耶律買奴括諸道户口。柄用顓決。得人爲急。前省掾李禎已佐幕府。薦先生于買奴。遂署行臺從事。明年。買奴卒。自雲中南歸。讀書養晦。以厚所待。或勸治生。曰。非予初心也。勸仕州郡。曰。一邱之木。安足棲集。日以經史自娱。尤嗜春秋左氏傳西漢書。其天文術數皆通習之。晚年一洗心于易。嘗質問于玉華子華陰王先生元禮。大有所得。一日。玉華發問曰。自昔治少亂多。君子寡小人衆。何也。先生曰。豈非天一而地二。乾陽方始而陰已爲之倍歟。玉華曰。子得之矣。集歷代易説爲一書。題曰王氏易纂。遇朔例一占。玩辭明變。其應如響。嘗訓其子惲忱曰。吾已錯斷。不容再寒。殍死無掾習。能儒素起家。其榮多矣。然學貴專精。汝不見鑑瑩則乃能别物。學苟不精。如治鑑不明。將安用爲。不學易。味涉世之道。不讀麟經。無以見筆削之正。吾平昔行己。得乎此而已矣。晚號思淵老人。卒年五十有六。官至忠顯校尉。秋澗文集。

梓材謹案。秋澗神道碑言。先生中年。折節讀書。務教子起宗。所交皆海内名士。易名文通。先生用公貴。贈正奉大夫。大司農卿。追封太原郡公。謚莊靖。

附録

秋澗序王氏易學集説曰。先君思淵子。昔掾民時。尚書張公正倫日引一叟連榻坐。與之問辨甚款。察之。蓋講易經旨也。每參署已。輒抱牘旁侍。張公曰。汝亦樂聞斯乎。曰。唯。自是日熟所聞。遂潛玩焉。造次顛沛。樂之而不釋也。

莊靖講友

進士劉神川先生祁詳見屏山鳴道集説略。

趙先生澄

趙澄字公靖。共城人。性純古。有儒行。終衛州教授。秋澗先友記。

提刑董先生瀛別見蘇氏蜀學略補遺。

王先生贊別見明道學案補遺。

劉先生冲

劉冲字進之。太原人。性剛克敦友義。嗜學安貧。樂道人善。事與心會。激昂感慨。有幽并豪傑氣象。尤長于左氏春秋。秋澗先友記。

馬先生寅

馬寅字致遠。許州人。性雅重。嗜古學。恬于仕進。秋澗先友記。

文忠王鹿庵先生磐見上麻氏門人。

完顔先生孟陽

完顔孟陽字和之。遼東人。用門資起身爲部掾。北渡後不仕。好古書。家藏至千餘卷。秋澗先友記。

徒單先生公履

徒單公履字雲甫。遼陽人。經義第。學問該貫。善持論。世以通儒歸之。性純孝。樂誨人。官至侍講學士。秋澗先友記。

梓材謹案。王公霈爲其父文定神道碑所稱徒單顒軒。當是先生。

雲甫遺文

士之出身以仕于時者。天豈不欲得仁人君子。與之共圖回天下之事哉。不幸而當世道失平之日。其所遭際。多强悍勃惡剛獷暴露之人。猶之虎也。苟一旦徵是非于庭辨之際。是以生物全物與之。彼將不勝其怒。甘心以求逞。則决裂之禍至矣。其于國計何如耶。書張侯言行録後。

朱先生萬齡

朱萬齡字壽之。雲夢人。生平以道學自負。星曆占筮乃其所長。秋澗先友記。

秋澗師承

庫司趙先生鵬附子廣。

趙鵬字搏霄。蒲之河東人。擢貞祐三年詞賦進士第。釋褐。主芮城簿。用薦者辟授泌陽令。泌邊邑。號稱難治。先生下車設教。條督游惰。行視田里。相民利病而興除之。縣以之致富。先生曰。既殷而教。聖人之大經。于是謹庠序。表善惡。以敦其禮讓。尋遷豐衍庫司。北渡後。流寓淇南。貧無爲資。當時有知先生之賢。欲以一縣相屈者。先生聞之曰。余方以儉素自守。其可榮以仕乎。竟不應。遂教諸生爲業。識者多之。卒年七十有三。子廣傳家學。嘗任筦庫。以廉能稱。先生資雅厚。詞賦爲平生專門之學。其經指授者。皆有所成就。王秋澗惲。年方志學。嘗受業門下云。王秋澗集。

文正門人

忠獻張先生九思

張九思字子有。其先大都宛平縣邑鄉人。先生以至元二年見裕皇于東宮。卽受知遇。常侍左右。十六年。置都總管。命爲工部尚書兼領之。創法嚴整。十九年。賊起變京城中。至爲僞太子。故上與太子甚惡之。更化相和禮霍孫㊀。先生首薦易州何瑋。東平徐琰。馬紹。獻州范芳。裕皇次第用之。侍從以下。因其言而見用者。徧布朝著。一時號爲得人。是年立詹事院。拜爲詹事丞。內謹侍御。外肅僚屬。出納緩急。思遠而慮周。得宮臣之體則。又曰。輔道德性。則在于老成重厚有經術學問之士。其關繫甚重也。于是立賓客諭德贊善等官。召用上黨宋道。保定處士劉因。曹南夾谷之奇。東平李謙諸君子。先生每候宮中。閒暇時。身先後其出入。使得致其開導之説。二十三年。裕皇卽位。詹事院無所受事。時議將請廢之。先生抗言曰。有皇孫在。固宗社之所屬。人心之所系也。柰何爲此言乎。廷臣以爲當。三十年。拜中書左丞。仍

㊀「孫」下脱「革宿弊而新之」。

兼僉事丞。世祖崩。成宗即位。進中書右丞。國史院修世祖裕皇實録。大德二年。拜平章政事。力辭機務。遂以平章之名預中書事。徽政副使如故。五年。改授大司徒。徽政副使。領將作院事。六年。加光禄大夫。事上涖官。夙夜無懈。以家政盡屬其弟九儀。先生幼有奇質。入鄉校讀書。識古人之意。裕皇幼沖時。世祖命儒臣勸之學。是以于儒術常留意焉。先生嘗進言曰。京師首善。宜建國學。以風示天下。裕皇韙之。學之有宫。先生實開之于先。大都之學在南城。先生曰。昔嘗游焉。吾不敢忘也。春秋舍奠于先聖先師。必具牢醴。以相執事者。二十餘年不廢。又爲學舍于四邑鄉。曰。吾先人之所居也。願與其子孫昆弟講習于斯焉。好賢樂善。出于天性。大德六年卒。年六十一。追贈太傅上柱國魯國公。諡忠獻。先生娶唐氏。世祖又賜以文貞劉秉忠之女云。道園學古録。

太史郭先生守敬

郭守敬字若思。順德邢臺人。生有異操。不爲嬉戲事。就學于劉文正。中統三年。張忠宣文謙薦其習知水利。且巧思絶人。蒙賜見上都便殿。而陳水利六事。即授提舉諸道河渠。至元二年。授都水少監。八年。遷都水監。十三年。都水監併入工部。遂除工部郎中。是歲。立局改治新曆。十六年。改局爲太史院。以先生同知太史院事。十七年。新曆告成。拜太史令。三十一年。拜昭文館大學士。知太史院事。延祐三年卒。年八十六。先生以純德實學爲世師法。其不可及者有三。

一曰水利之學。二曰曆數之學。三曰儀象制度之學。元文類。

附録

年十五六時。得石本蓮花漏圖。卽能準其式爲之。又得尚書璇璣圖。規竹爲之。尤極其精。

至元元年。從文謙行省西夏。興復瀕河諸渠。

詔先生與王恂率南北日官分掌測驗。先生乃言。曆之本在于測驗。而測驗之器莫先于儀表。今司天渾儀。宋皇祐中汴京所造。與此處天度不符。比量南北二極。差約四度。表石年深。亦復攲側。宜盡考其失。更置之。及擇高塏之所。造木爲重棚。創簡儀高表。用相比覆。又以爲天樞附極而動。昔人嘗展管望之。未得其的。作候極儀。極辰既位。天體斯正。作渾天象。象雖形似。莫適所用。作玲瓏儀。以表之矩方。測天之正圜。莫若以圜求圜。作仰儀。古有經緯。結而不動。易之。作立運儀。日有中道。月有九行。合而作證理儀。表高景虛。其象非眞。作景符。月雖有明。測景則難。作闚几。曆法之驗。在于交會。作日食月食儀。天有赤道。輪以當之。兩極低昂。標以指之。作星晷定時儀。其器凡十有三。又作正方案。九表。懸正儀。凡四等。爲四方行測者所用。又作仰規覆矩圖。異方渾蓋圖。月出入永短圖。凡五等。與上諸儀互相參攷。

梓材謹案。時曆雖頒。而推步之式。立成之數。未有成書。先生比次篇類。整齊分秒。裁爲推步七卷。立成二卷。曆議擬稾三卷。轉神選擇二卷。上中下三曆注式十二卷。又爲時候箋注二卷。修改源流一卷。儀象法式二卷。二至晷景表二十卷。五星細行考五十卷。古今交食考一卷。新測二十八舍雜坐諸星入宿去極一卷。新測無名諸星一卷。月離考一卷。

王恂以學自負。每詣先生。見其匠制。輒深歎服之。許衡學爲世師。語及先生。則以手加額曰。天佑我元。故生斯人也。

文肅王先生恂父良。

王恂字敬甫。中山唐縣人。父良。金末爲中山府掾。已而棄吏業。潛心伊洛之學。及天文律曆。無不精究。年九十二卒。先生生三歲。家人示以書帙。輒識風丁二字。母劉氏授以千文。再過目卽成誦。六歲就學。十三學九數。卽造其極。歲己酉。劉太保秉忠北上。途經中山。見而奇之。及南還。從太保學于磁之紫金山。癸丑。太保薦之。世祖召見于六盤山。命輔導裕宗。爲太子伴讀。中統二年。擢太子贊善。時年二十八。初。中書左丞許魯齋衡。集唐虞以來嘉言善政。爲書以進。世祖令先生講解。且命太子受業焉。先生早以算術名。裕宗嘗問焉。先生曰。算數。六藝之一。定國家。安人民。乃大事也。每侍左右。必發明三綱五常。爲學之道。及歷代治忽興亡之所以然。裕宗問以心之所守。先生曰。許衡嘗言。人心如印板。惟板本不差。則雖摹千萬紙。皆不差。本旣差。則摹之于紙。無不差者。裕宗深然之。詔擇勳戚子弟。使學于先生。師道卓然。及先生從裕宗撫軍稱海。乃以諸生屬之許魯齋。及魯齋告老而去。復命先生領國子祭酒。國子之制。實始于此。帝以國朝承用金大明曆。歲久浸疏。欲釐正之。知先生精于算術。遂以命之。至元十六年。授嘉議大夫。太史令。十八年。居父喪。哀毁。日飲勺水。帝遣內侍慰諭之。未幾。

卒。年四十七。延祐二年。贈司徒。上柱國。定國公。謚文肅。元史。

鄭氏家學

鄭先生世忠

鄭先生教忠合傳。

鄭先生保忠合傳。

鄭世忠。教忠。保㊀。鄉貢松之子也。俱能數學。吴文正集。

祝氏續傳

補文懿傳初庵先生立

梓材謹案。王忠文爲齊氏傳言。廖應淮精通邵氏學。傳立初庵實得其傳。立當至元間。以其學顯。世祖甚敬信之。

附録

陸子方代上樂平傳初庵詩曰。一代風流獨老庵。再扶道脈起東南。家聲要與諸洪繼。易學曾

㊀「保」下脱「忠」。

同小阮參。晝錦羨君崇世胄。寒氊容我坐清談。願爲藥籠中閒物。才匪芝苓愧不堪。

徐先生覺

徐覺字則仁。豐城人。以祝泌之學自名。吴文正集。

傅氏同調

隱君趙緣督先生敬附石得之。

趙敬字子恭。或曰友欽。鄱陽人。著有革象新書。世因其自號。稱之爲緣督先生。先生。宋宗室之子。習天官遁甲鈐式諸書。欲以事功自奮。一日坐芝山酒肆中。逢丈夫修眉方瞳。索酒酣飲。先生異而卽之。相與談玄者頗久。出囊中九還七返丹書遺之。先生問其姓名。曰。我扶風石得之也。先生閒往東海上獨居十年。注周易數萬言。時人無有知者。惟傅文獻公立梓材案。初庵本傳作文懿。極畏敬之。以爲發前人所未言。先生復悉棄去。乘青騾。從以小蒼頭。往來衢婺山水閒。倦游而休。泊然而亡。遂葬于衢之龍游雞鳴山原。宋文憲集。

鹿庵門人

承旨劉先生賡別見伊川學案補遺。

劉先生君舉詳見靜修學案。

文定王秋澗先生惲

王惲字仲謀。汲縣人。户部主事天鐸之子。有材幹。操履端方。好學。善屬文。與東魯王西溪博文渤海王香山旭齊名。史天澤將兵攻宋。過衛。一見接以賓禮。中統元年。左丞姚樞宣撫東平。辟爲評議官。時省部初建。令諸路各上儒吏之能理財者一人。先生以選至京師。上書論時政。與渤海周正並擢爲中書省詳定官。二年春。轉翰林修撰。同知制誥。兼國史院編修官。尋兼中書省左右司都事。治錢穀。擢材能。議典禮。考制度。咸究所長。同僚服之。至元五年。建御史臺。首拜監察御史。知無不言。論事凡百五十餘章。秩滿。陳天祐雷膺交薦于朝。九年。授承直郎。平陽路總管府判官。十三年。奉命試儒人于河南。十四年。除翰林待制。拜朝列大夫。河南北道提刑按察副使。遷燕南河北道。按部諸郡。贓吏多所罷黜。十八年。拜中議大夫。御史臺治書侍御史。不赴。裕宗在東宫。先生進承革事略。其目曰。廣孝。立愛。端本。進學。擇術。謹習。聽政。達聰。撫軍。崇儒。親賢。去邪。納誨。幾諫。從諫。推恩。尙儉。戒逸。知賢。審官。凡二十篇。十九年春。改山東東西道提刑按察副使。在官一年。以疾還衛。二十二年春。以左司郎中召。二十六年。授少中大夫。福建閩海道提刑按察使。二十八年。召至京師。二十九年春。見帝于柳林行宫。遂上萬言書。極陳時政。授翰林學士。嘉議大夫。成宗卽位。獻守成事鑑一十五篇。所論悉本諸經旨。元貞元年。加通議大夫。知制誥。同修國史。奉旨纂修世祖實録。因集聖訓六卷上之。大德元年。進中奉大夫。八年。卒。贈翰林學士承旨。資善大夫。追封太原郡公。謚文定。其著述有相鑑五十卷。汲郡志十五卷。承革事略。中堂事記。烏臺筆補。玉堂嘉話。并雜著詩文。合爲一百卷。元史。

梓材謹案。先生子公孺爲神道碑云。先公幼有至性。勤學好問。若饑渴然。弱冠受教于鹿庵王公。詩文字畫已有聲。紫陽遺山一見。爲指授所業。期以國士。楊西庵曹南湖高吏部徒單顒軒愛其材器。折行輩與交。極口爲延譽。又爲先生大全文集後序云。弱冠已嘗請教于紫陽遺山鹿庵神川諸名公。是先生于鹿庵外。又爲元楊劉三先生門人。

附録

官平陽路總管府判官。大起府學。敦勉師生傳授。暇率吏屬聽講。風俗爲一丕變。又復回車嶺孔子廟首陽山二賢祠。

常曰。士當行其所學。明義達道。一以至誠將之。窮達得失。有不在己者。

教授後進明義理。工文章。必盡所得。又善因材致篤。

贈謚制詞曰。觀其遺書。蓋抱經綸之志。詢夫成迹。豈徒黼黻之才。惟治朝蓍蔡之是稽。繄後生山斗之所仰。

衍聖孔先生治

李先生孟誾合傳。

徐先生恒合傳。

孔治字世安。一字先己。曲阜人。孔子五十三世孫也。孝友仁厚。公謹廉明。文章政事爲一時稱首。弱冠。從翰長鹿庵游。同門李孟誾。徐恒。以斯文相諮議。年二十。襲尹鄉邑。雞鳴而起。坐以待旦。時楊潛齋師表于魯。先生退食執弟子禮。得知親之益。楊損齋繼之。復從遊。盡仕優則學之道。先生于二弟甚相友愛。年五十三告老。以子思誠襲世尹。陞奉訓大夫。知單州事。至元二十八年。擢奉直大夫。知密州事。元貞改元。特授中議大夫。襲封衍聖公。卒年七十二。蔡文淵記。

文忠陳先生顥

陳顥字仲明。清州人。幼穎悟。日記誦千百言。稍長。遊京師。登翰林承旨王磐及安藏之門。磐熟金典章。安藏通諸國語。先生兼習之。安藏乃薦入宿衛。尋爲仁宗潛邸説書。仁宗卽位。特拜集賢大學士。仁宗崩。辭禄家居者十年。文宗卽位。復起爲集賢大學士。上疏勸帝大興文治。增國子學弟子員。蠲儒之徭役。文宗皆嘉納焉。先生先後居集賢署。薦士牘累數百。有訐之者。則曰。吾寧以謬舉受罰。蔽賢誠所不忍。後至元四年致政。命食全俸于家。明年卒。年七十六。追封冀國公。謚文忠。歐陽原功爲國子祭酒。與先生同考試國子伴讀。每出一卷。先生必拾而觀之。苟得其片言善。即以寘選列。爲之色喜。原功歎曰。陳公之心。蓋篤于仁而踰于厚者。眞可使鄙夫寬。薄夫敦矣。元史。

莊靖門人

李先生瑞

李瑞字天祥。汲人。性强果。重義急難。凜古人風。達吏務。有調議。于王振之執弟子禮終身焉。仕至潞州判官。秋澗先友記。

雲濠謹案。秋澗嘗銘其墓碣云。仕至將仕郎。潞州襄垣縣尹。命已下。卒。

文肅家學

知州王先生寬

秘監王先生賓並詳魯齋學案。

文肅門人

文貞康里先生不忽木別見魯齋學案補遺。

傅氏門人

補程前村先生直方

附録

程雪樓曰。大易之學。自伊川翁七分傳作而理始明。自康節翁經世書出而數始備。先生翼啓蒙以探理之賾。續元元以索數之隱。是先生于理數之學重有功也。

黄先生棠

黄棠。傅初庵之徒也。初庵以易學經世被遇殊休。俾先生創建精廬。嘉惠後學。徐之祥周易玩辭序。

王先生奕

王奕字復初。饒州人。傅初庵立㊀賜宋金内府易書數千卷。以其意授先生。摘其正大合理者一百二十家彙爲一編。名易學纂言十八卷。經義考。

㊀「立」下脱「御」。

傅氏所傳

齊易巖先生琦附從祖夢龍。貴澄。

齊琦字仲圭。德興人。別號易巖。人稱易巖先生。世以儒學名。從祖夢龍貴澄皆明易。專心邵子之學。而貴澄嘗著經世觀物等書。先生讀其遺書。自幼卽領悟其旨。旣承家學。又兼得祝氏泌傅氏立之傳。蓋其爲術。由聲色氣味以起數。而推及乎元會運世。卽其數之所見。天地氣運之否泰。生人吉凶休咎之徵。無不可以預定。先生于經史悉究通大義。雖精于數學。然恥以術數名家。講論易道。剖析理趣。多昔儒所未發。立言建議。必要歸于仁義道德。有關于世教。故士大夫尤尊慕之。王忠文集。

附録

楊東維送易巖序曰。先天之學。宋爲邵子。元爲傅氏初庵。初庵之宗爲齊氏易巖也。初庵之没三年。而易巖始生。初庵垂死。謂其徒曰。汝曹口耳之學。徒得吾膚。淑吾書而得吾髓者。其齊氏某乎。易巖生四歲。知讀易。長于河洛七緯太乙九宮之數。及星算鳥占嘯風鞭霆之術。罔不洞究。故于初庵之學。峻躋峯極。非一時儔輩可幾也。

緣督門人

朱先生暉附門人張濬。

朱暉字德明。龍游人。久從趙緣督游。得其星曆之學。因獲受革象新書。而先生亦以占天名家。先生既卒。其門人同里張濬。深懼泯滅無傳。亟正其舛譌。刻于文梓。而徵宋景濂爲之序。文憲文集。

秋澗門人

王先生構

王構字德基。世家于保。嘗以小學從秋澗。王秋澗集。

知郡信先生士達

信士達。□□人。少問學于秋澗。後揚歷州郡。例歸河東。秋澗序以送之。王秋澗集。

程氏門人

徐先生驤

徐驤字伯驥。婺源人。學于程直方。深造邵氏之學。著有皇極經世發微。徽州府志。

隱君陳鹿皮先生樵詳見麗澤諸儒學案。

秋澗續傳

太常王先生遜志

王遜志字文敏。文定惲之曾孫也。以廕授侍儀司通事舍人。累除大府少卿。出爲江西廉訪副使。召僉太常禮儀院事。京城不守。公卿爭出降。先生獨家居。衣冠而坐。其友中政院判官王翼來告曰。新朝寬大。不惟不死。且仍與官。盍出詣官自言狀。先生艴然斥之曰。君旣自不忠。又誘人爲不義耶。固戒其子曰。汝謹繼吾宗。卽日投井中死。元史。

宋元學案補遺卷七十九目録

宋元學案補遺卷七十九

後學 鄞 王梓材 慈谿馮雲濠 同輯

邱劉諸儒學案補遺

劉氏先緒

郎中劉前溪先生涇附鄭少微。

劉涇字巨濟。簡州楊安人。舉進士。王荆公薦其才。召見。除經義所檢討。久之。爲太學博士。累除國子監丞。知處號眞坊四州。元符末上書。召對。除職方郎中。卒年五十八。先生爲文務奇怪語。好進取。多爲人排斥。屢蹪不伸。同時有鄭少微者。字明舉。成都人也。與先生俱以文知名。而仕不偶。宋史。

梓材謹案。先生爲文節之祖。號前溪先生。見戴剡源文集。又案。先生疑卽東坡兄弟之師劉巨。巨濟作巨者。或傳寫脱誤耳。姑識以俟考。

附録

晁氏客語曰。神廟謂劉巨濟曰。作詩者。序與意俱盡。故云故作是詩。意已盡而語未絶。故云而作是詩。

樓氏師承

補屯田鄭三山先生鍔

鄭鍔字剛中。由福州徙鄞。躬孝友之行。貫通經史。以詞賦名于時。登紹興三十年進士。仕至屯田郎。寧宗在英邸。兼小學教授。嘗進勸戒元龜。後特加贈。且官其子沆。成化四明志。

梓材謹案。袁清容書南劒謝君程文後云。鄭屯田通五經。資其說以取進士。皆私相祕藏。非其門人傳授。不可復得。又言。其嘗講授四明。樓宣獻沈端憲皆諸弟子。

三山周禮解

以洛誥考之。周公營洛。乃是欲成王自服于土中。亂爲四方新辟。及作六典之職以授之。使往治于洛邑。其言曰。予齊百工。伻從王于周。乃汝其悉自教工。往新邑。伻嚮卽有僚。蓋爲成王齊整建官之法。使王往新邑。自教率之。各效其職也。成王滅淮夷而歸。在豐董正治官。始以新書從事。然只在豐。而不往洛邑。故周禮雖成。終不盡用。故經之授田等事。今皆難信。正由成王不宅洛。故有其法制之文。終不見行之實也。若如此論。則經之首篇。惟王建國。辨方正位之說。始有其歸。其他疑非周公全書。可以意曉也。

天子之服九。九者。所以取乎陽數之極。王后之服六。六者。所以取乎陰數之中。褘言衣。則知揄闕者亦衣也。揄狄闕狄言狄。則知褘衣亦狄也。以上天官。

王者以天下爲一身。己之德成而無過。亦欲天下之民有德行而無過惡。故爲民設司諫。猶己有詔爝之師。爲民設司救。猶己有諫惡之保。王制廣谷大川異別。民生其閒異俗。剛柔輕重遲速異齊。五味異和。器械異制。衣服異宜。脩其教不易其俗。齊其政不異其宜。嘗疑施教之意。正欲移易風俗。乃曰不易。何邪。及觀司徒。因五物者民之常。而施十有二教。然後知所當移易者。民風之薄惡。所不易者。土地之所宜。蓋生乎五地。見乎五物。習以爲常。俗者民也。不因其所宜而教之。適所以擾之耳。

禮樂與天地同流。亦名爲藝。何也。通乎天地者。禮樂之理也。可以教人者。禮樂之儀法也。六藝之禮樂。法而已矣。

人性有厚薄昏明。則德不可以皆同。材有敏鈍。則藝不可以皆能。若六行。人人當勉者也。苟不修其行。則害于而身。禍于而家。亂人倫而傷聖治。是之謂戮民也。加之以刑。不亦宜乎。

會卒伍以爲軍法。宜屬之大司馬。而小司徒掌之。何也。事不預備。不可以應卒。苟非司徒教之有素。合之有法。司馬一旦欲合而用之。得乎。以上地官。

春秋二百四十年閒。書災異不書祥瑞。以政失于此。變見于彼。猶影之隨形。響之應聲也。日者。人君之表。照臨下土。不可爲陰陽之氣所侵。故設官以眡祲。

凡冕之制。員其前而俛。方其後而仰。上玄象天道之行。下纁象地道之降。名冕者。言當俛以致恭之意。

小人之情。有不畏刑罰而畏鬼神者。故爲詛盟之法以持之。荀卿曰。盟詛不及三王。是不考周禮也。堯之時。苗民泯泯棼棼。以覆詛盟。則是三王前已有是事。以上春官。

職方所掌地圖。卽大司徒土地之圖也。然大司徒所掌。以知中國九州可以建國分封之地。且辨土宜而施教也。職方所掌。則兼中國外蕃。而知其土之所有。司馬施九畿之政職。必本是圖。故屬司馬而不屬司徒。夏官。

嘉石肺石必設于外朝者。惟外朝人皆得入焉。欲使坐者有恥于其類。窮者得至而無所壅也。秋官。

㮚氏爲鬴。晏子謂六斗四升爲鬴。曾子謂百升而成釜。康成則謂四升曰豆。四豆曰區。四區曰釜。爲六斗四升。以下文觀之。其臀一寸。其實一豆。豆當爲斗釜之臀。一寸而容一斗。則釜之内方一尺。而容十斗。無可疑者。十斗則百升。正管仲所謂釜也。康成謂四升曰豆。每四而加。故區至釜而六斗四升。彼殊不考之于梓人也。梓人爲飲器。爵一升。觚三升。獻以爵而酬以觚。一獻而三酬。爲一豆矣。夫一獻則一升矣。三酬則九升也。以一合九。非十升爲豆而何。而康成謂四升爲豆。失之矣。考工記。

雲濠謹案。毛氏應龍周官集傳。所採先生解義之説尤多。四庫提要于其引此説云。今考康成謂鬴六斗四升。實據經文方尺深尺。以粟米法算之。蓋粟米法方一尺深一尺六寸二分乃容一石。鄭氏鬴容一石。則是鬴方尺深尺六寸二分矣。其何以解于經文方尺深尺耶。管子海王篇。鹽百升而釜。房元齡注謂。鹽十二兩七銖一黍十分之一爲升。當米六合四勺。百升之鹽。七十六斤十二兩十七銖。二鬴爲釜。當米六斗四升。則是海王篇百升之釜。乃實百升之鹽。非實百升之粟也。今鄭氏以管子量鹽之鬴爲㮚氏量粟之鬴。比擬已爲不倫。至于康成注梓人。以豆爲斗。實以豆止四升。不及一獻三酬之數。鄭氏誤以豆爲飲器。遂牽合十升之文。反詆改豆爲斗之非。不知古以斗爲飲。不以豆飲。詩行葦篇毛傳曰。大斗長三尺。戰國策曰。令工人作爲金斗。長其尾。與代王飲。卽因反斗擊之。此斗爲飲器之證也。越語曰。觴酒豆肉。韓子外儲篇曰。取一豆肉。是豆實食器。而非飲器之證也。又安得引梓人之文爲管子之旁證乎。

附録

王深寧困學紀聞曰。周禮鄭剛中解義。如冕服九章。授田三等。治兵大閲旗物之互建。六鄉六遂師都之異名。陰陽之祀有用牲之疑。九畿之國有朝貢之惑。豆區鍾釜有多少之差。世室重屋非明堂之制。皆辨明使有條理。

國先生之綱附門人蔣仲武。子和中。

國之綱字仲宏。□□人。樓攻媿與蔣仲武同從于先生。相與最厚。仲武天資仁厚。自號放麑子。其遺稾曰放麑子集。攻媿爲之序。稱其嗜學如嗜芰。于書無所不讀。于詩無所不記。其子和中。自力于學。效張横渠體。以絶句發古詩之微。咄咄有父風云。樓攻媿集。

三山學侶

楊先生萃

楊萃字□□。鄞縣人。溫溫儒雅。聘三山鄭屯田爲塾師。樓宣獻兄弟俱來學。邦人以爲美談。袁蒙齋集。

姚氏先緒

參軍姚先生孚

姚孚字□□。鄞縣人。校書郎穎之祖也。官左奉議郎。篤學力行。以古人爲的。嘗與秦丞相之弟俱游成均。丞相當國。高爵立可得。退然安分。不登其門。再調和州録事參軍。即致其事。袁絜齋集。

張吕同調

補 忠定邱宗卿先生崈

雲濠謹案。先生謚一作文定。黄文潔日鈔讀葉水心集云。邱文定之父仁不忍校費幾盡産。母臧氏既寡。力貧教子。孫燭湖集亦作文定。

梓材謹案。朱子序吕氏家塾讀詩記後云。伯恭父之弟子約。既以其書授其兄之友邱侯宗卿。而宗卿將爲板本以傳永久。是先生固東萊同調也。

附録

呂東萊送邱宗卿出守嘉禾㊀視民如傷爲韻云。樵李國西門。道里去天咫。訟庭人摩肩。客館舟銜尾。涼燠變須臾。怵聽復駭視。心平理自見。周道本如砥。堂下萬休戚。堂上一笑嚬。是心苟不存。對面越與秦。豚魚尚可孚。況此能言民。君看津頭柳。葉葉皆相親。奮髯疾抵几。解衣徐探雛。古來多快士。氣吞兩輪朱。簿書高没人。迎筆風摧枯。自許豈不豪。歲晏終何如。折肱稱良醫。識病由身傷。開府事如林。豈盡昔所嘗。平生老農語。易置復難忘。麥黄要經雪。橘黄要經霜。

陳龍川送秀州序歌曰。父兮母兮。獨古有兮。

衛清叔祭樞密文曰。公之堂堂。萬夫榘規。喬嶽屹鎮。景星燦垂。歷事三朝。屢更險夷。惟眞弗渝。惟堅弗隳。或出或處。一節靡移。銷伏羣枉。斷制大疑。人有元氣。國有址基。邊陲俶擾。呼吸安危。身爲長城。手摩瘡痍。明堂一柱。泰山四維。物望綿屬。璽詔交馳。庶幾大用。抗函力歸。云何微疢。乃不憖遺。

㊀「禾」下脱「以」。

邱氏同調

法曹江先生致堯

江致堯字聖俞。惠安人。以特奏任法曹。通經學。與邱宻齊名。著周禮解。閩書。

晦翁同調

補 文節劉後溪先生光祖

梓材謹案。眞西山誌先生墓云。享年八十有一。有後溪集百餘卷。在襄有峴山集。潼曰鶴林集。梁曰金泉集。眉曰眉山集。合若干卷。諸經講義若干卷。

梓材又案。朱子别集與先生書十二。蓋先生曾孫曾元家藏。

雲濠謹案。直齋書録解題云。先生撰山堂疑問一卷。慶元中。謫居房陵。與其子講説諸經。因筆記之。以其所問于詩爲多。遂取吕氏讀詩記盡觀之。而釋以己意。附疑問之後。

附録

孝宗臨御久。明于羣臣邪正。所用以傳聖子神孫者。皆天下第一流。公在英邸三年。所以講明誘掖者甚至。其後諸賢相踵輔導。聖德日益顯融。然其開端正。用力早。則公之功爲多。

寧宗受禪六日。卽以爲司農少卿。入對。獻謹始五箴曰。陛下新服厥命。人皆望謹始于庶政。

臣獨願謹始于五事。讀至思箴。上曰。要當從原頭用功。公對曰。微臣千百言。不如陛下原頭一語。陛下誠致力于此。則貌言視聽俱治矣。又論人主有六易。天命易恃。天位易樂。無事易安。意欲易奢。政令易怠。歲時易玩。又有六難。君子難進。小人難退。苦言難入。巧佞難遠。是非難明。取舍難決。闇主之所易。明主之所難。闇主之所難。明主之所易。思與不思故也。六難常生于六易。

少從族父兄東溪先生伯熊學。已志乎古人之大方。及長。博參諸老而融會其異同。旁綜百家而蒐攬其精粹。嘗謂蘇程二氏之學。其源則一。而用之不同。皆有得于經術者也。又道學之論方諱。人謂公師友眉山。非爲伊洛地者。公獨反覆懇叩。爲上言之。

公于文章不事雕續。而渾厚正大之氣實似其爲人。詩尤清婉。張南軒一見所賦。大奇之。自謂平日于父君師事之如一。故其歷事三朝。始以忠直。卒以忠直。

好樂人材。奬校善類。西州名彥。鮮不出公門。東南之士。賴公通顯者亦衆。學者稱公不以爵氏。而曰後溪先生云。

朱子與先生書曰。前年竊聞登進言路。有識相慶。繼讀邸狀。又得所上章疏。分别邪正。明白剴切。三復慢然。爲之汗下。蓋久矣。莫有以此謦欬吾君之側者矣。

又曰。昨聞諸公于門下數有裹言。而羣賢亦有彙進之勢。作鎮夔門。是爲東來之兆。而間者所聞。乃若小異。雖賢者所居而安。無適不樂。然當典戎幹方之任。以蕃衛王室爲心。亦豈能恝然于今日之事乎。

程滄洲思後溪劉先生作幽思賦曰。閔吾之生離阨兮。天降割其孔殷。父我鞠師我誨兮。逝將託焉而終身。粵龍蛇之歲度兮。梁壞悲乎哲人。飀飀風木重以哀兮。上下求索又莫贖于吾親。既縣封而反虞兮。感陽以增悼。西余首悲無涯兮。俄遠日之余告。嗚呼先生兮。一朝倏然其何之。其生有自來兮。其死必有歸。望寢門已疏兮。安所得而陳詞。鳳凰承詔而翼車兮。軼浮雲乃曾舉。周流四極經營八荒兮。渺不知税駕之奚所。抑將狃絶炎儔傅説以綴列耀兮。無乃噓紫氣謁柱史而扈西征。憑緒風以誰訊兮。九天不可梯而升。俾影響之不可得兮。杳茫茫之不可明。士一善斯可録兮。矧衆芳之能并。皇皇仁義之廣居兮。坦坦道德之九逵。苟肖形皆可與爲善兮。志皓首而不衰。春秋八十有一兮。士椝籆而國蓍龜。隘世路莫能久此淹兮。趨無爲鄰泰始其奚疑。竊悲夫五百年之閒生兮。艱于遭遇而易失。德容玉瓚之黄流兮。斯文清廟之遺瑟。氣盈虚烏可常兮。道污隆又何能必。逝川不可挽而回兮。後將焉所考德。世坎窞日阽危兮。俗冥行而莫止。悵已往之莫追兮。惕來者之將躓。天蒼蒼莫可詰兮。胡一老之不慭遺。震余衷而私有感兮。憶往日春糧而求仁。聞一言曰充養兮。今十年而書諸紳。再跪履于里門兮。願卒業于涪濱。北面拜手槐杏之陰兮。吾今而知師道之尊。紛户履之三千兮。奚狂簡之下取。愕風雩之詠歸兮。變薤露之惻楚。哭匍匐以無因兮。愧獨茹哀于廬處。愴端木之事師兮。躑躅六年而不忍去。苟逝者而有知兮。尚觀過而我恕。嗚呼哀哉。三石孱顔兮後溪之堂。萬松蓊蔓兮清溪之岡。子孫兮孺慕。歲時兮烝嘗。化鶴歸兮何時。山嵯峨兮流水洋洋。睨故邦兮顰蹙。尙弭節兮相羊。千秋兮萬禩。先生兮不亡。虞道園題王知郡碑後曰。後溪公以龍圖閣學士歸居其鄉簡池。碩德重望。爲時師表。其家居時。曾大父守簡。會關上潰卒爲亂。二公保障之。郡安而亂弭。

文靖胡先生晉臣

胡晉臣字子遠。江原人。紹興末進士。爲侍御史時。林栗奏朱子傲慢。先生疏留朱子而排栗。光宗時。拜參知政事兼同知樞密院事。與留忠宣正同心輔政。卒謚文靖。姓譜。

附録

呂東萊送胡子遠著作知漢州分韻得行字云。定交不在蚤。意合蓋已傾。胡侯西南來。兩載同書槧。與人徐有味。于世初無營。虛舟澹容與。未易寵辱驚。魚龍一同波。中有千丈清。道氣自深穩。名言常簡明。南宮接東觀。天衢勢方亨。夢回得遠信。窺簷諸鴻鳴。開書見連環。歸興浩已盈。子政方校録。令伯俄陳情。都門日轂擊。雜襲炎涼并。誰知此麾蓋。獨爲思親行。夾道皆歎息。始識眞重輕。古來聚散地。雪野天崢嶸。別離不可挽。宿昔洲渚生。君臣有大義。忠孝相持衡。勉哉懋明德。清廟須棟甍。

文節衛後樂先生涇附師李去智。

衛涇字清叔。其先自齊居華亭。占籍崑山之石浦。先生少有異操。入行在。從永嘉李去智學。李卒。爲制服執喪。人咸義之。淳熙十一年。孝宗擢進士第一。授承事郎。添差鎮東軍簽判。光宗立。先生以著作佐郎賜對。出爲淮東浙東二路提舉。歷除直煥章閣知慶元府沿海制置使。以言者論罷。是時權姦用事。先生不爲勢怵。斥去十年不調。于里中闢西園。取范文正公之言。名其堂曰後樂。繼入朝。拜御史中丞。請誅韓侂胄。論罷陳自強。拜參知政事。封崑山縣開國伯。嘉定初。兼太子賓客。五年。知潭州。八年。知隆興府。九年。知揚州。十七年。除資政殿學士。金紫光祿大夫。卒贈太史。追封秦國公。諡文節。先生仕三朝。出入内外四十餘年。憂國忘家。始終一節。謀深慮遠。不邀近功。其進退之際。與時升降。嘗語人曰。官職自有定分。名誼千古不磨。故其在朝。孤立自守。不畏强禦。以賢才爲立國之基。薦進搜舉。汲汲如不及。如李燔輔廣倪思陳韡皆其人也。在潭時。與朱文公有交承之好。侂胄斥文公。侂胄死。先生奏召文公還朝。而文公已卒。復移文新安。取文公諸經四書傳注刊刻以傳。又請爲張南軒賜諡。表章正學之力爲多。别號後樂居士。所著文章五十卷。曰後樂集。姑蘇志。

雲濠謹案。楚紀載。先生以忤時相。出知潭州。時朱子寓南嶽。雅相知重云。

侍郎黄先生艾

黄艾字伯耆。莆田人。乾道中進士第二。光宗朝。以名儒充嘉王贊。輪對言。今日以天下之大。百官之衆。商量一經界。三年而不成。使更有大于此者。將若之何。光宗從其請。寧宗擢左司諫。權工部司郎兼侍讀。時朱子罷經筵。先生因講。問逐熹之驟。寧宗曰。始除熹經筵耳。今乃事事欲聞。先生固請再三。不聽。除中書舍人。改刑部侍郎。姓譜。

徽猷湯先生璹

湯璹字君保。梓材案。經義考引盧熊云。字君寶。瀏陽人。淳熙十四年進士。調德安教授。遷國子博士。時詔朱子爲侍講。未幾辭歸。先生疏言。朱某以正學爲講官。四方咸望其啓沃。曾未踰時。輒聽其去。必駭物論。宜召還。仍授講職。不報。由是浸忤權相意。而先生之直聲亦大聞于時。歷禮部駕部二郎官。出知常州。入爲大理少卿。進直徽猷閣。卒。先生負直概。與韓侂胄陳自强不合。故屢嗾言者中傷。生平奉祠閒居之日。多于歟歷。其在禮曹。例掌三省奏記。臨安大火。寧宗避正殿。中書三表請復。不許。屬辭務持大體。不爲阿曲。言者摭其語涉訕上。而朝廷實知其無他。故起復制詞有清風峻節之語。嘗擇埍得蔣重珍。宋史。

梓材謹案。先生著有春秋要論。經義考云佚。

劉氏同調

少師章先生徠

章徠字□□。永康人。侍郎服之孫。淳熙甲辰進士。歷官右文殿修撰。時陳賈議貶道學。先生與劉後溪光祖極論道學之正。光宗嘉納。及趙忠定罷相。先生復與章頴抗疏劾韓侂冑。坐罷官歸。寶慶閒。召爲宗正少卿兼侍講。卒。贈少師。所著有疑塵集。金華府志。

莊惠大楊先生輔

楊輔字嗣勳。遂寧人。舉進士。才足以有用。明足以知姦。累官龍圖閣學士兼江淮制置使。愛君愛國。知無不言。兄弟五人。自爲師友。以孝著聞。卒。謚莊惠。姓譜。

雲濠謹案。先生之謚。魏鶴山集作恭惠。鶴山誌楊通判墓言。恭惠兄弟五人。咸以文學行誼聞于時。人號五楊。其後恭惠與劉文節光祖歷事三宗。出入中外。切劘獻納。媲德齊名。天下稱曰楊劉。

國録小楊先生甲附毛邦翰。葉仲堪。

楊甲字鼎卿。昌州人。布衣。撰六經圖六卷。撫州教授毛邦翰增補之。東嘉葉仲堪思文重編爲七卷。易七十。今百三十。書五十五。今六十三。詩四十七。今同。周禮六十五。今六十一。禮記四十三。今六十二。春秋二十九。今七十二。仲堪蓋又以舊本增損改定者。直齋書録解題。

梓材謹案。先生紹興中布衣。見中興書目。毛則乾道中人也。黄氏瑞節謂。先生與唐説齋仲友並守劉牧之説。又案。先生爲莊惠之弟。時人稱之爲小楊。乾道二年進士。嘗爲國子録。四庫全書著録六經圖六卷。提要以其本出楊毛二家。姑從始事之例題之云。

宗正李息齋先生嘉謨附弟嘉量。

李嘉謨。雲濠案。鶴山集一作嘉謀。雙流人。世號息齋先生。劉文節公妻昆弟也。與仲弟嘉猷同舉乾道二年進士。爲宗正丞。先生博通經子百氏。而深于易。晚得專氣致柔之説。以陰符參同博考精玩。篤信不懈。其第五弟曰嘉量。字仲平。生三月而喪母。父中散念之。以屬先生教焉。仲平趨向端正。任爲迪功郎。累判敘州。卒。嘗謂魏鶴山曰。余求諸易。盈天地間。致用之要。無越乎坎離。而大校則體性相須。精神互足。體不立則性無以行。精不藴則神無以發。鶴山異之。因相與推明本始。究極分際。勉之以聖賢之正。蓋語移日不能休云。魏鶴山集。

晦翁私淑

補宣獻樓攻媿先生鑰

梓材謹案。謝山嘗稱王和叔枏以經世之學授先生。攷薛艮齋浪語集載先生祭文云。登門最晚。受知獨深。知先生嘗及艮齋之門。與王氏爲同門。因以傳其經世之學者也。又案。先生爲陳止齋神道碑云。鑰與公同生于丁巳。少我九日。自分教東嘉。爲布衣交。義兼師友。後雖一同朝蹟。而情義日篤。又爲止齋春秋後傳序謂。與止齋遊。前後三十年。不得卒業于其門云。

梓材又案。先生祭鄭龍圖文云。某等登門最久。涉學昏瞢。時摳衣而請益。或執經而折衷。是先生亦在鄭景望之門。其祭吕太史云。某等登公之門。嘗聞餘論之一二。顧平時師仰之不暇。尚何敢知公之所云。是欲師而不果者也。又跋胡濟庵詩云。鑰頃既登門。又辱許從其長子季永游。恨其蚤没云。是先生嘗與胡氏爲學侶。蓋多識前言往行。固不名一師者也。

梓材又案。先生荅朱晦庵書云。自壬寅夏間。修敬紹興臺治之下。伏蒙與進。加以宴犒。獲侍博約之誨。又云。違台範一紀。青天白日。奴隸知仰。歎慕師席。無由進拜。時得門下所著作。誦詠探索。尚庶幾在弟之列。又云。季通定交日淺。而得益已多。而況得親炙于先生乎。蓋先生心服朱子。列于朱子私淑可也。其于東萊亦然。

雲濠謹案。趙希弁讀書附志。于陳止齋春秋左氏後傳章指云。四明樓忠簡公鑰序其前。清海崔清獻公與之識其後。以先生爲謚忠簡。豈先生嘗改謚耶。

攻媿文集

善爲天下者。貴實用。不貴空言。然名爲空言而行可厎績者。乃所以爲實用。號爲實用而行之不實者。適足以爲空言。論實用空言。

天之仁愛陛下。可謂至矣。不以休祥爲太平之應。而時出災異以示警戒之端。夫天人之閒。相去不遠。太戊稱宗。實由拱桑之祥。宣王復古。厥有雲漢之詩。罪己而興。諒非虚語。遇災而懼。適爲盛德。論災祥。

躬行之實。心術之妙。持之以誠。守之以久。論玉牒聖語。

節省之益。非止一端。日計不足。歲計有餘。論土木之費。

善養病者。不以無病而廢調攝。善爲國者。不以無事而緩戒懼。論治道。

天尊地卑。乾坤定矣。然天不以高爲貴。而以下濟爲光明。在易坤上乾下卦反爲泰。其彖曰。天地交而萬物通也。上下交而其志同也。乾上坤下卦反爲否。其彖曰。天地不交而萬物不通也。上下不交而天下無邦也。此皆聖人之深意也。故古之君子。分甚嚴而道則同。勢甚尊而情則通。論通下情。

孔子非以政刑爲可廢。孟子非以德禮爲可忘。蓋政刑不修。無以爲國。及其既立。化乃可行。論明政刑。

乾健坤順。各以其盛者言之。乾之下濟。未嘗不順。坤動也剛。未嘗不健。論仁德剛德。

古者官養民。後世民養官。乞寬茶鹽榷貨之法。

夫所謂德者。非他也。至誠之謂也。故經之言德。多以僞爲對。雷雨應詔封事。

仲舒對策。爲古今第一。余竊謂惟仁人之對曰。正其誼不謀其利。明其道不計其功。又有言曰。不由其道而勝。不如由其道而敗。此類非一。是皆眞得吾夫子之心法。蓋深于春秋者也。繁露後序。

孝經篇末云。孝子之事親終矣。止爲喪祭之終。猶未爲孝之終也。孝之終與孝無終始之終。蓋謂立身行道。死而後已者也。古文孝經指解後序。

道無終窮。學無止法。環溪文集序。

聲者。樂之本也。不得其本而求其末。取之尺寸。是以度也。求之秬黍。是以量也。未有能吹律而求聲者。嘗從知樂者得十二律均旋相爲宮之法。益以變宮變徵而求八十四調。調爲七聲。其説甚備。蓋本出于龜茲。而鄭譯首好之。以傳于世。乃與周官大司樂之説不合。又不可曉。樂書正誤序。

五穀無非嘉種。然必藝于土。而后有苗有葉。以至于實。善必有諸己。而后有所謂美。所謂大。以至于聖神。辨志録序。

禮樂射御書數。周禮注疏見其略。皆有名數法度。及人之幼。眞淳未散。記識性全。使習六藝。則終身可以爲用。此爲小年之學。非曰學者之小事。復古編序。

凡得于外者。分毫皆是過分。一切聽之。其求于我者。則無止法。送王粹中序。

後世教養士子。以科舉得人之多寡。爲庠校之盛衰者。與古意遠甚。昌國縣學申義堂記。

如心爲恕。以我之心如彼之心。則爲恕矣。若彼亦能以其心如我之心。則天下豈復有他事哉。君子役人者也。以吾心如下之心。安得不以愛人爲務。小人役于人者也。以其心如上之心。安得不易使。奉化縣恕堂記。

學然後知不足。教然後知困。古人之言。其旨深矣。非眞知學者。自以爲足。非篤於教人者。亦不能知困。池州教官廳壁記。

天下之事。害不極則利不興。餘姚縣海隄記。

聖人言幾。而不言機。蓋幾者動之微。而機者事之要。上宰相書。

工部之詩。眞有參造化之妙。别是一種肺肝。兼備衆體。間見層出。不可端倪。忠義感慨。憂世憤激。一飯不忘君。此其所以爲詩文冠冕。後人着意形似。亦有可雜之詩中而不可辨者。至其奔逸絶塵。雖諸名公。恐未免瞠乎若後。此難與不知者道也。然擬人必于其倫。以言取人。先聖所難。若直以上比禹稷。與孔孟之進退。亦愛之過甚。此老如在。亦未必敢當。答杜仲高書。

詩必有韻。易則有不必叶者。不可强通也。雜卦之末。蓋雜而又雜。不可終窮。自大過顛也而後。更不復反對。坡公疑之。改從反對。大非古意。觀其韻叶。可見非差。如歸妹女之終也。未濟易之窮也。可求反對乎。此晦庵之説爲是。答趙共甫書。

嘗感汝南周顒之言曰。變之大者。莫過死生。生之所重。無逾性命。性命之于彼極切。滋味之在吾可賒。讀者宜動心焉。跋秦淮海戒殺帖。

濟人利物之事。相與講求而興起之。下至田里。必有出入相友。守望相助。疾病相扶持之風。近者悦。遠者慕。一變至道。當於此乎取。跋撫州崇仁縣義約。

篤學審問愼思明辨篤行。中庸之言。昭如日星。晦庵書此。以告學者。又曰。不可以偏有所緩。至哉言乎。學者試思之。緩其一則必有所蔽。而况以力行爲可廢乎。跋朱晦庵書中庸。

易以朋友講習爲説。蓋天下之説。未有過于此者。夫子以學之不講爲憂。蓋君子之憂。未有甚于此者。跋五峯論語指南。

爲己之學。不至于聖人不可。己年有限而道無窮。故君子有終身之憂。詠歸會講説。

於人心所不安。卽是非理。循是而行。隱于心而安。施于人而合。天理不外是矣。趙子治循齋說。

所謂顯父母者。謂立身行道。揚名後世。非取爵禄之位也。故孝子養親。必薦仁者之粟。而況枉道以干進乎。若枉道干進。則雖位極人臣。贈親崇品。適足爲九京之辱。何顯之有。雙谿金君顯庵説。

廉者。士大夫之所當爲。古者在位。皆節儉正直。故不以廉稱。然攷周禮六事。弊吏以廉爲本。然則成周盛時。亦以廉爲難也。朝議王公墓誌。

孔門有用之學。上可以爲邦南面。而其流亞。皆可使從政。觀聖人與點説漆雕之意。則知樂道者之爲高。而以政學者皆自欺也。江元適墓志。

攻媿齋詩

聖賢不得見。道散固已久。學者多自賢。鮮肯事師友。顚冥聲利中。悔吝皆自取。動言無愧怍。未知果然否。寡過云未能。先聖欣善誘。凜凜孟氏言。幾希異禽獸。參乎病知免。遂使啓足手。寧知起易簀。又在此段後。吾儕況小人。氣質素凡陋。以其所以養。孝道亦何有。勉前類水馬。立處祇如舊。儻復不自力。其末當愈謬。每思攻所媿。扁牓銘座右。三誦故人書。慚汗幾欲溜。夫豈爲戲言。知君于我厚。因之更加警。補過尙无咎。

梓材謹案。先生自序謂。余以攻媿名齋。俞致翁惠書謂。若無媿可攻者。讀之悚然不敢當。以詩謝之云。

附録

孝宗祔廟。當祧宣祖。曾少卿三復。請乘此時。就祧僖祖。正太祖東向之位。集議御史臺。公具陳本末。自鄭僑以下。議皆合。公爲奏稾。其略曰。太祖肇造區夏。功邁百王。廟號太祖。蓋以尊無與二。今郊祀已配天。宗祀已配上帝。而在廟獨不得爲始祖。祫享獨不得正東向。可乎。屈受命開基之君。列于昭穆之序。何以示後。揆之禮經。僖祖親盡當祧。況今日九廟已備乎。惟斷自宏衷。亟正鉅典。以慰太祖在天之靈。

伯父揚州太守璹爲於潛令時。圖耕織之勞。因事爲詩。嘗以進御。公重繪二圖。仍舊詩而跋其後。獻之東宮。請時時省閱。知民事之艱難。

前言往行。博采兼取。森若武庫。曾侍郎逮嘗問雨必以夜所出。公曰。此鹽鐵論中語。曾喜。報其兄大理卿逢曰。吾兄弟往來于懷者。今豁然矣。

公以辭學士奉祠。而仲舅汪尚書大猷。及從母之子陳舍人居仁亦然。鄉人遂有一舅二甥三學士之語。

袁絜齋祭之曰。人皆謂公。若無同異。孰知其心。有一無二。自古共由。惟一坦途。苟適他歧。茲惟姦諛。公之燕居。榜曰攻媿。行己大端。其敢有戾。身雖廊廟。心則巖壑。念念歸休。庶無愧怍。

魏鶴山序宣獻文集曰。宣獻早以名進士發身。三朝大典多出公手。天下之稱記覽詞章者。未之或先。孰知公之所以反觀内省者。匪辭之尚。惟媿之攻。其詩曰。參乎病知免。遂使啓足手。寧知起易簀。乃㊀在此段後。人至于内自攻治。知義理之無窮。而毫髮之不可媿。則浩乎兩間。不憂不懼。而辭之本立矣。

眞西山序先生文集曰。朱文公侍經筵。内批予祠。公持其命不下。曰。當今人望儒宗。無出熹之右者。奏雖寢。然當邪説充塞之時。首倡學者共尊朱公。復卒賴其言。而學禁遂開。道統有續。然則觀公平生大節。而後可以讀公之文矣。公生于故家。接中朝文獻。博極羣書。識古文奇字。文備衆體。非如他人。愔狹僻澁。以一長名家。而又發之以忠孝。本之以仁義。其大典册。大議論。則世道之消長。學術之廢興。善類之離合繫焉。念昔校藝南宫。白事東府。或請言竟日。或極論達旦。某退而書紳。終身誦之。其所以猶爲當世善人君子所與。而不遂爲塗人之歸者。公之教也。

程洺水書東陽吕進士友志攻媿齋記後曰。子曰。吾未見能見其過而内自訟者也。當時服膺聖門之士亦多矣。而能自訟其過者寡。蓋知訟則知攻矣。千百載之下。乃有如公者。卓然于霄壤閒。使生當晚周。吾聖人必不起未見剛者之歎矣。然觀公之生平。果何所愧。而歲晚乃有問公幾日出

㊀「乃」當爲「又」。

長安者。曾不知公之謀歸。蓋未嘗一日不惓惓也。彼君子哉蘧伯玉。猶曰欲寡其過而未能。衛武公年九十五矣。猶令于國中。毋謂我老而不我教。信乎。人生有限。智力有盡。而義理無窮也。彼皆大賢大智也。而猶加省若是。吾儕小人。可不知旦厲而夕惕哉。故予讀君攻守之論。謂非胸中知有千萬人吾往之篤㊀者。未易至是也。于是爲之嘉歎。書其後而歸之。

王深寧四明七觀曰。慶曆師儒。燕及孫曾。曰樓宣獻。斯文統盟。

又困學紀聞曰。攻媿先生書桃符云。門前莫約頻來客。坐上同觀未見書。

黄南山先賢宣獻樓學士贊曰。隆興擢第。歷事三宗。初陳黨禍。卒忤奸雄。飄然居閒。晚登台位。行己大端。淵乎攻媿。

補 獻肅柴南溪先生中行

雲濠謹案。朱子答輔漢卿書有云。柴中行聞報漕司考校之語。其詞甚壯。蓋卽謂先生自言程學。不愿考校之語也。

附録

有讒之者。内臺欲加論列。何澹在諫省曰。其人所守不變。可罪之乎。

㊀「篤」當爲「勇」。

三山門人

宣獻樓攻媿先生鑰詳上晦翁私淑。

府判姚先生穎

姚穎字洪卿。鄞人。淳熙五年。以進士第一及第。師事屯田鄭先生鍔。累年能自刻苦。雒誦多至徹旦。幾忘寒暑飢渴。大書論語。置几案閒。又取二程上蔡龜山之書。仁義禮樂道德性命之說。抉擇是非。類聚成帙。以便講習。及發策集英。推明中庸大學之旨幾數千言。末論敵國事宜尤備。孝宗以其議論正大剴切。親擢首選。而戒勿版行。蓋不欲傳于外也。以校書郎通判平江府。禱旱勞悴。感疾以卒。年三十四。樓攻媿集。

附録

求同志之士。相與講磨。參攷古今。詳于興亡理亂是非得失之迹。

奉大對。擢第一。進詩以謝。後四句云。六典未新周禮樂。三河正想漢官儀。平生作計非温飽。可但區區詫郄枝。聞者壯之。

簽書寧國軍節度判官廳公事。奉二親之官。太守鄭龍圖伯熊一見契合。遇之厚。秩滿去。語先生曰。親老思鄉。滿則罷。罷則歸。雖丐祠之請。亦不至廟堂。先生韙其言。亟以書白王魯公。

具道之。且曰。是當力言于上。使以達官榮其親。甚于里居之樂其親也。每謂立身行道無忝古人。始足以顯其親。又言。退後一步。其味愈長。乘流則逝。遇坎則止。安于所遇而已。其賜第也。葉水心實爲第二。後復同官吴門。契好日深。時士大夫各從其類。有黨同伐異之風。先生調和其閒。不立畛域。既與水心定交。又併水心之友爲魯公言之。所以消融植黨之私。恢張吾道之公也。

端憲沈定川先生煥詳廣平定川學案。

主簿袁先生方别見絜齋學案補遺。

提刑徐先生子寅

徐子寅字協恭。世居文登。後徙四明。爲慶元人。先生務進于學。受詩于鄭剛中。官直祕閣廣東提刑。攻媿集。

攻媿講友

魯公鄭先生若沖

鄭若沖字季真。鄞人。丞相清之之父也。封魯國公。少失怙恃。長力學。恥爲舉子語。與同里汪莊靖大猷。陳文懿居仁。樓宣獻鑰。同筆硯。相厚善。後三人既貴顯。未嘗一造其門。自置書塾。聚書數千卷。延師訓子。雖卧病不廢書。平居謹飭。口絶戲言。坐不傾側。接後進如敵己。與人交恐傷其意。至于明是非。辨義利。雖片辭不少貸。學者嚴憚焉。姓譜。

承議謝先生雩

謝雩字季澤。永嘉人。樂善先生知柔之子也。博學强記。乾道五年。登進士。歷知寧德縣。轉承議郎。卒年六十三。先生講學。務出于正。早受知于舅氏張忠簡闡。周旋張忠甫。陳君舉。鄭景望。薛士龍閒。不扶而直。聞佛老巫覡之説。必深排之。樓攻媿客授東嘉。與先生游。最爲同好。相與攷訂文字。毫髪必計。著有正字韻類五卷。君舉序之。樓攻媿集。

王先生枏

王枏。蕪湖人。與弟相樞同領鄉薦。先生尤力學。獨不第進士。受特恩監南嶽廟。與崔與之樓鑰滕强恕交善。自號仙居。有仙居集。太平府志。

補 清獻崔菊坡先生與之

附録

先生蚤孤家貧。苦學讀書。務通大義。不事章句。爲文務得大體。不事綴緝。

先生身藩翰而心王室。務薦賢以報國。在蜀拔擢尤多。若洪咨夔。魏了翁。李庭芝。陳韡。劉克莊。李鼎。程公許。黎伯登。王應辰。王潩。魏文翁。高稼。丁焴。家柳。張禆。王子申。程德隆。郭王孫。蘇植。黄身。高泰叔。李錫。各以道德文學表表于世。

薨前數月。書南民力竭矣。諸賢寛得一分。民受一分之賜。蓋絶筆也。

羅大經鶴林玉露曰。眞西山入對。上問當今廉吏。西山既以趙篋夫爲對。翌日又奏。臣昨所舉廉吏未盡。如崔與之之出蜀。惟載歸艎之圖籍。楊長孺之守閩。靡侵公帑之毫釐。皆當今之廉吏也。

文文山跋崔丞相二帖曰。菊坡翁盛德清風跨映一代。歸身海濱。當相不拜。天下之士以不得見其秉鈞事業爲無窮恨。今觀兩帖所稱規模意向局面話頭者。則文武之道在是矣。

虞道園跋温陵傅先生送門人陳信仲行卷曰。崔丞相與僕曾大父友善。蜀廣相望。歲常遣一介通問。今講學論政諸書尺尚在篋笥。大父嘗取其尤要者刻先集中。所謂滄江先生集者也。李公風裁無愧崔公。蓋嘗想其遺風。而歎其不可復見。今先生舉二公以砥礪信仲。信仲亦知先生之望其門人者。良厚不薄也耶。

侍郎滕先生强恕

滕强恕。□□人。知袁州。以節用愛人爲本。姓譜。

梓材謹案。程士龍狀劉實山行實言。嘉定更化。以戴禮亞春官選。侍郎滕公强恕。記學巨擘也。以武博爲點檢官。一見其文。手之弗釋云。又案。紹熙癸丑。陳同甫榜進士滕强恕。江西轉運判官。金華人。蓋别一人。

崔氏同調

譚先生凱

譚凱。南海人。性恬靜。不妄言。讀書務自得。不爲紛華所動。年二十餘。即不赴科舉。崔與之與交。稱其賢。帥淮東日。馳書薦于廣州帥楊長孺。長孺得書。喜曰。敬老尊賢。以風勵世俗。吾心也。亟往見之。尊爲學老。日南至。長孺謁學。謁先師畢。守帥以下聚拜明倫堂。長孺忽退立西偏。命兩吏掖先生以進。拜之。既而貳軍以下帥郡官旅拜。其爲時所重如此。壽八十六乃卒。廣州黄志。

進士劉隨如先生鎮附弟鎔。鐸。

劉鎮字叔安。南陽人。兄弟三人。俱有文名。事親宗黨稱其孝。嘉泰二年。登進士第。性恬淡。士大夫皆賢之。以詿誤謫居三山三十年。爲詩詞益工。眞德秀帥閩日言于朝。得自便。自號隨如。學者稱爲隨如先生。仲弟鎔。字叔冶。尤工于書。慶元五年進士。嘗知欽州。官至朝奉大夫。季弟鐸。字叔文。紹熙四年進士。初。兄弟自爲師友。及相繼而顯。邦人榮之。先生尤長于詩。明白清潤。爲時所推。嘗與崔與之交遊。及與之薨。搢紳多弔以詩。先生有曰。始終無玷缺。出處最光明。人指以爲實録。有文集行于世。廣州黄志。

朝奉温先生若春

温若春。番禺人。少力學能文。事親以孝聞。累計偕不第凡三十五年。而志益堅。嘉定十三年。廷對。特奏名第一人。賜同進士出身。兩調潼川英德學官。及爲府學正。作成人士。悉有模範。累除校書郎。崔與崔與之遊。與之素重其學行。思薦達之。奏對閒。一日上問曰。卿鄉里有何人才。與之奏曰。吴純臣有監司之才。温若春宜清要之任。于是除祕書郎。紹定三年冬也。先生博洽古今。同列推服。以稱職聞。無何。與之帥維揚。握手道生平曰。人之功名。全晚節爲難。先生喟然感之。遂力請掛冠。得旨朝奉郎致仕。家居節儉。手種香芸。以遺子孫。壽八十餘卒。廣州人物傳。

通奉吴先生純臣

吴純臣。番禺人。朝奉郎羣子。有父風。居官口不言錢。四握州麾。告歸于家。人稱其急流勇退。在連州時。盡心民瘼。崔與之素聞其賢。入覲時。上問南中人材。因以先生對。有旨除提點廣西刑獄。剖析無滯。廣右帥臣鄒應龍。以大魁典鎮。有重名。最慎許可。獨才先生。嘗書清通仁厚四字贈之。考最。進朝議大夫。賜金帶。又進通奉大夫。卒年六十一。廣州人物傳。

陸氏同調

文定何西疇先生坦

何坦字少平。廣昌人。少貧好學。淳熙中進士。歷官提刑廣東。杜絶請託。洗冤澤民。斷獄得情。以廉平爲嶺南首稱。姓譜。

梓材謹案。陳榕門從政遺規云。先生初仕宜黄尉。陸子靜稱其廉潔剛毅。竭力衛民。有富貴貧賤不能淫移之概。後提刑粤東。政績尤著。蓋宋儒之德業兼懋者也。又案。隆慶東陽縣志載。先生字一叟。上湖人。以文章豪于鄉。登淳熙五年進士。尉宜黄。與令不協。罷歸。象山爲文送之云。

雲濠謹案。廣東黄志載先生與姓譜略同。又云。官至寶謨閣學士。卒謚文定。但以爲淳熙十一年進士。

西疇常言

惟儉足以養廉。蓋費廣則用窘。盻盻然每懷不足。則所守必不固。雖未至有非義之舉。苟念慮紛擾。已不克以廉靜自居矣。

富兒因求宦傾貲。汙吏以黷貨失職。初皆起于慊其所無。而卒至于喪其所有也。各泯其貪心。而安分守節。則何奪禄敗家之有。

人事盡而聽天理。猶耕墾有常勤。豐歉所不可必也。不先盡人事者。是舍其田而弗芸也。不安于靜聽者。是揠苗而助之長也。孔子進以禮。退以義。非盡人事歟。得之不得曰有命。非聽天理歟。

爲政寬嚴孰尚。曰。張嚴之聲。行寬之實。政有綱。令有信。使人望風肅畏者。聲也。法從輕。賦從薄。使人安靜自適者。實也。乃若始焉玩易啓侮。終焉刑不勝奸。雖欲行愛人利物之志。

吾知其有不能也。

凡涖事之始。不可自出意見。以立科條。雖嘗有所受之。亦恐易地不便于俗也。苟人情有咈而固行之。終必扞格。如病其難行而中變。後有命令。人弗信矣。故初政莫若一仍舊貫。如行之宜焉。何必改作。或節目未便。熟察而徐更之。人徒見上下相安。而泯不知其所自。不亦善乎。故君子視俗以施教。察失而後立防也。

敝政有當革者。必審稽源委。而其更也。於公私兼利。夫復何疑。若動而利少害多。不若用靜吉也。

法示防閑。非必盡用。職存臨涖。安在逞威。但使條教章明。則易避而難犯。吾謹無以擾之。任其耕食鑿飲而已矣。

守曰牧民。令曰字民。撫養惟鈞。而孳育取義尤切也。蓋求牧與芻。不過使飽適而無散佚耳。凡乳兒有所欲。惡不能自言。所以察其疾痒。時其飢飽。勿違其意。是可爲乳哺者責也。若保赤子。故縣令于民爲最親。近世長民者。每立抑强扶弱之論。往往所行多失之偏。未免富豪有辭於罰。夫强弱何常之有。固有貲厚而謹畏者。有怙貧而亡藉者。當置强弱而論曲直可也。直者伸之。曲者挫之。一當其情。人誰不服。若任事者律己不嚴。而爲强有力者所持。則政格不行。孰執其咎哉。

天下不能常治。有弊所當革也。猶人身不能常安。有疾所當治也。溺于宴安。而因循弗革。

是卻藥屏醫。而覬疾之自愈也。率意更張。而躁求速效。是雜方俱試。而幸其一中也。冠昏喪祭。民生日用之禮。不可苟也。在上莫爲之制節。而一聽俚俗之自爲。鄙陋不經。甚矣。攷古酌今。著爲一典。頒之以革猥習。是當今之急務也。分嚴則尊卑貴賤不逾。情通則是非利害易達。

慶元之學

補 正惠林先生大中

附録

知長興縣。訟牒必判曲直。不聽私解。或疑其多事。先生曰。此乃所以省事也。與趙忠定朱子等俱列僞黨。歸。優游龜潭別墅。或勸通書侂胄。以免禍。先生曰。福不可求而得。禍豈可倖而免乎。

補 忠公游先生仲鴻

附録

魏鶴山序先生鑑虛集曰。忠公壯時。猶及見蘇黃門。黃門謂。若使得見先兄。當不在六君子下。一時所交。如唐子西。張芸叟。皆數稱之。其文之有傳。雖不遇猶遇。雖死猶不死也。

補修撰趙西林先生霍

雲濠謹案。葉水心集錢之望墓志有言。淮西趙霍奏罷萬弩手。上付公相度。公奏。弩勢劣弱。壯健銷墮。霍所見近事也。至于土著無逃亡之患。自耕無坐食之費。民兵萬弩手。最爲近古。不可廢云。

□□□□

艾澮軒先生謙

縣令杜先生士英合傳。

郡博陳先生珙合傳。

郡博田先生曉合傳。

從事葛先生師心合傳。

艾謙字益之。號澮軒。京口鄉先生也。嘉定初元卒。先生開門授徒垂三十年。熏然其和。粲然其文。見者知其全德君子。故父兄勉其子弟。子弟請于父兄。來學者肩摩袂屬。既户外屨滿。無所容席。則擇其已成立者。時其課程。使歸而求之。故泰興大夫杜士英。故吴興郡博士陳珙。金陵郡博士田曉。浙東部從事葛師心。皆以鄉先生爲後進師。然門人無出先生右者。先生嘗手編易學理窟一卷。藏于家。劉漫堂集。

梓材謹案。鎭江府志以艾先生爲丹徒人。嘗舉于鄉。學者稱濟軒先生。經義考云。李氏學易記引京口先生易解。或即其人。

提舉趙先生逢龍

趙逢龍字應甫。鄞縣人。嘉定十六年進士。歷知興國信衢衡袁五州。提舉廣東湖南福建常平。爲政務寬恕。撫諭惻怛。民不忍欺。居官自常奉外。一介不取。尤究心荒政。以羨餘爲平糴本。遷將作監。拜宗正少卿兼侍講。凡道德性命之蘊。禮樂刑政之事。縷縷爲上開陳。疏奏甚衆。稾悉焚棄。年八十有八終于家。先生寡嗜慾。不好名。敭歷日久。泊然不知富貴之味。或問何以裕後。笑曰。吾憂子孫學行不進。不患其饑寒也。寧波府志。

附録

官侍講。致仕。丞相葉夢鼎出其門。嘗謂師宅卑陋。欲市其鄰拓之。先生曰。鄰里相安。一旦驚擾。非吾願也。卒不從。

直閣鄭雪巖先生霖附弟發。

鄭霖字景説。寧海人。紹定進士。除南安教授。歷知嘉定贛州平江。除淮浙發運。賈似道當國。欲加擢用。先生惡其爲人。不與言。似道銜之。後以將作監禮部郎官召。又終不就。卒年七十有二。贈龍圖閣直學士。所著有中庸講義。雪巖集。弟發。字華父。嘉定進士。官至工部尚書。立朝多所建明。與兄齊名。台州府志。

梓材謹案。謝方石鐸説先生爲賈似道所害。宋史王尚書伯厚傳。調浙西提舉常平茶鹽主管帳司。部使者鄭霖異待之。是先生知人之迹。又先生爲浙江提舉時。嘗薦蔡久軒。見蔡氏九儒書。又伯厚尚書登召橋記云。寧海縣東七十五里。瀕鎮海有黃公渡。是爲登陸之會。其北曰東倉。丞相信國葉公居焉。其東曰西洲。發運尚書二鄭公居焉。發運公諱霖環。名茂德。爲世津梁。所謂雪巖先生者也。又云。應麟于公門下士。則深寧固以先生爲受知師矣。

何先生源附子衢亨。光寵。門人莫如德。

何源字清卿。大庾人。通諸經。授長子衢亨春秋。登寶祐進士。授次子光寵禮記。登咸淳進士。授門人莫如德易。登淳祐進士。父子師友淵源可述。姓譜。

過浩齋先生源

過源字道源。臨川人。少穎異。篤志聖賢之學。嘗曰。論語諸賢。宜別類爲一書。以無混聖言。又謂。黃鐘極清。一陽之始。當以長孫無忌二寸九分爲據。語皆獨悟。學者稱爲浩齋先生。江西人物志。

雲濠謹案。萬姓統譜載。先生少問其父曰。聖賢之學何學。曰。心學。曰。何古多而今少。曰。非有古人。在人爲之耳。於是篤志聖賢之學。

附録

先生嘗曰。人終身只是一箇窮理。元不分知行。行之至。知之極也。

又曰。情發乎性。由于性則明。明則聖。任乎情則蔽。蔽則愚。

邱氏家學

司農邱先生壽邁

邱壽邁。其先江陰人。宗卿之子。端平閒。以父任授司農卿。僑寓□□㊀保寧鄉白馬里。子孫遂占籍焉。姓譜。

梓材謹案。翁易爲蔡氏諸儒行實言。宗卿請蔡西山正席皋比。以誨諸子姪。則先生固蔡氏門人也。

邱氏門人

判軍孫燭湖先生應時

詳見槐堂諸儒學案。

㊀「□□」當作「崇德」。

劉氏門人

補丞相游克齋先生似

附録

眞西山爲記弘毅堂曰。始予于游侯。聞其德性之美。問學之力。心誠鄉之。既又聞其立朝之盛節。勁挺貫金石。皦厲逾冰霜。是眞有志于弘且毅矣。

判軍孫燭湖先生應時詳見槐堂諸儒學案。

侍郎度先生正詳見滄洲諸儒學案。

判軍杜先生廣心

杜廣心字德充。成都人。少鞠于母黨雙流李氏。八歲而歸。早親劉文節公之教。氣質以美。又及事舅息齋先生嘉謨。其女昆弟妻魏鶴山。又從之遊。敏學馴行。有聞薦紳閒。以父威益州致仕恩補官。歷判永康軍。未上而卒。嘗爲依政中江涪城三縣丞。丞中江時。李季允自潼川移常德。鶴山將代爲守。新故使㊀飲酒樂。故侯曰。我有婦黨爲射洪令。子爲我舉之。子之婦黨杜某。予不

㊀「使」當爲「侯」。

敢遺。鶴山言之。先生艴然曰。是舉潼川守。非知有中江丞也。乃已。魏鶴山集。

忠肅趙先生方詳見嶽麓諸儒學案。

縣令江先生泰

江泰。□□人。朱子與後溪書云。鄉人江某。分教大府。得親誨範。甚以自幸。其人明敏。有志于善。嘗爲邑宰。以平易惻怛。甚得民和。不幸遭讒。遂至罷免。收拾教誨。或可以備使令云。朱子别集。

料院王先生庚應别見鶴山學案補遺。

程滄洲先生公許詳見二江諸儒學案。

衛氏家學

寶謨衛櫟齋先生湜

衛湜字正叔。崑山人。後樂先生之弟也。先生好古博學。除太府寺丞。將作少監。皆不赴。嘗集禮記諸家傳注。爲書一百六十卷。名曰禮記集説。寶慶二年上之。終朝散大夫。直寶謨閣。知袁州。學者稱爲櫟齋先生。姑蘇志。

雲濠謹案。水心記櫟齋藏書云。余友衛君酤嗜書。山聚林列。起櫟齋以藏之。與弟兄羣子習業于中。

禮記集說自序

本朝列聖相承。崇顯經學。師友淵源。跨越前代。故經各有解。或自名家。或輯衆說。逮今爲尤詳。禮記並列六籍。乃獨闕焉。諸儒閒嘗講明。率散見雜出。而又窮性理者略度數。推度數者遺性理。欲其參考並究。秩然成書。未之有也。

附録

魏鶴山序禮記集說曰。平江衛氏。世善爲禮。正叔又自鄭注孔義陸釋以及百家之所嘗講者。會粹成書。凡一百六十卷。如范寧何晏例。各記姓名。以聽覽者之自擇。非特以備禮書之闕也。

黄東發讀禮記曰。吴郡衛氏集禮記解。自鄭康成而下。得一百四十六家。惟方氏馬氏陸氏有全書。其餘僅解篇章。凡講義論説嘗及之者皆取之。以足其數。其書浩瀚。惟嚴陵郡有官本。岳公珂有集解亦然。皆未易偏觀。天台賈蒙繼之。始選取二十六家。視衛岳爲要。而其采取。亦互有不同。其書又惟儀眞郡有録本。世罕得其傳。

梓材謹案。四庫全書著禮記集說。提要云。其書始作于開禧嘉定閒。自序言。日編月削。幾二十餘載而後成。寶慶二年。官武進令時。表上于朝。得擢直祕閣。紹定辛卯。趙善湘爲鋟板于江東漕院。越九年。復加校訂。定爲此本。後序有云。他人著書。惟恐不出于己。予之此編。惟恐不出于人。後有達者。毋襲此編所已言。没前人之善也。其後慈溪黄氏讀禮記曰鈔。新安陳氏禮記集義詳解。皆取是書删節。而附以己見。黄氏融滙諸家。猶出姓名于下方。陳氏則不復標出。即此一節。非惟其書可貴。其用心之厚。亦殆非諸家所及矣。又案。陳壽翁禮記集義詳解自序云。大德丙午。始見衛氏集説。乃得因衆説之紛紜。而折衷去取之。則陳氏亦不可謂非先生私淑也。

湯氏門人

文忠蔣先生重珍詳見鶴山學案。

楊氏家學

縣令楊先生令圭

楊令圭字如斯。遂寧人。恭惠公輔之孫也。恭惠與劉文節公齊名。先生以恭惠致仕恩補成務郎。歷調潼川府中江縣丞。昌州僉判。知涪城縣事。初。文節嘗爲學記。韓氏之黨以僞學誣善類。摘記中語爲罪。劉遷房陵。縣宰承迎。仆碑凡三十年無過而問焉。君至。命封植之。終通判漢州。涖事行己。能世厥家。而于文節之流風餘烈。必欲興起而懋明之云。魏鶴山集。

小楊門人

參軍張就庵先生簡

張簡字行可。邛之思安人。早以經學稱。國子録楊甲校士于邛。得其文。奇之。遂以充賦。

後以累舉恩調順政簿。連事武帥張照郭杲。率異常諮事。杲命其子受學焉。吴曦以武興叛。時先生以司理攝州學教授。奮然爲别白大義。且料賊必破滅狀甚悉。爲漢州録事參軍致仕。卒。晚號就庵居士。有經著二十卷。魏鶴山集。

判官李先生維正別見趙張諸儒學案補遺。

李氏門人

判軍杜先生賡心見上劉氏門人。

樓氏家學

樓先生淳

樓先生潚合傳。

樓先生治合傳。

樓淳。攻媿長子也。三預鄉薦。官承議郎。行籍令田。攻媿懼儒學之不續。勉勵諸子。俾世其家。頻舉謝太傅自教兒之語。故先生與二弟潚治俱嗜學。潚通判臨安府。治監西京中岳廟。袁絜齋集。

樓先生槮

樓槮。宣獻公族孫。精曆法。言宋司天氣朔盈虚皆改章法。不可用。未之信。後授時曆頒。言始驗。館于袁賓州家四十年。日布算。疑多財者。貧老卒。清容居士集。

樓氏門人

文忠眞西山先生德秀詳西山眞氏學案。

博士李三江先生元白詳見廣平定川學案。

州守汪先生之林

汪之林字德仲。鄞人。尚書大猷族孫。幼見樓宣獻。器之。先生言行淵懿。善尺牘。見後進。道嘉言善行。灑灑不倦。晚守汀州。歸里以清約終。姓譜。

少監盧先生祖皐

盧祖皐字申之。永嘉人。攻媿之甥也。力學。繼世科爲郡博士于池州。求贈以言。攻媿以其少孤而自立。將爲人師。慮鮮琢磨之益。大書無有師保。如臨父母以遺之。樓攻媿集。

梓材謹案。兩浙名賢録載。先生登慶元第。嘉定中。以軍器少監與建人徐鳳並直北門。卒于官。有蒲江集。

雲濠謹案。先生曾攜金縢圖示攻媿。而攻媿爲之跋。説詳學案正編。

附傳

知州章山堂先生如愚

章如愚字俊卿。金華人。自幼穎悟。潛心理學。登慶元進士。與眞西山同榜。累官國子博士。未幾。改知貴州。政績大著。開禧初。被召上疏。極陳時政。因忤韓侂胄。罷秩歸。結草堂山中。與士子講學。遠近咸尊師之。稱曰山堂先生。所著有羣書考索六十六卷。文集若干卷。兩浙名賢録。

南溪門人

吴先生槃

吴槃字與權。樂平人。所著書解。卷帙三倍正義。後受説于獻肅柴公。稍斂縮之。猶數十萬言。劉後村跋云。曩晦靜湯公爲余言君經術鄉行。晦靜有重名一時。使在人主左右。必且進君於朝。不幸淪没。遂成遺恨。然此爲君身窮達言耳。若君之書。固不以晦靜之在亡爲輕重也。劉後村集。

姚氏家學

知州姚先生元哲

姚元哲字叔愚。慶元府人。父穎。對策孝皇。臚唱第一。母王氏。先生生二歲而孤。隨母育外氏延賞。主福州連江簿。秩滿。敕授劑局。傅公伯成以著述科薦。謂其刻志問學。思欲以文章議論著。爲文有法度。急于營養。雖就延賞。其學與文方進不已。獎而成之。必有可觀。秩滿。敕授激賞酒官。改選爲蕭山。邑序久圮。亟加脩繕。宣聖從祀之象咸新之。且申固江岸。使水不得齧砥石。築路餘百里。行不病涉。人德之。相與祠諸學。主管城南左廂事。廂事小閒。作堂隆然。扁以清風。差監行在榷貨務都茶場。甫再考。差知饒州。卒年四十有九。平居書不離目。籤帙滿屋。漕貢凡三至。己丑牓始收一第云。程洺水集。

鄭氏家學

忠定鄭安晚先生清之詳見麗澤諸儒學案。

崔氏家學

崔先生璲

崔璲。菊坡子。嘗以賢良徵。使觀政。將授以官。固辭而歸。論者高之。廣州人物傳。

崔氏門人

補忠文洪平齋先生咨夔

洪平齋語

易者。文之太極也。詩書禮樂春秋論語。文之兩儀也。

春秋說自序

帝王誥命。訖于平王。國風變于黍離。聖人傷王者之不作。因魯史修春秋。以奉天命而立人極。夫天命流行于人極之中。無一息間斷。人惟不知吾心有天而外求天。謂吉凶禍福。天未嘗定。終必有時而定。天者定則人者屈。此人極之所由立也。此春秋成。亂臣賊子之所以懼也。彼亂臣賊子。惟利是計。豈懼夫空言之貶。身後之辱哉。懼夫天者定而人者屈。失其所以爲利也。故凡犯天下之清議。冒天下之大罪。能逭諸一時。不能逭諸異日。能逭諸其身。不能逭諸其子若孫。人誰無愛身愛子孫之念。知天定有不可逭。則欲動于惡。將有所懼而戢。此撥亂反正之筆所以有功于人極也。且易春秋在魯。皆所以司天人之契。人欲窮而天理滅。其卦爲剥。春秋二百四十二年。純乎剥者也。以齊威霸天下始末求之。每四十年當一爻。陰愈進則亂愈盛。盟宋之後。晉以天下之權授之楚。而大夫專盟。諸侯皆廩廩乎贅斿之危。五陰之剥成矣。其末又以天下之權授之吴。吴楚與越參立而交横。大夫各朶頤其國。禍亂極矣。而獲麟于西狩。亂極必治。安知無王者作。此碩果不食。剥所以不終于剥也。春秋以傷王者不作而始。以幸王者復作而終。以魯聖賢之澤未泯。一變可至道而託之。以詔萬世。天地至教。聖人至德。備見于行事。斷斷乎循之則治。違之則亂。得之則生。失之則死。信人極非春秋不立也。

雲濠謹案。吴丞相潛作先生行狀。謂著春秋説三十卷。四庫書目本永樂大典裒輯成編。亦爲三十卷。提要稱。其書議論明鬯。而考據事勢。推勘情僞。尤多前人所未發云。

平齋文集

死生。命也。處死生。義也。義所當死。直死耳。君子不苟免而生也。身不苟免而生。乃所以生社稷也。程剛愍死事跋。

附録

蔡久軒安奉洪忠文公祠文曰。惟公文章風烈。炳燿鏗鍧。菊坡西山。平日講明。百折不悔。風雨雞鳴。追端平之更化。偕羣賢而彙征。正色臺端。首芟稂莠之藪。代言帝制。大諧韶濩之聲。方都人願留。未相司馬。何天下無福。奪吾伯淳。

牟巘跋崔清獻洪忠文帖曰。宋嘉定中。清獻崔公以次對帥蜀。其後遂制置西事。賓客從者。忠文洪公。實顓牋翰。崔公清規重德。洪公雄文直道。參會一時。蜀人紀之。以爲殆過石湖放翁也。

忠簡李文溪先生昴英

李昴英字俊明。番禺人。少雋穎。書史一覽成誦。博學多識。文思絶人。弱冠。以春秋掄元首計偕。崔與之深器重焉。寶慶乙酉。再薦于鄉。明年試春官。知貢舉鄒應龍欲置第一。時方諒陰。或曰。上始即位。宜崇帝王之學。遂擢王會龍書義第一。先生第三。初調汀州推官。特遷太學正。丁母艱。服闋。累除太學博士。賜對。上奏劄。上賜金酬其直。歷遷著作郎兼屯田郎官。會除崔與之右相。辭不拜。上以先生嘗從游。俾奉御札趣召。除直祕閣知贛州。與之力辭不行。先生亦不拜贛州之命。遷大宗正丞。擢權兵部郎中。以親老乞外便養。除直祕閣福建提舉。會與之薨。請歸持心喪。不許。尋丁父艱。既葬。築室墓下。聚宗族子弟講學。若將終身焉。累召不起。淳祐初。杜範入相。首薦爲監司。以吏部郎官召。丐祠。不允。上喜其直。書御屏記姓名。擢右正言。時執政很愎自用。尹京者恃皇族日横力詆之。有旨與在外差遣。三學諸生以詩餞諸國門外。有庾嶺梅花清似玉。一番香要一番寒之句。除知贛州。再除福建憲。又改漳州。俱辭不赴。家食數載。杜門卻掃。十二年壬子。除清叟參大政。力薦之。上思其賢。起家。除直寶謨閣。江西提刑。兼知贛州。諸峒負險盤據。相挺爲亂。先生申嚴保伍之法。使相糾察。且喻峒酋。各率子弟詣臺訓治。掇魯論首篇。有子曰。其爲人也孝弟第一章。解義以訓飭之。酋豪各録本以歸。私相告諭。自是革心向化。無復爲梗。徐清叟奏其事。詔以其本頒示天下。使民矜式。被召。除大宗正卿。累擢吏部侍郎。加中大夫。封番禺開國男。屬董盧二巨閹竊弄威福。御史洪天錫累疏攻之不行。乃直前敷奏。疏入不報。遂與御史俱出國門。時人咸惜其去。時軍國多務。有詔除端明殿學士。僉樞密院事。辭不起。家文溪之上。因以自號。上嘗賜其所居。扁曰文遠。曰文溪。曰嚮陽堂。卒年五十有七。謚忠簡。先生天性勁直。議論高邁。其文簡而有法。婉而成章。一時同館名流。如江萬里。文天祥。皆推服之。平居温然。接物寬而有容。至于臨大節。處大難。毅不可奪。雖鼎鑊在前。不慴也。所著有文溪存稾二十卷行于世。廣州黄志。

黄先生鏞

黄鏞字希聲。昭武人。工晚唐詩律。遊五羊。獲登菊坡先生門。因築舍于旁。字樓以詩隱。菊坡起帥鄉郡㊀。繡使彭公督師。銜密畫往來其閒。迄清亂略。有樵溪初稾。李文溪集。

平齋同調

州守楊泳齋先生伯嵒

楊伯嵒字彦思。號泳齋。自稱代郡人。淳祐閒。以工部郎守衢州。著有九經補韻一卷。蓋因官韻漏略。擬摭九經之字以補之。四庫全書提要。

㊀「郡」當爲「部」。

附録

俞任禮序九經補韻後曰。禮部韻以略言外多隘之而議欲增也。自元祐國子博士孫諤隨乞添收。繼其後則黄啓宗有補韻。吴棫有補韻補音。毛晃有增韻。張貴謨有韻略補遺。近世黄子厚蔣全甫則又各有論説。然疏者隨韻補輯。僅得一二。詳者至盡采子史蒼雅方言。欲增入二千六百五十五而難于行。此禮部韻之所以至今未備也。泳齋先生治衢之暇日。揖任禮于柯山堂而語曰。子見我所纂九經補韻乎。先生于書無所不讀。而以經爲根源。補韻之作。凡九經中字之假借。音之旁通。考訂分彙。各疏其下。若星象之錯落于天而粲然以明。平齋洪端明所謂杜門論著佳哉者也。

强恕門人

補尚書李斛峯先生伯玉

附録

先生嘗請罷童子科。以爲非所以成人材厚風俗。

趙汝騰嘗薦八士。各有品目。于先生曰。銅山鐵壁立朝。風節大較似之。

梓材謹案。袁蒙齋餘干縣先賢祠堂記云。强恕。南溪。蒙堂三柴君。恕堂李君。皆師友昆弟。恕堂蓋卽先生。又案。淳祐七年。蔡久軒自江東提刑歸抵家。三館名公分韻送別。先生得下字。時爲校書。

張先生宏

張宏字子廣。鄱陽人。性鯁直恬淡。從柴益之學。明經飭行。及禁伊洛之學。歎曰。吾道窮矣。乃歸隱。少與柴與之友。與之以提刑出守訪。先生拒其騶從不納。與之退。攜一童往謁。淹住劇談。君子謂先生之高古。與之之悔過。均足尚云。饒州府志。

何氏家學

提幹何先生逵

祕書何先生淡並見涑水學案補遺。

林氏門人

文學呂雲溪先生皓

呂皓字子陽。永康人也。其兄約。爲龍川門人三傑之一。先生少師林大中。友龍川東萊。以出粟賑濟受知于倉使。朱文公薦諸朝。補郡文學。淳熙中舉上禮部。會父兄爲仇家誣陷。逮繫大理獄。先生叩匭上書。理其冤。願納官贖罪。且言無使聖世男子不及漢一女子緹縈爲歿身憾。翌日。下都堂議。宰相白無例。帝曰。此義事也。焉用例。由是其父兄與連坐五十餘人皆得釋。遂絶意仕進。隱居桃巖山講學。父母繼歿。茹蔬廬墓以終喪。割土腴。置義莊以贍族人。義塾以教子弟。别爲小廩貯粟。以收鄰里之棄兒。當路以遺逸孝友交薦于朝。皆不起。作雲溪逸叟傳以見志。金華徵獻略。

梓材謹案。先生名。黄文獻集作浩。迪功郎。師愈之仲子。仇家搆飛語中其兄約。而連及迪功父子。同時與龍川俱下天獄云。

吕氏學侶

通直吕先生源

吕源字子中。子陽弟。孝友嗜學。子陽嘗語之曰。充其義以行于家而及于鄉。可也。何必求仕。先生居喪盡禮如其兄。郡邑上其事。贈通直郎。旌其門。金華徵獻略。

附録

劉後溪銘其墓曰。宗族稱其孝弟。鄉黨敬其仁義。

趙氏門人

丞相葉西澗先生夢鼎

葉夢鼎字鎮之。寧海人。本陳待聘之子。七歲後于母族。少從鄭直閣霖趙宗卿逢龍學。以上舍釋褐。授信州推官。攝教事。講荒政。遷太學録。同番陽湯巾召試館職。授祕書省正字。歷知袁州吉州贛州建寧府隆興府。開慶元年。復知建寧。景定元年。召爲太子詹事。上疏以法天爲言。累遷兵部吏部尚書。簽書樞密院事。丞相賈以道欲造關子。罷十七十八兩界會子。先生以爲厲民。乃止罷十七界。公田法行。先生又以爲厲民。故行之浙右而止。五年。三辭。不許。進同知樞密院事。參知政事。引疾。授資政殿學士。知慶元府。沿海制置使。咸淳三年。再召爲參知政事。拜特進。右丞相兼樞密使。累辭。不許。五年。引杜衍致仕單車宵遁故事。累辭。乃受觀文殿學士判福州福建安撫大使。九年。授少傅。右丞相兼樞密使。引疾力辭。宰掾郎曹沓至趣行。扶病至嵊縣。請辭不獲。乞還山林。疏奏。願上厲精寡欲。規當國者收人心。固邦本。勵將帥。飭州縣。重振恤。扁舟徑歸。使者以禍福告。先生語之曰。廉恥事大。死生事小。萬無可回之理。似道大怒。臺臣奏。從歸田之請。瀛國公初卽位。咨訪故老。先生上封事。授判慶元府。沿海制置大使。力辭。益王卽位于閩。召爲少師。航海遂行。道梗不能進。南向慟哭而還。後二年卒。宋史。

梓材謹案。黄東發文集有與葉相公西澗書。西澗蓋先生之號。台州府志載。其卒年八十。有文集行世。又案。王厚齋尚書爲作墓誌銘。見黄文獻書葉信公年譜後。

附録

厲竹溪曰。西澗自政府歸。一日。家廟晨香。聞外喧閧。出視。乃其子捶一漁者。曰。直閣買魚。幾日不與錢。今索之見怒。又碎我巾。又加痛捶。公曰。取錢還他。又取自巾加于其首。使去。公入。露髻坐于廳上。不語。子拜請罪。不視。進膳。不食。眷屬冠帔皆出。羅拜且告。不答。日昃未飯。遠近親鄰聚告。俾甘罪結狀。公乃言。我貧士出身。革鞵腿繃。自肩雨傘書箱。往臨安赴試。受幾許艱苦。入太學。忝科名。至于今日。君親之恩未能報。爾等生辰富貴。受蔭入仕。今日却凌虐細民。鄉里謂我何。必庭訓之。原注。庭訓者。行杖也。衆又告免。俾責狀云。如或再犯。仍甘聞奏。追毀官誥。公訓子之道嚴矣哉。

鄭氏門人

丞相葉西澗先生夢鼎見上趙氏門人。

李先生演

李演。海寧人。與同里葉丞相夢鼎。俱受業直龍圖閣鄭霖。故爲布衣。子洧孫能讀父書。黄文獻集。

尚書王厚齋先生應麟詳深寧學案。

克齋門人

薛先生璩

詳見慈湖學案。

攻媿續傳

保義林先生棟

別見止齋學案補遺。

平齋家學

尚書洪恕齋先生勛

洪勛號恕齋。官尚書。其卒也。林竹溪以詩挽之云。定是仙從天目來。少曾吟詠到襄淮。才名詞伯班常伯。學問平齋授恕齋。華蓋漫云鄰翰苑。衮衣不許上瑤階。海山縱好歸何處。歎息人間事好乖。其三云。伊昔宸京握手初。橫經公未到三衢。早班玉筍還先去。晚侍金華却共趨。思老有餘知筆健。病成應是爲詩癯。峯摧太華嗟何及。身遠無因奠束芻。鬳齋續集。

雲濠謹案。鬳齋集未舉其名。浙江通志選舉表進士。自嘉泰壬戌洪咨夔後。至紹定己丑有洪牧。淳祐甲辰有洪勛。未知于恕齋何當也。

梓材謹案。方桐江書隱齋銘序。謂洪起堂云。淳熙辛亥。回以左史呂公竹坡先生書。謁君先父端明後峴先生于行在所。時爲考功郎兼直舍人院。以煩言去。尋入天目山從之游。館于至道宮。時挽至飲席。以所讀書字字行行指示所謂肯綮節目教之。一日座間。偶及淮閫賈似道姦詭詐譎特甚。謂異日必誤國。其先見之明如此。其爲先君事狀自述云。年二十五。見知于端明洪公勳。勳即勛字之今文。然則後峴即恕齋。而其名爲勛。無疑矣。

文溪家學

侍郎李漁灣先生志道

李志道字立翁。號漁灣。文溪子。少雋穎。以春秋領淳祐九年鄉薦。寶祐元年成進士。除授京邸教授。賜紫金魚袋。造育有法。士林宗之。明年。文溪起爲大宗正。引嫌乞外職。改調浙江僉憲參幹諸軍事。五年。丁外艱歸。服闋。起補都憲御史。專理糧餉。未幾。丁祖母艱去。咸淳三年。召入爲朝散大夫。至尚書工部侍郎。時値國步多艱。强敵在外。賈似道專政權。傾人主。先生屢疏乞歸。不許。德祐元年。以疾乞閒得歸田里。端宗崩。帝昺立。與元人戰于厓山。師潰。宋亡。先生大哭。奉大行主于家嚮陽堂。率子弟宗戚鄉人朝夕哀奠。未幾。憤鬱而卒。廣州志。

文溪門人

庶官何先生文季

何文季字子友。東莞人。從李昴英遊。仕宋季。後棄官歸。厓門之變。慟哭成疾。臨卒。戒子孫不得復仕。所著有蘭齋集。東莞舊志。

曾先生士倬

曾士倬字子美。與文山同年。文山跋其萬言書稾。謂菊坡天人。文溪格人㈠。菊坡不可作已。願見文溪。庚辰夏五。子美來訪。議論慷慨。知非凡人。扣其所宗。則傳菊坡法衣。密文溪講席者也。當布衣時。春宮一疏。已能發菊坡之所欲言。他日爲天子御史。直氣凛凛。必能赤文溪幟云。文文山集。

菊坡續傳

李先生肖龍

李肖龍字叔膺。增城人。力學。登咸淳七年進士第。初調贛州司户。尋改循州興寧簿。攝長樂縣事。禁邪巫。正婚娶。勸學校。課農桑。一境安之。後除太社司令。累遷朝議大夫。至元中。爲增江提學。時經兵燹後。學宫鞠爲榛莽。增城民鄭聰老富而好施。先生以義説之。聰老竟讓其宅爲學。又捐資立鄉賢祠。祠古成之而下。釁舍以次而舉。絃誦藹然矣。暇日編輯崔清獻言行録以傳。論者韙之。性剛急。嘗製漆牌繫于肘。爲銘以自戒曰。怒如炎火。焚燎自傷。觸來勿競。事過清涼。蓋有得于古人韋弦之義云。廣州人物傳。

㈠「格人」當爲「菊坡様人」。

附録

李春叟銘其墓曰。處時之艱。爲時之難。身爲砥柱。力障狂瀾。羽翼善類。鋤兇剷頑。乘危蹈險。身名兩完。功在鄉邑。魂歸九原。國人悲思。英氣如存。

斛峯門人

李先生炎子別見滄洲諸儒學案補遺。

櫟齋私淑

文潔黄於越先生震詳東發學案。

鄉舉陳定宇先生櫟詳見滄洲諸儒學案。

葉氏家學

監嶽葉先生應友

梓材謹案。東發文集再與葉中嶽書有云。尊翁樞使相公。又言。師門天寬。蓋謂西澗。則中嶽。西澗之子也。

葉氏門人

文潔黄於越先生震詳東發學案。

李氏家學

州判李霽峯先生洧孫詳見廣平定川學案。

邱氏續傳

同知邱先生定夫附子堅基。

教授邱先生景唐合傳。

縣丞邱先生景南合傳。

邱定夫字景游。忠定公密四世孫。元初録宋故官嗣。授田州路總管府經歷。遷武龍州同知。以疾不果行。與兄揚州教授景唐。弟淞陽縣丞景南。三人同居一門之内。怡怡如也。二子堅基。皆爲儒官。克世其家云。姓譜。

附録

陸子方誌景游墓曰。公生長世家。能自拔流俗。無一點紈袴習。好學聰明。行己孝恭。遇物誠信。忠恕樂易。不吝不驕。出于自然。表裏如一。德人之容。望而可即也。

雲濠謹案。子方又言。景游學貫儒釋。晚年尤味禪悦。是其不醇于儒者。子方又有送邱景唐赴安豐教。挽邱景游二詩。

劉氏續傳

山長劉先生公輔

劉公輔。文節諸孫也。爲杜洲山長。秩滿。岑安鄉㈠送之以詩曰。昭代文明治。先儒理化行。九疇皇極建。萬象泰階平。一德乾坤正。諸經日月明。桂宫紛珮玦。璧水集簪纓。丹穴生靈鳳。滄溟出大鯨。岷峨山鬱嵂。苕霅水澄泓。兩地氣鍾秀。百年人間生。宣尼垂筆削。文節闡家聲。孝友心無忝。忠貞石可銘。力言扶正學。極論見深誠。之子諸孫行。爲儒命世英。棘闈初戰藝。薇省即揚名。虎榜斯高揭。龍門忽下傾。褐衣雖見錫。黄卷愈研精。□□□㈡東浙㈢。攜家住北瀛。停舟先過我。擁帚許相迎。講道無邊㈣藴。論文得細㈤評。詞章漢宗正。詩筆李長庚。禮厝㈥慈湖

㈠「鄉」當爲「卿」。
㈡「□□□」當作「捧檄來」。
㈢「浙」當爲「壁」。
㈣「邊」當爲「餘」。
㈤「細」當爲「詳」。
㈥「厝」當爲「展」。

奠。心搖徽國旌。春風閒杖策。夜雨短燈檠。浮海瞻龍伏。登皋聽鶴鳴。三年書滿考。一旦趨歸程。執手論交契。持觴敘別情。但期趨玉陛。焉在遺金籯。旋舍斑衣舞。歸舟綵帳輕。庭闈心晏晏。交友喜盈盈。待次還鄉舉。趨班復帝京。捷音知㊀我報。莫俟雁南征。栲栳山人集。

趙氏續傳

州屬趙先生觀光

趙觀光字觀國。鄞縣人。宗正卿逢龍之曾孫也。幼多智識。稍長好讀書。通達時務。以郡博士弟子員得推擇。試吏奉化州。尋遷昌國。至正十年。黄巖海寇。薦起。明年。從州侯引兵出海。俄而賊艘猝至。執節以死。王忠文集。

㊀「知」當爲「如」。

宋元學案補遺卷八十目録

宋元學案補遺卷八十

後學 鄞 王梓材 慈谿馮雲濠 同輯

鶴山學案補遺

鶴山所出

宋先生蘊

宋先生希祖合傳。

宋蘊字元發。眉之彭山人。與從父弟希祖字紹庭。稱彭山二宋。先生未冠。卽有聲鄉曲。經史百家。觸手成編。淳熙五年。與紹庭同舉進士。先生終流溪令。紹庭終石泉軍教授。士論惜之。其教使人精講力踐。不專以語言文字爲利禄計。將卒。戒其二子曰。吾自幼立學。不妄語。不欺暗。教人子如己子。理官事如家事。雖憂患困躓。然所爲無不可語人者。一夕之枕晏如也。以是遺汝曹。勉之哉。遺文有論語略解二十卷。尚書講義五十卷。鶴山文集。

鶴山師承

高先生道充

高道充字與可。一名仲任。蒲江人。年十八。侍父訪醫眉山。父暴卒。跣護而歸。從祖深甫爲除塾。招彭山宋紹庭宋元發教之。與其諸子同衣食几研。先生學戴氏禮。兼通諸經。與紹熙三年嘉泰四年賓薦。聲問益彰。士之負笈請益者踵相接。魏鶴山嘗受學焉。授貴州文學。鶴山守潼川。辟主中江簿。未幾。疾作。大書于牖曰。仁者不憂。樂天也。知者不惑。知命也。勇者不懼。信理也。而卒。鶴山文集。

杜先生希仲

杜希仲字德稱。□□人。力學。有聲庠序閒。平生斥攘釋老之書。崇尙禮義之學。士有歎老嗟貧者。先生曰。窮則獨善其身。達則兼善天下。今窮不得志。則修身以見于世可也。奚其憂。授諸子學。躬自程督。魏鶴山自幼與內外羣從兄弟皆從之游。魏鶴山集。

縣丞章先生寅臣

章寅臣。□□人。嘉定進士。調眉山縣主簿。再轉雒縣丞。嘗爲鄉先生。魏華父了翁從之遊。先生講學。雖事劇不廢紬繹。鶴山大全集。

何先生普

何普字德厚。蒲江人。自少倜儻。不可拘以文法。而能自抑斂。筆耕以養父母。爲鄉先生。

魏鶴山幼從之授書數方名。後以特奏名入等。官榮州司户參軍兼司江㊀以卒于治。魏鶴山集。

譙氏先緒

譙先生椿

譙椿字子長。蒲江人。仲午之父也。世以儒名家。先生自幼期立門户。初明毛鄭詩。繼爲詞賦。邑宰率賓禮之。教子齊家。率本以忠孝云。

朱張私淑

補 文靖魏鶴山先生了翁

雲濠謹案。先生國朝雍正二年從祀。

梓材謹案。先生所著。又有易舉隅。周禮井田圖説。見宋史本傳。

鶴山文集

聖遠言湮。俗淪士散。求道者離乎器。而不知一理二氣之互根。言性者離乎氣。而不知元亨

㊀「江」當爲「法」。

變化之實理。知剛柔之爲善惡。不知剛不一于善。柔不一于惡也。知陰陽之爲動靜。不知陰不一于靜。陽不一于動也。濂溪先生始爲圖書。貫融而劈析之。二程親得其傳。道日以章。迨胡子朱張推衍究極。亦幾無餘蘊矣。寶慶府周元公祠堂記。

一日。有講授于學官者曰。伊洛之學。以中庸爲主。以誠敬爲教者也。僕聞之。瞿然曰。吁。自有乾坤。卽具此理。而謂伊洛云乎哉。乾九二言乾德正中。庸言之信。庸行之謹。閑邪存其誠。坤六二言敬以直內。然則中庸誠敬是乃天地自然之則。古今至實之理。帝王所以扶世立極。聖賢所以明德新民。無不由之者。簡州四先生祠堂記。

所謂教者。賾諸天地萬物之奧。而父子夫婦之常不能違也。驗諸日用飲食之近。而鬼神陰陽之微不能外也。近思反求。精體熟玩。期不失其本心焉。簡州建學記。

夫檀弓不知何人所作。而一篇之書。獨于子游極其稱譽。雖于孔門諸子率多譏評。又以言曾並列。其是言而非曾者非一。幾若偏于抑揚。然卽其書以考之。大抵當典禮訛闕無所考訂之時。人之有疑弗決者。以質諸子游。故前後典禮所關者十有四。皆以言游一言爲可否。亦足以見其爲時人之耳目。雖汰哉叔氏之一語。若譏言而實尊之。然則游以習禮列于文學。玆其爲文爲學。蓋三代典章之遺。賴游以有存者。嗚呼。信爲豪傑之士矣。昔柳宗元謂論語所載弟子必以字。惟曾子有子不字。遂謂是書出于曾門。蓋字與子皆得兼稱。如門人之于孔子。進而稱子不敢氏。退而稱仲尼不言子。其次亦有既子且字。如閔子之㊀等。不一二人。或子或字者又數人。然淵弓至游夏最號高第。字而不能子也。有子曾子。子而不得字也。就二者而論。則字爲尊。故孝經字仲尼而子曾子。禮運字仲尼而名言偃。至于子思字其祖。孟子字其師之祖。相傳至今。人之字仲尼者。無敢以爲疑。仲尼作春秋。二百四十二年間。字而不名者僅十有二人。而游夏諸子之門人。亦各字所師。相承至于漢初。猶未敢輕以字許之。卽是而觀。則子游以句吴孤遠之士。遂得字而不子。以列于高第之目。又豈易易然者。重修大成殿記。

古者以廟序宗。廟曰宗廟。室曰宗室。器曰宗彝。祝曰宗事。姓曰宗盟。而掌禮者由虞周以末皆曰宗。下及都家皆有宗人。將以別姓收族。寓不言之教也。

古之生于王族也。宗有法。廟有序。學有教。仕有養。用有別。涵養成就。蓋非一日。嗚呼。夏殷以訖杞宋。后稷以訖末孫。凡皆有國二千餘年。雖以嬴秦之暴。輕棄周鼎。猶三十年睨視而弗敢遷。親親用賢之效。豈秦漢以來褊衷忌意凉法敝事之所及知乎。以上大宗正司記。

予於事物之變。必迹其所自來。獨于茶未知所始。蓋自後世典禮訛缺。風氣澆漓。嗜好日新。非復先王之舊。若此者蓋非一端。而茶尤其不可考者。邛州先茶記。

前輩講學工夫。皆于躬行日用閒眞實體驗。以自明厥德。非以資口舌也。故歷年久。閱天下

㊀「子之」當爲「子騫」。

之義理多。則知行互發。日造平實。語若近而指益遠。朱氏語孟集注序。

考槃小宛。臣之不得于其君者也。曰獨寐寤言。永矢勿諼。曰明發不寐。有懷二人。小弁凱風。子之不得于其親者也。曰何辜于天。我罪伊何。曰母氏聖善。我無令人。燕燕谷風。婦之不得于其夫者也。曰先君之思。以勗寡人。曰不念昔者。伊余來塈。終風之子。謔浪笑傲。而母曰。莫往莫來。悠悠我思。柏舟之兄弟。不可以據。而不遇者則曰。靜言思之。不能奮飛。何人斯之友。其心孔艱。而遭讒者則曰。及爾如貫。諒不我知。嗚呼。其忠厚和平。優柔肫切。怨而不怒也。其待人輕約。責己重周。仁而不忮也。蓋不曰是亦不可以已也。是不殆于棄言也。凡以天理民彝。自有不可者。吾知盡吾分焉爾已。使其由此悔悟。幡然惟善道之歸。則固我所欲也。不我以也。我固若是小丈夫哉。悻悻然忿忮鄙吝。發于辭色。去之惟恐不急也。雖然。是特詩中一義耳。而是義也。觸類而長之。又不止是。呂氏家塾讀詩記後序。

古者王朝五史。凡典法策書之事掌焉。若諸侯之有史。僅見于封康叔。封伯禽。而他國無所考。自晉有乘。秦有記。魯有史。皆私史也。或者其周之東乎。史之綱要。以編年爲本。而王以上諸侯有世而無年。至于共和。則國各紀元。逮其甚也。不稟正朔。而年曆益紊。仲尼因魯史而修春秋。繩以五始之文。不得已也。蔡文懿公百官公卿年表序。

古之待同姓。爲之宗法以統之。其繼太祖者爲大宗。其繼高祖者爲小宗。大宗一。小宗四。而于其閒有爲適子而祇事宗子。有適子而不得爲適孫。有公子公孫而不得祖禰其先君。有非同宗别子而不可以爲後。有正體而不傳重。有傳重而非正體。其統有如此者。又爲廟室以序之。太祖之廟與三昭三穆。而七廟之子姓亦以爲序。有事于太廟。則羣昭羣穆咸在。旅酬賜爵。昭與昭齒。穆與穆齒。其祭于餘廟。則内賓宗婦亦各以倫。脱有哭臨之事。則同姓于宗廟。同宗于祖廟。同族于禰廟。其序有如此者。又爲氏族以别之。蓋自太祖爲正姓。高祖爲庶姓。庶姓别于上而戚單于下。則分之以氏。合之以族。或王父字爲氏。或公子公叔爲氏。或父之母弟列伯仲叔季爲氏。其族也。或以先謚。或以世功。或以君賜。其别有如此者。又爲之國邑以處之。由王子母弟以下。親疏降殺。甸稍縣畺之采。皆有公邑。若有功德。則寰外之地。分茅胙土。列于五侯。或又自侯伯入爲卿士。其處之又如此。然而非立師以教之。明善以養之。則是數者。未知其何如也。學誦弦于瞽宗。紹論説于東序。見道德于成均。考中失于王閒。無一時而非學也。習射于澤。助祭于廟。燕毛于寢。友之以俊士造士。行之于公族公路。無一事而非學也。夫統之以宗法則分有制。序之以廟室則親有等。系之以姓氏則族有别。處之以國邑則才有試。此莫非教也。又必使之朝夕有觀。動息有養。則其生斯世也。不爲十六才子。周召毛原有不可得矣。趙鑰夫宗藩文類序。

鶴山師友雅言

周禮以法掌會同祭祀朝覲賓客之戒。其法字是有準則的道理。本是好字。舜爲法于天下。何嘗不好。後世却用鞅斯之法看。向在試院。見諸公稱古者之治天下者純任法。以爲好。不知道法二字原不可離。有不可易之道。方是法。法不出于道。成甚法。道如何行。有法以行之。三百六十官。邦國都鄙。祭祀賓客。截然有條。未嘗無道在其中。若是無法。則紀綱制度都無。故有法卽有道。道寓于法也。古今治天下。皆無唐虞三代之法。周官許多法。所以教忠教孝。仁義禮樂便行乎其閒。後世謂出乎禮則入乎法。錯看法字作刑法之法。法字無一不是道。

梓材謹案。是條棃洲原本所有。而謝山修補本抹。細味其語。以法融入于道。尙非與道無關者。故仍録之。

鶴山遺説

康成以驅而納之于善爲馭。于祭祀不可通。竊意馭者斟酌疾徐以歸于範之意。如都家祭祀。制之使不違其則。乃所以馭其神。

賦者井地所出。如禹貢則壤成賦。及左氏悉索敝賦是也。貢兼土地所產。康成以漢制解經。謂賦口率出泉。誤矣。唐陸贄猶以民閒出泉爲不便。況成周乎。

康成以漢制沒入家財爲奪以馭貧。甚誤。古者有故而去。三年然後收其田里。若廢其事而奪之禄。在國亦必使不至于甚困也。以上周禮。

聘禮不腆先君之祧。祧卽廟也。昭元年。其敢愛豐氏之祧。豐大夫又僅兩世。未有遠祖也。儀禮。

自圖書出于河洛。天地之祕始露。迨八卦畫。九疇敘。六經作。而天地之文備矣。

古者民以君爲師。仁鄙壽夭。君實司之。而臣則輔相人君。以師保萬民者也。自孔子以前。

曰聖曰賢。有道有德。則未有不生都顯位。没祭大烝者。此非諸生所得祠也。自君師之職不脩。學校廢。井牧壞。民散而無所繫。于是始有師弟子羣居以相講授者。所謂各祭其先師。疑秦漢以來始有之。而詩書禮樂各有師。不能以相通。則秦漢以前之爲士者。斷不若是之隘也。此亦可以觀世變矣。以上禮記。

三皇五帝之稱號。聖人未嘗言。雖三王五伯亦未嘗及。僅見于孟氏書戴氏禮。而禹之爲王亦未嘗見。凡書之言夏王者。皆桀也。商人周人始正王號。自陋儒俗師强爲等差。于是抗皇號于至高而妄意帝稱。羞與王伍。帝王稱號說。

古者井牧之制修。則五家爲比。五比爲閭。四閭爲族。五族爲黨。五黨爲州。五州爲鄉。絲聯繩貫。有保有愛。不惟寓親睦之意。亦以察姦宄之萌。夫閒有遂。遂上有徑。溝上有畛。洫上有涂。澮上有道。川上有路。以達于畿。不惟爲豬泄之計。亦以嚴出入之限。行旅之往來有節。然後可以達國。民之轉徙有據。然後可以出鄉。而謀賊之人。相戕之人。鬬囂之人。不時不物之人。各有官以察之。當是時也。使有驪山亡徒一人。則必有縛而問之。寧聽其肆行阡陌閒。而無所忌憚與。井牧說。

古之葬與今異。冢人掌公墓之地。辨其兆域而爲之圖。先王之葬居中。以昭穆爲左右。若文王葬于畢。則子孫皆就而葬之。文王居中。武王爲昭居左。成王爲穆居右。則兆域之列。固有定序。下至公卿大夫。皆以爵列爲丘封之度。雖萬民墓地。亦墓大夫掌之。蓋自天子以至庶人。未有不族葬而序列者。故兆域既有定序。丘封亦有定制。非如後世有某山某水之説。則取辨于殯斂殷奠之後。乃人情事理之當然。葬説。

附録

年數歲。從諸兄入學。儼如成人。少長。英悟絶出。日誦千餘言。過目不再覽。鄉里稱爲神童。

差知漢州。漢號爲繁劇。先生以化善俗爲治首。

知眉州。眉雖爲文物之邦。然其俗習法令。持吏短長。故號難治。聞先生至。爭試以事。乃尊禮耆耇。簡拔俊秀。朔望詣學宫。親爲講説。誘掖指授。行鄉飲酒禮。以示教化。增貢士員。以振文風。利民之事。知無不爲。士論大服。俗爲之變。

遷轉運判官。上疏乞與周張二程錫爵定謚。示學者趣向。朝論韙之。

先生至靖。湖湘江浙之士。不遠千里。負書從學。乃著九經要義。訂定精密。先儒所未有。

史彌遠死。上親庶政。進華文閣待制。賜金帶。先生應詔上章論十弊。乞復舊典。以彰新化。一曰復三省之典以重六卿。二曰復二府之典以集衆議。三曰復都室之典以重省府。四曰復侍從之典以來忠告。五曰復經筵之典以熙聖學。六曰復臺諫之典以公黜陟。七曰復制誥之典以謹命令。八曰復聽言之典以通下情。九曰復三衙之典以彊主威。十曰復制閫之典以黜私意。疏列萬言。先引故實。次陳時弊。分別利害。粲然白黑。上讀之感動。其後舊典皆復其初。

上葉侍郎正則書曰。某年二十六。來爲學官。始獲接四方之士而取師友焉。職分既專。始獲肆力于學。漸習既久。時有新得。明年爲館職。始獲盡見中祕書。取帝王所以繼天立極及聖賢明德止善之要。研習體察。而又卽夫河南諸子所以講學次第。以推原尋流。而後知夫天地閒有可愛可求者。莫不有之。

改知福州福建安撫使。累章乞骸骨。詔不允。疾革。復上疏。門人問疾者。猶衣冠相與酬答。且曰。吾平生處己。澹然無營。復語蜀兵亂事。蹙額久之。口授遺奏。少焉拱手而逝。

王臞軒祭鶴山先生文曰。嗚呼哀哉。天生偉人。關係匪細。出處則關民生之休戚。存亡則係吾道之興廢。宜錫之期頤之年。留以爲宗社之衛。至于奸臣弄權。貪夫敗類。宜凶于而身而家。毋得以爲鬼爲魅。彼蒼者天。胡然不惠。惡者永年。善者降厲。望之周堪沒。而孔光錫杖于建平之閒。元城瑩中卒。而蔡京白首于靖康之際。鐘鳴漏盡者冥行不休。而元夫巨人乃淪亡而相繼。

游克齋序鶴山師友雅言曰。鶴山公以高明俊偉之姿刻意于學。不肯隨聲接響。躐陳架虛。如求驪龍之珠。必下九淵而親攬之乃已。故其議論窮極根柢。各異乎人。匪求異人。實能得衆人之所未得也。

又曰。及公在渠陽。大肆其力于經。如注疏率三四讀。且鈔成編。其是若非。博考詳說。所蓄既厚。厥見孔明。晚歲披幽抉微。掊妄扶正。一話之出。世竦未聞。稅君巽父。集爲雅言。大略可覩。然公之再入。勸誦金華。嘗過余。語今日進講。至易之泰。吾從旁奏。内君子。外小人。固爲泰也。第在外而心腹是寄不爲外。在内而情意不親不爲内。余擊節稱歎。公亦自得。今巽父乃不及記。則其胸藴之奇。未暇遍以語人者亦多矣。

林竹溪鬳齋學記曰。鶴山贈弈棊羅五星詩云。少年不識棊。但見剥剥琢琢更相圍。有人指授予。衝關奪角劫復持。少年不識星。但見腷腷膊膊還如棊。亦以告予者。縮贏伏見元有期。七年五谿讀書暇。時把二事相悦怡。久之劃然悟。是間有數人不知。三百六十一棊子。此是乾策藏其奇。萬有一千五百二十星。若以三十六乘之。乘之既盡除坤策。恰與棊數無參差。此理極精密。歸後不復思。羅生挾二長。過我瀘之湄。恍如著我五谿上。欲與之語無閒時。此須靜觀乃有得。而我家住西山西。生揣我。何時歸。按此詩所引者。易也。乾策二百一十有六。坤策百四十有四。合乾坤之策爲三百六十也。微星之數萬有一千五百二十之數。此于張衡靈憲見之。乃易所謂當萬物之數者也。卽萬有一千五百二十之數。以三十六除之。則爲三十六者三百二十。鶴山先以棊數三百六十一去其一。謂之藏其奇。則三百六十而已。又以微星之數乘以三十六。則除去一萬六百爲三百箇六十六矣。其餘七百二十。又以乾策二百一十六除之。又以坤策百四十四除之。則所存者三百六十。故謂恰與棊數無參差。以愚見觀之。不過三百六十而已。謂之合當期之日亦可也。既以爲極精密。又以爲劃然悟。不知先生何以歎其神妙如此。謾記于此。更俟學于鶴山者問之。

吴履齋序鶴山文集後曰。公嘗曰。學必本六經之謂正學。道必本堯舜禹湯文武周公孔孟之謂正道。彼邪説詖行。是乃荆榛。闢而通之。則理到文醇矣。至天文地理。禮樂律曆。官制兵法。典章文物。莫極纚纚。如辨白黑而數一二。潛信公根柢學問。枝葉文章。落陳啓新。翼華扶實。天出神入。不可以羈控。此豈偶然之故哉。

方桐江跋先生周易集義曰。文靖集百卷。明易之義者二百三十章有奇。易學最精。嘗與參知政事西山眞先生德秀。希元文公門人輔廣漢卿。相講磨渠陽山中。苦于書不備。友難得。是書猶欲有所裨益。乃未爲序引者此也。

又送紫陽山長劉仲鼎名鍾。序云。書院書板存者。鶴山魏文靖公大易集義六十四卷。天下所無。鶴山謂。胡安定王介甫王弼三家易。初學入門。至其精微。則有濂溪。康節。明道。伊川。横渠。藍田。廣平。上蔡。漢上。龜山。五峯。和靖。屏山。文公。南軒。東萊。凡十六家。得聖人之傳。窮易學之要。諸家易説俱皆可廢矣。學者中年以後不可不讀易。鶴山年四十八謫渠陽。始讀易。成此集義。予年四十一遭臺評。始讀易。寶此集義至于今。夢寐不忘。仲鼎舊雖已讀。亦不可不再熟讀也。

又讀鶴山先生渠陽集五首。其二曰。濂溪傳到紫陽朱。復見嘉端此大儒。一論道原一原道。他求倫擬漢唐無。其三曰。漢唐臺閣畫功臣。何似宣尼從祀人。欲繪兩賢繼張吕。臨邛魏老建安眞。其五曰。瀛登湘渡偶皆同。一了乾坤此兩翁。原注。元豐二年己未。陳忠肅公進士第三。慶元二年己未。鶴山亦進士第三。崇寧五年丙戌四月七日。忠肅自謫廣西。還渡湘。鶴山謫靖州。亦以寶慶二年丙戌四月七日渡湘。先是。魏之家人夢忠肅來降生。故名了翁也。前後身吾雖未信。俱遭權孽肆姦兇。

梓材謹案。桐江雜興十二首之五跋云。吳中魏文靖公父子三喪皆發。眞文忠公盜有所得卽復掩之。朱文公深衣不損。道貌儼然。賊徒憤無所得。所不忍言云云。嗟乎。以諸大儒而並遭此劫。甚可痛恨。

董眞卿曰。鶴山周易集義。自周子。邵子。二程子。張子。呂氏。謝氏。楊氏。尹氏。游氏。胡五峯。朱漢上。劉屏山。至朱子。張宣公。吕成公。李隆山。子心傳。凡十七家。他易不與。如郭氏父子。以背程門出之。鶴山嘗曰。辭變象占。易之綱領。而繫彖象變㊀之辭。畫爻位虛之別。互反飛伏之説。乘承比應之例。有不知。則義理闕焉。

程雪樓跋先生帖曰。鶴山記州縣學十數。究學道之本原。藥學者之痼疾。黔陽其尤深切著明者也。小有才則溺益深。居近利則壞愈速。又黔陽一篇之警策。

虞道園序鶴山九經要義曰。聖賢之學。實由秦漢以來。諸儒誦而傳之。得至于今。其師弟子所授受。以顓門相尚。雖卒莫得其要。然而古人之遺訓。前哲之緒言。或者存乎其閒。蓋有不可廢者。自濂洛之説行。朱氏祖述而發明之。于是學者知趨乎道德。性之本廓如也。而從事于斯者。誦習其成言惟日不足。所謂博聞多識之事若將略焉。則亦有所未盡者矣。況近世之弊。好爲鹵莽。其求于此者或未切于身心。而得諸彼者曾弗及于詳博。于是傳注之所存者。其舛譌牴牾之相承。

㊀「變」當爲「爻」。

既無以明辨其非是。而名物度數之幸在者。又不察其本原。誠使有爲于世。何以徵聖人制作之意。而爲因革損益之器哉。魏氏又有憂于此也。故其致知之日。加意于儀禮周官大小戴之記。及取諸經注疏正義之文。據事别類而録之。謂之九經要義。其志將以見道器之不離。而有以證臆説聚訟之惑世。此正張氏以禮爲教。而程氏所謂徹上徹下之語者也。而後人莫窺其説。以兼致其力焉。昔之所謂鹵莽。日以彌甚。甘心自棄于孤陋寡聞之歸。嗚呼。魏氏之學。其可不講乎。

又鶴山書院記曰。魏氏之爲學。卽物以明義。反身以求仁。審夫小學文藝之細。以推致乎典禮會通之大。本諸平居屋漏之隱。而充極于天地鬼神之著。巖巖然立朝之大節。不以夷險而少變。而立言垂世。又足以作新乎斯人。蓋庶幾乎不悖不惑者矣。

又序魏氏請建鶴山書院曰。昔文靖之歸臨邛。卽白鶴山築屋聚書。會友講習。四方謂之鶴山先生。及謫居靖七年。從學者益衆。又爲鶴山書院于靖在政府。理宗親書扁賜之。

王華川雜説曰。孔穎達作九經正義。往往援引緯書之説。歐陽公嘗欲删而去之。以絶僞妄。使學者不爲其所惑。然後經義純一。其言不果行。迨鶴山魏氏作九經要義。始加黜削。而其言絶焉。

雲濠謹案。四庫書目著録鶴山周易要義十卷。提要云。蓋其大旨主于以象數求義理。折衷于漢學宋學之閒。故是編所録。雖止于注疏釋文。而採掇謹嚴。别裁精審。可謂翦除枝蔓。獨擷英華。又著録尚書要義十七卷。序説一卷。提要云。尚書文既聱牙。注疏復又浩汗。學者卒業爲艱。鶴山汰其冗文。使後人不病于蕪雜。而一切考證之實學。亦精華畢擷。是亦讀注疏者之津梁矣。又春秋左傳要義三十一卷。提要云。凡疏中日月名字之曲説。煩重瑣屑甚多。刊除不録。而名物度數之間。則削繁舉要。本末粲然。蓋左氏之書。詳于典制。三代之文章禮樂。猶可以考見其大凡。其遠勝公穀。實在于此。魏氏所輯。亦可謂得其要領矣。又儀禮要義五十卷。提要云。與周易要義畧同。又云。鄭注訓詁深奥。猝不易通。賈疏文繁句複。雖詳贍而傷于蕪漫。端緒亦不易明。朱子語録謂其不甚分明。蓋亦有故。鶴山取而删掇之。分臚綱目。條理秩然。使品節度數之辨。展卷即知。不復以詞義轇轕爲病。其梳爬剔抉。于學者最爲有功。

鶴山學侶

補 知縣高先生載

附録

吏部范公。即郡齋修地理書。語寮吏曰。無踰于高君者。首以委付。又參以劉湜史堯輔。先生夙夜究心。不日而成。又取他人之未竟者爲粹成之。寰宇九域堪輿輿地諸書略備。復以國史郡乘私志野録參繹貫通。凡郡縣之升降。諸道之分合。職官之沿改。風俗之美惡。人物之盛衰。與夫宣畝丘乘封國江河久遠難明之事。鳥獸草木選蠕細瑣殊尤詭異之物。皆親爲筆削。靡微不周。

補 忠公高縮齋先生稼

附録

爲四川制置司參議官。元兵入漢沔。先生力戰。卻之。後知沔州。曰。大丈夫不于汗青成名。則碌碌人耳。後元兵陷沔城。先生死焉。贈龍圖閣直學士。謚曰忠。姓譜。

補知州高先生崈

雲濠謹案。鶴山狀其行云。幼英悟。受學于鄉先生杜德稱希仲。又大夫公遣從李仲父惟正學周禮。

附録

虞道園高氏貞節堂記曰。昔嘉定府君歿。文靖公哭之曰。才名四十年。四爲二千石。人所甚榮。而公無矜色。志有不得。則循理以行其心之所安。無苟取。無厚望。而造物者又中止之。然則其蓄而未發者蓋深矣。

梓材謹案。上文述高氏子之言云。我高氏魏氏本同姓。而吾二氏與子世家相爲姻好者幾二百年。著齋忠襄公。鶴山文靖公。則我曾大父嘉定府君之弟。而子之曾大父。提刑公之畏友也。攷高氏著名者四人。忠襄以上。縮齋有謚。東叔則知縣而非知州。惟西叔嘗知黎州。顧文靖謂四爲二千石。尚俟攷證耳。

鶴山講友

正肅袁先生甫詳見絜齋學案。

提刑虞滄江先生剛簡詳見二江諸儒學案。

文節趙章泉先生蕃

祕閣鄭先生夢協並詳清江學案。

恭愍丁延溪先生黼詳見徐陳諸儒學案。

補教授譙説齋先生仲午

附録

少不好弄。惟文籍圖書是好。其父承事。名椿。築室儲書。先生從師。至休沐必補葺斷爛。校讎脱誤。忘其日之旰。祖貢士。名洵。嘗爲易解。以水患散佚。先生得其槀。字半磨滅。卽隨所得鈔録。其幼志已卓卓不凡。

以父卒去官。執喪盡禮。里中俊秀從之游。率勉以篤學實踐。毋徒竊先人語以文淺陋。

補 李先生從周

附録

鶴山序先生字通曰。肩吾蓋嘗博觀千載。歷覽八紘。而能返諸義理之歸者也。斯其爲學。豈以一伎一能而可名者比乎。

虞道園題字通序曰。李君肩吾。在魏文靖公之門。有師友之道焉。是以公序其字通。取其自隸楷而是正于六書。又進之以學。使極變化而通神明者。

雲濠謹案。四庫全書著録先生字通一卷。係兩淮鹽政採進本。提要云。魏鶴山序稱爲彭山人。又言是書以説文校隸書之偏旁。凡分八十九部。爲字六百有一。其分部不用説文門類。而分以隸書之點畫古法。又既據隸書分部。乃仍以篆文大書。隸書夾注。于體例亦頗不協云。

林先生岊

林岊字仲山。古田人。嘉定時。以薦擢守全州。至郡。卽定先賢祠祭禮。修復清湘書院。建率性堂。日偕諸生講學。勉敦實行。與魏鶴山相友善。在郡九年。民戴其惠。祀之柳侯廟。閩書。

梓材謹案。宋史藝文志載先生毛詩講義五卷。經義考云佚。四庫全書本永樂大典釐爲十二卷。提要云。是編皆其講論毛詩之語。觀其體例。蓋在都時所講授。而門人録之成帙者。大都簡括箋疏。依文訓釋。取裁毛鄭。而折衷其異同。雖範圍不出古人。然融會貫通。要無枝言曲説之病。當光寧之際。廢序之説方盛。林氏獨力闡古義。以詔後生。亦可謂篤信謹守者矣。又案。先生紹熙元年特奏名。

蘇先生振文

蘇振文字伯起。自銅梁徙遂寧。淳化參政易簡九世孫也。聚書萬卷。經傳史乘。靡不搜羅。劉後溪嘗舉賢良方正科。吳德夫又以遺逸薦于朝。鶴山使潼川。度周卿正移書以先生與羅堅父傳之告。及鶴山還靖後。溫尋故書。自四經三禮語孟以來。摘精收粹。探深抉異。雖章句訓故。名物度數。悉加考校。往往有先賢未及發。間爲人言。或口呿目瞤。惟先生過之。相與講切。率多領會云。魏鶴山集。

朝請周戒軒先生□別見慈湖學案補遺。

郭氏先緒

郭先生正孫

郭正孫字□□。邛州人。舉進士。累官太府寺丞。帥興元時。金人內侵。屹守孤城。三戰三却。左右勸之避。先生不從。遂死于敵。子黃中。姓譜。

梓材謹案。鶴山誌先生墓言。公與兄子鳳州推官宜仲。子主管機宜文字文中。凡一門八人。同時遇害云。

脩齋先緒

王先生夢庚附子惟寅。

王夢庚。居越之長潭。道誼自娱。不求仕。眞西山誌其墓。子惟寅。子賓叔。脩齋其季也。賓叔生十五歲而孤。念其父所交皆乾淳大老。日以其舊得于耳聞者踐諸身。與師友講求。必于道德性命。發爲文章。得古法度。自號東埜翁。卒年六十二。東發文集。

鶴山同調

李先生明復

李明復。改名俞。字伯勇。合陽人。嘉定閒太學生。著有春秋集義。取周程張三子。或著書以明春秋。或講他經以及春秋。或其説有合于春秋者。皆廣收之。定其後先。審其精粗。各附于本章之次。張氏内閣書目。

梓材謹案。宋史藝文志載先生春秋集義五十卷。又載王夢庚春秋集義五十卷。經義考云嘗見宋季舊刻。即李氏原本。而王氏刊行之。非王氏别有集義也。四庫全書著録春秋集義五十卷。綱領三卷。提要云。内閣書目稱其採周程張三子。然所採如楊時謝湜胡安國朱子吕祖謙之説不一而足。謝湜尤多。張氏蓋考之未審耳。

附録

鶴山序春秋集義曰。孟子曰。孔子懼。作春秋。又曰。孔子成春秋。而亂臣賊子懼。春秋由懼而作。書成而亂賊懼。亂賊蓋陷溺之深者。而猶懼焉。則人性固不相遠也。學士大夫習讀是書。而已之所存。則未嘗切近求之。異端所怵。利禄所誘。所以陷溺其心者。固不減于亂賊矣。而莫之知懼焉。余爲之懼。又以自懼。嘗質諸儒之傳。至本朝先正。始謂此爲經世之大法。爲傳心之要典。又曰。非理明義精。殆未可乎。然則使人切己近思。以求爲遷善遠罪之歸。非以考義例訂事實爲足也。余聞其説而懼益深。乃裒萃以附于經。將以反諸身。而益求其所可懼者。尚慮觀書未廣。擇理不精。又慮開卷瞭然。祇以資耳目之聞見。故未敢輕出也。合陽李君明復。乃亦先得我心之所懼。而爲是書。且諗予爲序。嗚呼。予安能知春秋。亦庶幾知懼焉者耳。

梓材謹案。四庫提要于鶴山春秋左傳要義謂。考鶴山序李氏春秋集義云云。是鶴山亦嘗裒輯衆説。以注春秋。其書未就云。

鶴山家學

補知州魏果齋先生文翁

附録

嘗讀禮。至將爲善。思貽父母令名。必果。諷味不能釋。名先墓之廬曰果善堂。又自爲果齋。劉文節公爲銘。李中父記之。

鶴山門人

補尚書吳鶴林先生泳

雲濠謹案。儒林宗派列先生于鶴山之門。

鶴林詩論

興之體。足以感發人之善心。毛氏自關雎而下。總百十六篇首繫之興。風七十。小雅四十。大雅四。頌二。注曰。興也。而比賦不稱焉。蓋謂賦直而興微。比顯而興隱也。朱氏又于其間增補十九篇。而摘其不合于興者四十八條。且曰。關雎。興詩也。而兼于比。綠衣。比詩也。而兼于興。頍弁一詩。而興比賦兼之。則析義愈精矣。

梓材謹案。宋史藝文志有吳氏詩本義補遺二卷。名亡。經義考云佚。又引困學紀聞所載。鶴林吳氏論詩。自興之體止。比顯而興隱也云。吳氏未詳其名。出于朱子集傳之前。未審卽宋志所載本義補遺否也。蓋竹垞未悉鶴林之爲先生。并未悉先生爲鶴山弟子。且未悉紀聞所載朱氏以下云云。猶爲鶴林之言也。第鶴林之卽爲本義補遺與否。則不可知也。

鶴林文集

先王之制爵禄。率以國之大小爲差。然試考其制禄之法。則殺于上卿。而優于下士。何也。蓋卿之禄已厚。若更以小國而受次國之廩。則地之所出。抑不足以供。士之禄浸薄。若不以下士而視上農夫之食。則身之所養愈不能自給。此廩禄之所以優于小吏。自昔以來則然矣。況仕于窮邊荒絶之地耶。況仕于戎馬蹂踐之區耶。勸士文。

蓋書最難看。又難全解。缺文當考。分章斷句當考。今文與古文當考。小序與大序當考。帝王之辭與史氏之辭當考。注疏有直見理者。有極害義者。諸家解有造平易者。有傷太巧者當考。其如天文地理。歲月日時。又不可不細考也。答吴毅夫書。

補清忠牟存齋先生子才

梓材謹案。宋史先生本傳言。先生學于魏了翁。楊子謨。虞剛簡。又從朱子門人李方子。著有存齋集。內制外制。四朝史稾。奏議。經筵講義口義。故事四尙。易編春秋輪輻。又案。先生蓋字節叟。號存齋。鶴山爲作存齋銘。

聚散劄子

臣嘗通考國朝之人才。大抵屢散。有散之大者。散之小者。有散之緩者。散之遼者。有散之遽者。散之極者。始而君子攻小人。其變也。君子攻君子。甚至于君子而力引于小人。始而小人攻君子。其變也。小人攻小人。甚至于小人而陽附于君子。推移不一。僨起相攻。然要其極。亦不過散而聚。聚而散耳。閲汗青而慨歎。撫往事以興嗟。今日正當君子大聚散之秋。可不先幾而逆致其防哉。

夫聚之常覺其難。散之常覺其易。何也。君子不爲富貴所掀則去就輕。去就輕則知醴酒不設楚人市箝之幾。必先幾而去矣。然不知其初費幾召節也。君子不爲利慾所迷則出處定。出處定則知刳胎毁卵鳳凰不來之意。必以兆而行矣。然不知其初費幾綸詔也。此聚之所以難。而散之所以易也。君子敢言。以抗小人之鋒。雖有大艱難。不復計其身之濟否也。雖有大機穽。不復計其身之利害也。君子敢爲。以摧小人之鋭。雖有大禍患。不暇顧其身之死生也。雖有大讒毁。不暇顧其身之合否也。此聚之所以難。而散之所以易也。

聚散之權。常寄于若有若無之中。而聚散之機。常決于且信且疑之際。故羣凶闚覦。時或小嘗。弩羽叠至。散之幾也。從中倒戈。自相擊觸。一彼一此。散之幾也。論事如爭。意向小異。釁隙漸生。散之幾也。表正曝邪。鼓虚成實。撼搖其居。散之幾也。設局張穽。柔聲宛舌。射影中傷。散之幾也。招納黨人。平治舊怨。兼用正邪。散之幾也。顯爭力抵。激動忿心。陡分利害。散之幾也。操舟共濟。實左虚右。輕重不倫。散之幾也。顧懷私恩。妄談彼善。潛疑人心。散之機也。此十幾者。其造端甚微。爲禍甚大。月暈而風。礎汗而雨。事有其兆。識者隱憂。

存齋文集

蓋自皇王以來。繼天立極。丁寧告戒。不出是道。今觀堯之告舜。則曰。允執厥中。舜之命禹。則曰。人心道心。湯之誥民。則曰。人有常性。武之誓師。則曰。人爲物靈。以至成王之言生厚。尹吉甫之言秉彝。劉子之言天地中。世之相去有久近。而聖賢之言。先後一揆。未嘗少殊也。趙格庵中庸纂疏序。

附録

少從其父客陳咸。咸張樂大宴。先生閉户讀書。若不聞。見者咸異之。

辟四川總幹。詔李心傳即成都修四朝會要。辟兼檢閲文字。

連丁内外艱。免喪。心傳方修中興四朝國史。請先生自助。擢史館檢閲。

兼崇政殿説書。先生隨事奏陳。舉朝誦先生奏疏。皆曰有德之言也。

兼權禮部郎官。時修四朝史。乃復兼史館檢討。

知太平州。至郡。首教民孝弟。以前人慈竹義木二詩刻而頒之。開詣學。爲諸生講經義。

權工部侍郎。時丁大全與董宋臣表裏濁亂朝政。先生累疏辭歸。初。先生在太平建李白祠。自爲記曰。白之斥。實由高力士激怒妃子。以報脱韡之憾也。力士方貴倨。豈甘以奴隸自處者。白非直以氣陵亢。而蓋以爲掃除之職固當爾。所以反其極重之勢也。彼昏不知。顧爲逐其所忌。力士聲勢益張。宦官之盛。遂自此始。其後分提禁旅。喋血宫庭。雖天子且不得奴隸之矣。又寫力士脱韡之狀。爲之贊而刻諸石。屬有拓本遺宋臣。宋臣大怒。持二碑泣愬于帝。乃與大全合謀。嗾御史交章誣劾。降兩官。未幾。大全敗。宋臣斥。誣劾先生者。悉竄嶺海外。乃復先生官職。

度宗在東宫。雅敬之。言必稱先生。

在吉州。文文山以童學見。期以遠大。所薦士若李芾。趙卯發。劉黻。家鉉翁。皆爲忠義士。

補教授程先生掌

附録

嘗遇鶴山于渠陽。袖出一編書。大廷敷對之文也。内而乘輿宫壼。近而政府臺諫。三衙宧寺。外而山東邊防。和戰利害。鑿鑿牙頰閒。

鶴山在澧川。嘗告以三事。謂景獻之喪。二年無主鬯者。謂犖州之師。傷于不審。謂靖康開禧之禍。起于君子之不見用。鶴山奇之。

補進士史傳齋先生守道

附録

就外省試。春秋經傳牴牾。辨晰不遺。有司愕曰。是敢與公羊子辨。必老于經者。乃得奏名。

補縣尉蔣一齋先生公順

梓材謹案。謝山學案劄記云。蔣公順是一齋。蓋訂本傳築室湘源。命之曰一鶴之訛。

補 税先生與權

梓材謹案。四庫書目提要于先生易學啓蒙小傳云。據書末史子翬跋。知其字曰巽甫。據書録解題載其周禮折衷一條。知爲臨邛人。又案。先生序鶴山師友雅言云。予登鶴山先生之門。蓋歷二紀。以先生出入中外閒七八年。或五六年。或三四年。每一見。則所聞輒一超絶。及先生返自南還。起家鎮瀘。予執經從之。相攜入京。則鶴山之門。從游最久者。莫如先生矣。

補 帥幕滕先生處厚

梓材謹案。謝山劄記。滕景重字恕齋。景重當是先生本傳字謹仲之異文。

雲濠謹案。鶴山誌陶僉判墓言。遷靖。多識全士。如滕謹仲處厚。蔣成父公順。辱從予遊。謹仲。陶甥也。謹仲一字景重。號己齋。鶴山爲之銘。

附録

嘗貽書鶴山云。漢人謂士修于家而壞于天子之庭。夫能壞于天子之庭者。必其未嘗修之于家者也。

梓材謹案。羅氏鶴林玉露引此。以爲可謂至論。學案原本所衍鶴林玉露云云。蓋卽此文。

補 忠文蔣先生重珍

附録

母顧夫人。能誦習五經論孟。親以授先生。有關于孝義。則伸而複之。

王深寧困學紀聞曰。嘉定癸未。禮闈策士云。發德音。下明制。寧皇遺詔下謂之遺誥。蓋避時宰家諱也。蔣良貴簽判安吉州。時水災後修城。郡守趙希觀屬良貴作記。用浩浩字。希觀欲改。良貴不可。曰。以宗室而避宰相父名。此非藝祖皇帝所望于金枝玉葉也。聞者壯之。

補 户部虞先生兟

雲濠謹案。先生本名玆。字義夫。見鶴山集。

附録

虞道園題李肩吾字通序曰。魏公書後題字。則集之從從祖父户部府君。而魏公之壻也。魏公歷靖州七年。先户部從之學。故亦與肩吾友善。多所講明也。

補 教授唐先生季乙

雲濠謹案。鶴山誌先生墓言。其祖貢士德成。晚讀易。將有所論著。而不克終其志。一日。貢士之家子道昌。夢其父危坐。若有愠色。道昌曰。大人得無以易傳未終乎。曰。然。又曰。汝弟將有子矣。道昌以語其弟。明年乃生述之。遂名以述孫。而授之易。其後更名季乙。以應事。而仍字以述之。示不忘其初也。

附録

鶴山問所試易。以繫辭天地定位以下八句。述之對曰。求易于有象之初。固有以具其相資之理。論易于重卦之後。始有以神其至變之用。其意蓋謂。天地間固有是自然之易。而包犧氏因之以作八卦。八卦既畫。又重之以極其變。此先天心法也。

補 祕監史先生繩祖

梓材謹案。先生號學齋。虞道園題史秉文資陽故譜序云。今蜀史之在東南。嘗見興化史君藥房翁諱孝祥。則學齋祕監先生諱繩祖之令子也。

學齋遺文

學者不可曰易論理不論數。數非易所先。善易者。必當因羲圖之象數。而明周經之彖象。方能得其門而入也。陳隆山大易集傳精義序。

雲濠謹案。隆山名友文。大易集傳精義六十四卷。胡庭芳謂。其讀易綱領。正大可觀。集解詳贍。時及象數云。

朝請王臞軒先生邁詳見西山眞氏學案。

文定劉後村先生克莊詳見艾軒學案。

文先生元

文元字宗之。清湘人。嘗以其所聞于師友。過靖州。就鶴山是正。其歸士谿也。鶴山作序送之。魏鶴山集。

胡先生揚附子森。嚞。從子焱。

胡揚字伯清。□□人。少有立志。從游皆聞人。尙友必勝己。謹自飭。期無媿古人。結廬澤山。聚辨于斯。躬帥其子弟。罔晝夜作輟。慶元五年。升名于大司成。嘗以博士弟子員事鶴山。先生柔直惠和。孝友任睦。書曾氏問有餘一章寘座右。日省以事其親。後感末疾。謂其子曰。外襲而取之者。吾志不存焉。爾等苟能精義迪彝。以不悖厥衷。吾歿無憾。其卒也。鶴山銘其墓曰。自蔡京更太學法。歲鍛日鍊。惟以鉤章棘句爲工。仁義禮智之本心薄蝕殆旣。訓故義疏之書且不暇攻。矧能立其大者。予嘗尸厥官。惕然如不容。今觀胡生食太學之禄者三十年。不梏于時之惘。不瘁于身之窮。不熹于子之通。而學之充。而德之崇。而理之融。亦庶幾君子之曰終。子森。嘉泰四年舉于鄉。嚞。以諸生被選于鶴山。嘉定進士。嘗監荆州沙州鎭。從子焱。亦升名大司成。皆先生刑善之由云。魏鶴山集。

師先生祖敬

師祖敬。彭山人。寶慶二年進士。知富順監。嘗事鶴山。請誌其大父夔州之墓弗已。鶴山文集。

程先生安之父南金。

程安之。丹稜人。從鶴山遊。鶴山大全集。

汪先生大發

汪大發字敷之。休寧人。淳祐閒。魏公了翁築室白鶴山下。先生負篋從之。得其傳。歸建平山書院。教授于鄉。學者稱爲騰波先生。江南通志。

嚴顧齋先生師夔

嚴師夔。潼川人。從鶴山于江陽。鶴山稱其孜孜焉敏學而審問。與之語。氣聽神受。將以研覈理道。釋回矯偏。惟君子之歸。嘗摘中庸語。名其齋廬曰顧。鶴山爲之銘。鶴山集。

邵先生運達

邵運達。之溪從孫。從鶴山遊。鶴山喜其強而肆于文。魏鶴山集。

判軍杜先生廣心別見邱劉諸儒學案補遺。

游先生憲

游憲。鶴山之徒也。在嘉定府學。講書說博愛之謂仁云云四語者。先生問。韓此語說得如何。鶴山答曰。說得未盡。又問。舊說愛不足以盡仁。是否。答曰。韓此四語極好。先生怪前說以爲未盡。後以爲甚好。何也。答曰。第一句説博愛謂仁似未盡。次言行而宜之。卽是行而合宜。則博愛中非無差等矣。由是而之焉之謂道。則由博愛之仁而之也。足乎己無待于外之謂德。亦仁之足乎已而無待于外也。此博愛之謂仁。亦兼四言而備。但定名虚位之語。學者不能貫而通之耳。鶴山大全集。

梓材謹案。鶴山師友雅言。此段本梨洲原本所有。謝山節爲數語而删其餘。今仍録之。爲游先生立傳。

梅先生亨

梅亨有謝魏師鶴山啓云。先生與之言。則對參乎奚避席之疑。小子何莫學夫詩。武也請卒章之受。全蜀藝文志。

梓材謹案。譚靜山校本云。梅亨當作李劉。

胡先生謙詳見絜齋學案。

料院王先生庚應

王庚應。□□人。以料院知郡。趙祕書景緯爲撰墓碑。言從其兄歷登諸老之門。如劉後溪。楊浩齋。張亨泉。魏鶴山。其人也。道園學古録。

梓材謹案。先生所從多蜀人。當亦蜀人。蓋卽淡齋先生萬之弟也。

劉朔齋先生震孫

劉震孫。東平人。忠肅公玄孫。文清公之子。魏文靖公之壻也。嘗爲喬丞相行簡樞屬。晚歲爲宗正少卿兼中書舍人。清容居士集。

梓材謹案。先生號朔齋。見方桐江集。

蔣先生龔附見麗澤諸儒學案補遺。

存齋同調

補少保王修齋先生爚

梓材謹案。眞西山跋王祕監文集云。紹定乙丑。屏伏山樊。公之子爚。以所刊家集來示。反復盡卷。追憶道山對語時。距今二十有二載矣。此可見先生家學淵源。

附録

加都督諸路軍馬。奏言。今天下所以大壞至此者。正以一私蟠塞。賞罰無章故也。救之之策。在反其所以壞之之由。大明賞罰。動合乎天。庶幾人心興起。天下事尚可爲也。

王深寧困學紀聞曰。王相嘉熙閒以親老辭督府辟。其書曰。昔温太眞絶衿違母。以奉廣武之檄。心雖忠而人議其失性。徐元直指心戀母。以辭豫州之命。情雖窘而人予其順天。

黃東發與先生書曰。某昨送訥齋先生吳門時。嘗僭白之曰。某在門牆。豈不願座主重歸廊廟。以今事勢。莫如綠野堂之爲樂。訥齋頷之曰。此愛我深者。某今日于先生。則謂皆可也。如其處也。山林已熟。聲望益高。如其出也。救之一分。民亦被澤。前輩有言。惟出處不可謀之人。譬如冷暖自知。先生必有處此矣。

梓材謹案。此書下云。受先生難兄難弟之知。則訥齋修齋兄弟也。

梓材又案。四庫存目録先生所編言子三卷。提要引書録解題云。言子相傳所居在常熟縣。慶元閒。邑宰孫應時始爲之祠。近王爚復裒諸書爲此書。

税氏講友

史先生子翬

史子翬。税巽甫之友也。其跋易學啓蒙小傳稱。因是書悟乾坤納甲之義。乾自甲而壬。坤自乙而癸。其數皆九。而疑其乾九能兼坤六。坤陰不能包乾陽之説。謂六之中有一三五。則九數固藏于六。欲更與巽甫商之。蓋天下之數不出奇偶。任舉一義皆有説可通。愈辯而愈各有理。此類是矣。四庫書目提要。

東叔門人

陳先生□

陳□。永康人。高東叔攝嘉定法曹時。其父謙爲祥刑使者。甚器之。取置幕下。除館授餐。遣之從遊云。鶴山文集。

縮齋家學

補簽樞高恥堂先生斯得

恥堂文集

孟子曰。聖人之行不同也。或遠或近。或去或不去。歸潔其身而已矣。使伊尹而居周公之地。安得而不留。使周公而居伊尹之地。安得而不去。無他也。伊尹異姓卿。而周公同姓之卿故也。伊尹佐湯。以有天下。又佐嗣王。使克有終。其功大矣。然進退去就。人臣之大節也。功成不去。必蹈亢龍之悔。范蠡所不爲也。而謂伊尹爲之乎。周公則不然。明發之請。亦伊尹之志也。然以叔父之親。受文武之託。爲嗣王所留。恝然去之。屈原所不忍也。而謂周公忍之乎。故人臣之道二。功成之後。同姓則當留。以藩王室。異姓則當去。以遠嫌疑。不明此義。而去留胥失其當。皆伊尹周公之罪人也。伊周論。

梓材謹案。先生此文。蓋爲賈似道而作。

古之良吏。不事刑威。民服其教。至于人人有士君子之行。無他。身率以正而已。諭俗文。

附録

少從李中父坤臣學。中父瞽。先生左右扶持之。

其父死事于沔。時元兵屯沔。先生日夜西嚮號泣。會其僮至自沔。知其父戰歿處。與先生潛行至其地。遂得遺體。奉以歸。見者感泣。

淳熙二年。四朝帝紀書成。上之。史嵩之妄加毀譽于理宗濟王。改先生所草寧宗紀末卷。先生與史官杜範王遂辨之。杜報書亦有姦人勸入邪說之語。而書已登進。李心傳藏先生所草。題其末曰。前史官高某撰。

公鶴山魏文靖公外兄之子。早受告君指要于叔父。終其身罔敢墜。寓居烏程之王村。陳宜中入相。以權兵部尚書召。先生痛國事之阽危。忠憤激烈。指陳當時之事無所遺。

遯跡雪川。飢不復療。時則藩翰如劉伯宣。名宣。夾谷士常。名之奇。嘗求一識面。惟耇成人知訓。人兩賢之。

縮齋門人

主簿曹宏齋先生涇詳見介軒學案。

著齋家學

高先生斯道

高斯道。瞻叔子。瞻叔字之曰不器。而屬鶴山爲之説。鶴山集。

中父家學

李先生日章

李日章。中父坤臣長子。鶴山謂其能讀父書。鶴山集。

肩吾門人

許先生成大

許成大。從李肩吾問字。肩吾授以鄉黨内則二篇。鶴山集。

靖齋門人

汪定齋先生一龍

汪一龍字遠翔。休寧人。幼好學不倦。值魏鶴山子克愚守徽州。先生從之游。久之。始調建康句容尉。攝縣事。歲大饑。倣朱子南康遺規。爲便民十條行之。民無瘠殍。秩滿。注婺州教授。淮閫李庭芝辟入幕。時京口瓜洲失守。奉母航海南歸。宋亡。不仕。至元戊寅。江東按察起教紫陽書院。先時。守將李銓降元。毁書院屋爲城守具。先生與曹涇竭力重建書院。使人知朱子之學。卒年五十三。自號定齋。學者稱定齋先生。姓譜。

主簿曹宏齋先生涇詳見介軒學案。

知州方虚谷回別見西山眞氏學案補遺。

存齋家學

補 提刑牟陵陽先生巘

梓材謹案。王阮亭居易録。陵陽集二十四卷。元初牟巘獻之著。詩有盛宋時坡谷門風。題跋亦如之。雜文皆典實詳雅。又云。獻之。蜀陵陽人。清惠公存齋子。寓吴興。所與遊好者。如劉會孟。戴帥初。仇仁近。周公謹。趙子昂兄弟。皆一時名勝。可以知其人已。又案。先生之名一作巘。其字獻之。恐作巘者是。

陵陽文集

講學所以明理。理之不明。而辭之徒費。雖多奚以爲。伏生書僅二十九篇。史稱秦恭增其家法至百萬餘言。亦旣多矣。論衡又稱。説堯典篇目二字十萬言。但曰若稽古二三萬言。就其中尤猥多焉。度與近世所謂時文大義者復何異。班固以爲。不思多聞闕疑。而務碎義逃難。便辭巧説。破壞形體。不惟切中當時之病。殆若爲時文發也。烏乎。書出屋壁。簡脱字訛。尙難究悉。若于分外汎濫牽引。重自纏繞。辭愈繁。理愈失。終其身無所見。可哀已。今爲講説者。固當一洗此陋。悉從簡要。求其坦然明白者。庶幾聖賢之意或得五六。不然亦一時大義耳。張氏尚書講義序。

昔者。文王三分天下有其二。以服事殷。伯夷因知其將終身西伯。故辟紂而歸之。其心豈遂忘殷哉。一旦武王之師載木主而以王號于其衆。非文王意也。兄弟奮然以身爲天下萬世爭綱常。繼之以死。其事誠卓絶。然人乃或非之。至孔子時。猶有以爲怨者。而孔子獨曰。求仁而得仁。又何怨。至唐時有以爲偏而不通者。而韓子獨曰。伯夷者。特立獨行。窮天地亘萬世而不顧。跋范文正公書伯夷頌。

附録

龔子敬挽之曰。宦業遭時運。儒先保壽齡。來徵宋文獻。竟是蜀沈冥。清節衣冠古。吉人山水靈。高門久陰德。諸子用遺金。

黃文獻挽之曰。靈光一夕失崔嵬。多士相逢淚雨摧。夾道共看丹旐去。遺民猶憶繡衣來。蕭蕭悲吹蘋花冷。渺渺鄉山杜宇哀。哭盡貞元舊朝士。臨歧無語重徘徊。

存齋門人

補　忠介唐先生震

梓材謹案。先生嘗知信州。東發謂其有高識。又案。會稽唐震有二。其一字處敬。號丹崖。有丹崖集。宋文憲爲之序。

忠介文集

象山荊公祠堂記。初無難看。若論其回護。何異告子之仁義。此等議論。若不別白言之。他日爲人心之害不小。既以三代之道與半山。乃以佛老異端之學貶諸老。至以依違取必四字斷曲直。最其甚者。謂導崇寧之奸。實元祐三館之儲。幾于無是非之心矣。若其執拗相類。尙可諉氣稟之偏。或故爲此回護之論。豈不可怪。答黄東發。

附録

北兵登陴。衆遂潰。先生入府中玉芝堂。其僕前請曰。事急矣。番江門兵未合。亟出猶可免。先生罵曰。城中民命皆係于我。我若從爾言得不死。城中民死。我何面目生邪。左右不復敢言。有頃兵入。執牘鋪案上。使署降。先生擲筆于地。不屈。遂死之。

雲濠謹案。宋史載先生死節時。其兄椿與家人俱死。其客馮驥後守獨松關。何新之守閩之新壘。皆戰死。

唐氏同調

周先生㞳

周㞳字良載。鄱陽人。咸淳進士。署江東提刑幹辦時。江淮屢警。先生繕城堡。豐儲峙。爲捍禦計。德祐乙亥。元兵圍饒。先生奉母入保郡城。母卒。既殯而城危。丞相江萬里。守臣唐震死之。元將諭衆。能以城降者除郡守。衆推先生署降表。先生泣辭。夜遁南土。平當路交薦。起南劒治中。同知廣州總管。皆不拜。結廬母墓下。杜門隱居。削迹城市。後以孫貴。累封番陽郡侯。先生明經博學。倜儻尚氣節。世以魯仲連擬之。稱曰梅山先生。二子。次應極。豫章書。

一齋家學

蔣先生公頔

蔣公頔。公順弟。受業公順。亦義烈不羣。一統志。

修齋門人

補 忠節李肯齋先生芾

梓材謹案。先生爲胡文定弟子壽翁椿孫。宋史忠義先生本傳云。其先廣平人。曾祖壽椿徙家衡州。遂爲衡人。魏鶴山謂其有祖風。未必非謂壽翁也。

附録

以浙東提刑知温州。移浙西。作虎邱書院。以祠尹和靖。置學官。親爲學規以教之。學者甚盛。

先生爲人剛介。不畏强禦。臨事精敏。奸猾不能欺。且强力過人。自旦治事。至暮無倦色。夜率至三鼓始休。五鼓復起視事。望之凛然猶神明。而好賢禮士。卽之温然。雖一藝小善。亦惓惓奬薦之。平生居官廉。及擯斥。家無餘資。

文文山集杜詩曰。殺氣吹沅湘。高興激荆衡。城中賢府主。千秋萬歲名。

謝皋羽哭肯齋李先生詩曰。落日夢江海。呼天野水涯。百年惟此死。孤劒託全家。血染楚花碧。魂歸蜀日斜。能令感恩者。狼籍慰荒遐。

補文節趙先生卯發

附録

先生知不可守。乃置酒會親友與飲訣。謂其妻雍氏曰。城將破。吾守臣不當去。汝先出走。雍氏曰。君爲命官。我爲命婦。君爲忠臣。我獨不能爲忠臣婦乎。先生笑曰。此豈婦人女子之所能也。雍氏曰。吾請先君死。先生笑止之。二月。兵薄池。先生晨起。書几上曰。君不可叛。城不可降。夫妻同死。節義成雙。又爲詩別其兄弟。

文潔黄東發先生震詳東發學案。

李氏同調

知州尹務實先生轂別見巽齋學案補遺。

顏先生應猋

顏應猋。茶陵人。爲湖南安撫司幕官。元兵圍潭州。與安撫使李芾同死難。宋史。

楊先生霆別見五峯學案補遺。

陳先生億孫

陳億孫字一之。安仁人。咸淳進士。除湖南安撫司參議。與李肯齋芾同死潭州之難。一統志。

鶴山私淑

郝先生良弼

吴先生夢炎合傳。

郝良弼。太原人。江東祥刑使者魏文靖鶴山。取濂洛以來諸大儒易説。爲周易集義六十四卷。仲子克愚知徽州。刊要集義。置于紫陽書院。丙子。梓材案。丙子蓋德祐二年。書院以兵興廢。書版盡毀。尋草創新書院于城南門内。獨集義僅有存者。戊子。梓材案。戊子爲元至元二十五年。山長吴夢炎首先補刊。會先生深嗜易學。謂聖人之經。得濂洛而後明。五經論孟之原。非此諸大儒明之則終于不明。又非有如文靖因縶閒僻。類聚成編。則世之學者亦無從盡知之也。欣然割資相工。得方虛谷所藏墨本。率總府郡頖協助兩山長及書院職事生員。釀泉訖役。半年而畢。方桐江集。

梓材謹案。黄氏千頃堂書目云。吴夢炎。歙人。後至元中紫陽書院山長。典括蒼教。

知州李先生用庚 別見高平學案補遺。

魏氏續傳

魏先生起

魏起。鶴山曾孫。隱居吴中。以先人之居分籍在己者。規以爲鶴山書院。請得與明師良友講求其所傳學云。道園學古録。

陵陽家學

主簿牟先生誠甫

牟誠甫。提刑長子。夏唐卿送牟伯愚序。稱其博學雄文。正思齋文集。

補 教授牟隆山先生應龍

梓材謹案。先生之字。史作伯成。其作成父者。伯成父也。晚以上元縣主簿致仕。

雲濠謹案。虞道園爲先生墓碑云。淳祐丁未。清忠公以國學博士言事忤時宰。鄭清之去國抵吴興寓第而先生生。清忠公喜。字先生曰翁歸。又云。清忠公以直道事理宗。爲時名臣。登其門者。一時人望。先生皆得而親之。丞相江公萬里。參政楊公棟。高公斯得。端明湯公漢。尚書劉公克莊。至折行輩下之。而高公薦之尤力。又云。先生之母鄧夫人。故太史李公心傳外孫也。先生猶及見太史。每接語終日。而先生史學端緒自此始。

附録

大父大資清忠公爲時名法。從所交皆當代鴻碩。先生無不趨其下風。而接其餘論。大理公既與世相違。優游事外。先生居家庭之閒。父子自爲師友。日以經學道義相切磨。於諸經皆有成説。惟五經音攷證盛行于世。

隆山得李太史心傳史學端緒。且諳宋世文獻淵源之懿。儀章官簿族系如指諸掌。

黄文獻挽先生詩曰。井絡收英氣。文昌返列星。能官須伐閲。仍世覿儀刑。漂轉逾三峽。森扶並五丁。芝蘭紛滿砌。橘柚欻充庭。它日看空櫪。羣公羡發硎。鼎湖驚掃迹。華表訝摧翎。風物嗟王粲。心期託管寧。乘桴良已後。抱瑟匪求聽。此道誠何病。明時忌獨醒。迢迢瞻北極。衮衮化南溟。薦剡多新墨。恩袍祈舊青。故應氊座冷。不愧草堂靈。食檗餘深味。縣車及暮齡。一朝傷永訣。千古閟遺經。謬忝鴻私久。徒增雪涕零。無辭歌薤露。有恨寄泉扃。

又序隆山先生文集曰。凡先生所撰著。言必有實。而要其歸于一。本于理。昔之善爲品評者。謂有山林之文。有臺閣之文。先生蓋兼之矣。内翰蜀郡虞公稱先生警敏過人。志趣高邁。援引根據。不見涯涘。其文沛然若江河之決。不極所至不止。眞知言哉。

陵陽門人

張菊存先生楧

張楧字仲實。西秦人。陵陽之倩也。幼能刻苦力學。通于經術。在江陰時。嘗爲諸生講尚書。而陵陽爲之序云。深喜其不爲游詞。得講經之法。陵陽文集。

梓材謹案。戴剡源集君子軒銘序言。蜀牟先生名其壻秦張楧授徒之室曰君子軒。取孟子所以教者五之辭云。又學古齋記云。三吴之州。莫大于杭州。城之西南。余友人西秦張仲實居之。先是。巴西鄧善之與仲實兄弟交。分一屋共居。而題其扁曰學古齋。相與讀書玩義理于其中。如此十年。而善之以藝選召。于是學古齋仲實獨居而有之。又爲張仲實文編序。張仲實詩序。又陳無逸張仲實皆授徒城中。相望遺悶。小詩往問云。陸子方牆東類稾有送張仲實詩。方桐川集跋張仲實詩。以先生爲張南湖從姪孫。其書室曰菊存。又續集送張仲實宜興州教序云。與交游近三十年。

鄉舉陸先生文圭

陸文圭字子方。江陰人。幼而穎悟。讀書過目成誦。終身不忘。博通經史百家。及天文地理律曆醫藥算數之學。宋咸淳初。年十八。以春秋中鄉選。宋亡。隱居城東。學者稱之曰牆東先生。延祐設科。有司强之就試。凡一再中鄉舉。先生爲文。融會經傳。縱横變化。莫測其涯際。東南學者皆宗師之。卒年八十五。其爲人剛明超邁。以奇氣自負。于地理考覈甚詳。凡天下郡縣沿革。人物土產。悉能默記。如指諸掌。先屬纊一日。語門人曰。以數考之。吾州二十年後必有兵變。慘于五代建炎。吾死當葬不食之地。勿封勿樹。使人不知吾墓。庶無暴骨之患。其後江陰之亂。

冢墓盡發。人乃服其先知。有牆東類稾二十卷。元史。

雲濠謹安。四庫全書著録先生牆東類稾。提要言。其當南宋之末。年已二十餘。入元後五十餘年。至泰定天曆閒。尚應聘設教于容山。至順末。猶爲陳敬叔作安室祠記。又數年。至順帝至正初始卒。最爲老壽。惟史不載其登仕版。而集中吴縣學田記。有至元辛卯。余領吴縣學事語。似亦曾爲教官。然辛卯爲世祖至元二十八年。其年祇三十餘。而記中乃有余愚且老。情事不合。或此記本代人作。而失于標注歟。

梓材謹案。先生送唐子華序云。壬申癸酉。余始弱冠。習春秋。受學于梅坡虞公。公拔以登諸老之門。如存齋陳公。本心文公。止堂高公。陵陽牟公。皆一時之望。余俱得拜牀下。虞寓蘇臺。晚歸閩陳以下。聚居霅上。曲阜既燼。靈光獨存云云。虞陳高三先生未知其詳。姑列先生于陵陽之門。而本心則旁列云。

志學解

小戴記曲禮上篇。古之遺言也。陸農師音讀。以十年曰幼作句絕。以下弱壯等字皆倣此。新安朱氏以爲有理。今從之。幼而學者。兼小大學而言。十九以前爲幼。則自八歲而至十五。入小大學矣。古之生子。能言則教之。是時知思未有。習化未有。前言至論。日夕聒薫。涵泳善心。瓏琢美質。久而安習。保固完全。私智偏嗜。不能入矣。二十成人。可以勝衣冠。冠禮曰。棄爾幼志。醮而字之。責成人也。然體猶未壯。故曰弱。三十則血氣定矣。可以授室。合二姓之好。以事宗廟。有父道焉。四十曰强。孔氏曰。强有二義。智慮强。氣力强。吕氏曰。强則材成。材成者。智慮定則謀事審。氣力完則任事果。故可以出仕。然必至于五十。閲理深而熟。更事久而精。然後可以爲大夫。五十曰艾。艾髪蒼白色。服政爲大夫也。仕者。始爲士以事人。治官府之小事。大夫者。居上以長人。治邦國之大事。蓋才可用則命之。士德成則爲大夫。其閒非無早知夙成之人也。以爲養之熟則成效著而收功博。不待其成而用之。則有美錦。而學製未能操刀而使割也。芄蘭之支。童子佩觿。雖則佩觿。能不我知。言成人之佩非童子之飾。其才能不足以取知于我也。婉兮孌兮。總角丱兮。未幾見兮。突而弁兮。言總角之童。戴大夫之弁。躐等而居于位也。大抵士修于家。學優則仕。王事鞅掌。東西馳驅者。不過二十餘年耳。未四十也。才縱可以有爲。而不當使之爲。已六十也。才猶可以有爲。而不欲使之爲。其用人也有制。其待人也有禮。六十曰耆。筋力既衰。不任其勞。可以使人。不可以使于人也。七十曰老。不服戎。不與事。外則致王事于君。内則傳家事于子。仕止矣。八十九十曰耄。耄。惛忘也。七年曰悼。悼。憐愛也。耄者老而知已衰。悼者幼而知未及。尊老而慈幼。故不加刑焉。周官司厲。七十者與未齒者皆不爲奴。漢律。未及八歲與八十以上。非手殺人不坐。皆古之制也。百年曰期頤。期有兩音。鄭氏曰。期。要也。孝子要盡養道而已。嚴陵方氏曰。人生以百年爲期。由是而上則過乎人所期。由是而下則不及人之所期矣。朱氏曰。期音朞。取周朞之義。期謂百年已周頤待養而已。其義爲長。此章自始至終。每十年一變。蓋數起于一。止于十。天地奇耦之數。陰陽生成之理。每至于十則必更。人也者。受天地之珍。孕陰陽之氣。孰能違其數而逆其理哉。故十年則必異其名。至其時則必異其事。幼與弱之類。則名之異矣。學與冠之類。則事之異矣。昔者。先王制禮立法以律人心。勸學崇化以節民性。使人學問審博。血氣充盈。志意堅定。少者待其成。壯者服其勞。老者享其壽。未用者無躁進之心。當退者無不知足之戒。人生其時。沐浴聖澤。舞蹈仁風。耳目聰明。四肢安逸。夫夫婦婦而家道正。長長幼幼而王政行。雖孤鰥之民。凍餓之老。猶得與昆蟲草木各遂其生。況凡民之秀。爲學士大夫者哉。當時王道修明。風氣長厚。根本全在學上。學不是空言。要措諸事業。致知誠意所以治其國。明善誠身所以治其民。這學不是詞章之學。浮靡用不得。不是訓詁之學。膚淺行不得。虞典教冑子。周禮賓三物。直是後日要得他用。如桑麻穀粟。鑿鑿皆精實。公孫僑曰。僑聞學而後入政。未聞以政學者也。此之謂矣。然學政不是在下自扶立得。直須上之人輔翼振德。方是成就。中庸曰。率性之謂道。修道之謂教。人自襁褓。以至成童。便有這個性。可堯可舜。不學則失之。聖人能盡己之性。以盡人之性。其必由學乎。學所以修性也。自天子至庶人。未有不學而成者也。學廢則禮廢。冠禮廢而成人有童心不弟之源。昏禮廢而嫁聚㊀不待年不壽之源。考比之禮廢而官制壞不治之源。飲射之禮廢而養老缺不孝之源。嗟乎。其來非一日矣。春秋時已欲毁鄉校如鄭然明者。青青子衿。在城闕矣㊁。詩所以刺之也。鄭。蕞爾國也。而王朝之大夫已有不悦學如原伯魯者。故閔子馬譏之曰。夫必先有是説。而後及其大人。曰。

㊀「聚」當爲「娶」。
㊁「矣」當爲「兮」。

可以無學。無學不害。下陵上替。能無亂乎。謂邪說興于在下。而在位者習而聽之。不可長也。又曰。學。殖也。不學將落。原氏其亡乎。一大夫不說學。閔子馬卽憂其亡。當時未必不笑子馬之迂也。然自古不學而殺身者多矣。雖然此可爲仕而不學之戒。未仕而學則將奈何。曰。孔子。我師也。昔者孔子生而知之。而曰我非生而知之者。好古敏以求之者也。考之世家。孔子生於襄公二十二年庚戌。兒時陳俎豆。設禮容。此十五志學前後時節。昭公二十五年甲申。適齊。景公問政。此三十立時節。定公元年壬辰。孔子返魯。退修詩書禮樂。此四十不惑時節。九年庚子。爲中都宰。一年爲司空又爲大司寇。十四年乙巳。攝行相事。與聞國政。則年五十六矣。正知天命時節。其復適衛適陳適宋。哀十一年丁巳。復返魯。則年六十八矣。正耳順時節。方且序書與㈠詩。正樂。十四年庚申。西狩獲麟。作春秋。後二年壬戌。兩楹夢奠。七十三終焉。則到從心不踰矩時節。纔一二年而止耳。然自志學之年。至從心之境。皆聞道之歲月也。嬉戲陳俎豆之夫子。卽負手曳杖逍遙之夫子。學無少壯之異也。夫子焉不學。而亦何常師之有。子奚不爲政。而是亦爲政惜也。用舍行藏之不自必。綏來動和之不復驗。使天假之年。且八九十。且百歲。且得邦家。則賢于堯舜遠矣。其生也榮。其死也哀。如之何其可及也。然人皆以夫子爲不可及。夫子則曰。何有于我哉。又曰。學之不講。是吾憂也。然則學者又當如何。蓋嘗論之。困而學之。

㈠「與」當爲「易」。

視學知當十倍其力。時過而後學。視幼學當百倍其力。列子有云。百年。壽之大齊。得百年者。千無一焉。設有一者。孩抱以逮昏老。居其半矣。嗚呼。人生世間。少壯之日蓋無幾也。自人事言之。至六十指使則㊀止矣。復何爲乎。自學道言之。則自始以至終。未没齒之前。皆戰兢之日也。豈獨學而仕服官政而已乎。語曰。四十五十而無聞焉。斯亦不足畏也已。無聞謂無善道之可聞。非名位之無聞也。人不可不知道。使其知道。顔子不爲夭。使不知道。彭聃不爲壽。人生世間。一日則有一日之責。百年則有百年之責。天地無窮盡。則道無窮盡。學亦無窮盡。昔者。睿聖武公。九十方作抑戒以自警。其詩曰。烏乎小子。亦聿既耄。其盛德至善。如綠竹猗猗。皆自切磋琢磨中來。趙文子年未盈五十。而諄諄焉如八九十。穆叔知其弗久。劉子知其耄。及后子知其將死。蓋春秋時。猶有先哲之格言。君子之先見。以後無此學矣。然則嗇其精神以奪造化之巧。外其形骸以與太空者游。非達者乎。曰。律以聖門之繩尺。則彼爲虚誕。此專務實。不可同年而語矣。子在川上曰。逝者如斯夫。又曰。朝聞道。夕死可矣。上一章是箇不息字。下章是箇安字。嗚呼。漢儒以來。此義不明久矣。

㊀「指使則」當爲「則精神」。

陸氏講友

陳先生無逸

陳無逸。龍泉世家。僑寓霅上。與陸子方友善。其赴攸州博士也。子方序以送之。牆東類槀。

雲濠謹案。子方送唐子華序有云。至元以來。子昂最穎出。成甫之昆弟。無逸之父子。皆辱與余交。戴剡源集有陳無逸詩序。

周氏家學

周先生應極

周應極字南翁。鄱陽人。弱冠邃經史。授婺源學正。棄官歸養。及喪免。以姚燧王約劉敏中程鉅夫薦召見。獻皇元頌。擢翰林待制。調集賢司直。出同知池州。英宗踐祚。以舊臣召見。勞問呼學士不名。未幾卒。江西通志。

周先生伯琦別見草廬學案補遺。

虞氏續傳

虞先生栩附子炫。

虞栩。蜀人。居吳。知岳州玩之孫也。博極羣書。內傅後。北南從游者衆。已而病。病且一紀。子炫字明之。勤苦以養。恒手浣中裙廁牏。其母病目。至以舌舐云云。正思齋文集。

縮齋續傳

高先生繼忠

高繼忠字承之。臨邛人。于沔州爲曾孫。生乎異代之後。懷其材。不苟自售。而與時浮湛于韋布之閒。獨惓惓于家世淵源之舊。凡遺文故實。片辭隻字。藏護惟謹。黄文獻集。

隆山門人

文肅柳靜俊先生貫詳見北山四先生學案。

陸氏門人

聘君吴懶庵先生方

吴方字季仁。□□人。八行先生範七世孫。嘗受業于陸子方之門。延祐中。有司薦爲處州儒學録。不就。自號懶庵居士。姓譜。

梓材謹案。陸子方送吴仲實入京詩云。余年長汝父。汝季復余從。季也難爲兄。文史日從容。兄也實競爽。立身期亢宗。可念玉雪子。五月上盧龍。棗榆曝西日。塵土吹炎風。爾欲赴爾志。安得寧爾躬。有方遊可遠。揚名孝乃終。歸來拜嘉慶。我酌壽汝翁。仲實當卽季仁之兄。又案。子方有送吴仲魯序云。大曆閒。烏江吴仲魯來與僕游。講易牆東之下。則未知何屬也。

曹先生無易

曹無易。江陰暨陽人。陸子方學生。嘗投啓求跋其先人所修家譜。子方稱。其從余學。初若固鈍。驟進莫禦。思如湧泉。余甚畏之。牆東類稾。

程先生益

程益字光道。濼源人。句曲令子敬子。從陸子方遊。子方爲之字說。牆東類稾。

李先生繹

李繹。燕山人。侍尊人復初尹暨陽。遂從陸子方遊。年未弱冠。立志超卓。敏而好問。進莫之禦。同門之友字之曰叔成。而子方爲之說。牆東類稾。

何先生巨源父劉發。

何先生大溥合傳。

何巨源。暨陽人。博敏可喜。弟大溥。尤嗜學。三應進士舉。皆從陸子方游。父劉發。幼失所怙。受學于舅氏。感激奮厲。嘗爲松江學糾。旋棄職去。調會稽學正。遂不赴。自號竹隱居士。牆東類稾。

單先生祥

單先生瑞合傳

單祥。單瑞。曁陽人。始弱冠。父濟之俾從陸子方于書塾。牆東類稾。

趙先生益之

趙益之。陸子方之徒也。及卒。子方挽之曰。汝父昔吾友。汝翁昔我師。汝時侍親側。楚楚玉雪兒。稍長從吾遊。學問乃大奇。風木不待養。垣室空遺基。成立汝有望。修短吾莫推。四世積善心。一門無龐眉。俯仰三十載。三喪路人悲。稟氣各有終。勞生嗟奚爲。牆東荷鋤叟。夙受汝翁知。老懷念疇昔。不覺哀涕垂。欲誌殿中墓。健筆慚退之。牆東類稾。

沈先生元

沈元。梅溪子。從陸子方學。子方挽梅溪詩云。未游通德里。曾識謝家兒。鄉里推先輩。山林養令姿。梅花記開落。江水閲興衰。耆舊凋零盡。西風老淚垂。牆東類稾。

周先生□父子華。

周□。父子華。遣其子及甥從陸子方遊。子方記其明善齋云。子華之爲人。恢廓自信。篤實無僞。好讀書作詩。然自幼卽親簿書期會之事。故精力爲所奪。宦途中輾轉二十餘年。臨事不苟。

是非必辨。所至與官長忤。必得直乃已。閒爲余言。學無精粗。理無鉅細。致知之極功。可以知天地之化育。小而言之。聽訟之末。使無情者不得盡其辭。亦明善新民之一事也。故君子小大之獄必以情。而不敢高下其手。雖未能以善及人。而不自欺。人亦莫吾欺也。牆東類稾。

宋元學案補遺卷八十一目録

宋元學案補遺卷八十一

後學 鄞 王梓材 慈谿馮雲濠 同輯

西山眞氏學案補遺

詹氏門人

補 文忠眞西山先生德秀

雲濠謹案。先生元至元二十二年封福國公。明正統元年從祀孔子廟庭。成化三年改封浦城伯。

雲濠又案。先生所著。又有端平廟議。翰林詞草。四六獻忠集。江東捄荒録。清源雜志。星沙集志。四庫書目著録四書集編二十六卷。提要云。論語十卷。孟子十四卷。劉承以其遺書補輯成之者。又云。趙順孫四書纂疏。備列西山所著諸書而不載其目。蓋至宋末始刊。其出最晚。順孫未之見也。自是以後。踵而作者汗牛充棟。其學皆不及西山。故其書亦終不及焉。

梓材謹案。先生爲劉文簡公神道碑云。德秀從公游有年。凡其修身立己正君端朝之本末。實具知之。是先生嘗爲雲莊之徒矣。

梓材又案。劉後村爲先生行狀云。嘉定改元。遷博士爲禮部侍郎點檢試卷官。樓公鑰倪公思方典舉。獨異待公。樓公盡告以文獻之傳。倪公爲言立朝行己本末甚詳。公終身佩服焉。據此。先生亦可稱樓氏弟子。

梓材又案。先生爲李蘄州正節墓志云。德秀久從公遊。且言。開禧中。同官藩幕。嘗問篤信好學。守死善道八字箴。而歎佩其言。則先生實蘄州學侶也。

西山教子齋規

一曰學禮。

凡爲人要識道理。識禮數。在家庭事父母。入書院事先生。並要恭敬順從。遵依教誨。與之言則應。教之事則行。毋得怠慢。自任己意。

二曰學坐。

定身端坐。齊脚斂手。毋得伏盤靠背。偃仰傾側。

三曰學行。

籠袖徐行。毋得掉臂跳足。

四曰學立。

拱手正身。毋得跛倚攲斜。

五曰學言。

樸實語事。毋得妄誕。低細出聲。毋得叫喚。

六曰學揖。

低頭屈腰。出聲收手。毋得輕率慢易。

七曰學誦。

專心看字斷句。慢讀須要字字分明。毋得目視東西。手弄他物。

八曰學書。

臻志把筆。字要齊整圓淨。毋得輕易糊塗。

周禮説

有周公之心。然後能行周禮。無周公之心而行之。則悖矣。有周公之學。然後能言周禮。無周公之學而言之。則戾矣。公之心。禹湯文武之心。而其學則禹湯文武之學也。以此之心。布而爲政。以此之學。著而爲書。故能爲成周致太平。而爲萬世開太平也。蓋自古禍亂之原。略有數端。君心縱于逸樂而羣下不敢言也。賢才壅于疏逖而在位非其人也。元元愁痛而上不聞。蔽于耳目之近而遠勿察也。宮闈近侍。凡能導人主以侈欲者。壹以冢宰統之。三公論道。師保詔諫。而君可立于無過之地矣。使民興賢。出使長之。使民興能。入使治之。則下無遺賢。官無曠事矣。居民有法。養民有政。斂民有制。刑民有典。舉天下疲癃惸獨無不樂其生者。自王畿之近。至于六服之遠。地之相去或千萬里。而情之相通如一家。凡此皆禹湯文武之政。公之所思而得者。畢萃于書。非有公之心者其能行。非有公之學者其能言乎。

儀禮説

夫之道。在敬身以帥其婦。婦之道。在敬身以承其夫。故父醮子曰。勉帥以敬。父母之送女曰。勉之敬之。夫婦之道。盡于此矣。

禮記説

禮以起人之敬。敬心生則慢心窒。樂以感人之和。和心生則戾心消。薰陶德性。變化氣質。莫妙于此。至二者薰醲涵暢。相與無閒。故其成也。但見其悦懌而已。恭敬温文而已。

天子之世子。將爲君者也。而乃于公侯卿大夫士之子。以齒爲先後。何哉。君在故也。父在故也。長長故也。身爲世子。而以親親尊尊長長之道爲天下倡。有不翕然觀效者哉。秦漢以來。禮樂既廢。又無師保之教。齒讓之禮。世子生而狃于貴驕之習。此篇雖存。無復考而行之者。此治之所以不古若與。

禮屬陰。凡天地閒道理一定而不可易者皆屬陰。樂屬陽。凡天地閒流行轉運者皆屬陽。禮樂之不可闕。亦如陰陽之不可偏勝。有陰無陽則物不生。有陽無陰則物不成。禮勝則太嚴而不通人情。故難合。樂勝則太和而無所限節。故流蕩忘反。所以有禮須用有樂。有樂須用有禮。此禮樂且是就性情上説。然精粗本末亦初無二理。

禮樂之原。出于天地自然之理。天高地下。此卽自然之尊卑。萬物散殊。有大有小。有隆有殺。此卽自然之等級。聖人因此制爲之禮。君父在上。臣子在下。此卽天高地下之象。自是而下。兄弟夫婦師友賓主。以至于輿臺皁隸。名位分守。燦然有倫。此卽萬物散殊之象。皆所以法天地之序也。陰陽五行之氣。流行于天地之閒。未嘗少息。爲雷霆。爲風雨。皆是陰陽之氣摩盪而成。惟其二氣和合。所以能化生萬物。聖人因此作爲之樂。樂有五聲。以應五行。十二律以候十二月之中氣。皆陰陽交錯而成。所以象天地之和也。

姦聲亂色不留聰明。養其外也。淫樂慝禮不接心術。養其内也。惰慢之氣自内出。邪辟之氣自外入。不設于身體。則内外交養矣。

程氏謂齊不容有思。有思非齊也。蓋齊與戒異。當七日之戒。凜然祇懼。容有思焉。及齊三日。則湛然純一。無所思矣。此齊與戒之分也。愛慕之極儼乎其若存。誠慤之極昭乎其有見。敬則有。不敬則無矣。故親在而養必以敬。親没而享亦以敬。親之存没有異。而孝子之敬則同。夫如是。則終身弗辱其親矣。

西山遺説

六經于五常之道無不包者。班固乃以五常分屬于六藝。是樂有仁而無義。詩有義而無仁也。

古者君臣上下共由六經之道。上之所以爲教者此也。下之所以爲學者此也。

古之學者。學一經必有一經之用。其視後世通經之士。徒習章句訓義。而無益于性情心術者。何如哉。

太史公論六家之要指。列儒者于陰陽墨名法道家之閒。是謂儒者特六家之一爾。而不知儒者之道無所不該。五家之所長。儒者皆有之。其短者。吾道之所棄也。談之學本于黃老。故其論如此。

爲人子者。平時能以理開曉其親。置之無過之地。猶臣之事君。格其非心。而引之當道也。其視有過而後諫者。功相百矣。故君子尤難之。

身體髮膚。受之父母。不敢毀傷。然忠臣義士。奮不顧身。視死如歸。何也。殺身所以成仁。既成仁則孝在其中矣。

西山文集

理義之與物欲。相爲消長者也。篤志于學。則日與聖賢爲徒。而有自得之樂。持身以敬。則凜如神明在上。而無非僻之侵。親賢人君子之時多。則規儆日聞。諂邪不得而惑。三者交致其力。則聖心湛然。如日之明。如水之清。理義常爲之主。而物欲不能奪矣。論初政劄子。

蓋爲君子者。以引君當道爲心。政有得失。必不苟從。不苟從則近乎立異矣。竭忠論事。必合人情。既合人情。必得時譽。如此則又近乎好名矣。好直鄰于賣直。救過類于歸過。乃至持論偶同則可謂之朋黨。盡言無隱則可謂之謗訕。凡此數端。皆迷誤君心之酖毒。窒絶言路之榛荊也。自非至聖至明。未有不爲所惑。直前奏劄。

聖賢之言忠。不顯于事君。爲人謀必忠也。于朋友必忠告也。事親必忠養也。至于以善教人。以利愛民。無適而非忠也。劉氏傳忠録後序。

仁義足以包寬嚴。而寬嚴不足以盡仁義。送陳端父宰武義序。

夫子之所罕言者。仁之體而已。至若求仁之方。爲仁之要。則舉凡二十篇之中莫非是也。姑以首章言。其論學也。若無與乎仁。然時習之説。以熟乎仁而説也。朋來之樂。以輔乎仁而樂也。至于不知而不愠。則庶幾安乎仁矣。其他所論。有卽身而言者。有卽事而言者。卽身而言。仁之成乎身者也。卽事而言。仁之達乎事者也。不特見于言者爲然。凡聖人之動容周旋。皆仁之符也。仕止久速。皆仁之則也。學者將有志于仁。舍是將奚先哉。陳氏論語發微序。

夫以三日之試。猶必惟庳狹是去。而高明是趨。則士之尚志立德以終其身者。其可苟乎。故莫尊于道德。莫美于名節。士而志乎此。則上達之基也。莫累于勢權。莫汚于貨利。士而志乎此。則下流之委也。潮州貢院記。

夫人之所得於天。不能無强弱之異。而濟之以人者。乃所以成其天也。今吾觀子文之質。蓋庶幾乎高且明者也。則天之厚于子者至矣。然予之望子。猶欲有以成其天焉。知焉而養之以愚。實焉而藏之以虛。精鋭果決而出之以容與舒徐。於沈潛之義。斯得之矣。潛齋記。

蒙之養也察乎微。頤之養也先乎近。始于學。終于成德。則微者著矣。修之身。被之萬物。則近者遠矣。養正堂記。

士之於學。豈直處庠序爲然哉。雞鳴夙興。嚮晦宴息。皆學之時。微而暗室屋漏。顯而鄉黨朝廷。皆學之地。動容周旋。灑掃應對。皆學之事。知無時之非學。則晝而有爲。夜而計過者。其敢懈。知無地之非學。則警于冥冥。惕于未形者。其敢忽。知無事之非學。則矜細行。勤小物者。其敢或遺。政和縣修學記。

夫忠信篤敬。學者立德之基。剛毅木訥。學者任重之實。而辭章華縟。特藻錦之靡爾。聖人教人。具有本末。故曰。行有餘力。則以學文。亦何異基址之固。而後棟梁可施。而後丹雘可設也。建寧府重修府學記。

緬觀往昔。百聖相傳。敬之一言。實其心法。蓋天下之理。惟中爲至正。惟誠爲至極。然敬所以中。不敬則無中也。敬而後能誠。非敬則無以爲誠也。氣之決驟。軼于奔駟。敬則其銜轡也。情之潰放。甚于潰川。敬則其隄防也。故周子主靜之言。程子主一之訓。皆其爲人最切者。而子朱子又丁寧反復之。學者儻於是而知勉焉。戒于思慮之未萌。恭于事物之旣接。無少閒斷。則德全而欲泯矣。南雄州學四先生祠堂記。

人之一心。廣大如天地。清明如日月者。其本體也。而或弗然者。物有以障也。去其障則本者復矣。潭州重修大成殿記。

不知孝者不論。知孝而不知友非孝。妻子具而孝衰于親。異姓婦人入門。而賊同氣之愛。以戚其親。世之犯此者。猶可痛也。孝友堂記。

定一也。而有儒者之定。有老氏浮屠氏之定。自儒者言之。則大學自定而靜。靜而安。安而慮。慮而得其寂然不動者。正所以爲感通之體也。自二氏言之。則其所謂泰定。所謂禪定者。兀然枯槁而已爾。漠然清虛而已爾。人之一心與造化侔。大者以其往來闔闢之不窮。動靜出入之俱妙也。今以兀然漠然者爲定。則是無用之體。不感之寂也。其可乎。定軒記。

耳目膚體。人之形也。仁義禮智。人之性也。君臣父子昆弟夫婦朋友。人之職也。必循其性而不悖。必盡其職而無愧。然後其形可踐也。孟子曰。人之異于禽獸者幾希。庶民去之。君子存之。又曰。無惻隱之心。非人也。無是非之心。非人也。夫天之生斯人也。與物亦甚異矣。而孟子以爲幾希。何哉。蓋所貴乎人者。以其有是心也。是心不存。則人之形雖具。而人之理已亡矣。人之理亡。則其與物何别哉。故均是人也。盡其道之極者。聖人之所以參天地也。違其理之常者。凡民之所以爲禽犢也。聖愚之分。其端甚微。而其末甚遠。豈不大可懼耶。潭州示學者説。

言語文章者。飾身之華。道德仁義者。修身之實。二者蓋不容一闕。然游夏之文學。不先淵騫之德行。其序固如此也。楊實之字説。

誠者。無妄之名也。天下雷行。物與無妄。有生之類。其孰無之。而舉世滔滔。率流于妄者。以人賊天之罪也。故先儒之傳易曰。動以天則無妄矣。嗚呼。一動之微而天理存亡於是焉決。豈不甚可畏哉。今請以誠伯易子之字。如何。劉誠伯字說。

心者。人之北辰。蓋衆星皆動而辰常靜。故能爲二十八舍之主。百體皆動而心常靜。故能爲一身之主。然所謂靜者。豈兀然枯槁之謂。寂然不動者。此心之體。感而遂通者。此心之用。顧其所以動者如何耳。詹景辰字說。

誠者天道。本乎自然。誠之者人。以人合天。曰天與人。其本則一。云胡差殊。蓋累于物。心爲物誘。性逐情移。天理之眞。其存幾希。豈惟與天。邈不相似。形雖人斯。實則物只。皇皇上帝。命我以人。我顧物之。抑何弗仁。維子思子。深憫斯世。指其本源。祛俗之蔽。學問辨行。統之以思。擇善固執。惟日孜孜。狂聖本同。其忍自棄。人十己千。弗至弗已。雲披霧卷。太虛湛然。塵掃鏡空。清光自全。曰人與天。既判復合。渾焉一眞。諸妄弗作。孟氏繼之。命曰思誠。更兩鉅賢。其指益明。大哉思乎。作聖之本。歸而求諸。實近非遠。思誠箴。

子盍觀夫冬之爲氣乎。木歸其根。蟄坏其封。凝然寂然。不見兆眹。而造化發育之妙。實胚胎乎其中。蓋闔者闢之基。貞者元之本。而艮所以爲物之始終。夫一晝夜者。三百六旬之積。故冬爲四時之夜。而夜乃一日之冬。天壤之閒。羣動俱閴。窈乎如未判之鴻濛。維人之身。嚮晦宴息。亦當以造物而爲宗。必齋其心。必肅其躬。不敢肆然自放于牀笫之上。使慢易非僻得以賊吾之衷。雖終日乾乾靡容不息之閒斷。而昏冥易忽之際。尤當致謹戒之功。蓋安其身所以爲朝聽晝訪之地。而夜氣深厚。則仁義之心亦浩乎其不窮。本既立矣。而又致察于事物周旋之頃。敬義夾持。動靜交氣。則人欲無隙之可入。天理皦乎其昭融。然知及之。而仁弗能守之。亦空言其奚庸。爰作箴以自砭。常凜凜乎瘝恫。夜氣箴。

孔門獨一顔子爲好學。顔子所問。前曰爲仁。後曰爲邦。舍是無他學也。蓋爲仁者成己之極。而爲邦者成物之極。體用本末究乎此矣。顔子所以亞于聖人。而孟子期之以禹稷之事業。豈非内聖外王之學已備故耶。跋劉彌邵讀書小記。

西山薦狀

湖南安撫司主管機宜文字趙希稷。時安撫使建社倉。行税酒。寬省租賦。字養惸嫠。惠利及于斯民。希稷多爲贊畫。

知茶陵軍洪彦華。適值儉歲。究心撫字。民無流亡。至于應辦和糴。招募効用。皆不擾而集。

永州推官趙涯。盡心民事。推行荒政。所濟尤多。

永州教授李元白。學純行粹。論正氣平。早遊膠庠。士論推服。及爲學録。規範肅然。分教偏州。未究其用。

知善化縣石孝隆。天資精敏。心氣和平。獄訟惟公。賦役有法。

知瀏陽縣徐玠。性稟淳良。志念惻怛。平反冤獄。惠養小民。在官三年。人安其政。

知湘潭縣朱子肅。持身謹恪。涖事精詳。催科有方。聽訟惟允。利民之事。知無不爲。

知寧遠縣黄大中。廉介自將。端方有守。自其到邑。一意爲民。當官而行。不畏彊禦。
營道縣丞任士寧。性行端良。辭華敏贍。居官勤恪。有志及民。
湘潭縣主簿胡淵。器資端厚。問學精事。筮仕之初。勤于民事。
湘潭縣主簿田居正。資稟篤實。履行端方。居懷及物之心。務爲有用之學。

又乞獎擢狀

潭州通判張國均。資稟精明。政術通練。事無巨細。悉心裨贊。
永州通判魏泌。兩攝永守。孜孜撫摩。人多稱頌。局于貳郡。未究設施。

又乞獎賞狀

簽判武岡軍葉莫。操行潔修。政譽藹然。捄荒舂陵。民被實惠。

梓材謹案。宋史文忠本傳直學士院疏言。朝廷之上。敏鋭之士多于老成。雖嘗以耆艾褒傅伯成楊簡。以儒學褒柴中行。以恬退用趙蕃劉宰。至忠亮敢言如陳宓徐僑。皆未蒙録用。上問廉吏。以知袁州趙政夫對。親擢政夫直秘閣爲監司。具手劄入謝。因言崔與之帥蜀。楊長孺帥閩。皆有廉聲。乞廣加咨訪。此皆先生薦賢之迹。又汀寇起。先生薦陳韡有文武才于常平使者史彌忠。言于朝。遂起韡討平之。

附録

四歲受書。立成誦。入小學。夜歸。嘗寘書枕旁。燈膏所熏。帳皆黑色。羣兒休沐聚戲。公并取其書卷兼熟之矣。

先生十五而孤。母吴氏力貧教之。同郡楊國瑞圭見而異之。使歸共諸子學。妻以女。

嘉定元年遷博士。時韓侂胄已誅。入對。首言權臣開釁。南北塗炭。今玆繼好。豈非天下之福。然日者金人欲多歲幣。而吾亦曰可增。金人欲得奸臣之首。而吾亦曰可與。得無滋嫚我乎。正恐彼資吾歲賂以厚其力。乘吾不備以長其謀。一旦挑爭端而吾無以應。此有識所爲寒心。又言。侂胄自知不爲清議所貸。于是忠良之士斥。僞學之論興。今日改絃更張。正當褒崇名節。明示好尚。

遷祕書郎。入對。乞開公道。窒旁蹊。以抑小人道長之漸。選良牧。勵戰士。以扼羣盜方張之鋭。

兼禮部郎。上疏言。金有必亡之勢。亦可爲中國憂。蓋金亡則上恬下嬉。憂不在敵而在我。多事之端。恐自此始。

出爲江東轉運副使。值旱蝗。遂與留守憲司分所部九郡大講荒政。而自領廣德太平。以便宜發稟賑給。竣事而還。百姓數千人送至郊外。指道旁叢塚泣曰。此皆往歲餓死者。微公。我輩已相隨入此矣。先是。都司胡槻等每誚爲迂儒。試以事必敗。至是政譽日聞。知潭州。以廉仁公勤四字勵僚屬。以周惇頤胡安國朱熹張栻學術源流勉其士。罷榷酤。除斛面米。申免和糴。以甦其民。民艱食。既極力振贍之。復立惠民倉。使歲出糶。又易穀。分十二縣置社倉。以徧及鄉落。別立慈幼倉。立義阡。惠政畢舉。月試諸軍射。直學士院。入見。奏。三綱五常。扶持宇宙之棟幹。奠安生民之柱石。人主但當以二帝三王爲師。願陛下益講學進德。

上初御清暑殿。先生因經筵侍。進曰。此高孝二祖儲神燕閒之地。仰瞻楹桷。當如二祖實臨其上。陛下以一心而受衆攻。未有不浸淫而蠹蝕者。惟學可以明此心。惟敬可以存此心。惟親君子可以維持此心。因極陳古者居喪之法。與先帝視朝之勤。屢進鯁言。上皆虚心開納。而彌遠益嚴憚之。遂以焕章閣待制提舉玉隆宫。旋落職罷祠。

召爲户部尚書。入見。乃以大學衍義進祈天永命之説。説謂敬者德之聚。酒色盤遊狗馬之玩。一有于此。皆足害敬。上欣然嘉納。

雲濠謹案。四庫全書著録大學衍義四十三卷。提要云。是書因大學之義而推衍之。惟修身一門無子目。其餘分子目四十有四。皆徵引經訓。參證史事。旁采先儒之論。以明法戒。而各以己意發明之。大旨在于正君心。肅宫闈。抑權倖。蓋理宗雖浮慕道學之名。而内實多欲。權臣外戚交煽爲姦。卒之元氣凋弊。閱五十餘年而宋以亡。眞氏此書成于紹定二年。而進于端平元年。皆陰切時事以立言。先去其有妨于治平者。以爲治平之基。故大學八條目僅舉其六。然自古帝王正本澄源之道。

實亦不外乎此。若夫宰馭百職。綜理萬端。常變經權因機而應。利弊情僞隨事而求。其理雖相貫通。而爲之有節次。行之有實際。非空談心性即可坐而致者。故邱濬又續補其闕也。

再知泉州。決訟自卯至申未已。或勸嗇養精神。先生曰。郡敝無力惠民。僅有政平訟理事當勉。

西山帥長沙。宴十二邑宰于湘江亭。作詩曰。從來守令與斯民。都是同胞一樣親。豈有脂膏供爾禄。不思痛癢切吾身。此邦祇似唐時古。我輩當知漢吏循。今夕湘春一巵酒。直煩散作十分春。

先生長身廣額。容貌如玉。立朝侃侃。所言皆切當世要務。

公于倫紀最隆。自豫章歸。未有居室。先屬㊀精舍以奉先塋。作睦亭。自記之曰。凡人所爲薄于宗族者。以其不知所出之本一也。誠知其所出之本一。則雖由衰焉而功。由功焉而緦。而至于無服之親。譬之巨木百圍。枝葉雖疏。而根幹則一。豈容以異觀哉。

時相生日。四方爭獻珍異。公大書開誠心布公道集衆思廣忠益十二字以餉。

杜清獻範方攻鄭清之誤國。且謂其貪黠更甚于前。而先生乃奏言。此皆前權臣玩愒之罪。今日措置之失。譬如和扁繼庸醫之後。一藥之誤。代爲庸醫受責。其議論與清獻不同如此。

㊀「屬」當爲「築」。

公歸。修西山讀書記。以六經語孟之言爲主。荀揚諸子附焉。諸老先生之言爲解經而發者。附本經之注。注㊀甲記曰。性命道德之理。學問知行之要。凡二十有七卷。乙記曰。人君爲治之本。人臣輔治之法。凡二十有二卷。丙記曰。經邦立國之制。臨政治人之方。其書惟兵政一門先成。丁記曰。出處語默之道。辭受取舍之宜。凡二卷。

既修讀書記。語門人曰。此人君爲治之門。如有用我者。執此以往。

雲濠謹案。四庫著録讀書記六十一卷。提要云。眞氏大學衍義羽翼聖經。此書又分類銓録。自身心性命天地五行。以及先儒授受源流。無不臚析。名言緒論。徵引極多。皆有裨于研究。至于致治之法。衍義所未及詳者。則于乙記中略著其事。雖于古今興衰治忽之故。尚未能綜括無遺。然在宋儒諸書之中。亦可謂有實際矣。

又取周程以來諸老先生之言。摘其關于大體切于日用者。彙次成編。名諸老先生集略。凡七十有八卷。

魏鶴山爲神道碑曰。公前後論奏。誠積而氣和。辭平而理暢。其于是非邪正之辨。言人所難。而聞者不敢怨。至于敵情之眞僞。疆埸之虚實。蓋出于素講夙定。非剽襲流聞之比。故自嘉定以來。凡所論建。至端平後。炳若蓍蔡之先幾。故一言之出。天下望而信之。乃僅以掌書制。侍經幄。典貢舉。少試文墨議論。而疾已不可支矣。

㊀「注」衍。

袁蒙齋贊之曰。謂爲和耶。剛正之節。光明不磨。謂爲介耶。慈惠之政。載諸詠歌。謂爲虚耶。萬卷蟠胸。武庫之多。謂爲實耶。靈襟洞然。古井無波。匪實匪虚。匪介匪和。高卧西山。如蒼生何。

劉後村祭文曰。嗚呼。四科九德。自昔難并。人得一偏。公集大成。穿鑿之學。畔師離經。公獨純正。南軒考亭。纂組之文。練薄縑輕。公獨雄渾。眉山廬陵。蚤歲來儀。朝陽屢鳴。元城了翁。公之直聲。中年袖手。俟時之清。君實晦叔。公之重名。

王臞軒序心政經曰。心經一書行于世。至徹禁中。端平乙未。公薨後兩月。從臣洪公咨夔在經筵。上出公心經曰。眞某此書。朕乙夜覽而嘉之。卿宜爲之序。又曰。今所謂政經者。乃先生再守温陵日所著。邁與趙時棣得此經。實在四方門人之先。而四方門人未必盡見之。

梓材謹案。四庫全書著録心經一卷。提要云。是編集聖賢論心格言。而以諸家議論爲之注。又著録政經一卷。提要云。采典籍中論政之言列于前。而以行政之迹列于後。題曰傳以别之。

梓材又案。臞軒爲諸門生祭西山文時。朝士之爲門人者十有七人云。

王深寧困學紀聞曰。宣之于仲遂。定之于意如。以私勞忘大誼。不若叔孫昭子遠矣。晉文公以定襄王而請隧。王弗許。曰。班先王之大物以賞私德。又曰。余敢以私勞變前之大章。眞文忠文章正宗。以此篇爲首。其有感于寶慶之臣乎。懔懔焉春秋之法也。

又曰。西山先生大學衍義後序謂。有進姦言于經幄者。嘗以問西山之子仁甫。答云。講易乾之文言。知進退存亡爲姦言以罔上。

謝山箋曰。時袁正肅公蒙齋言其鄉衮老當歸政。于是小人有講進退存亡之説而巧留之者。

又曰。眞文忠公自箴曰。學未若臨邛之邃。量未若南海之寬。制行劣于莆田之懿。居貧媿于義烏之安。原注。臨邛魏鶴山了翁。南海崔菊坡與之。莆田陳宓。義烏徐僑。

又曰。或問地獄之事于眞文忠公。公曰。天道至仁。必無慘酷之刑。神理至公。必無賄賂之獄。

仇山村題西山眞先生像曰。何年霜月子。寫此西山眞。峩冠褐寬博。詩書發精神。可以寘巖壑。可以登麒麟。斯人不可作。令我思乾淳。

陳定宇曰。眞西山之學。自詞章成後。方用力于性理。

又答吴仲文曰。西山不及登朱門。而學朱子甚精博。初登科。後中詞科。多與朱門高第交游。于周程張朱之學升堂入室。非誠齋之徒可比。眞儒者。不可以文士目之也。平生著述甚富。有學問文章政事。又非徒如北溪之有學問而已。讀書記一書。既博且精。凡諸經諸子諸史諸儒之書之所當讀當講者皆在焉。乃有載籍以來奇偉未嘗有之書也。學者果有志于學。檢其書可以統宗會元。問百聖而不慙。俟百世而不惑。

袁清容觀文忠畫像詩曰。羣賢輔絶學。嵯峩武夷峯。熒熒方瞳光。汲汲汗簡中。緬懷文明初。蒼佩極匪躬。執筆侍玉署。妙語工彌縫。飛摩變蒼狗。潛淵閟游龍。空餘經濟心。勞徠饑飛鴻。

濁水投神膠。揚清迺奇功。喬松不並世。寒飆轉秋蓬。出世我已後。正緒遺顓蒙。惕然拜公像。斯道非終窮。

虞道園西山書院記曰。昔宋臣嘗繕寫唐宰相陸宣公奏議以進。其言曰。若聖賢之相契。卽如臣主之同時。識者以爲知言。由今觀之。宣公之論治道。可謂正矣。然皆因事以立言。至于道德性命之要。未暇推其極致也。公之書本諸聖賢之學。以明帝王之治。據已往之迹。以得方來之事。慮周乎天下。憂及乎後世。君人之規範。蓋莫備于斯焉。董仲舒曰。人主而不知春秋。前有讒而不知。後有賊而不見。此雖未敢上比于春秋。然有天下國家者。誠反覆于其言。則治亂之別。得失之故。情僞之變。其殆庶幾無隱者矣。

王忠文公議孔子廟廷從祀曰。自周子接聖賢千載不傳之緒。而程子兄弟承之。道統于是有所傳。迨朱子有作。五經四子皆有傳注論述。統宗會元。集聖賢大成。紹程氏之傳。其中更學禁。其道不行。于是眞德秀魏了翁並作。力以尊崇朱學爲己任。而聖賢之學乃復明。眞氏所著有大學衍義。讀書記。魏氏所著有九經要義。大抵皆黜異端。崇正理。質諸聖人而不謬。其于聖人之道。可謂有功。而足以纘朱氏所傳之緒矣。是則此二人者。固又當繼朱氏而列于從祀者也。

梓材謹案。謝山本東發之說。大不滿于西山。然于學禁之後。能與鶴山同尊朱學。已爲差强人意。故節録忠文之議于此。以見眞魏並列從祀之有定論也。

薛敬軒曰。朱子之後。眞西山大學衍義有補于治道。

馬平泉曰。易非卜筮之書。而古人用以卜筮。九疇稽疑。謀及卜筮。皆欲預知吉凶而趨避之耳。自列國後。又有星命諸術數家言。大抵亦不離卜筮之意。文忠以命訊日者。固事之至常。似無足議。而敬仲推至于不忘富貴利達。可謂微至。此師門辨志之淵源也。鄒南臯亦有訊命事。夏峯非之。且謂品地高則人屬望。切責備嚴。不可不益加學力。西山感敬仲愛深教篤。夏峯之言。益足以垂訓百世。

陳石士師金源紀事詩序曰。眞文忠公請絶歲幣一疏。識議同于賈董。非書生之迂言也。其立朝敷政。必本正心誠意爲言者。蓋以心不正。意不誠。則好惡不得其當。將有以賢爲不肖。以不肖爲賢者矣。如是何以爲修政事。屈羣策。收衆心之本。舍此而言修政事。則亦空言而已。宋之所以棄君子而用小人。正所謂以賢爲不肖。以不肖爲賢也。然則正心誠意之言。安得鄙之以爲迂論乎。

雲濠謹案。王阮亭居易録云。輟耕録載姚燧官翰林學士日。玉堂設宴。歌妓中一人。秀麗閑雅。微操閩音。叩之。泣而訴曰。妾建寧人。眞西山之後也。遂白丞相三寶奴㊀。爲落籍嫁小史黄埭。嘉興貝闕有詩記事云。妾本建寧女。遠出西山翁云云。此好事者爲之。媢嫉君子。污衊大賢。亦猶南渡小人傾朱晦翁。至有帷薄不修之謗。可謂無忌憚之尤者矣。此論甚是。

㊀「奴」當爲「努」。

西山講友

文惠楊先生長孺別見趙張諸儒學案補遺。

修撰鄭先生夢協詳見清江學案。

恭愍丁延溪先生黼詳見徐陳諸儒學案。

隱君蔡先生念成

劉靜春先生㦤並詳滄洲諸儒學案。

葉靖逸先生紹翁詳見水心學案。

鄉貢黄先生振龍詳見勉齋學案。

西山學侶

奉議吴先生懿德附子友直。友恭。友諒。

吴懿德字夏卿。世家處之慶元。眞西山母黨也。嘉泰二年進士。主連城簿。復州録事參軍。教授古英州。換尚書左銓歷二邑。辟通判廣州。不及拜而卒。官止奉議郎。其分教于英也。州闕守。連帥楊東山長孺命攝其事。西山自泉山遺之書。勉以四事。曰清心。潔己。奉法。愛民。先生力行之。又播之歌詩。僉謂其不負所言。子友直友恭友諒皆能世其學。眞西山集。

附録

將没前二日。書于册曰。平生薄宦。甘受凍飢。一介不取。一毫不欺。嘗祀晉刺史吴隱之于縣東。以勵來者。邑民謂其清白可尚。遂配享焉。

黄先生自然

黄自然。西山之友也。嘗爲蔡九峯狀其言行。西山文集。

附録

其書眞西山送陳端父序後曰。仁爲體。義爲用。義者所以全其仁也。惟心之愛之也切。故己之體之也至。痒疴疾痛。若己隱憂。則吏姦必戢。常恐害民。强梗必鋤。常恐擾民。蠹政苛令是剗是革。常恐一毫不便于民。此義也。而皆所以爲仁也。不知一言之仁。無以爲政之本。不明兩言之仁義。無以達爲政之用。語其本則全體是仁。語其用則無一非義。

梓材謹案。先生此文。上言陳君宰武義。眞先生序以寵其行。自然不肖亦辱惠教。但稱西山以公。固不當在弟子之列。

梓材又案。西山文集又有送陳教授序。稱括蒼陳端父將教授于潭。徵予言以爲贈。時蓋嘉定壬午月正元日云。

教授李先生茂先

李茂先。温陵人。紹定六年。教授南恩州。爲眞西山所重。勉其教人以大學爲户庭。中庸爲閫奧。居仁宅。踐義路。孝弟其纓弁。忠信其履綦。成就人才。以蹋張文獻姜相國之躅。嘗曰。茂先金玉其人。予故以是懋之。廣東黄志。

曹先生晉伯

曹晉伯。西山之友。取曲禮首章之義。命其齋曰敬思。而屬西山爲之記。西山文集。

祝矩堂先生士表

祝士表。西山之友。取大學絜矩之義。名其堂曰矩堂。而屬西山以記之。西山文集。

祕書徐先生鳳詳見慈湖學案。

張先生希季

張希季字平仲。□□人。西山贈之詩云。去聖既云遠。至理日以冥。言道指虚玄。語性雜精靈。正傳久蕪没。異學得魁横。卓哉周程張。磊隗三代英。妙藴發天地。微言昭日星。後來紫陽翁。抑又集大成。煌煌八書訓。凜凜萬世程。學者生此時。坦然有規繩。但患舍康莊。自趨柴與荆。張君江西來。頗嘗得師承。敝衣雖懸鶉。猛志欲掣鯨。抽出文一編。其辭峻而清。此士不易有。歸歟更研精。勿受俗學變。而爲寵辱驚。貧者士之常。未合寧躬耕。高門謹勿謁。養此氣崢嶸。不見商歌人。洋洋金石聲。眞西山集。

臞軒師承

縣尉林先生磻

林磻字豈㪰。仙遊人。嘉定十三年進士。少負雋聲。從遊者衆。王臞軒邁嘗師事之。官至海陽縣尉。姓譜。

雲濠謹案。王臞軒集有送鄉先生林㪰磻黄石講會詩有云。歲暮何時更遠遊。劉蕡下第我包羞。㪰字上少豈字。且據其詩。似非臞軒之師。然其祭先生文云。先生之學。茹古含今。先生之文。戛玉鏘金。三十餘年。授業青衿。晚得一第。僅償苦心。又云。吾黨向來受教席下。一奠柩前。有淚盈把。則信其師矣。

西山同調

翁瓜圃先生定

翁定字應叟。與劉後村友。尤工律詩。晚爲洛學。客游所至。必交其善士。尤爲眞西山所知。別字安然。瓜圃。其自自號云。劉後村集。

梁先生仲欽

梁仲欽。番禺人。博究羣書。尤邃性命之學。以眞知實踐爲事。眞西山志其墓。稱爲純儒。廣州鄉賢傳。

西山家學

補監税眞先生志道

雲濠謹案。西山跋包敏道講義云。屈致家塾。君首以夫子之志學。孟子之尚志。爲兒輩言之。是先生亦包氏弟子也。

附録

西山爲文字説曰。吾子志道。舊名正則。字誠之。歲甲申易今名。因以仁夫更其字。而告之曰。汝知吾所以命爾之指乎。夫志者心之用也。心無不正。而其用則有正邪之分。不可不察也。志於道。則理義爲之主。而物欲不能移。志乎利。則物欲爲之主。而理義不能入。此堯桀舜跖之所繇以異也。可不謹乎。兹吾所以名汝之意也。聖人之教。既曰志於道。又必曰依於仁。蓋道者衆理之總名。而仁者一心之全德。志道必貴於求仁。求仁莫先乎克己。兹吾所以字汝之意也。

又爲楮衾銘示之曰。咨爾小子。惟素可寶。敝緼是慚。豈曰志道。奢不可縱。欲不可窮。去華務實。前哲所同。以侈致喪。何羡乎季倫之錦障。以德見欽。何陋乎温公之布衾。怵心一開。其流曷已。獸攫狼吞。實自兹始。故曰。儉者廉之本。廉者行之先。吁嗟。汝曹可不勉旃。

其序西山學庸集編後曰。大學中庸集編。先公手所定也。公每晨起坐堂上。炷香開卷。必點校一章。從而演説其義。子姪皆立侍焉。既終篇。呼志道而前。告之曰。大學中庸之書。至朱子而理盡明。至予所編而説始備。雖從或問輯略語録中出。然銓擇刊潤之功亦多。間或附以己見。學者儻能潛心焉。則有餘師矣。然又須先熟乎諸書。然後知予用功深。采取精。此亦自博而約之義也。

梓材謹案。經義考載西山四書集編二十六卷。汪環谷云。眞氏有集義。是集編又稱集義云。

劉後村序眞仁夫詩卷曰。予友仁夫之詩。絶去塵穢。刊落宂腐。簡淡而微婉。輕清而虛明。有唐人半山之思。然爲西山之子。傳嫡承家學問。名節本也。文藝末也。小晏之于臨淄。小坡之于玉局。仁夫優之矣。公休之于涑水。原明之于申公。仁夫勉乎哉。

眞先生□

眞□。西山之孫也。官府判司令。林竹溪和後村韻二首奉寄其聽雨樓詩云。取訪㈠翁詩扁此樓。知君心企古名流。蘇吟韋句詎欣慕。樗記曾云不是由。大被長衾佳伯仲。高門素學尚娉脩。俱存無恙鄒書訓。此樂人間底處求。其格軒詩云。祖學單傳信有原。秤停一字自名軒。肯令公愧太邱長。要似思爲孔子孫。知格格知須細認。有無無有果難言。讀書記在門生老。愧有君家未報恩。虞

㈠「訪」當爲「放」。

齋續集。

西山門人

補 簽樞王潛齋先生埜

雲濠謹案。姑蘇志載先生師事西山。知朱子之學。刱建安書院。祠二先生。官浙漕時嘗被論。先生以母年老。託言改除。母曰。我已知之。昔汝父以忤時相去國。今汝又如此。我方以爲善。汝復何憂。時人稱爲賢母。

梓材謹案。金華府志稱其工于詩。書法大書尤清勁。所著有奏議文集若干卷。

附録

襄蜀事急。議遣使講和。宰相依違不決。史嵩之帥武昌首進和議。子文時爲樞密院編修兼權檢討。謂今日之事。宜先定規模。并力攻守。士論韙之。

虞道園跋眞西山畫像曰。昔者弟子之于師。僚屬之于官長。門生故吏之于舉將。既得所宗。則終身以之義之。當然而常行者也。西山眞先生。道德文學。師表一時。游其門者。則像其威儀者何日忘之。潛齋王公得先生遺像。觀覽詠歎。悠然高山景行之思。誠可以敦薄俗而示古道也。

補 莊敏馬先生光祖

梓材謹案。先生爲張門馬師父之純孫。見隆慶東陽志。其字華父。袁蒙齋以爲華而不實。識者譏之。因字之實夫。而爲之字說。

附録

先生之在外。練兵豐財。朝廷倚之。爲京尹則剸治浩穰。風節凜然。三至建康。終始一紀。威惠並行。百廢無不修舉云。

袁蒙齋贈以深息説曰。實夫問余。夜不得睡。或授以移心法。但當不睡之時。思爲孩時所爲。展轉思之。自得睡矣。余語之曰。古之眞人。其息深深。眞人之息以踵。衆人之息以喉。遂書深息二字畀之。實夫而有得于此。勤于行。行而熟。當知或者移心之言。不滿一笑。

又餘干縣先賢祠堂記曰。馬君夙有儁才。爲政明而不察。有惠愛于邑。慊慊焉常自以爲不足。事關風教。知無不爲。志可嘉也已。

雲濠謹案。先生歸自東淮。扁所居之樓曰樂山。蒙齋書所作仁者樂山銘以遺之。蒙齋又爲君子堂記曰。余友馬實夫築室桂山。扁其堂曰君子。蓋取諸濂溪。一日過鄞之東湖。訪余于種德庵而屬余記。若實夫者。可謂有志于君子儒矣。又案。宋濳溪題宋儒遺墨後云。童仲光詩序之舉裕齋。卽馬華父。又云。華父書謂蒙齋老師者。卽袁也。是先生自居袁氏之門矣。

補

龍圖金先生文剛

雲濠謹案。徽州府志載。先生倣范文正公。置祭田。立義莊。俾子孫世守之。

補

縣尉呂先生良才

附録

任善化尉。社倉羨餘千計。無所取。上下交薦。改京秩。

補 知軍江先生塤

附録

通判靖州。以清白稱。

差知南平軍。過家。首問政于西山。西山爲序諗之。大略謂叔文之先象州以吏治名當世。叔文以世學踵世科。推所以治靖之廉曰㊀清簡者而治南平。斯可矣。

補 劉先生炎

邇言

中天地而立。與天地參者。人也。人之性。天地之性也。孔子以爲貴。孟子以爲善。天地予

㊀「曰」當作「白」。

人之正也。君子保天命之性之謂仁。成天命之性之謂學。

井田封建。成之非一日。其壞也亦非朝夕之故。不必泥其制也。能存其意。亦可以爲治矣。

或問。節義之士如之何而黨錮。曰。自取之也。君子百是必有一非。小人百非必有一是。天下士至不少矣。豈必登龍㊀仙舟者皆賢。不在此選者皆不肖耶。更相題表。自立禍的者也。人豈能禍之哉。

或問。學聖賢之道者。其流亦有偏乎。曰。近聞之眞公。學而至之。烏得偏。學而不至。雖孔孟門人不能無偏。能溯其源。歸于正矣。不然。毫釐之差。其謬逾遠。

梓材謹案。四庫全書著録邇言十二卷。提要云。是嘗㊁分十二章。曰成性。存心。立志。踐行。天道。人道。君道。臣道。今昔。經範㊂。習俗。志見。其立言醇正篤實。而切于人情。近于事理。無迂闊難行之説。亦無刻核過高之論。如井田封建云云。皆他儒者心知其然而斷不出之于口者。劉氏獨筆之于書。可謂光明磊落。無纖毫門户之私矣。

附録

少侍父遯齋先生。習聞庭訓。專事程朱之學。因慶元黨籍。隱而不仕。從眞文忠遊。

㊀「龍」下脱「門」。
㊁「嘗」當爲「書」。
㊂「範」當爲「籍」。

補

忠愍徐先生元杰

梓材謹案。先生號棋埜。見蔡氏九儒書。眞西山文集有送徐子祥序。

附録

蔡久軒祭先生文曰。甲辰之冬。潮陽一疏。凛凛然如秋霜烈日。人紀不至于遽滅者。公之力也。乙巳之夏。公位西省。沐浴更衣。草鋤姦之疏。未絶筆而公殂。嗚呼。自古皆有死。而公之死也。天子爲之震悼。公卿爲之駭愕。通國上下爲之頓足嗟歎。人孰無死。而公死也若此。彼何人斯。自以爲得計。豈知公之身可死。而公之心則窮天地亘古今而不可死。公之迹可泯。而公之冤則動天地干陰陽而不可泯。然則公其亡耶。其不亡耶。

王深寧困學紀聞曰。淳祐甲辰。宰相起復。太學諸生黄愷伯等上書曰。彌遠奔喪而後起復。嵩之起復而後奔喪。徐仁伯兼説書。對經幄。其言當帝心。臺諫劉晉之王瓚胡清獻龔基先聯章論仁伯。上震怒。夜出御筆。逐四人。遂寢起復之命。而相范杜。明年。仁伯卒。人以爲毒也。然其事竟不明白。庸齋趙茂實誌之。徐景説銘之。

謝山箋曰。嵩之從子璟卿上嵩之書。諫其不宜戀位。亦暴卒。奉化應文煒者。其人慷慨。喜言事。與璟卿善。嵩之疑所上書出其手。令吏取文煒搒掠。文煒抗辭不屈而止。見袁清容集。則置毒事無可疑者。

補朝請王臞軒先生邁

梓材謹案。西山爲作養正堂記。蓋取蒙以養正聖功也。頤貞吉養正則吉也之義。西山又有送王察推序。

雲濠謹案。袁清容書胡評事夢昱印紙。述其言濟邸削籍事云。自後先公門人王公邁亦踵論濟邸事。而公亦被黜去。先公謂越公韶。據此則先生嘗及越公之門。又案。先生祭陳復齋文云。某也以里巷之諸生。荷知憐于方拙。坐明道之春風。抱濂溪之霽月。歸自長沙也。先生爲之書廉仁公勤之箴。及官中都也。先生贈之以舍生取義之說。尚擬嗣歲之春。長在摳衣之列。何哲人之云亡。攪悲腸之鬱結。簡復齋子表夫之併呈眞西山詩云。復齋吾之師。高山嚴標致。僕嘗函丈聞。乞得四箴字。箴來任京華。登門願受記。復齋首肯之。贈言簡而毅。殺身可成仁。舍生甘取義。此生尚可輕。圭黍眇爵位。僕退書之紳。雋永言有味。是先生本復齋弟子也。又先生祭趙東巖文云。某也晚登門牆。辱憐樸拙。文席一違。歲簡四閱。似又及趙氏之門。然其題與輓詩標目皆未稱先生。則非其師也。其祭鶴山文云。某晚登門牆。辱窺小異。雖名位之不侔。偶襟期之胥契。又云。先生于僕非納交。僕于先生非借勢。且題云鶴山先生。則自列魏氏之門矣。于眞西山祭文。亦有幸鶴山之夫子。獨愛直而賞珍云云。

臞軒文集

終身求治。於學無得。是之謂不知本。究心于學。而不及見之設施。是之謂不知用。必其學日進于一日。而其治日新于一日。然後可以無負于聖經者矣。

刺經以作王制。非不知學也。而黃老清靜之習得以汩之。故文帝之治。知富而不知教。詔諸生論五經同異。非不知學也。而雜霸刑名之術有以錮之。故宣帝之治。見刑而不見德。

朝廷之意向不明。不足以新天下之精神。士大夫之議論不一。不足以新天下之耳目。夫子之教。如春風時雨之於物。隨其限量。各使之足其所欲焉。故其道之大。雖天下莫能容。而人心秉彝之不泯。當時之人已有日用而不自知者矣。其後漢儒得以周官一書從而附之。使禮樂之文爲制度。萬世而下。與先王建立民極之意。相爲流通而無間斷。此其憂世之心。雖夫子不得而絶之也。

胄子之教。所以見虞廷之泰和。魚麗之備。所以見周室之文物。觀司徒大胥之典。則知世之所以盛。觀六羽楹桷之書。則知世之所以衰。陛下儻欲禮樂之興。觀之經史足矣。以上丁丑廷對策。

君子立人之朝。其進以禮。退以義。如松栢之特立。如鳳凰之孤鳴。斷斷乎無所依憑附麗也。小人枉道以求合。苟有可以扳援者。疾趨而湊之。權臣用事則附權臣。婦寺有寵則附婦寺。近習得志則附近習。邪正之分。各以其黨。觀人之法。概見于斯。輪對第二劄。

惟天下之至廉者爲能貪。惟天下之至怯者爲能勇。帝居項氏于貪。而自處于廉。故彼之貪反爲我所利。帝居項氏于勇。而自處于怯。故彼之勇反爲我所敗。藏貪于廉。藏勇于怯。高帝之術神矣。

留侯之去。帝可以留而不能留。四皓之來。帝可以屈而不能屈。高帝之功名事業於是乎終矣。

以上帝論。

人君能格物致知。正心誠意。就道親賢。問之辨之。以明所未明。篤志勵行。精之一之。以守所難守。私心邪念。一切屏除。天理昭融。内明外映。杲日中天。群陰自伏。此二帝三王所以中天地而立極也。

天下之事。最不可以有心爲之。有心于用其剛。則剛者狎之招也。有心于用其察。則察者欺之本也。是故惟天下之至柔者爲能剛。惟天下之至寬者爲能察。以上文帝論。

人必有大患難而後有大植立。有道之士。履坎險如夷塗。遭變故如無事。存神于我而榮辱得喪所過者化。如太虛之一塵。必如是而後可以爲窮理盡性之學。論賈誼。

司馬遷以黯爲鄭當時之流匹。故作汲鄭傳。而班固作公孫弘等贊又曰。質直則汲黯卜式。以余觀之。鄭當時雖有推轂薦士之能。然在朝則趨和承意。不敢甚斥臧否。視黯之正直不阿。烏能無愧。卜式以財利得幸立朝。大節寂然無聞。而固乃以黯與二子者並稱。是黯之生不見知于武帝。而死又受誣于遷固也。

坤。臣道也。六二。臣之正位也。聖人以直方大言之。夫臣道以直方爲上。必欲以大居之。而後直不至于抗。方不至于褊。此坤之所以盡臣道。而居大臣之位者所宜法也。黯之爲人。面折不能容人之過。合己者善待之。不合者不能忍。是其淺中之説㊀已無以爲功業之地矣。觀其見丞相不拜。見衛將軍不拜。固其所自負甚高。蔑視王公而不爲傲也。然至于恥居弘湯之下。遽發積

㊀「説」當作「失」。

薪之言。出守淮南。愠見顏色。則多見其量之不宏也。以上論汲黯。

荀卿。學孔氏也而是桀跖。賈誼。明王道也而習申韓。黄老何人。而史遷以之先六經百家。七略何書。而劉向父子以之俎豆于吾儒之列。此皆不足深惜者。而醇儒如仲舒。猶不免議。信矣。必純乎爲孔孟之學。而後可以言正人心。論董仲舒。

韓昌黎不以千室之邑鄙潮人而爲之立師儒之職。柳河東不以九夷之居陋柳人而爲之新先聖之祠。厚之至也。今潘侯以鄒魯待儋人。而儋人亦以鄒魯待其身。意度休美。追二公而躡其蹤。昌化軍修軍學記。

仁首五常。元包四德。爲天地心。爲生民極。愛民以仁箴。

奢從儉難。儉入奢易。帝其念哉。愼終如始。律身以儉箴。

直諫宜容。邇言宜察。公道一開。下情斯達。聽言以公箴。

本心日月。利欲食之。大道康莊。偏見窒之。惟公生明。偏則生闇。存心以公箴。

名譽之來。有道所忌。守謙之一。有益之四。不然何六爻無凶辭。不曰吉。則曰利也。謙齋銘。

殖乎德。其久也斯穫。殖乎學。其成也罔覺。惟孝惟友。曰義與仁。爲吾殖之本根。培之溉之。務滋于厥身。外忽內慾。吝容驕色。爲吾殖之蟊賊。夷之薙之。毋害我稼穡。行有餘力。乃藝文囿。惰農自安。胡取禾三百廛。晝斯宵斯。眞積力久。厥報維何。自今以始歲其有。殖軒銘。

硯則必端之求。友則不端之取。甚至于外無潤身之容。中無介石之守。見此石。君亦顏之厚。

端硯銘。

胸中正則眸子瞭焉。其覽汝也。貌悦身閒。胸中不正。眸子眊焉。則其覽汝也。顔如渥丹。是則汝爲吾之畏友。豈但正吾之衣冠。鏡銘。

附録

爲正字日。因輪對。遂及故相史衛王擅權事。理宗諭止之。先生抗聲曰。陛下一則曰衛王。二則曰衛王。何容保之至耶。上怒不答。徑轉御屏曰。此狂生也。其正色直言。無所回撓。類如此。

補 熊竹谷先生慶胄

梓材謹案。建寧府志有熊夢渭字竹谷。潛心問學。不求聞達。夢渭當是先生之字。竹谷其别號也。又案。先生有祭蔡覺軒文。又爲哀辭云。豫章熊某。其同門壻也。是有世舊。哀有甚焉。思昔求道未獲。蓋將以紫陽之敬程子者請事于左右。先生曰。子知言也。益友也。奚師之足。云以師事節齋。故有世舊云云。

附録

熊勿軒跋竹谷文集曰。公生平精力。于三禮通義。春秋約説。中興三朝通略用功最久。又有大學中庸緒言。易經集傳。采詩小紀。史學提綱等編。悉燬于丙子兵難。

又曰。公少以禮記决科。于禮學尤精博。嘗謂國家設科當以儀禮。不當以禮記。游丞相克齋。牟左史存齋。皆欲以公經學薦。聞辭不就。蓋公平生潛心問學。不求知聞。蚤受學于節齋蔡先生。與徐進齋蔡覺軒詹敬齋翁思齋爲同門友。所造既深。自任之意彌篤。後登眞西山劉靜齋之門。尤見器重。壯歲卽棄科舉。一意通經博史之學。

又曰。公歲收不上三百石。捐其半。創敬思齋以訓後進。立孝永莊以賑饑貧。見後進有嚮學者。必諄諄誨誘不倦。士友登其門。必竭力館穀之。雖屢空不顧也。

補 通判徐進齋先生幾

梓材謹案。王實齋誌蔡節齋墓云。女七人。適楊至。劉端。江漸。王聖舉。徐幾。楊端。余賢仲。皆其壻也。則先生以節齋之壻而及其門者矣。

附録

劉須溪序王梅浦尚書纂傳曰。每憶咸淳初諸老薦徐幾經筵第一。義論人心道心。以爲人心惡。幾也。余歎曰。有是哉。以其在理慾之閒也故危。概以爲惡則過矣。亦何所附麗以爲道心哉。侍御史陳千峯聞吾言。是之。幾以是論去。又數十年。過金陵。入明道書院。讀眞西山所記。記首之語。則亦幾説也。蓋駭然爲之愧悔自失。是幾亦有所本也。懼哉。以此明民猶有出于金口木舌之外者。故知食不厭精。膾不厭細。君纂傳多西山氏已得。彼復遺此耶。或謂君有功于纂擇政在此。

侍郎陳習庵先生塤別見慈湖學案補遺。

太學盧玉溪先生孝孫

盧孝孫字新之。貴溪人。受業眞西山之門。嘉泰閒。舉進士。爲太學正。淳祐初。上幸太學。獻所編四書集義。學者稱爲玉溪先生。廣信府志。

附録

張萱曰。先生取考亭語録文集爲四書集義。又病其博而未精。于是復爲集略。芟繁撮要。深寓反約之意。

文清湯東澗先生漢詳見存齋晦靜息庵學案。

縣令趙先生時棣

趙時棣字宗華。王臞軒鄉友也。西山再守温陵日著政經。臞軒時分教睢邸。先生爲法曹。朝夕相與。親炙琴瑟書册之側。遂得此經。先生令大庾。鋟梓縣齋。王臞軒集。

校書周穎齋先生天驥

周天驥字子德。永豐人。淳祐進士。授校書郎。嘗從眞文忠公學。文忠爲作穎齋爲學二記勉之。人物志。

安撫宋先生慈附子國寶。大□㈠。秉孫。

宋慈字惠父。建陽人。少聳秀軒豁。師事考亭高第吴雉。又徧參楊方黄榦李方子二蔡淵沈。孜孜論質。益貫通融液。暨入太學。眞西山衡其文。謂有淵流出肺腑。先生因受學其門。嘉定丁丑中乙科。調鄞尉。未上。後歷官知廣州廣東經略安撫。卒于官。子國寶。大□。鄉貢進士。秉孫。正奏名。皆力學。劉後村集。

詹敬齋先生樞別見滄洲諸儒學案補遺。

朝請李洞齋先生遇

李遇字用之。自號洞齋。閩縣人。渡江名儒迂仲樗之從孫也。與劉後村同受業于西山之門。淳祐甲辰進士。官至祕書少監朝請大夫。嘗論内治。于君子小人近習女寵斜封内降。辭嚴氣勁。端嘉以後。能言者不能加也。劉後村集。

㈠「大□」當爲「國子」。下同。

附録

劉後村跋西山與用之書曰。右西山先生與洞齋李公問答一卷。當先生自禮侍免歸也。流言方讙。後禍叵測。其所交游。過于避就。洞齋乃于是時從先生講學質疑。執弟子禮。後先生召歸。亦不翕翕趨附。方以格領縣令。先生殄瘁。宰木已拱。門人或更名他師。洞齋顧收拾其寸簡隻字。如襲珠璧。彼貴則合。賤則離。死而遂背之者。聞風宜少愧矣。

儒林龍先生崇

龍崇字邦之。雲濠案。一作升之。永新人。出眞西山之門。以薦預修中興政要。人物志。

雲濠謹案。萬姓統譜言。先生讀書好著述。嘗遊眞西山楊東山之門。陳愷帥九江。重加禮聘。遂建永新城築之。人民賴以爲保障。官轉儒林郎史館校勘。卒于京邸。

林先生存

林存字以道。閩縣人。眞西山弟子。儒林宗派。

教授林先生德甫

林德甫。三山人。受知眞西山。結交湯仲能及其從子伯紀。梓材案。原本以伯紀爲仲能弟。蓋校蒙齋集者因宋史而誤改之耳。其赴京學教授也。袁蒙齋作序送之曰。西山于人無不容。其敬德甫也獨異衆人。

仲能伯紀繩尺甚嚴。非言與行副知恥自重之士不深交也。余以是知德甫必有以取重于師友者矣。袁蒙齋集。

呂先生仁

呂仁字山甫。永豐人。與兄仲甫平。並從眞西山于粤山精舍。而相與講學焉。西山于其歸也。易以敬之一言。而一曰敬伯。一曰敬仲云。西山文集。

學士金先生南美

金南美字儀叔。安鄉人。風采端凝。博學而文。端平乙未進士。時眞西山知貢舉。器重之。官至翰林直學士。制誥多出其手。湖南通志。

知州王先生在

王在。武陵人。治周禮。端平初。眞西山知貢舉。擢冠本經。成進士。後攝施州。城陷死之。一統志。

趙隨齋先生師宰

趙師宰字牧之。號隨齋。居天台臨海。登眞西山門。學墨竹得徐興之妙。見稱于人。圖繪寶鑑。

詹先生何

詹何。西山之甥。字功甫。曰。吾將以法蕭何也。西山謂。學者當求道而不計功。聞昔楚有隱者與其氏名同。更字曰宗楚。而取其治身之言而服膺之云。西山文集。

別駕陳先生瑢別見慈湖學案補遺。

陳先生適

陳適。西山邑子。爲書課程。其于學不以西山存亡爲勤惰。劉後村集。

常博鄭苔泉先生□

鄭□號苔泉。官常博。其卒也。劉後村祭之云。自漢以來。士以藝取。童而習者。不出科舉。鈔誦帖括。絺繪雕蟲。芻狗既陳。叩之空空。君則異是。網羅貫穿。手不釋卷。亦不退轉。衆作萎薾。君獨老蒼。它人衰竭。君愈激昂。早列西山文字之籙。中入秀巖筆削之局。使之騰上。鼓舞雷風。炎紹汪綦。乾淳周洪。挾負奇崛。寡諧多迕。暫牧揭陽。俄謫横浦。又云。昔在㊀老師。高第詵詵。歲月電往。存不數人。前誅洞齋。未平幽憤。奈何又傳。苔泉凶問。劉後村集。

羅先生知古

羅知古。温陵人。劉後村與之同受學西山。同宰邑建溪。劉後村集。

㊀「昔在」當爲「在昔」。

黄止堂先生□附族子梓。

黄□號止堂。劉後村與之事西山同門。事理宗同兩省。凡一言一語。後村誦之終身。族子梓字順父。官福清尉。親受先生耳提面命。順父涖官。邑人目爲清尉。其大節甚似先生。劉後村集。

正字李先生以稱附詳廣平定川學案。

□先生仲晦

□先生茂功合傳。

□仲晦。茂功。皆西山門人。西山爲天下文章宗師。而州家箎記獨屬之仲晦茂功。其言曰。再留泉一年。無所獲。惟獲二儁士。仲晦嘗獻四規。西山至欲銘之楹。劉後村爲徐國録跋西山帖謂。仲晦方牧南郡。茂功猶待禮部試云。劉後村集。

司户黄先生□

黄□。官司户參軍。眞文忠之徒也。史文靖嘗遺褱閫書云。語其才力。宜非永國所棄云。任松鄉集。

馬氏同調

將作趙先生與琇

趙與琇字器道。□□人。爲建康府司理。盡心推鞫。多所平反。時馬光祖以閫兼守。號一代吏師。僚屬擬筆。多不當意。獨以先生爲難。改秩知瀏陽縣。通判紹興府。除將作監卒。姓譜。

總幹唐容齋先生廷瑞

唐廷瑞字君祥。號容齋。歙人。寶祐進士。特奏名。授福州文學。轉遷遂安簿。勸農桑。興教化。簡獄訟。知郡錢可則辟入議幕。漕使魏克愚聘充試官。所拔皆時儁。參政馬光祖辟充齊安庾曹。仍延入幕府。多所建明。試兩浙漕。又以尚書預薦。官至總幹。乃老。蚤孤。事母至孝。有容齋雜著十卷藏于家。歙縣志。

朝請陸先生夢發

陸夢發字太初。歙人。凡書過目成誦。尤深于春秋。登寶祐四年第。充江東安撫司幹辦公事。時馬光祖爲安撫使。委決所部事。悉依經傳律。裁決如流。深敬異之。改知溧陽縣兼淮西餉管。榜開閉糴。民得無飢。省惜浮費。率充軍實。太傅趙觀文薦于朝。特授臨安府左廂公事。條奏私鹽之弊。轉太府寺丞。時有蔡御診者。罪當誅。遁入海拒命。有旨令率兵討捕。朝士多危之。先生歎曰。既爲臣受命。當致身而已。既至。軍失利。歿于王事。賜銀絹葬儀。贈朝請大夫。所著有烏衣集。圻南集。曉山吟稿。歙縣志。

忠愍同調

補 忠公劉先生漢鼎

附録

任松鄉題劉忠公諫草後曰。清議有益于人之國乎。世無忠公一疏。則父子之道幾絶。壯矣哉。然淮蔡功成。舊恥亦雪。衮衣未歸。處置未定。而其人竟失終身之節。天乎。吾固惜其材之未盡施。而忠公之氣則已伸矣。

王氏講友

隱君方聽蛙先生審權

方審權字立之。莆田人。家積書甚富。環居有田數畝。每歎曰。吾耕讀于此。足了一生矣。與劉後村克莊王臞軒邁相友善。著有聽蛙集。福建通志。

附録

劉後村誌其墓曰。後進視君猶大父行。然君上接而下扶。屑教而善誘。士者尊之。

王氏同調

朝請林先生蒙亨

別見龜山學案補遺。

方氏先緒

方梅窗先生應龍

方應龍字梅叔。以字行。莆田人。少受知于叔祖少卿。銓仕衡陽日。先生以子弟爲賓客。自書札外。未嘗毫髮預他事。少卿去衡。先生以衡人士多執經受業于其門者。不忍舍其師去。相率裒金買宅一區以家之。暨返故居。出所貯蓄。市田園以供粢盛。晚以梅窗居士自命。卒年六十七。王臞軒集。

虛谷先緒

方先生瑑

方瑑字元圭。歙縣人。虛谷之叔。又其師也。少豪俠不羈。治小戴禮。有聞于范鍾奚若賓。記問淹貫。精詩粹文。有南渡遺風。與四明張居卿最厚善。嘗爲學諭。方桐江集。

忠愍家學

忠翊徐先生元得

徐元得字耕道。上饒人。自衢徙而居世黄塘。先生忠愍從弟也。當忠愍時。四方宦學之士無不願登其門。先生攜超穎之質。入則與二季端友龍圖立大侍郎綢理書疏。出則與趙茂實尚書徐景詵㈠祕書輩商略義理。及既不得志場屋。而遊則與揚州李制置江州趙安撫之徒講畫籌策。游倦而歸。則與蜀郡楊參預天台葉集賢諸公攷問故實。聲漸氣摩。意喻色授。不勞而成良器。嘗奉檄築懷遠軍城。補進義㈡副尉。累轉進武校尉。又五轉自承信郎至忠翊。歸傍鄉井。既而避地于饒德興之宗儒村。宗儒有王氏。故大家。能以禮館穀。學徒爲之塡委。會李制置弟宰祁門。復招遊祁門。爲刊所爲詩曰横塘小草。晩而益貧。歸横塘。課子讀書。督奴灌畦。閒暇惟與宗族鄉黨相唱和。戴剡源集。

臞軒門人

方先生棐

方棐。梅叔子。臞軒之徒也。梅叔卒。請銘于臞軒曰。求夫子之文。刻墓石以傳。則先君爲

㈠「詵」當爲「説」。
㈡「義」當爲「勇」。

不朽矣。王臞軒集。

熊氏家學

參軍熊勿軒先生禾

詳見潛庵學案。

梁氏家學

奉議梁端懿先生百揆

梁百揆字宗盛。番愚人。仲欽子。少謹厚。苦志力學。登嘉定十年進士。初授從事郎太學録。晉符璽郎。歷奉議大夫。立朝侃侃。以直諫忤時。未幾。史瀰遠矯詔廢立。遂引疾乞休。退隱禺山。闢異端。彰聖學。有功名教。學者稱爲端懿先生。廣州鄉賢傳。

西山私淑

劉樸谿先生承

劉承號樸谿。爲建寧學正時。得西山所編中庸大學。鋟之梓。惟論孟二書闕焉。扣之庭聞。則云已經點校。但未編集。先生謂。讀書記中所載論孟處。與今所刊中庸大學凡例同。其他如文集衍義等書。亦有可采摭者。因彙集成書。凡五閱月而帙就。又五閱月而刊畢云。經義考。

謝先生侯善

謝侯善序西山四書集編後云。得西山手澤于夏獻之遺。亟命工刊之于郡庠。經義考。

梓材謹案。西山子志道爲學庸集編後序稱。郡博士謝君來請甚勤。且曰。刊之泮宫。俾家有其書。人傳其學。豈不公溥。志道有感其言。遂出授之。且著其説于下。方使得此書者。必深思而力踐之。斯爲善讀。庶亦不負謝君私淑之意。謝君。莆之名士。于斯道有聞。故于學政知所先務云。當即先生。

州守黄先生巖孫

黄巖孫字景傅。惠安人。寶祐進士。授仙溪尉。一以義理之學爲政。先是。段全凌景陽尉仙溪。先生作思賢堂。且記曰。事俗而不自爲俗者。學充于事也。官卑而不自爲卑者。人大其官也。咸淳中。知尤溪縣。新南溪書院。建四齋及講堂。以棲學者。疏朱子太極通書西銘解三篇。及其與問答語。凡諸儒之説。申以己意。會粹成編。名曰輯解。尋守福州。校刊眞西山讀書記。學者宗之。道南源委。

漕舉陳古愚先生仁子附門人李槮宣。譚以則。

陳仁子字同倩。號古愚。茶陵人。咸淳十年。漕試第一。宋亡不仕。著有牧萊脞語十二卷。其門人李槮宣編二稿八卷。其門人譚以則編先生嘗編文選補遺四十卷。排斥蕭統。蓋私淑眞西山文章正宗之説者。其云補文選。不云竟以廢文選。使兩書並行。各明一義。用以濟專尚華藻之偏。

亦不可謂之無功云。四庫書目提要。

梓材謹案。一統志載其宋末薦舉。不仕于元。營別墅于東山。博學好古云。

知州方虛谷回

方回字萬里。一字囦甫。號虛谷。歙縣人。穎悟過人。倜儻不羈。善詩文。爲隨州教授。呂師夔提舉江東。辟充幹辦公事。賈似道喪師後。萬里上書。數其罪有十可斬。又泣言。賈似道與其客廖瑩中皆當卽誅。出知建德府。宋亡入元。累遷通議大夫。致仕歸。所著有碧流集。桐江集。讀易釋疑。易中正考。尚書考。儀禮考。皇極經世考。古今考。曆象考。衣裳考。玉考。先覺年譜。名僧詩話若干卷。及宋季雜傳。歙縣志。

梓材謹案。虛谷知嚴州。降元。以爲建德路總管。故每爲謝山所詆。

雲濠謹案。戴剡源集齊東野語序。方使君詩序。桐江詩集序。弁陽詩序。紫陽方使君文集序。皆爲虛谷作也。

方桐江語

近世以老莊注易。以六典傳尚書。以三禮箋詩。以司馬法釋周禮。以災異讖祥說春秋。以鄭衛淫聲制樂。眞學者之大不幸也。

禘者。推其祖之所自出之帝。以其祖配之。祭于廟。則與郊祀天不同。而郊祀后稷以配天。所配者乃昊天上帝之天。非有所謂感生之蒼帝也。宗禮文王于明堂以配上帝。所配者卽昊天上帝之帝。亦非汎配青赤黄白黑之五帝也。郊以天言。則圜邱露祭。與天相接。故配之以開國之祖。尊之也。明堂以帝言。則屋下之祭。天之神若王者云者。以有天下之祖配之。亦尊之也。曰嚴父云者。以周公制禮時言之。故因周公而係文王曰父。雖成王康王以下。亦皆以文王配帝也。其或曰成王則以武王配。康王則以成王配者。乃後世拘嚴父之文。各私于其父。而曲證互取以成此説。其實非也。禘祫及感生帝説。

文公成公于思無邪各爲一説。前輩謂之未了公案。詩三百。一言以蔽之曰。思無邪。今皆謂作詩者思無邪。文公獨不謂然。論語集注謂。凡詩之言善者。可以感發人之善心。惡者。可以懲創人之逸志。觀此固已爲詩之言有善有惡。作詩之人不皆思無邪矣。猶未也。文集第七十卷讀東萊詩記乃有云。孔子之稱思無邪也。以爲詩三百篇勸善懲惡。雖其要歸無不出于正。然未有若此之約而盡者爾。非以作詩之人所思皆無邪也。今攷東萊所説。見桑中詩後。謂詩人以無邪之思作之。學者當以無邪之思讀之。文公則辨之曰。彼雖以有邪之思作之。而我以無邪之思讀之。二公之説不同如此。又雅鄭二字。文公謂。桑中溱洧卽是鄭聲。衛樂二雅乃雅也。成公謂。桑中溱洧亦是雅聲。彼桑閒濮上已放之矣。予嘗詳録二先生異説于思無邪章。今魯齋但紀文公之説。而不紀成公之説。惟引成公讀詩記所説十有三條。而桑中詩後一條不録。無乃以文公之説爲是耶。竊謂桑中溱洧非淫奔者自爲之詩。彼淫奔者有此事。而旁觀之人有羞惡之心。故形爲歌詠。以刺譏醜惡。若今鄙俚如賺如令。連篇累牘形容狹邪之語無所不至。豈淫者自爲之乎。旁觀者爲之也。文公以淫奔之詩出于淫奔者之口。故不惟不信小序。而大序止乎禮義之言亦致疑焉。蓋謂桑中溱洧等作未嘗止乎禮義也。予妄意以爲。採詩觀風。詩亦史也。鄭衛之淫風盛矣。其國豈無君子與好事者。察見其人情狀。故從而詠歌之。其所以詠歌之。蓋將以揚其惡。雖近于戲狎。而實亦足以爲戒也。文公以爲淫奔者自爲是詩。則其人亦至不肖大無恥矣。惡人之尤也。聖人何録焉。成公謂。詩雅樂也。祭祀朝聘之所用也。桑閒濮上之音。鄭衛之樂也。世俗之所用也。桑中溱洧諸篇。作于周道之衰。雖已煩趣。猶止于中聲。孔子嘗欲放鄭聲。豈有删詩示萬世。乃收鄭聲以備六藝乎。此説不爲無理。而文公則謂。鄭風衛風若干篇卽是鄭衛。大雅小雅若干篇卽是雅。二南正風。房中之樂也。二雅之正。朝廷之樂也。商周之頌。宗廟之樂也。變雅無施于事變。特里巷之歌謠耳。必曰三百篇皆祭祀朝聘之所用。則未知桑中溱洧之屬。當以薦何等之鬼神。接何等之賓客耶。此二説者。内翰尚書王公應麟與予一商略之矣。作詩不皆無邪。文公糾成公之説也。因是遂辨雅鄭二字。而及于三百篇。或用爲樂。或不用爲樂。三節不同。所以謂之未了公案。學者不可不細考也。王魯齋詩可言集考。

道一而已。而物有萬。古聖賢之學不專在語言文字。日月星辰與天爲體。運而不已。山川草木與地爲體。生而不窮。言語文字與聖賢爲體。傳而不朽。體物也。所以用之者道也。道不離物。易究休咎。書紀治亂。詩美刺。春秋褒貶。三禮辨上下。論專言仁。孟兼言義。皆以語言文字與道爲體。其妙用所在一而已。一者何。道是也。然則何道也。天地之心耳。此之謂道。而以其道用乎日月星辰山川草木之物。故曰道不離物。聖賢之心。欲使千萬世之人爲善不爲惡。以復其有善無惡之性。則不容不著之書。此語言文字所以爲斯道有形之體。而無形之道所以用乎有形之體。而寓于言語文字之中也。顧可忽諸。應子翱經傳蒙求序。

漢董唐韓明道正義之策。原道原性之篇。超越諸子。斯教矣。斯學矣。然未也。宋儒歐陽文忠公文章第一。范文正公事業第一。司馬文正公踐履第一。然亦未也。王半山申韓而佛老者也。蘇長公儀秦而佛老者也。黄與陳李杜而佛老者也。其人品非不高。而道則皆未也。然則人心之天可泯乎。世無復孔子矣。豈無復孟子乎。孔孟之不傳有人焉。其求諸極圖通書定性傳易正蒙經世之作乎。雖河洛門人間有雜于禪者。幸楊龜山得之程。而延平傳朱文公。五峯傳張宣公。幸吕滎陽得之程。而家學傳小東萊吕成公。宣公成公年不及艾。文公雖罹黨禍。其所著書與周元公以來諸書並存。植綱扶常之教。率性立命之學。萬世有賴黄勉齋蔡元定羽翼其教。斯學也。李公晦年譜陳安卿字義發明其教。斯學也。眞文忠公集及大學衍義讀書記類聚言仁學也。魏文靖公集及九經要義十七家周易集義學也。捨是而他。近世解省經賦非學也。宏博制詔非學也。趙雪秀劉潛夫之詩歌非學也。陳同父葉正則之議論非學也。陳祥道鄭漁仲之類聚非學也。晏叔原秦少游辛幼安姜堯章之長短句非學也。張子韶以至二陸楊袁直入頓悟祖磨宗能非學也。草木蟲魚訓詁非學也。江河鳩鴿形聲非學也。塗亞爲戲。軋茁爲工。震寒札洪爲癖。皆非學也。清惇紹熙豐。京卞誤宣靖。秦檜和議。侂胄開邊。彌遠廢立。嵩之出師。似道公田關弊。欺孤弱寡。趨而和之。參樞侍從。皆不學之小人也。嗚呼。人心其果不古乎。穴槐君臣。銜蘆兄弟。人而反不如物乎。送白廷玉常州教授序。

力學衰猶進。治生晚不讎。操心元自定。忤俗果何由。塗抹餘千紙。浮沈等一漚。忍窮兼忍㊀辱。失笑未包羞力學。

玩透羲爻未畫前。今時天卽古時天。回空其庶亦其庶。軻死不傳焉不傳。積憤淫傷詩未削。暗籌微婉史誰編。繼周百世民彝在。豈爲興亡有變遷有感。

附録

其自述曰。八叔父瑑教以至於成。

又曰。不專爲科舉之學。學性理自眞西山讀書記入。學典故自呂東萊大事記入。學五七自張

㊀「忍」當爲「耐」。

苑邱人。學四六自周益公入。而時文之進。自州教授天台諸葛公泰始。

梓材謹案。桐江爲先君事狀自述又云。年二〔一〕十九見知于左史吕公午。年二十四見知于丞相程公元鳳。年二十五見知于端明洪公勳。參政饒公虎臣。詩人亦山鄭公會。年二十六見知于郡守府卿魏公克愚。郡倅應公彌正。郡糾常博張公汝諧。年二十九見知于秋崖方公岳。踰三十。觀文趙公與簉。提舉金公文剛。江閫馬公光祖。尚書吕公師夔。制帥吕公文德。禮侍劉公震孫。相次見知。又云。公年三十六。別院省試。丞相馬公廷鸞賞其義。丞相章公鑑取其策。廷試。丞相文公天祥制帥趙公日起參政常公挺爲考官云云。則桐江之受知者多矣。惜其未副所知也。其挽丞相馬公詞跋語自署門生。其寄題朱信州自閑堂詩云。吾師魏華父。庵以自爲名。自庵有類稾。其文世盛行。又讀魏鶴山先生渠陽集五首之一云。登門四十九年多。細讀公書百遍過。今歲摘鈔靖州作。遯翁堪配不傳軻。原注云。回壬子年二十六。靜齋先生知徽州。十二月。先生以回詩請入書院。是桐江由靜齋而私淑鶴山也。

其自序桐江續集曰。予之讀書。五經一聖之言以爲律令。九賢之言以爲格式。申明天下之書。無所不讀。以爲斷案。五經者。易書詩春秋三禮也。一聖者。孔子也。九賢者。周之四子顏曾思孟。宋之五子周二程張朱也。天地人物。有理有氣。有性有情。故有正必有變。五經一聖九賢之言。所以扶正而馭變者也。予讀易而知陰陽大化有正有變。生必有死。存必有亡。于進退得喪。勿競勿懾可也。讀書而知禪讓之典謨。征伐之誓誥。九德之剛柔。三仁之去就。有正有變。亦各自靖自獻可也。讀詩而知君臣父子夫婦朋友人倫之閒有正有變。樂不淫。哀不傷。怨不亂可也。

〔一〕「二」當作「一」。

讀春秋而知天子諸侯大夫陪臣内夏外夷之名分有正有變。權善惡。衡是非。正其誼。明其道可也。讀三禮而知尊卑上下。等衰隆殺。以節天理之正。以防人情之變。由今之變。返古之正可也。蓋人性無不善。道體無不該。自伏羲始作一畫。以至二帝三王之君之臣世守之。未嘗不明不行。至周之末。靡正不變。而幾于不明且不行矣。孔子雖不能行。賴孔子之言正其變而復明。孔子之言。賴顔曾思孟而益明。更秦涉漢歷唐。荀董揚韓。醇疵莫掩。不行之害小。而不明之害大。賴宋有周子二程子張子而復明。王氏之學。分裂宇宙。塗炭生靈。其後高者入虚。卑者入陋。賴吾州子朱子力正其變而又大明。曰無極太極。曰道心人心。曰天命之性氣質之性。曰命。曰氣。曰仁。曰誠。曰中。曰敬。曰陰陽。曰鬼神。曰五經之精。四書之藴。吾儕小生得以坐享其成説。于是塞門反坫之功利。摩頂惜毛之仁義。乞鄰證父之賣直。避兄離母之沽名。棄灰徙木之威信。減竈糞金之戰攻。非馬有毛之辨説。專氣寓言之虚寂。皆已截然限隔于區域之外。等而下之。□兹丘區之訓故。尸解羽化之方書。紫色䵷聲之制度。赤制白水之圖讖。箕張鞭算之貨財。鈎箝羅織之刑法。非鬼越望之望㊀祀。下里巴人之音律。覩史㊁楞伽之梵唄。陽平都功之符咒。至于近世。譯經玉清之官職。天書神霄之祥瑞。西崑龍蟲之歌詠。札闥軋茁之詞采。國服爲息之政事。偏傍字

㊀「望」當爲「祭」。
㊁「史」當爲「決」。

說之場屋。黨碑邪籍之紹述。忘君事讎之和議。棒喝頓悟之心法。金鐵一鍋之史學。變愈下而正愈湮。蠱人心而否世運。惟此之所恃于五經一聖九賢者。已確乎其不可拔。則彼皆吾道之罪人。又豈容一毫可以侵入吾矩度之内。若是則天下之書其可讀者亦少矣。此予之讀書法也。

劉氏家學

縣丞劉先生漢儀

別見九峯學案補遺。

劉氏門人

帥幕陳南墅先生策（補）

梓材謹案。上虞縣志載先生云。潛心典籍。詞篇俱美。受知于馬申。特授中訓郎。主管制司機宜文字。

少卿孫先生子秀

別見嶽麓諸儒學案補遺。

方氏門人

户部戴剡源先生表元

詳見深寧學案。

俞先生師魯

俞師魯字唯道。婺源人。從方虚谷遊。虚谷送之以序。稱其性質超邁。學力精到。于書無不讀。躬行粹然。先世與文公同里閈。敘通家。淵源有自來云。方桐江集。

文肅柳靜儉先生貫

詳見北山四先生學案。

提舉程先生榮秀詳見介軒學案。

知州方先生中全

方中全。徽州人。知鹽官州。親傳虚谷之學。陳定宇集。

教諭王先生彌道别見滄洲諸儒學案補遺。

西山續傳

補 教授王梅浦先生天與

雲濠謹案。四庫全書著録先生尚書纂傳。提要云。是書雖以孔傳孔疏居先。而附以諸家之解。其大旨則以朱子爲宗。而以眞西山説爲羽翼。蓋諸子攷論羣經。以書屬蔡氏。故梅浦以蔡氏傳爲據。西山則書説精義以外。復有大學衍義一書。所言與虞夏商周之大經大法多相出入。故梅浦亦備採之。其注疏或删或存。亦以二家之説爲斷。自序所謂期與二先生合而已。不敢以私意去取。蓋道其實也。所説于名物訓詁多有闕略。而闡發義理則特詳。亦王元杰春秋讞義之流亞也。

忠亮趙先生璧

趙璧字寶仁。懷仁人。世祖爲親王。聞其名。召見呼秀才而不名。賜三僮。給薪水。命后親製衣賜之。視其試服不稱。輒爲損益。寵遇無與爲比。命馳驛四方。聘名士王鶚等。又令蒙古生十人從先生授儒書。敕先生習國語。譯大學衍義。時從馬上聽其陳説。辭旨明貫。世祖嘉之。累拜平章政事。卒贈大司徒。謚忠亮。元史。

朝列趙先生思恭別見魯齋學案補遺。

承旨李先生好文別見伊川學案補遺。

郎中吴先生師道詳見北山四先生學案。

王氏講友

教授彭集齋先生應龍

彭應龍。安福人。宋江陵府教授致仕。姓譜。

梓材謹案。先生號集齋。王梅浦自序尚書纂傳言。偕其子振求是正于先生。又言。先生以是經擢巍科。視富貴如浮雲。不鄙末學。是講是迪云云。崔君舉後序則謂。晚又得鄉先生彭集齋往復考訂。無復遺憾。首尾十餘年而後就云。

集齋遺文

書由伏傳孔注。若疏至近代博矣。唐虞三代遼哉邈乎。上溯三千五百餘年。而聖賢心至今猶在者。書在焉故也。書藴奥難見。而庶幾可探討而見者。諸家説在焉故也。如余習讀時。尤愛鞏氏鈔東萊説。開卷初首。引伊川發明欽字義。以爲理學精微。當年闖自伊洛。後讀書者。如欲求書旨到親切的當處。舍是宜何折衷。久之。又讀紫陽西山二先生所考釋與所記衍。竊知其淵源上出伊洛之正。發經義理。惠淑後學。又至矣乎。惜其未成全書。于百篇或開繹之而未竟。微言粹旨之別見者。世亦莫有能考而會之一。尚書纂傳序。

彭氏家學

彭魯齋先生絲附弟齊叔。

彭絲字魯叔。號魯齋。江陵教授應龍之子。其弟齊叔。父子兄弟自相師友。博習修潔。俱以著述爲業。先生所著有算經圖釋九卷。黃鍾律説八篇。禮記集説四十九卷。又有易包春秋辨疑等書。姓譜。

禮記説

王制前言爵命田禄。中散言六官。末言養老。三者爲經。而中閒錯出數節爲緯。篇末自注前段義。王制。

喪服小記。苴杖竹也。削杖桐也。此記下云。絰殺五分而去一。杖大如絰。謂斬衰首絰九寸。要絰殺于首五分去一。計七寸五分寸之一。苴杖之大亦如之。齊衰首絰七寸五分寸之一。要絰殺于首五分去一。計五寸二十五分寸之十九。削杖之大亦如之。喪服小記。

絲屬而不周曰紕。被飾而過實曰繆。大傳。

訾度長者衣物不敬。訾度他人亦涉揣量。且屑屑及是。抑末矣。少儀。

士不祔于大夫。而喪服小記言士祔于大夫則易牲者。彼謂無士可祔。故禮如此。

三禮圖注。褖衣當玄端處。生時玄端衣裳別。反㊀死而襲。玄端連衣裳。與婦人褖衣同。故雖男子玄端。亦名褖衣也。曾子議之者。非譏褖衣。譏用纁衻緣衣。纁衻是婦人嫁時之服。亦非裳衣。故曾子譏襲婦服。以上雜記。

非主人。謂齊衰以下之喪者非喪主也。如父在奔母喪。若奔祖父母喪。父爲主。已不爲主人也。則拜賓送賓皆父主之。故云主人爲之拜賓送賓。奔喪。

案。孔氏説去其半。意專指緦。朱子謂。緦十五升。抽去其半。則小功十二升。其縷反多于緦。有所不通。蓋此去其半之文。雖在緦麻十五升下。其實斬齊大小功升數俱是去其半。斬衰三升。抽其半止百二十縷。齊衰四升。抽其半止百六十縷。以漸至緦十五升。抽其半止六百縷。凡五服精粗輕重之等。無不順序。孔序所云朝服。及今傳深衣。皆十五升。不去半。計一千二百縷。

除服先重者。卽男子先除首。婦人先除帶也。易服易輕者。謂前喪爲後喪所變。男子得易要帶。婦人得易首絰。閒傳所言易服。皆是重喪遭輕喪之禮。至于輕喪遭重喪。則經文未載。今舉

㊀「反」當作「及」。

一條見例。假如初服齊衰之喪。又遭斬衰之喪。雖除下齊衰冠服。別制斬衰冠服。雖遇葬母亦服斬衰。如遇母虞祔練祥。又須著先所除下齊衰冠服。俟卒事仍舊著斬衰服。凡先遭輕喪。後遭重喪者。倣此。故喪服小記云。父母之喪偕。先葬者不虞祔。待後事其葬服斬衰。孔疏云。父母俱喪而猶服斬者。從重也。雖葬母亦服斬衰。若爲母虞祔練祥。皆齊衰。卒事反服重。以上閒傳。

吉服無頓著之理。故聖人爲是祥服與禫服。使之得以從容去凶就吉。其實三年之喪二十五月而畢。而加此兩月者。乃服已殺。又能引之使伸。于禮在凶與吉之間。二十五月者。喪之正服也。其喪後所服至二十七月者。孝子哀情未忘之餘服也。三年問。

宋元學案補遺卷八十二目録

宋元學案補遺卷八十二

後學 鄞 王梓材 慈谿馮雲濠 同輯

北山四先生學案補遺

北山師承

員外陳誠齋先生震

陳震。金華人。官國録。何北山早從之習舉業。程課若不得已。潛心義理。先生奇之。吴禮部集。

梓材謹案。金華府志載。先生爲紹熙癸丑陳亮榜進士。尚書屯田員外郎。

附録

北山幼時。從誠齋陳公震學。陳公奇之。有以達尊廉潔稱贊者。北山曰。廉潔乃士大夫分内事。何足爲高。陳益加歎異。他日。陳公嘗倣先天圖爲後天圖以示。北山曰。文王序卦。其次第必當有説。但今不可得見。雖先天有圖。可以倣倣。然先聖後聖。各有規模。必不規擬畫圖也。先天法象自然。不勞安排。而無所不合。所以爲妙。後天圖雖可倣此布置。但妨礙處多。只如十二辟卦。已不復有次第。今止可略見大概足矣。陳深以爲然。

勉齋門人

補 文定何北山先生基

雲濠謹案。先生卒于咸淳五年。國朝雍正二年。從祀孔子廟廷。

梓材謹案。先生所著。有大學發揮。中庸發揮。大傳發揮。易學啓蒙發揮。太極通書西銘發揮。近思録發揮。

何文定語

理者。乃事物恰好處。天地閒惟有一理。散在事事物物雖各不同。而就其中各有一恰好處。所謂萬殊一本。一本萬殊也。三聖所謂中。孔子所謂一貫。大學所謂至善。皆是此意。聖賢相去數百年。而謂以是傳之者。皆是做到此耳。然義理無窮。未易便到極處。則吾輩講學。正要相與合力精思明辨。討箇分曉的當受用處。又要各辦得箇耐煩無我之心。耐煩則不厭往復。無我則庶無偏私。縱有未明。雖十往反而不憚。如是則始得箇至當之歸。

辭受出處之際。當先致辨。不可挾古人之似。借以謀利。

廉恥一事。在吾道中最所當謹。豈有廉恥尚不知謹。而能明師道以淑人心乎。世衰道微。廉恥交喪。士大夫以講道論學爲梯榮干進之媒。理學之壇有市心焉。得非釋氏所云販佛者乎。

讀論孟集注

有一朋友言。愠作含怒。意固下得輕。然終有怒字在。不見君子氣象。惟訓悶字爲是。如南風之詩曰。南風之薰兮。可以解吾民之愠兮。暑氣何可怒。但令人悶耳。薰風則能解人之愠悶也。下文程子不見是而無悶。正此意。

愛之理是偏言之仁。心之德是專言之仁。孟子首章是專言之仁。故曰心之德。愛之理。此章孝弟是偏言之仁。故曰愛之理。心之德。其先後各有當也。

主一者。指示所以持敬之要。若止曰整齊嚴肅。則難捉摸。惟曰主一。則用力之方昭然易見。然所謂主者。靜固要一。動亦要一。朱子所謂身在是則心在是。而無一息之離。此靜中之主一也。所謂事在是則心在是。而無一念之離。此動中之主一也。若無適二字。則又是爲主一兩字再下注脚。謂如心在東而後移之西。又移之南。之北。則是靜不主一。他有所適。而非敬矣。又如本是一事。而復貳以二。又參以三。則是動不主一。他有所適。而非敬矣。主一自然無適。無適方爲主一。此兩語只是展轉相解。只觀程子主一之謂敬。無適之謂敬二語。敬之爲敬。可得而持矣。

文滅其質者。虚文勝而實德亡也。質勝而野者。有實行而無節文也。聖賢有見成之條法。不考之則無以爲入道之方。事物有當然之至理。不窮之無以爲明善之要。故雖盡力于孝弟謹信。待人接物之間。而不知毫釐之差。千里之謬。或以善爲之。而未必合天理之正。而不出于人欲之私。

甚則陷父爲孝。誤兄爲悌。無禮之謹。復言之信。汎愛而失於無擇。親仁而未必識仁。其弊有不可勝言者。是則無餘力而急于學文者。其害固大矣。有餘力而不肯學文者。其病亦豈小哉。

主者。謂凡事必靠這忠信爲本。而不容他有所之之謂也。夫忠者。發于心之實也。信者。見于事之實也。專以爲主。則其一言一動。一謀一爲。其始終表裏。無一不出于實。而虛僞之妄念。出而無所施于外。入而無所藏于中。自將消磨泯滅。而無妄之眞體。由是可以漸復。是乃思誠之機要。而作聖之階梯也。

程子曰。不誠則無物。物。事物也。惟誠則以實心見之實事。方可謂之有這物。若無這誠。則其所爲皆不出于中心之實然。謾試爲之。恰與不曾做一般。故曰不誠則無物也。且出入無時云云。豈復有物乎者。此申解上文不誠則無物之語也。蓋人心不測。乘乎氣而出入。其或存或亡。又無形影可以捉摸。惟主乎忠信。則此心便存。而事皆自此實心中發出。便是有物。若不主乎忠信。則方應此事。而心已他之。不主乎此事。而無復有其事矣。故曰豈復有物乎。然則主忠信者。非特爲善之實。亦存心之要。

天理節文。人事儀則。勉齋語録謂一句作體看。一句作用看。然又須參錯看。蓋天理節文。是體中之用。在體固有自然之節。然不因發見于外之文。則何以見其有節。故言節而併及于文。故曰體中之用。人事儀則。是用中之體。就用上看。固有燦然之儀。然所以有是條理者。皆原于自然之則。故舉儀而必本于則。故曰用中之體。蓋節與則俱體上字。文與儀俱用上字。此所謂參錯看。以上學而。

服勞饌食。養口體者也。柔順顔色。養志者也。不曰養志。而曰色難者。蓋愉色婉容。皆誠實之發見于外者。決非聲音笑貌之所能爲。必其愛之積于中者深。然後見于容色者始無一毫之不順。苟所以愛其親者有纖悉之未至。則形于外者決無愉婉之色。則事親者。其色豈非難乎。能盡此者。其于養志固有餘裕矣。聖人所謂色難者。惟體之而後知爲不易也。服勞奉養。固非愛親者不能。然愉色婉容。則無所不順。而心與父母爲一矣。豈得不謂之難哉。

深潛淳粹。此四字只是形容顔子資稟氣象如此。蓋雖一般聖賢。各自有資稟氣象。如湯武自有湯武氣象。文王又自有文王氣象。且以此深潛淳粹四字著在孟子身上固不得。便著在曾子身上亦不得。惟顔子便有此資稟氣象也。程子亦曰。顔孟于孔子。其知之淺深同。只是顔子尤温淳淵懿。近聖人氣象。延平之語與此大概相類。今且以顔子平日觀之。如不違如愚。于吾言無所不説。有若無。實若虚。此亦可以見也。深潛處。如三月不違仁。不遷怒。不貳過。又如程子言其如和風慶雲。此亦可見也。淳粹處。下面體段字粗説如骨骼字相似。猶兩人相比。甲人骨骼比乙人差小些子。此卽孟子具體而微之語。體段已具。猶曰骨骼四肢已圓全。但未與那人一般爾。

深潛淳粹四字。若分開看。深潛兩字便帶了知見意。淳粹兩字便帶了踐行意。

視所以章。語録謂。既以此觀人。亦當以此自考。此意亦緊切。

異端之害云云。人之攻治其説者。其蔽固之深者固無足論。其閒有高明賢智之過而亦學之者。

不過謂彼有所短。亦有所長。吾但取其所長。而去其所短。而不知本領既非。所謂善者非眞善。攻而治之。陷溺益深。爲害滋甚。故夫子斷以一言曰。斯害也已。而程子又謂。其近理者爲害益甚。尤當遠之。是皆聖賢推救焚拯溺之心。援學者于顛冥之地。其爲人切矣。居敬則無私心。而枉直無所蔽。窮理則有眞見。而枉直不難知。此合内外之道。又辨枉直之要法也。以上爲政。

文集有曰。禮正在恰好處。泝而上之則儉爲本。沿而下之則奢爲末。此語最爲分曉。流于末之奢。固不可。然安于本之儉。而不求到恰好處。亦非聖人本意也。

諂與敬不同。禮施于所當施則爲敬。禮加于不當加則爲諂。

竊詳管仲器小之説。集注局量褊淺規模卑狹二語。覺已盡其曲折。局量以資質而言。乃器小之本根。規模以施爲而言。乃器小之效驗。惟其局量之褊淺。所以規模之卑狹。下文説。不能正身修德。是指局量褊淺處。不能致主王道。是指規模卑狹處。大凡人惟見其大也。而後不肯安于小。管仲之所以小者。只爲不識其大。緣他資質本是凡近。而又無聖賢之學以充之。才雖高而識實陋。氣雖鋭而志實卑。所以局量容受不得。而規模恢拓不開。不過成就得些小霸業。以上更去不得了。夫子以小器斥之。可謂一言以蔽之。而朱子復明之以兩言。而器之所以小者無復餘藴。蓋局量褊淺者。器小之體。規模卑狹者。器小之用。欲識仲之爲器小者。觀諸此足矣。然亦須將此二語考驗管仲生平。方見得此二語説得他著。且如仲始與桓公講論治國。公辭以己要奢淫。恐妨爲治。爲仲者便合就桓公心術上整頓。然後事乃可爲。而仲却謂皆不害霸。是他被些才。便急于自見。惟恐君不見用。無以成其功業。故曲意深縫。至于如此。及其後也。三歸具官。塞門反坫。奢僭之事。至身自爲之。與辭上卿之禮全別。是又被這些功業動了。包藏不住。致满溢而不自知。其視正身修德之事。反若迂闊而不切于事。此非局量褊淺而何。又如管仲一時事功。其大節目只有尊王攘狄兩事。是時周室尚有可爲。爲仲者正當至公血誠。輔佐天子。振立紀綱。以還西周之舊。今乃挾公濟私。假尊王之名。爲圖霸之實。至若楚人僭王猾夏。此是甚底大罪過。乃置之不問。却尋得包茅昭王節目責他。大意只是要他略服。便做收殺。在我且自可以伯。大抵皆是急于近功淺效。若王道。則恐其久遠難成。判斷不做。此非規模卑狹而何。而朱子只直指其不知學者。緣資稟自是定了。若知聖賢大學之道。則褊淺者可以變而宏深。卑狹者可以擴而高廣。蓋量隨學長。學進則識長。識長則量自充。量既充則規模不患于不大。且以管仲言論風旨觀之。説得話亦自識道理。非全無聞。而志識卒于卑陋。只就小小窠窟結果了。豈非不學之過乎。奢而犯禮之事。聖人只是答或人儉禮之問。非正指小器而言。然就這上而看。亦可見得器小形見處。故程子特指此以曉人。而管仲所以爲器小者益覺分明。此乃程子説得有功處。故朱子曰。當深味也。而集注又曰。雖不明言小器之所以然。而其所以小者。于此亦可見矣。此皆指奢與犯禮而言。

以上八佾。

朱子謂。此篇言仁有淺深。此章却只説慈愛之仁。蓋仁主于愛。君子之道雖是失于厚而過于愛。然畢竟不失爲仁。但是仁中之過耳。若小人失之薄而流于忍。却正與仁相反。此處察見君子小人之仁不仁尤更分曉。故曰。觀過斯知仁矣。然意此等處。夫子當時必有所因而發。

此章要實見得且理是何物。文公好説箇恰好處。理只是恰好處。此便是中。便是至善。自古聖賢相傳。只是這箇。天下萬事萬物各各不同。而就每事每物中。又自各有箇恰好處。故事理雖不同。到得恰好處則一。此所謂萬殊而一本。然其一本者。非有形象在一處。只是一箇恰好底道理。在事事物物之中。此所謂一本而萬殊。

事君朋友皆以義合。故事君三諫不聽則有去義。導友忠告不可則有止義。過是若更强聒不置。則是失之頻數。取辱取疏。乃其勢之必至。然君臣朋友雖曰以義合。而皆大倫之一。其義甚重。若未至于數。而逆憚辱與疏而豫止焉。則爲不盡君臣朋友之義。而薄亦甚矣。尤非聖人之所許也。以上里仁。

糞土朽木。諸家以爲質不美之譬。朱子未嘗破其説。看來只是譬學者志不立則學無其本。而教無所施爾。大抵人之氣體固有强弱。而其勤怠則在于志之立不立。志苟立則日進于精明。雖弱而必强。志不立則日入于昏惰。雖强而亦弱。是故君子爲學必先立志。此志既立。則如木有質。如牆有基。而後雕朽之功可加矣。

强毅不屈者。本于有志。而强梁悻直者。則氣之爲爾。二者自外視之均可謂之剛。此疑似之難辨。而根之所以得是名也。及夫子斷以慾之一言。則根之不得爲剛。斯曉然矣。蓋能勝慾之謂剛。屈于物之謂慾。二者不容兼立。今謂之剛而多嗜慾。則是其剛非眞剛。不過出于意氣崛强之爲。慾一牽之。方且化爲慾。察其微也。程子二語。簡直明切。固已盡此章之旨。謝氏又能究其曲折。進德者可以是而藥其末。觀人者可以是而察其所安也。

子貢地位。語恕固可勉爲。論仁則非所及。而遽以此自任。論道既爲躐等。省己則亦太疏。夫子恐其便如此擔當了。不自醒覺。則無復勉强充廣之功。故折而教之。欲其且退一步做工夫。而所以進之者遠矣。

未能行而恐有聞。非以行不給而倦于聞也。此特形容其汲汲于行。而惟恐有留善之意。夫行之速。惟恐其善之或遺。聞之多。又慮其力之不足。自勵若此。進善豈有窮乎。夫勇者氣質之偏。多務勝人。而子路則用以自治。爲功百倍于人。此范氏所謂善用其勇也。以上公冶長。

通釋舉仁字一節。蓋是指出博與約親切處以爲例。尤見分曉。因是推之。如詩三百篇。字字要講究。是博文也。到得行時。一言以蔽之曰。思無邪。是約禮也。如禮儀三百。威儀三千。件件要講究。此博文也。至于行時。一言以蔽之曰。無不敬。是約禮也。今觀文公語録。有曰。博學于文。考究時。自是頭項多。到得行時。却只是一句。所以爲約。若博學不約之以禮。安知不背畔于道。徒知要約。而不博學。則所謂約者。未知是與不是。亦或不能不畔于道也。雍也。

所謂文者。正指典章文物之顯然可見者。蓋當周之末。文王周公之禮樂悉已崩壞。紀綱文章亦皆蕩然無有。夫子收入散亡。序詩書。正禮樂。集羣聖之大成。斟酌損益。以詔來世。又作春秋。立一王之法。是所謂得與斯文者也。以一身而任萬物綱常之責。天生斯人。夫豈其數。其關于世運。豈是些小氣數。聖人心與天契。固有以知匡人決不能違天害己也。天生德于予。桓魋其如予何。亦同此意。

顔淵喟然章。此顔子擇乎中庸始終工夫也。今且以文公過關之喻。將此一章作三關節看。蓋顔子始初鋭于進道。以其天資之高。略見道體。便欲一蹴而到。故竭力以進。多方以求。欲就聖人高明處入。則升一級了。又有一級。窮之而益見其高。欲從聖人博厚處入。則透了一層。又有一層。鑽之而益見其堅。見聖人之道若在吾前。我固不及。勇猛趕上。則聖人之道又却在後。而我又過之。終是難得到恰好無過不及處。正所謂中庸不可能者。故横渠有云。高明不可窮。博厚不可極。則中道不可議。蓋顔淵之歎也。此正是解高堅前後四句。文公以爲説得好。此是顔子用工第一箇關節。及夫子見顔子求道如此其力。而終未有捉摸處。遂教顔子且從博文約禮工夫循序以進。博文者。致知格物也。約禮者。克己復禮也。文欲博者。以其義理俱融。可以擇中。而居之不偏。禮欲約者。以其一私不存。可以應物。而動皆有則。顔子事斯語。當下敬領于斯二者。百倍其功。交進互發。日見趣味。以至欲罷不能而竭其才。及其久也。義理昭明。本心純熟。向之堅高者。今皆識其大本。前之瞻忽者。今皆見其定體。凡其處己治人。應事接物。雖精粗巨細萬變之不同。莫不各各有一箇不偏不倚。無過不及。亭亭當當恰好底道理也。顔子所謂如有所立卓爾者。正謂此也。此固顔子擇乎中庸之極功。其曰如者。非謂似見未見。蓋此等地位。非可以言語形象求。達者自悟。衆人固不識也。故以如言之。云爾看得。此又是顔子用功第二關節。雖然顔子擇乎中庸則至矣盡矣成矣。然比之聖人。守之也。非化之也。所謂未達一閒者也。蓋聖人之于中庸。不勉而中。不思而得。顔子則勉而後中。思而後得者也。其異于聖人。生熟之閒耳。以顔子之天資之功力。豈不能盡力以求速化。然化之一步。可以養而至。不可以力而進也。故其言曰。雖欲從之。末由也已。蓋將從容涵養。少假歲月。以俟其自化矣。此又是顔子用功第三關節。顔子作聖之功夫。其本末可謂曲盡。眞萬世學者成法。此程夫子所謂學者當學顔子有所依據。蓋謂此也。惜乎天不與年。中道而隕。夫子所以惜之。曰。吾見其進也。未見其止也。蓋病其未至于化而成聖也。以上子罕。

襞積殺縫之説。禮書疏中説得少有分明處。只儀禮喪服疏内一項説得稍明白。襞。禮書中只作辟。蓋辟者襵也。積者疊也。腰中布幅多而闊。須著襵疊。作簡以束。令狹一就身。此所謂襞積也。鄉黨。

長沮桀溺。亦非常人。爲其氣魄大。故自有與聖人相感召處。微子。

張子所謂虛者。不是指氣。乃是指理而言。蓋謂理。形而上者。未涉形氣。故氣虛爾。以下面合虛與氣證之。見得此虛字是指自然之理。蓋謂有此太虛自然之理。而因名之曰天。故曰太虛。有天之名。然自然之理。初無聲臭之可名也。必其陽動陰靜。消息盈虛。萬化生生。其變不窮。而道因可得而見。故曰由氣化有道之名。蓋天以理之自然言。太虛之體也。道以理之運行言。太虛之用也。至就人身看。則必氣聚而成人。而理因亦聚于此。方始有五常之名。故曰合虛與氣有性之名。所謂合虛與氣者。非謂性中有理又有氣。不過謂氣聚而理方聚。方可指此理爲性爾。合者。不過如周子二五妙合之意。太極二五。有則俱有。固非昔離今合。但兩事分開看。則有以見其合爾。合性與知覺。有心之名。蓋心統性情。性者理也。情者氣之所爲也。故曰合性與知覺有心之名。朱子嘗謂。其説得甚精。但辛苦耳。證得孟子此章都是分曉。孟子盡心。

北山遺文

圖書出而易之數顯。卦爻畫而易之象明。蓍策設而易之占立。曰數曰象曰占。三者乃聖人作易之大用。舍是則無以爲易。一以貫之。則畫前太極之妙。又易道之根源也。在昔伏羲氏繼天立極。不過因造化自然之數。推卦畫自然之象。倣蓍策自然之變。作爲卜筮。以告夫後世。使人得以決疑成務。而不迷吉凶。惟若指塗云爾。至文王之繫彖。周公之繫爻。雖曰因事設教。丁寧詳密。然又不過即卦象之所值。依卜筮以爲訓。俾之觀彖玩占。避凶趨吉。以爲處己應物之方。而不失其是非之正而已。觀其爲書。廣大悉備。冒天下之道。變通不窮。盡事物之理。然其于易道之根源。義理之精藴。未始數數言也。迨乎世變日下。易之爲用。浸淫于術數。故夫子十翼之作。始一以義理言之。而不專求之象數占筮之閒。是故因俗淳漓爲教。不得不然也。然聖人之書。本末不遺。而顯微無閒。極深研幾。固以爲開物成務之方。洗心藏密。亦豈忘與民同患之意。今觀大傳之篇。高極于陰陽變化之理。精究于性命道德之微。雖其閎遠蘊奧未易窺測。然而細研之。則亦莫非象數之深旨。與夫占筮之妙用。至所謂君子居則觀象玩辭者。則又使人雖平居無事。亦得以從容玩釋。卽燕閒靜一之中。而自得夫齊戒神明之用。推之日用云爲。不待列蓍求卦而占自顯者。其視羲文之易。其爲教益備。爲用益廣。而理益精耳。紫陽子朱子自少玩易。盡洗諸儒之曲說。而獨得四聖之本心。謂易本爲卜筮而作。故觀爻象者。要當深採占象之精意。而不必强合以外求之義理。至夫子大傳。雖曰發天之蘊。莫非極致。然亦不過窮象數之本原。極卦爻之凡例。若其微辭奧義。則又曲暢旁通。因而及之。故其言曰。周子通書有云。聖人之精。畫卦以示。聖人之蘊。因卦以發。以是觀之。文王詳于占象者。畫卦以示之精也。大傳詳于義理者。因卦以發之蘊也。其說的確簡明。聖人復起。不易吾言矣。始愚讀大傳說卦諸篇。見其淵微浩博。若無津涯。而說者類皆汗漫不精。渙散無紀。及得朱子本義之書。沈潛反復。犂然有會于吾心。洙泗微旨。乃可得而尋繹。然其辭尙簡嚴。未能盡達也。因徧閱文集語録諸書。凡講辨及此者。隨義條附于本義之後。首尾畢備。毫析縷解。疑義罔不冰釋。標曰朱子繫辭發揮。因藏之笥櫝。以備遺忘。畏齋王君。用功程傳。頃以精本刻梓盱江。梓材案。畏齋王君云云。文憲後序作約齋王使君請刊梓于盱江。當是一人。謂大傳未有善解。見愚所論發揮。愛之不釋。至刊之家塾。蓋將融會二先生之書。以求經傳之深旨。書成。復俾基題識其首。乃本朱子論易之意。僭述梗概。與同志共焉。至若朱子指示所以讀繫傳之要旨。已具見于綱領。玆不贅敘。亦在乎善讀之而已。易學啓蒙發揮序。

惟人之生。均稟太極。萬理森然。咸具物則。知覺虛靈。是謂明德。或蔽而昏。則由氣質。曷開其明。曷去其塞。復其本然。惟學之力。昔者子輿。萬世標的。始病于魯。竟以魯得。匪得于魯。其學也實。確固深純。精察嚴密。稽其功用。有始有卒。履薄臨深。是儆是飭。日省者三。猶懼或失。講辨聖門。是纖是悉。日刮月劘。寸累銖積。誠明兩進。敬義偕立。一唯領會。萬理融液。彼達如賜。乃弗能及。孰謂參魯。收功反亟。魯齋箴。

井道之成。功在上出。既潔既甃。斯可用汲。體勞用周。繫井之德。勿幕有孚。是謂元吉。射鮒與禽。井道幾息。渫而勿用。井則何失。我卜斯井。寒泉之食。匪惟食之。亦以觀德。惟泉有源。其來罔極。惟德有本。其進無斁。我泉日新。我德日益。相彼井矣。爲吾之則。井泥斯廢。心茅則塞。我作斯銘。井陰是勤。有不潔修。明神其殛。潛夫井銘。

附録

師事勉齋。始聞伊洛淵源之懿。臨別告以熟讀四書。使胸次浹洽。道理自見。遂終身服習。頃刻不忘。

平生無疾言。無遽色。無窘步。無叱喝聲。不匿情。不逆詐。不伐善。不較利害。事父母盡其孝愛之道。事兄長盡其和孺之樂。處族姻崇仁厚之風。交朋友盡忠告之責。凡聞一善言。見一善行。喜形于色。若己有之。或朝有闕政。四方有警。輒惻不樂。至忘寢食。其爲文温潤融暢。

其詩從容洞曉。作字勁密。世傳柳法。隱居求志。不願人知。眞無愧古人爲己之學。

嘗作雜詩曰。一敬由來入道門。須臾不在便非仁。直須認取惶惶法。莫作回頭錯應人。其二曰。善惡分明雖兩歧。念端差處只毫釐。怕將私意爲天理。所以先民貴致知。其三曰。聖門事業遠難攀。立志須同古孔顏。井不及泉猶棄井。山如虧簣未爲山。

又暮春感興詩曰。郊原春向深。幽居寡來往。和風日披拂。淑氣偏萬象。草木意欣榮。禽鳥聲下上。靜中觀物化。胸次得浩養。緬懷浴沂人。從容侍函丈。舍瑟自言志。宣聖獨深賞。一私盡消散。萬里悉照朗。其人不可見。其意尚可想。我生千載後。恨不拂几杖。春服雖已成。童冠乏儔黨。安得同心人。詠歸嗣遺響。

又繳回太守趙庸齋照牒詩曰。閉關方喜得幽棲。何用邦侯更品題。自分終身守環堵。不將一步出盤溪。

先生淳固篤實。絕類漢儒。雖一本于朱。然就其言發明。則精義新意愈出不窮。

金仁山等祭文曰。夫自堯舜以至孔曾思孟。又千五六百年。而後有程朱。前者曰。以是傳之。後者曰。得其傳焉。不知所傳者何事歟。蓋一理散于事物之間。皆眞實而非虛。事事物物。莫不各有自然之處。此所謂萬殊而一本。一本而萬殊。先生蓋灼見乎此。故廣探精擇以求。而篤信恪守以居。達于取舍出處之義。而粹于踐履之實。存養之腴。閒嘗指此以示門人也。此其傳授之符乎。

又仁山再奠文曰。念昔多歧。中心漾漾。既得魯翁。指我宗尙。甲寅季秋。時始受學。截斷爲人。一語夢覺。謂古聖賢。一敬畏心。曾子終身。臨淵履冰。然所敬畏。非拘非攝。常以爲重。則罔或越。謂凡事物。用各不同。曷云萬殊。一理所通。蓋凡事物。有恰好處。萬殊一本。惟此之故。謂昔程子。上蔡初來。曰此可望。展拓得開。予亦謂子。于此可進。難乎有常。戒爾所病。出入師門。餘十五年。受教宏多。愧負師言。閒關悠悠。緖業未卒。今喪夫子。嗟悔何及。

于紫巖過北山先生故宅詩曰。青雲不在金華巓。白雲孤起金華岑。百世相傳勉齋學。四書誰識晦翁心。水流盤澗自深淺。月照北山無古今。人閒故廬何處是。門前松桂蔚成林。

北山同調

縣尉王先生邁

王邁字正叔。義烏人。通諸經。尤長于詩。登第。需次弋陽尉。諸生爲治廬于龍門山。師事焉。郡守趙汝騰。以其經明行修。與何北山譽邁薦于朝。未到而卒。金華府志。

何王同調

知州趙先生汝安

趙汝安字茂實。以宗室子知婺州。嘗薦何北山王魯齋于朝。金華徵獻略。

文肅蔡久軒先生杭詳見九峯學案。

北山家學

補何先生欽

附録

北山寬兒輩詩云。丈夫何事怕飢窮。況復簞瓢亦未空。萬卷詩書眞活計。一山梅竹自清風。

北山門人

補文憲王魯齋先生柏

雲濠謹案。先生國朝雍正二年從祀孔廟。

梓材謹案。先生所著書疑。詩疑。研幾圖一而外。有讀易記十。涵古易説。大象衍義。涵古圖書。讀書記十。讀春秋記八。論語衍義七。太極衍義一。伊洛精義一。魯經章句三十。論語通旨二十。孟子通旨七。讀詩記十。上蔡講義一。書附傳四十。左氏正傳十。續國語四十。困學之書四。文章復古二十。文章續古三十五。濂洛文統二五。擬道學志二十。朱子指要十。詩可言集二十。天文考一。地理考二。墨林類考二十。大爾雅五。六義字原二。正始之音七。帝王曆數二。江左淵源五。伊洛指掌八。雜志二。周子二。發遺三昧三十五。文章指南十。朝華集十。紫陽詩類五。家乘五十。文集七十五。詩疑。亦謂之詩辨説。

梓材又案。仁山文集題魯齋文集目後言。先生早孤。因閱家書。而得師友淵源之緒。聞從搗堂劉公。船山楊公。克齋陳公。考問朱門傳授之端。而于楊公得北山何子恭父之名。于是尋訪盤溪之上。盡棄所學而學焉。

梓材又案。先生嘗以大學格致傳未嘗亡之説。請教于西山葉先生。是先生又及葉氏之門矣。

上蔡書院講義

上蔡先生謂。常惺惺正訓敬也。敬則此心光明洞徹。動靜語默。酬酢萬變。無不得其當。其中卓然不與之俱往。此敬之效也。故君子必存養于未發之先。省察于將發之際。端莊誠一。此敬也。應事接物。亦此敬也。講明道理。非敬則若存若亡。議古論今。非敬則或是或非。以至人倫日用之常。非敬則乖違舛逆。無一中節。故伊洛以來。拈起持敬致知兩下工夫。不可缺一。實相須也。

魯齋學説

周子曰。二氣五行。化生萬物。五殊二實。二本則一。是萬爲一。一實萬分。萬一各正。小大有定。此正理一分殊之宗祖也。昔周子再闢混淪。振孔孟不傳之墜緒者。太極圖也。圖雖有説。其言精約宏深。不有通書相爲表裏。後學何以參考而究其本旨哉。圖説曰。五行一陰陽也。陰陽一太極也。通書又曰。五行陰陽。陰陽太極。蓋自太極動靜而生陰陽。陽變陰合而生水火木金土。

此上屬乎造化。自是一關。故圖說通書皆從此先推轉去。自五行之生也。各一其性。此是下生人物。至于無窮。又是一關。通書亦曰。四時運行。萬物終始。混兮闢兮。其無窮兮。故此章自萬物再說轉去。皆自末而緣本也。合而言之。統體一太極。故曰是萬爲一。分而言之。物物一太極。故曰一實萬分。朱子之解。固已精詳矣。愚竊謂二氣交感而萬物生。物物固各有一太極。五性感動而萬事出。事事亦各有一太極。統體一太極者。卽所謂理一也。事事物物上各有一太極者。卽所謂分殊也。以易言之。大傳曰。易有太極。此易之理一也。及生兩儀四象八卦。又從而八之爲六十四卦。三百八十四爻。每卦每爻各具一太極。四十九策之中。每揲每變各具一太極。所謂易之分殊也。又以西銘推之。乾父坤母。民吾同胞。老老幼幼。及吾兄弟之顚連。皆同體此塞。同性此帥也。豈非理一乎。然父母之所生。兄弟之同氣。又人人不同也。曰大君。曰宗子。曰家相。曰聖。曰賢。曰肖。曰賊。曰悖德。曰不才。卽同胞之中而分之殊者。已不可得而强一也。又以人之一身而言之。四肢百體。疾痛痾癢。莫不相關。實一氣感通。同爲吾之體。猶理一也。然目視耳聽。手持足行。口言心維。不可以通行。待頭目必厚于手足。衛胸腹必重于四肢。足不可加于首。冠不可同于履。何者。分殊故也。理一易言也。分殊未易識也。此致知格物所以爲學者之前先也。昔朱子之爲學也。亦務爲儱侗宏闊之言。好同而惡異。喜大而恥于小。始見延平李先生。說得無限道理。延平簡重。不輕于言。只道未是。朱子反疑延平而心未服。以爲天下之理一而已。何爲多事若此。一日。延平曰。公恁地空理會得許多道理。面前事却理會不下。道無他玄妙。只在日用閒著實做工夫處。朱子在同安。反覆思之。始知延平之不我欺也。歸來盡棄所學而師事焉。延平之言曰。吾儒之學所以與異端不同者。理一而分殊也。理不患其不一。所難者。分殊耳。後來朱子于義理上縷析毫分。無不極其精密。以惠後學者。實延平先生之賜也。延平之學。得于豫章羅先生。豫章得于龜山楊先生。龜山。程門之高第也。程子初以理一分殊答龜山西銘之疑。龜山初亦未甚釋然也。逮其晚年則曰。知其理一所以爲仁。知其分殊所以爲義。于理一分殊之下。著仁義兩字。拈貼出來。尤覺分明。理一分殊者。仁貫乎義也。分殊理一者。義涵乎仁也。于此見其剖析益密。意味益深矣。朱子後來亦曰。西銘是句句理一分殊。故曰。周子之言。理一分殊之宗祖也。或者曰。夫子之時。未嘗有理一分殊之説也。意者諸老創此理。抑亦新人之耳目乎。曰。不然也。聖人不先天以開人。後賢亦因時而立教。夫子時雖未有理一分殊四字之名。而其所以教人者。亦莫非理一分殊之旨。夫孝之道一也。何其答門人之問不一。説仁之道亦一也。何其答門人之問未嘗同。爲政之道亦一也。不以一定之論語人。夫子之教。如此之異者。何也。分殊故也。至于曾子之學。用功之勤。見于戴記之中。問禮之曲折。毫髮無遺。蓋其道問學之功。至纖至悉。非其他門人所及。故一貫之語。終爲末後親傳也。夫子非多學而識之者。決不曰予一以貫之。曾子若無許多工夫。決不以一貫告之。非一貫無以發忠恕二字出。非忠恕無以發體用二字出。非體用無以發萬殊一本之言出。曰天地之忠恕。聖人之忠恕。學者之忠恕。皆因其已言而推其所未盡。故曰。聖人不先天以開人。後賢亦因時而立教者。此也。夫子之傳一貫。乃合而言之。

是萬爲一。所謂分殊而理一也。周子之言太極。是知而言之。一實萬分。所謂理一而分殊也。夫子之言。如千流萬派。而悉歸于滄海之中。周子之言。如一榦之木。而爲千條萬葉之茂。後世學者。惡繁而好略。憚難而喜易。不肯盡心于格物致知之功。務爲大言以欺人。曰天下只是一箇道理。斯言若已悟曾子之一唯。及叩之。初未識何者之謂道。不過學爲籠罩之言。以蓋其鹵莽滅裂之陋。每聞斯語。則已知其決非學者矣。聖人于天下之理。幽明巨細。無一物之不知。故能于日用之閒。應事接物。動容周旋。無一理之不當。學者苟未究其分之殊。又安能識其理之一。夫豈易言歟。願諸君寬作歲月。大展規模。自灑埽應對。威儀動作。以至于身心性情之德。自禮樂射御。書數錢糧。甲兵獄訟。以至于人倫日用之常。雖乾端坤倪。鬼祕神彰。風霆之變。日月之光。爰暨山川草木昆蟲。莫不各有當然之則。所謂萬一各正。小大有定也。于此事事物物上。各見得一箇太極。然後體無不具。用無不周也。異時出而從政。決不誤人之天下國家。決不自誤此身而負此生矣。此分殊所以最切于學者。幸諸君熟思之。論理一分殊。

愚嘗求明善二字之原。亦吾夫子之所已言。千古埋没。未有能提示以教學者。夫子之言。門人不得而知。乃出于家庭之所紀録。子思發之于中庸之書。而孟子得之。著于七篇之内。六經之重複。未有如此章之詳者。以聖賢傳授如此之詳。而後世反忽焉。何也。春秋之時。王室陵夷。諸侯恣横。莫有尊王者。夫子因哀公問政。首以不獲于上。民不可得而治告之。自是而下。反復相因。至明善而止。明善二字。實爲學之本。聖賢教學者之要語也。既欲明善。必先求善字之義。

夫善之爲義。古未有正訓也。至濂溪周子。始以純粹至善爲誠之原。純者。不雜之謂也。粹者。無疵之謂也。程子曰。以其義理精微之極。姑以至善予之。愚是以知善者。至精至微。不雜無疵之理乎。夫子又嘗分而言之。以一陰一陽。繼之者爲善。成之者爲性。孟子合而言之。以人所受之性。而繼善未嘗離。故曰性善。曰性善則可。曰性卽是善則不可。夫子之言善。言發育萬物之後。雖帝舜之所謂道心。成湯之所謂降衷。周詩之所謂秉彝。劉子之所謂天地之中。子思之所謂天命之性。皆指天付人受之後而言也。周子無極之眞。二五之精。妙合而凝。此卽繼之之善。程子謂動之端爲天地生物之心。邵子所謂一陽初動處。萬物未生時。此皆端的指出善之地頭。夫子又嘗曰。元者善之長。其義尤明。此皆求一善字之義。固不可不極其明。若爲初學言之。明善卽是明理。此理至純至粹。故謂之善。今之學者。欲明乎善。其道宜如何。亦曰精讀聖人之書。反之于身。而實有之于己。故曰。不明乎善。不誠乎身矣。誠乎身。卽所謂復其初也。今之讀書者何必然。晨窗向白。執編而長哦者。科舉之文也。夜燈欲湎。掩卷而紬繹者。科舉之文也。書非不讀。而讀非其書。及其一第也。神疲力瘁于簿書期會之中。心飛夢繞于富貴榮華之地。書則不暇讀矣。爲士而讀非其書。爲吏而書不暇讀。嗚呼。善何時而明。初何時而復。天之所與我至尊至貴。則舉而棄之。豈不可哀也哉。論明善。

堯之試舜也如此之詳。至遜位之際。止一二語而已。以天下與人。而略無丁寧告戒之意。何也。愚讀論語終篇。乃見堯曰。咨爾舜。天之曆數在爾躬。允執厥中。四海困窮。天禄永終。書中脱此二十有四字。愚欲補以孔子之逸語。以全聖人之書。

舜之命契也。曰。敬敷五教在寬。語意未盡。疑有缺文。幸孟子亦嘗舉此章。又有數語曰。勞之來之。匡之直之。輔之翼之。使自得之。又從而振德之。孟子既曰命契之詞。朱子于集注亦曰命契之詞。乃于尚書命契之下。舉孟子之言而繫之曰。亦此意也。此則不能無疑。且孟子非泛引之云。既提其名。謂之放勳。曰繫于命契五教之下。則是出于堯典矣。

贊舜之詞曰。納于百揆。又曰。納于大麓。大麓可謂之納。百揆不可言納也。後舜有使宅百揆之文。必亦一宅字。而傳誤爲納也。以上二典三謨。

湯之慙德。虺大誥以慰之。湯之盤銘。虺倡論以開之。告之以懋昭大德。此帝堯克明俊德之緒録也。告之以建中于民。此洪範皇極之祖宗也。其曰以義制事。以禮制心。欲其由乎中以御乎外。制于外以安乎中。非亞聖大賢能之乎。

謂之誥者。有上告下之體。有下告上之詞。卽大禹皋陶之昌言。爲後世諫疏之原也。蓋書有六體。典謨訓誥誓命也。堯典禹貢。此史官敘事之文也。大禹皋陶謨。此君臣問答之言也。播告天下謂之誥。告戒幼主謂之訓。軍中號令謂之誓。大臣封爵謂之命。此篇不可命之曰謨訓。因進昌言以曉諭天下。故變體而謂之誥。所以爲後世諫疏之原也。吴氏疑簡賢附勢以下不相續。愚謂此段當在布命于下之後。帝用不臧之前。則勢聯矣。以上仲虺之誥。

危微精一之傳。萬世帝王之寶典。湯則曰。惟皇上帝。降衷于下民。若有恒性。克綏厥猷惟后。此卽天命之性。書中性字始于此。克綏厥猷惟后者。此君師之任。品節其氣質之性者也。帝舜司徒之職。典樂之官。所以拳拳于此也。成湯只此一書傳于後世。豈特爲治道之最。所以得舜禹之心傳者。實在于此。湯誥。

自周有終。相亦惟終。周字之義。先儒説終不明白。愚意只是一箇君字。籀體與周字相似。傳者之差誤也。太甲。

高宗恭默思道。足以見其講學之精。求治之切。自任之重。此心純一不二。與天無閒。感應之機有必然者。蓋恭默思道之時。無迹可尋。無法可授。商家一箇天下。密運于方寸之閒。一誠既孚。傅説已在左右。當其求説之切。望説之深。一形于言。卽自其心流出。傾倒無餘。皆道之所發見。豈他人所能揣摩潤色之乎。而況説又復于王之語承于其下。此其爲答問之詞明矣。説命上。

傅説之告高宗。于惟字上尤不苟。中篇凡二十一箇惟字。字字著落精妥。此可謂古之立言者之德也。説命中。

此篇論學凡三節。第一節。高宗先言問學之原。廢學之因。開心見誠。無一毫滯吝之意。第二節。是說對以人主之所以學。是先之以爲學之實也。大率工夫細密者。則有勞擾沈滯之病。而進不能敏。勇往奮厲者。則有粗率遺棄之失。而志不能遜。遜志時敏四字。所以爲交修之良方。實萬世爲學之鉗鎚。第三節。說斆字是方說受教于人。不應遽及教人事。夫受人之教。得其指示正途。開說工程。大略得其一半。若不自去探討尋究。如何得盡其精微曲折之詳。此豈特帝王之學爲然。雖經生學士之工夫。亦何以加于此。說命下。

惟天地萬物父母。元后作民父母。此是一大議論。卽横渠西銘中理一分殊之祖。泰誓上篇。

牧野之役。諸侯不期而來會者。惟庸蜀羌髳微盧彭濮。蓋其素被文王之化。雖無播告之書。有聞而必來。此八國之義也。後世欲夸張而侈大之。遂于八字下又加一百字。謂孟津之師。不期而會者八百國。其言可謂妄矣。牧誓。

洪範五皇極。皇建其有極之下。宜卽接無偏無陂。前三韻語。所以會其有極也。後三韻語。所以歸其有極也。曰會曰歸。所以爲建極之功也。前後四極字。包六韻語。文勢旣極縝密。字義備于形容。使人悠揚吟詠。意思尤覺深長。此宜爲皇極之經。先儒亦有謂。此乃帝王相傳之訓。非箕子之言。是也。

夫敬者。涵動靜。徹表裏。貫始終。爲一心之存亡。此心敬。則卓然爲一身之主。而四肢百骸皆有所聽命而供其役。此聖道之大原。脩身之大本也。故經曰。敬用五事。蓋敬則五德之體凝然。五德之用粲然。不然則五德之體昏矣。五德之用亂矣。敬之一字。實此心之主宰。皇極之樞要歟。

五事俱失。豈有五徵俱見于一時。惟五事不敬。則皇極不建。所以驗之于天時者。當雨而不雨。當暘而不暘。當燠當寒當風。率皆反是。如是而已。愚故曰。固哉。漢儒之説經也。壽配水。貞固之象也。富配火。嘉會之象也。康寧配木。長善之象也。好德配金。利用之象也。考終配土。萬象之所歸藏也。

人君以一身建極于中心。必當有道以化天下氣質之偏。養其中和之性。而後可以保此極。不然則剛流于惡。柔失之弱。人才既壞。誤國害民。天下安有平治之期哉。此三德所以即次皇極也。沈潛則當以高明振起之。高明則當以沈潛涵養之。剛惡者習于强梗。未易柔服。故必克之以善剛。柔惡者甘于阿順。而剛無所施。故克之以善柔。而平康者不待于克。但正以直之而已。直之云者。如夫子敬以直内之直。孟子匡之直之之直是也。以上洪範。

明德者。治民之本。愼罰者。治民之要。史臣授此意。故以四字爲一篇之大綱。終篇不出此二事。康誥。

大誥者。以武庚與三監叛。發此誥于下。所宜責武庚以汝父之不道。故天命之歸周。我不殺汝。而封汝于故都。汝合率德改行。以蓋父愆。以保宗祀。以輔我國家。以恭承天命。今乃乘我國之大喪。欺嗣子之沖幼。而敢蠱惑我三監。離閒我骨肉。鼓動淮夷。搖蕩邊鄙。姦宄鴟張。于義不可不討。今未嘗及此意。只拳拳説一卜字。何其闊且疏也。此可疑者也。大誥。

周家積累有素。不忍輕殺。非力不足以制之。必欲使之革心從化。此其爲變移之難者。乃所以爲忠厚之至也。多士。多方。

無逸首句。先儒以處訓所。朱子曰。某則不敢如此解。恐有缺文。愚則曰。恐是衍字。周公曰。嗚呼。君子其無逸。言君子不可逸。無逸。

國家安危之所係。而精神心術之運用。只在一箇閑字上。以一時已放之心。三紀收之而不足。苟不常常防閑之。雖三紀之功。可以一日而失也。畢命。

殺人而必死。非特爲死者報也。爲生者戒也。爲死者報。法爲一人立也。爲生者戒。法爲天下立也。忍于一人而忍者小。不忍于天下。乃所以爲好生也。乃所以爲仁之至。義之盡也。聖人以其能精察于典獄之姦。尙可以爲後世聽訟用情之戒。非以其贖刑之可取也。呂刑。

夫子删詩定書。實相表裏。文王之風化不見于書。而見于二南。周公制作之具不見于書。而見于雅頌。七月之詩。補無逸也。東山諸作。補金縢也。宣王中興之詩。粲然復盛。而書中無一字也。東遷之後。諸國風次第而起。雅頌亦至是而亡。故文侯之命。書之終而春秋之始也。文侯之命。

二誓。書之附庸也。聖人何爲而取之。取其不黷武也。費誓之首。辭極嚴毅。其終不過修城郭。積糗糧芻茭。爲備禦之計而已。春秋書伐書克書敗。筆相踵也。而不意悔過之詞。忽發于秦伯之口。聖人烏得而不喜。而殿于二帝三王之後。爲諸侯窮兵好伐之戒也哉。費誓。秦誓。

其自序曰。聖人之經。最古者莫如書。而最難讀者亦莫如書。以二帝三王治天下之大經大法。孰有加于書者。奈何伏生之口授。科斗之變更。孰能保其無誤。此書之所以難讀也。朱子于諸經。莫不探其淵源。發其簡要。疏瀹其湮塞而貫通之。縷析其錯揉而紬繹之。無復遺恨。獨于春秋不敢著一字。書止解典謨三篇而已。後又有金縢召誥洛誥說。及考定武成。凡四篇。予嘗多幸。得觀典謨手筆。密行細字。東圈西補。蓋非一日之所更定。其用力精勤如此。學者猶恨不及見其全書。孰知書之果不可得而全解也。朱子嘗謂眉山蘇氏書說善得其文勢。或謂失之簡。曰。如是亦可矣。謂金陵王氏獨不解洛誥。猶能于此而不穿鑿。亦稱之也。又嘗問東萊先生。于書有不可解者否。曰。亦無可疑。後二年復見。乃曰。誠如所喻。是亦難說者。至于朱子教門人。則俾之先讀其易曉。而姑後其聱訛。此固不得已之詞。甚矣。書之難讀也。今九峯蔡氏祖述朱子之遺規。斟酌羣言而斷以義理。洗滌支離而一于簡潔。如今文古文之當考。固已甚明矣。大序小序之可疑。今已甚□。帝王之詞與史氏之詞參錯乎其中。今亦可辨。有害理傷道者。又辭而闢之。有考訂平易者。亦引而進之。如天文地理之精覈。歲月先後之審定。用功勤苦。久已成編。後學可謂大幸。然疑義闕文之難。朱子曰未詳。曰脱簡者。固自若也。分章絶句之難。朱子不肯句讀者。亦未能盡通也。況讀書至拙如予者。豈能遽豁然于中哉。諸儒之所能解。予固幸因得而通之。所不能通。雖諸儒極融化之妙。支綴傅會。屈曲將迎。然亦終未能盡明也。在昔先儒。篤厚信古。以爲觀書不可以脱簡疑經。如此則經盡可疑。先王之經無復存者。後生爲學。所當確守先儒之訓。何敢疑先王經也。不幸秦火既焰。後世不得見先王全經也。惟其不全。固不可得而不疑。所疑者。非疑先王之經也。疑伏生口傳之經也。讀書者往往因于訓詁。而不暇思經文之大體。閒有疑者。又深避改經之嫌。寧曲説以求通。而不敢輕議以求是。夫聖人之書。萬世之大訓也。與日月並明。與天地始終。不惟不當疑。亦本無可疑。後學非喪心。孰敢號于衆曰。吾欲改聖人之經。然伏生女子之口中傳。孰不知其訛舛。聖人之經不改。伏生之言亦不可正乎。糾其謬而刊其贅。訂其雜而合其離。或庶幾乎得復聖人之舊。此有識者不容自已。漢唐諸儒。智不足而守有餘。泥古護短。堅不可開。逮至本朝。二三大儒方敢折衷以理。閒有删改。譏議喧豗猶數十年而後定。今訓注多已講㈠明。而猶可略也。惟錯簡繁多。極□㈡玩索。若稍加轉移以復大體。不動斧斤以鑿元氣。不可强通者乃缺之。是亦先儒凡例之所詳也。大體苟正。則訓注不待費詞。可以益簡而益明矣。

謹材謹案。四庫全書存目録先生書疑九卷。提要言。其學名出朱子。實則師心。與朱子之謹嚴絶異。又言。尚書一經。疑古文者自吴棫朱子始。併今文而疑之者自趙汝談始。改定洪範自龔鼎臣始。改定武成自劉敞始。其併全經而移易補綴之者則自王氏始云。又録詩疑二卷而甚非之。

㈠「講」當爲「詳」。

㈡「□」當作「問」。

魯齋詩疑

行露首章與二章意全不貫。句法體格亦異。每竊疑之。後見劉向傳列女謂。召南申人之女。許嫁于酆。夫家禮不備而欲娶之。女子不可。訟之于理。遂作二章。而無前一章也。乃知前章亂入無疑。

凱風之詩。孝子之心至矣。其爲詞難矣。是詩也。寄意遠而感慨深。婉而不露。微而甚切。可謂能幾諫者也。此孝子自責之詞。序曰美孝子。何其謬哉。

雄雉之詩。此婦人思其夫從役而未歸。第三章從容閒雅。優柔不迫。此正風也。末章愛之切。期之深。理亦甚明。大有學識之人也。不忮不求二句。夫子固嘗稱之。雖曰何足以臧。此是欲進子路一步。故云耳。學者亦須從此用功。可也。

自古出仕者。大略有三端。處衰世不擇而仕。近于玩侮不恭。如簡兮是也。亦有盡心竭力。不計貧窶。歸于天而不怨。如北門是也。知禍亂之將作。相呼而遠遁。如此風是也。簡兮難學也。非自度果有不磷不緇之操。其可苟哉。北風北門在審時量力而爲之。未可輕相詆訾也。

大車之詩。古人以其大夫能治其私邑。而婦人不敢犯義。故以此美其大夫也。然婦人革面而未革心者也。畏之于爲政之時。尚要誓于既死之後。心堅而志愚。此善政之不如善教也。豈不信哉。刑政少弛。則醜行復矣。

衛武公學問精密。孜孜求善。老而不衰。如抑抑賓筵之作。森嚴淵奥。參之二雅中。眞可無愧。淇澳一詩。形容武公之盛德。條理縝密而興寄遐暢。非大賢不能道此。大學取之。以爲至善之本。

鄭詩多淫奔。忽有出其東門一詩。守義安分。爲得性情之正。序者全不讀詩。乃爲閔亂。又曰。男女相棄。思保其室家。殊無一毫相似。蓋淫風薰染之中。猶有不爲習俗所移者。見如雲之女。不敢起犯義之思。而自安室家之貧陋。尤可見天理之在人心。參之二南之中。可以無愧。序者何所爲。而讀者何不思邪。

陳風中篇。止有衡門一詩爲善。其餘多男女會遇之作。亞于鄭風矣。大姬好歌舞。其民化之。遂至如此。以武王之聖。太姜之賢。閨門之訓不宜有是。

豳風止七月一詩是本詩。他皆非也。周公以立國之本。衣食之原。朝夕誦于王前。可謂萬世教幼主之法。實與無逸相表裏。不可偏廢。詩中廣舉時序。若無倫次。其要只是衣食二事。第一章總言之。次四章言衣。後三章言食。極爲縝密詳備。凡舉時月。皆以夏正言。是知三代雖互建正。而終不能外夏正。夫子行夏之時。亦周公之意也。

小雅中。凡雜以怨誚之語。可謂不雅。予今歸之王風。且得小雅粲然整潔。

一部詩。原頭本于文王一人。上推后稷公劉以來。下及后妃大夫妻。以至後諸侯。皆以文王受命興周之故。然其詩典重淵奥。正大明白。莫如大雅。作于周公之手者凡四篇。曰文王。大明。

緜。皇矣。四篇之中。又莫如文王。初言文王只如此亹亹然强勉做將去。而令聞自至今不已。亹亹二字。又未足以盡其形容。又添一箇穆穆字。其所以能如此深遠者。只是緝熙此一敬字而已。此令聞之所以不已也。末曰天理無形。但取法于文王。天下自能興起孚信。凡所以稱贊文王者。只一箇敬字。天難取法。只法文王便能孚信。只是此數句。已盡大明之詩。言文王小心翼翼。以昭事上帝。卽前篇緝熙之敬。而天命自然歸之。皇矣一篇。又説文王不自作聰明。但循此天理而已。棫樸。旱麓。思齊。靈臺。下武。文王有聲。此六篇非周公作。曰追琢其章。金玉其相。勉勉我王。綱紀四方。此棫樸詩也。上言文王資質之美。又能勉勉不已。此所以能綱紀四方也。此篇詩言文王得人之心如此之盛。維持經理天下之功如此之大。只收在一箇勉勉上。勉勉卽亹亹也。旱麓曰。瑟彼玉瓚。黄流在中。言至質至味。薦于宗廟。則必受福。如文王之德必受命。曰。鳶飛戾天。魚躍于淵。言鳶之機動于上。魚之機動于下。不知其然而然。如文王之作興人才。上下各得其宜。而亦不知其所以然也。二詩鏗鏘淵永。極其形容。終不如周公之實。思齊有曰。雝雝在宫。肅肅在廟。不顯亦臨。無斁亦保。言其在宫時如此之和。在廟時如此之敬。于至幽隱之地。亦若有臨之者。于無所厭之處。亦常有所保守。亦庶幾乎。於緝熙敬止之遺意。緊要又只在幾箇疊字。曰亹亹。曰穆穆。曰勉勉。曰翼翼。曰雝雝。曰肅肅。尤有精神滋味。文王之德。可謂盛矣。極其所以形容者。止此甚矣。其難也。頌之體。告于神明。尤宜精密嚴約。曰。維天之命。於穆不已。於乎不顯。文王之德之純。此言文王之德不雜。與天爲一也。又曰。濟濟多士。秉文之德。此言在廟之公侯百執事之人。莫不雝雝肅肅。以秉執文王之德。上言文王之德之原如此之大。下言文王之化之流如此之盛。此非周公不能至此。

周公敘周之所以興。上極后稷之功德。見于生民等作。可謂至矣。于思文言后稷配天之實。不過八字。曰。立我烝民。莫匪爾極。此功此德。眞足以配天。于祭義所以當配天也。

板之末章曰。敬天之怒。無敢戲豫。敬天之渝。無敢馳驅。昊天曰明。及爾出王。昊天曰旦。及爾游衍。張子曰。天體物而不遺。此言無一物之非天也。此八句反復再三。而不若上帝臨女。毋貳爾心八字之爲約也。

迨天之未陰雨。徹彼桑土。綢繆牖户。今女下民。或敢侮予。夫子曰。爲此詩者。其知道乎。能治其國家。誰敢侮之。明道先生善言詩。未嘗章解句釋。但優遊玩味。吟哦上下。使人有得處。曰。瞻彼日月。悠悠我思。道之云遠。曷云能來。思之切矣。百爾君子。不知德行。不忮不求。何用不臧。歸于正也。只兩言而意已盡矣。

朱子曰。周之初興時。周原膴膴。堇荼如飴。苦底物亦甜。及其衰也。牂羊墳首。三星在罶。人可以食。鮮可以飽。直恁地蕭索。張子曰。誦爲絺爲綌。服之無斁之章。則知周之所以興。誦婦無公事。休其蠶織之章。則知周之所以衰。此皆善觀詩。于閒慢句語上。見周家之盛衰。

詩凡三變矣。正風正雅。周公時之詩也。周公之後。雅頌龐雜。一變也。夫子自衛反魯。然後樂正。再變也。秦火之後。諸儒各出所記者。三變也。夫子生于魯襄公二十有二年。吴季札觀樂于襄之二十有九年。夫子方八歲。雅頌正當龐雜之時。左氏載季札之詞。皆與今詩合。止舉國風微有先後爾。使夫子未删之時。詩果如季札之所稱。正不必夫子之删。已如今日之詩矣。甚矣。左氏之誣。其誑我哉。自可撫掌一笑于千載之上。

昔東萊吕成公嘗疑桑中溱洧非桑閒濮上之音。以爲夫子既曰鄭聲淫而放之矣。豈有删詩示後世而反取之乎。晦庵朱文公則曰。不然。今若以桑中濮上爲雅樂。當以薦何等鬼神。接何等賓客。不知何辭之風。何義理之止乎。故文公説詩。以爲善者興起人之善心。惡者懲創人之逸志。以此法觀後世之詩。實無遺策。何者。蓋其規橅恢廣。心志融釋。不論美惡。無非爲吾受用之益。而邪思不萌。以此法觀詩。可也。觀書。亦可也。雖觀史。亦可也。以此論樂。則恐有所未盡。愚嘗疑今日三百五篇者。豈果爲聖人之三百五篇乎。秦法嚴密。詩無獨全之理。竊意夫子已删去之詩。容有存于閭巷浮薄者之口。蓋雅奥難識。淫俚易傳。漢儒病其亡逸。妄取而攙雜。以足三百篇之數。愚不能保其無也。不然則不奈聖人放鄭聲之一語。終不可磨滅。且又復言其所以放之之意。曰。鄭聲淫。又曰。惡鄭聲之亂雅樂也。愚是以敢謂。淫奔之詩。聖人之所必削。決不存于雅樂也審矣。妄意以刺淫亂。如新臺牆有茨之類。凡十篇。猶可以存之。懲創人之逸志。若男女自相悦之詞。如桑中溱洧之類。悉削之。以遵聖人之至戒。無可疑者。所去者。亦不過三十有二篇。使不得滓穢雅頌。殽亂二南。初不害其爲全經也。如此則二先生之疑亦俱釋矣。昔曾南豐謂。不滅其籍。乃善于放絶者。以此放絶邪説之疑似者可也。若淫奔之詩。不待智者。而能知其爲惡行也。雖閭閻小夫。亦莫不醜之。但欲動情勝。自不能制爾。非有疑似難明。必待存其迹而後知。今夫童子淳質未漓。情欲未開。或于誦習講説之中。反有以導其邪思。非所以爲訓。且學者吟哦其醜惡于唇齒閒。尤非雅尙。讀書而不讀淫詩。未爲缺典。況夫子答爲邦之問。而此句拳拳于四代禮樂之後。恐非小事也。愚敢記其目。以俟有力者請于朝而再放黜之。一洗千古之蕪穢云。

野有死麕。召南。靜女。邶風。桑中。蝃蝀。並鄘風。氓。有狐。並衛風。采葛。大車。丘中有麻。並王風。將仲子。遵大路。有女同車。山有扶蘇。蘀兮。狡童。褰裳。東門之墠。丰。風雨。子衿。野有蔓草。溱洧。並鄭風。東方之日。齊風。綢繆。唐風。晨風。秦風。東門之枌。東門之池。東門之楊。防有鵲巢。月出。株林。澤陂。並陳風。

或謂。三百篇之詩。自漢至今。歷諸大儒。皆不敢議。而子獨欲去之。毋乃誕且僭之甚耶。曰。昔在諸儒。尊尙小序太過。不敢以淫奔之詩視之也。方傅會穿鑿。曲爲之説。求合乎序。何敢廢乎。蓋序者于此三十餘詩。多曰刺時也。或曰。刺亂也。曰。刺周大夫也。刺莊公。刺康公。刺忽。刺衰。刺晉亂。刺好色。刺學校廢。亦曰。刺奔也。止奔也。惡無禮也。否則憂讒賊也。疾亂也。懼讒也。或曰。思遇時也。思賢也。思見君子也。未嘗指爲淫詩也。正以爲目曰淫詩。則在所當放也。自朱子黜小序。始求之于詩。而直指之曰。此爲淫奔之詩。予嘗反復玩味。信其爲斷斷不可易之論。律以聖人之法。當放無疑。曰。然則朱子何不遂放之乎。曰。朱子始訂其詞而正其非。其所不廢之者。正南豐所謂。不去其籍。乃所以爲善放絶者也。今後學既聞朱子之言。

眞知小序之爲謬。眞知是詩之爲淫。而猶欲讀之者。豈理也哉。在朱子前。詩説未明。自不當放。生朱子後。詩説既明。不可不放。與其遵漢儒之謬説。豈若遵聖人之大訓乎。

其自序曰。道之明晦也。皆有其漸。蓋非一日之積。集其成者。不能無賴于其始。則前賢之功有不可廢。正其大者。不能無遺于其小。則後學之責有不可辭。大抵有探討之實者。不能無所疑。有是非之見者。不容無所辨。苟輕于改。而不知存古以缺疑。固學者之可罪。狃于舊而不知按理以復古。豈先儒所望于後之學者。何後世徇破裂不全之經。以壞明白不磨之理乎。

詩辨説

周末有天下之時。近而宮女。遠而南國。被文王之化。形于辭者。此風也。周既有天下之後。分封諸國。列國之民。感國君之化。有美有惡焉。形而爲歌詠者。亦此風也。王國之中。感後王之化。亦有美有惡焉。形爲歌詠者。亦此風也。凡天下之作。概謂之風。初不係周之盛衰。但當其盛時。風如二南。當其衰時。風如黍離。何獨于東遷之後。雅始降而爲風乎。平王之雅不可降而爲風。猶文王之風不可升而爲雅。其曰國風者。周爲商列國之風也。其曰王風者。周王天下以後之風也。風只此風也。風之上所繫有不同耳。安有可升可降之理哉。王風辨。

或謂。七月之詩。恐與豳詩差互揉亂。而傳者失其眞歟。歌豳之文。見于周禮之籥章。既曰豳詩。又曰雅頌。且無所謂風之文。安有一詩以備三體之用。歐陽公併與周禮遂毀之。則過矣。

王氏謂。豳故有詩而今亡。後世妄補之云耳。此言近之矣。是皆以部分未安章句可疑。而生此紛紛之說也。

夫豳谷。西北之壤也。三監。東南之壤也。地之相去也數千餘里。世之先後也數百餘載。有周公自作之詩焉。有軍士百姓之詩焉。今雜然强附。苟合于一風之中。孰謂夫子之聖。有如是之部分哉。漢儒無識。大略如此。故愚願以豳風七詩。以類分入于變雅焉。以上豳風辨。

愚又考小雅之正詩。其爲體有二。一曰燕享賓客之樂。二曰勞來行役之樂。朱子所謂歡忻和悅以盡羣下之情者也。大雅之正詩。其體一。曰朝會之樂而已。朱子所謂恭敬齊莊以發先王之德者也。據二雅之體。而正今之詩。以正小雅而亂入正大雅者有之。而正雅亦不得十全無疵矣。至于變雅之中。有變雅之正者焉。有變雅之變者焉。有章句繁多。語辭嚴密。有似大雅之體者焉。又有言語鄭重。義理曲折。又皆王公大人之作者。然施之于燕享非所宜。用之于朝會又不可無。乃出于放臣逐子出妻怨婦尊酒慰勞之所奏者乎。此又變雅之變者也。

且夫怡怡酬勸之情。與譏刺怨傷之意。其心不同也。稱述先王之盛德大業。與感慨後世之昏朝亂政。其言不同也。協之以八音。和之以六律。由是美教化。厚風俗。與夫私心雜念聞之而有所懲警者。其用不同也。發之于人心者既不同。形之于言語者亦且異。施之于事者亦無所合。有是三不同。而得同謂之雅。可乎。雖聖人規模寬廣。而條理不應紊亂如此。其始出于降風之一言。而不知其所謂降之義。遂使後世不識二聖人禮樂之正意。誦之者冥然聽命于小雅。良可悲也。愚故謂變邪之不合于正者。悉歸之王風。其説審矣。以上二雅辨。

夫魯之有頌。亦變頌也。惟閟宫一篇。獨歐陽公歷考僖公之時。初無所謂淮夷徐方荆楚之功。深以爲疑。其所論辨亦詳且明。若遂以爲非僖公之詩乎。則詩中有周公之孫。莊公之子兩句。終不可泯没。是以朱子于它篇皆曰無所考。獨以此篇爲僖公之詩無疑者。正以此兩句爲可信也。愚嘗卽其詩而熟味之。固不敢以爲非僖公之詩也。意其間有顛倒參差之誤。是蓋傳之者之過也。若引孟子之言爲據。則戎狄是膺。荆舒是懲。爲頌周公也。審矣。又嘗考周公之世家。雖周公亦未嘗有戎狄荆舒之役。然亦無他明證。不敢必以爲非周公之事也。孟子之時。詩書未火。宜得其實。又不應無所據而兩引之。以姑就其説。雖斷章取義固善詩者之常。至于提魯頌之號。而以僖公易于周公。亦恐孟子不如是之耄也。或者以爲。僖公四年。嘗從齊桓公伐楚。魯遂以爲僖公之功也。當是之時。楚方强大。桓公且不敢與之戰。而卒與之同盟。在齊猶爲可羞。況于僖公。因齊之師。從人之役。進無尺寸之功。而敢退爲虚誕之辭。侈大浮夸。以誑國人。夫子尙何所取。以播其醜哉。必不然矣。若夫徐方淮夷之事。則與荆楚不同。聖人存之于書。載之于費誓之篇。其爲頌伯禽之言。照灼明驗。無可疑者。顧讀之者偶未思耳。魯頌辨。

孟子曰。王者之迹熄而詩亡。詩亡然後春秋作。孟子之言。實二經始終之要。亦義理之所關也。若謂夫子止因雅亡而作春秋。則雅者自爲朝會之樂。春秋者自爲魯國之史。事情闊遠而脈絡不貫。且孟子言王者之迹熄而詩亡。非曰王者之詩亡也。凡言詩。風雅頌俱在其中。非獨以爲雅詩也。是知迹熄二字包含有味。然後二字承接有序。所當涵泳而研究之。若視爲浮辭而删節擺脱。則情閒而理迂。恐與孟子本意不無少舛也。惟河汾王氏窺見此意。直以春秋詩書同曰三史。其義深矣。詩亡辨。

作詩所以言志也。賦詩亦以觀志也。觀其志不若觀其禮。志無定而禮有則也。夫歌詠者發于天機之自然。而人心不可飾于倉卒之一語。是皆可以觀其志之所向。而吉凶禍福之占。亦因此而定。此春秋之時。所以賦詩于盟會燕享之際。而有不可掩其本心之情僞者。蓋一吟一詠。聲轉機萌。事形詩中。志形詩外。眞情故態。不能矯誣。自非義理素明于胸中。而有能勉强不失于金石籩豆之閒哉。當是時。惟鄭國七子六卿之賦爲最盛。而趙文子韓宣子于立談之頃。猶足以定其終身之所就。亦可以善觀矣。予則謂。善觀樂者。不觀其志而觀其禮。先儒所謂禮先樂後者。蓋事有序而後能和。此樂之本也。以燕享而及宗廟之樂。謂之褻。可也。以諸侯而奏朝會之樂。謂之僭。可也。雖有事證。恐不得謂之當然。惟二南之樂。得人倫之正。爲教化之先。可以用之鄉人。用之邦國。小雅之樂已不同矣。有天子燕諸侯之樂焉。有上下通用之樂焉。此則截然而不可亂。舞位且有多少之數。歌詞豈無異同之分。玩其義。審其音。則樂之本不待索之于鏗鏘節奏之末而後知。昭懿之後。僭亂已多。況東遷乎。夫君臣之分。天地之常經也。毁冠裂冕。暴滅宗周。逆理亂常之事。接武于史。人心之樂。喪壞無餘。烏足以責之于鐘鼓律吕之中。猶有隆殺等威之别哉。如晉侯之賦假樂。賦既醉。齊侯之賦蓼蕭。此諸侯僭天子之樂也。楚令尹之賦大明。季武子之賦綿。韓宣子之賦我將。此大夫僭天子之樂也。魯曰秉周禮。其宴范宣子也。爲之賦彤弓。宣子不敢當。歸美于文公焉。其宴甯武子也。亦爲之賦彤弓。賦湛露。武子以爲肄業之所及而詭辭焉。禮樂之大分。尙有閒存于人心者。魯之所秉亦微矣。固無望于它國也。是以晉享穆叔而奏肆夏。奏文王。穆叔俱不拜。亦似乎知禮者。其對曰。三夏。天子所以享元侯也。文王。兩君相見之樂也。此果穆叔之言乎。抑傳之果無誤乎。是皆未可知也。棠棣之詩。左氏以爲召穆公之作。楚歌武頌。而三章六章與今詩差互。亦何以知其爲楚之差。毛鄭之差。左氏之差也。至于魯三家者。嘗以雍徹矣。非有聖人之明訓。後世亦將以爲當然。而反證雍之可以通用矣。大抵左氏之言多失之誣。而春秋之禮亦失之僭。皆不可引爲三百篇之證。愚故曰。宴享而奏宗廟之樂。謂之褻。可也。諸侯而用朝會之樂。謂之僭。可也。雖有事證。不得謂之當然。賦詩辨。

論語通旨

學之爲言效也。此字義正訓。人性皆善。而覺有先後。此原其所當學。後覺者必效先覺之所爲。指學者之方也。明善復初。則學之效驗。第一句訓下三句義。此看集注凡例也。

有子言仁之事。集注言仁之性。仁字訓詁。發例于此。以上學而。

不動而化。不言而從。無爲而成。此言感通之妙也。不動不言。無爲也。化而信者。成也。簡以理言。靜以心言。寡以身言也。煩以事言。動以物言。衆以民言也。此言統理之要也。合二說。盡無爲之義。

矩雖器。心之天則也。

自聖人生知之稟而言。固未必有等級。自聖人體道之心而言。初不妨有等級。二説非不同也。

告門人皆切直。告餘人皆深婉。各有當也。

温故。所學在我記問。無得于心。知新。其應不窮。記問所知有限。只死活二字。

君子所言。皆平日所行之事。

周比從接物上見。和同從共事上見。驕泰從處己上見。語録學者于幾微之際不可不辨。

所因者。亘古及今之常然。損益者。隨時處事之當然。繼周損益。其答顔子爲邦之問乎。以上爲政。

游氏言仁切。程氏言禮樂切。程子言禮樂之實。李氏言禮樂之文。合此四説。方盡集注用意精深。學者宜細觀。八佾。

朱子此章論好惡由心而達之事。故先無私而後當理。後篇論忠清因事以原其心。故先當理而後無私。

訥敏。此矯輕警惰工夫。以上里仁。

此理在天。未賦于物。故曰天道。此理具于人心。未應于事。故曰性。此理至微而難言。文章至顯而易見。

程子免患二字。未見其不可及。必如朱子本注所言。方見其不可及。以上公治長。

行簡是于行事上簡。居簡是于治己上簡。

明諸心。窮理之事。力行。踐履之事。

學者但當從事于博文約禮之誨。文公爲學者切己漏洩七分了。

程子于儒上説君子小人。固甚平。恐于子夏未切。謝氏以義利説。恐尤甚。子夏細密謹厚。病于促狹。故以是警之。後世託儒爲小人者固多矣。恐子夏必不至此。

齊之盛時。已不如魯。魯之衰時。尚勝于齊。變齊先革功利。變魯先振紀綱。

子貢以事言。故遠而難。夫子以心言。故近而切。以上雍也。

或問既以不改其樂與樂在其中爲微有閒矣。而程子乃以不改釋在中。宜思之。

學不厭。誨不倦。前章方言何有于我。此章乃曰則可謂云爾。學者當思。

聖人全體渾然。指德性。以上述而。

可以二字。猶以才言。不可奪處。乃見其節。

不可使知之。蓋欲使之知而不可得。非不使之知也。集注能字善融化。以上泰伯。

言箴躁妄二字。包盡言之病。箴内皆此意。

動箴理欲二字。是生死路頭。

敬以持己。私意無所容于内。有以存其心之德。恕以及物。私意無所待于外。有以推其愛之理。以上顏淵。

有聖人作用。有賢人作用。有善人作用。善人只就天資上做出。無學以充之。所以久速不同。子路。

狷是有執守。介是有分辨。語録惠是介狷者。傳中説介處亦多。泰伯。

遠慮以地言則周。以時言則豫。衛靈公。

盜猶畏人知。賊則肆然無所忌憚矣。

古是氣質之偏疾也。今是習俗之變則惡矣。陽貨。

謹獨二字最密。至微處照對不到。理便閒斷。子張。

孟子通旨

孟子本是分義利對言。然必曰仁者。非仁做不得義出也。

賢者而後樂。此孟子添而後兩字。便精神活動。

前以愛物之心推上仁民來。此以親親之心推下仁民去。又明示以推之之法。善推其所爲。不特是此章大旨。孟子平生工夫。受用只在此一句。

孟子于齊宣王問答凡十四章。惟首章開闔變化。精神超越。而元氣不動。非門人所能傳。此是傳不得處。

王速出令云云。此是孟子用世之機。惜齊宣王不能用。又惜乎後日樂毅不得聞此說也。

孟子太王去邠兩段。見周家王業之本。以上梁惠王。

疑懼二字。包一章大意。而直字貫乎其中。

黝之養勇是不疑。舍之養勇是不懼。

孟子自然不疑不懼。告子是硬要不疑不懼。

此節要看四箇所字。詖淫邪遁是病症。蔽陷離窮是病原。能去其蔽。則無下三件。蔽之原不一。有氣稟之蔽。有物欲之蔽。有習俗之蔽。有學術之蔽。去蔽在乎好學。心通乎道。程子是發明知言之要。然惟好學。而後能心通乎道。

學至聖人。則浩然之氣不足言。

夫征。粟米之征。百畝之租也。家征。力役之征。今之徭役也。里布。布縷之征。五畝之税也。以上公孫丑。

責難是先立一箇大志。下句是仔細點檢。即是責難工夫也。

王驩從孟子出弔。是欲借重于孟子。孟子不與之言。是待小人之嚴。樂正子之從子敖。是失身也。孟子不責其失身。而責其徒餔啜者。度其心正欲藉其資糧輿馬來見孟子爾。

深造之以道。深造不可作已到說。之以兩字。不可作助語打過。

言性則故而已矣。此章本說智是從原頭說來。則非語助。有不足之意。性最難名狀。故天下言性者。止説得故而已矣。如言乃若其情。情是已發見者。卽性之故也。

齊人章尚有孟子曰三字。此與上儲子章合是一章。蓋因儲子有瞯夫子之語。遂發瞯良人一段。言求富貴利達者。則作僞以欺人如墦閒者。君子言行如一。何必竊視也。恐正是一章。非闕文也。兼孟子書别無瞯字。獨此處連有之。以上離婁。

人情天理。于是爲至。此語最精切。學者所宜反復深思。不可草草領略過。萬章。

孟子以性不可見。以其情之善。知其性之善。至于不善者。罪無歸宿。此方微發其機。而終欠道一氣字出。蓋欲人反求于心而自得也。故曰弗思耳矣。後面累言弗思。自性而言。則性與才無不善。自氣而言。則情有所徇。才有所徇。然後有不善。牛山之木。譬人之良心。句句相對。極分明。

自牛山之木以下十章。皆是勉人養心。頭面不同。所主則一。以上告子。

家語考

予每讀中庸集注。以家語證中庸之有缺有衍。私竊疑之。因書與趙星渚言。答曰。文公謂家語爲先秦古書。無可疑者。因求家語之始末。而益有大可疑。請從而説之。考古非易事也。此先儒之所甚謹。豈後學之所當妄議。必學博而理明。心平而識遠。殆庶幾乎得之。蓋學不博不足以該貫羣書之言。理不明不足以融會羣書之旨。心不平則不能定輕重之權。識不遠則不能斷古今之惑。予不敏。何足以知之。竊嘗謂學者莫不讀論語也。自漢以來。諸儒名家亦莫不牋釋論語也。至我本朝。伊洛紫陽諸老先生出。而論語之義始大明。曰脱簡。曰錯簡。曰衍文。曰缺文。曰某當作某。始敢明注于下。然未有定論語爲何人所集也。因嘗曰。此魯論也。此齊論也。此爲子貢之門人記矣。此爲閔子之門人記矣。此成于有子曾子之門人矣。然子貢閔子有子之門人。後世不聞其有顯者。惟曾子傳得其宗。當時執刪纂之柄者。豈非子思乎。吾聞夫子年三十有五而弟子益進。轍環天下幾四十年。登其門者凡三千人。其格言大訓。宜不勝其多也。豈論語五百章所能盡哉。于此五百章之中。而高第弟子之言居十之一。七十子之言不能載也。三千人之姓名不能盡知也。況其言乎。嗚呼。論語之書。精則精矣。而于夫子之言。未可謂之大備也。宜乎諸子百家各持其所聞而發越推闡。莫知所以裁之。毫釐之差。千里之繆。固有不能免者。予讀家語。而得論語之原。其序謂。當時公卿大夫士及諸弟子悉集録夫子之言。總名之曰家語。斯言得之矣。正如今程子朱子之語録也。蓋顔子之所聞。曾子未必知也。子貢之所聞。子游未必知也。齊魯之君問答。二國不能互聞也。以今準古。揆之以事。度之以理。不有以大會粹爲一書。則散漫而無統。浩博而難求。門人何以别其精微。故曰論語之原乎。然記者非一人。録者非一人。才有高下。詞有工拙。意有疏密。理有精粗。紛然而來。兼收並蓄。亦不得而却也。于斯時也。七十子既喪。而大義已乖。駸駸乎入于戰國矣。各剽略其所聞。假託其所知。縱横開闔。矯僞飾非。將之以雄詞詭辨。以欺諸侯。以戰百姓。其禍根盤結于海内。紫亂朱。鄭亂雅。大道晦蝕。異端搶攘。誣聖言。誤後世。此有識者所以夙夜寒心。思有以拯之。不得不于家語之中。采其精要簡明者。集爲論語。以正人心。以明聖統。以承往緒。以啓來哲。爲悠遠深長之計。其滔滔横潰于天下者。固不能遽遏絶也。俟其禍極而勢定。則大本大原。正大光明。巍然與日月並行于天下。萬世之下。莫不于此而宗之。其功又豈在禹下哉。當是時也。任是責者。非子思子吾將疇歸。故曰。集論語者。必子思子也。始著書以幸後學者。亦必子思子也。藝文志有曾子十八篇。此不過記録之書也。子思二十三篇。若中庸大學。則子思著作之書也。以論語之體段。推家語之規模。大概止記而已。然精要簡明既萃于論語。則其餘者存于家語。雖不得爲純全之書。其曰先秦古書。豈不宜哉。雖然。予嘗求家語之沿革矣。其序故曰。當秦昭王時。荀卿入秦。王問儒術。卿以孔子語及弟子言參以己論獻之。卿于儒術固未醇也。而昭王豈能用儒術者哉。可謂兩失之。此家語爲之一變矣。于是以其書列于諸子。得逃焚滅之禍。秦亡。書悉歸漢。高堂生得禮古經五十六卷。經七十篇。記百三十一篇。注云。七十子及後學所記。此豈非家語之遺乎。河閒獻王得而上之。宣帝時。后倉明其業。乃爲曲臺記。授戴德戴聖慶育三家。大戴删其繁爲八十五篇。小戴又删爲四十六篇。育無傳焉。馬融傳小戴禮。又足月令明堂樂記三篇。鄭康成受業于融。爲之注解。究其原。多出于荀卿之所傳。故戴記中多有荀卿之書。班固曰。孔子家語二十七卷。卷與篇不同。顔師古已注云。非今所有之家語。成帝時。孔子十三世孫衍上書。言戴聖近世小儒。以曲禮不足。乃取孔子家語雜亂者。及子思孟軻荀卿之書以裨益之。總名曰禮。遂除家語本篇。是滅其原而存其末也。以是觀之。禮記成而家語又幾于亡矣。予于是有曰。論語者。古家語之精語也。禮記者。後家語之精語也。今之家語十卷。凡四十有四篇。意王肅雜取左傳國語荀孟二戴之緒餘。混亂精粗。割裂前後。織而成之。託以安國之名。拾珠玉而存瓦礫。寶康瓠而棄商鼎。安國不應如是之疏也。且安國武帝時人。孔壁之藏。安國所守也。不能以金石絲竹之遺音。正曲臺之繁蕪。其功反出于二戴之下。必不然矣。是以朱子曰。家語是王肅編古録雜語。其書雖多疵。却非肅自作。謂今家語是先秦古書。竊意是初年之論。未暇深考。故注于中庸亦未及修。故曰。家語爲王肅書。此必晚年之論無疑也。吁。家語之書。洙泗之的傳也。不幸經五變矣。一變于秦。再變于漢。三變于大戴。四變于小戴。五變于王肅。洙泗之流風餘韻。寂然不復存。以古家語正中庸。其詞甚明。其義甚明。奈不可得而見也。以今家語正中庸。此恐有所未安。以朱子晚年之論。久之未必不改也。學者膠柱而調瑟。却成大病。是以不容不論。惟明者擇焉。

魯齋遺文

原夫未判之初。有太易。有太初。有太始。有太素。太易者。未見氣者也。太初者。氣之始也。太始者。形之始也。太素者。質之始也。氣形質而未相離。乃謂之混沌。混沌已分。乃開天地。天形如彈丸。半覆地上。半隱地下。其勢斜倚。故天行健。北高。故極出地三十六度。南下。故極入地三十六度。周天三百六十五度四分度之一。晝則自左而向右。夜則自右而復左。氣積于陽。而其精外明者謂之日。氣積于陰。而其魄含景者謂之月。體生于地。精浮于天者謂之星。五行之精。是謂五緯。經星則麗天而左行。七政則遠天而右繞。日之經千里。晝夜所經謂之一度。仲夏躔東升而去極近。則晝長而夜短。仲冬躔南斗而去極遠。則晝短而夜長。日之周天以歲計。月以朔計。二十八宿。日之所經。爲黄道。横絡天腹。中分二極者。爲赤道。春秋二分。日循赤道。平分天體。晝夜中停。春夏之交。陽極生陰。則陽升于天而生暑。秋冬之交。陰極生陽。則陰際于天而生寒。日行三百六十度而成歲。餘度之未周者爲五日之强。月行二十九日半而及于日。其不足者六日之弱。以不足乘其有餘。歲得十一日。積而成月則置閏。三歲一閏。五歲再閏。十有九年而爲閏七。是謂一章。則餘分盡矣。晝夜百刻而辰周十二。故以八刻二十八分爲一時。積六千分成晝夜。五日爲候。三候爲氣。六氣爲時。四時爲年。而天地備矣。乾道變化。二氣流行。陰氣凝聚。陽在内者。不得出則激搏而爲雷。陽在外者。不得入則周旋不舍而爲風。陽與陰夾持。則磨軋有光而爲電。陽氣正升。爲陰氣所乘。則相持而爲雨。陰與陽得助其飛騰。則飄颺而爲雲。陰干于陽。而氣薄不能以揜日則虹見。陽伏于陰。而氣結不能以自收則雹降。月星布氣。陰感之則肅而爲霜。陽感之則液而爲露。上寒而下温則霜不殺物。上温而下寒則雨而不冰。風不宜温而温。則雨凝而爲雷。陽從而陰翕之也。雷不當出而出。則雪霰交至。陽褻而陰乘之也。然自天地剖判以來。裨海環之中國外。如赤縣神州者九。乃有大瀛海環其外。天地之際焉。天地冲和之氣悉萃諸華。而有衣冠仁義禮樂之風。殊方水土之精溢于尤物。不過沈沙樓陸環異之産。蓋氣偏也。

彼窮荒遠徼。如日本。如流沙。如懸度。此其地多熱。如雪山。如漏天。如盧龍。此其地多寒。皆日月所偏照。梯航所罕通。浸不與中國類。亦氣中之窮也。南北爲經。東西爲緯。東極以至西極。二億三萬五百里七十五步。南北亦如之。雒陽東抵扶桑。踰二萬里。次則日本。一萬五千里。其地温燠。西抵安息。二萬五千里。南至大秦。八千里。其地嚻熱。南抵眞臘。二萬里。次則扶南。一萬三千里。其地炎暑。北抵流息。一萬五千里。次則駁馬。一萬四千里。其地常雪。驛傳至此。極矣。天地初分。只有水火。水便是地。火便是日星也。土之所附。其氣融結。則峙而爲山。水之所趨。其勢蓄洩。則流而爲川。山氣暮合而爲嵐。水氣朝降而爲霧。地勢峻極。起自西北。故崑崙乘地之高而東驅。嵩山據地之中而南騖。兩山並驅。其中必有水。兩水夾行。其中必有山。水流東極。氣虚而散。如沃焦釜。無有遺餘。往者既消。來者復息。水流東極。其應于月者爲潮。蓋日爲陽精。陰之所依。月爲陰靈。潮之所附。朔望之際。月近於日。故月行疾而潮應大。朔望之後。月遠于日。故月行遲而潮應小。春爲陽中。陰生于午而晝潮大。秋爲陰中。陽生于子而夜潮大。一晝一夜而再至。亦猶歲之春秋。而月之朔望云耳。若夫乾道成男。坤道成女。凝體于造化之初。二氣交感。化生萬物。流形于造化之後。靈于萬物者爲人。散于動植者爲物。天一生水。在人爲精。地二生火。在人爲神。天三生木。在人爲魂。地四生金。在人爲魄。天五生土。在人爲體。受精于陰。其聚而能靈者魄也。受氣于陽。其散而能神者魂也。頭圜象天。足方象地。噓而温者陽也。吸而涼者陰也。羽蟲三百有六十而鳳爲之長。毛蟲三百有六十而麟爲之長。甲蟲三百有六十而龜爲之長。鱗蟲三百有六十而龍爲之長。倮蟲三百有六十而人爲之長。此乾坤之美也。故太平之人仁。丹穴之人智。太蒙之人信。空同之人武。堅土之人剛。弱土之人肥。墟土之人大。沙土之人細。息土之人善。秏土之人醜。輕土之人多利。重土之人多遲。清水音小。濁水音大。湍水人輕。遲水人重。山氣多男。澤氣多女。石氣多力。暑氣多夭。寒氣多壽。陵氣多貪。衍氣多仁。惟中國稟太和。五性全備爲無虧。人之一身。分配五行。而造化之理具焉。五行一陰陽也。人誠有之。物亦然。雞知將旦。鶴知夜半。不類信乎。人狎鷗而機忘。犬吠屠而機露。不類智乎。虎嘯而風生。龍吟而雲起。將雨而魚噞。將風而鵲下。不類感應乎。燕知戊己。虎知破衝。巢居知風。穴居知雨。不類幾先乎。蠖屈而求伸。狨斷而求活。不類自全乎。螻蟻之君臣。鴻雁之兄弟。出乎類也。烏鳶之知愛。豺獺之有祭。反其常也。毛羽鱗介之類如此。至于草木。可類舉焉。松柏鬱蒼而知其葉自根流。豫章盤固而知其本盛末茂。橘踰淮而枳。蒿處陸而艾。藻寄根于水。葵傾心于日。桂枝之下草不植。麻黃之荄雪不積。覰木而可驗晴雨。占草而可知水旱。兔絲不土而蔓。暵果無花而實。芡近陽而性暖。菱背日而性寒。蓮實下垂則取其象以治心。胡桃瓤縮則資其形以斂肺。生于西者物多辛。生于南者物多爆。東北二物亦然。麥受陰陽之全。故就實而昂。稻分陰陽之半。則未實而俯。菽稟火氣。至水旺而枯。薺稟水氣。至土旺而絕。衍沃之區。以種而毓。人力所及。不毛之地。以氣而化。雨露所成。有根本則有枝榦。有花實。實中有仁。而生生不窮之理具焉。故曰。天生于子。地闢于丑。人生于寅。循環無端。孰察其際。

自非聖人後天地而生知天地之始。先天地而没知天地之終者。疇克然哉。大哉易也。斯其至矣。天地萬物造化論。

河圖出而人文開。八卦畫而易道顯。九疇錫而洪範著。書固不先于圖也。成王之傳位也。河圖在東序。大訓在西序。參錯于天球弘璧之間。聖王之所寶。可知矣。古人左圖右書。未嘗偏廢。後世書籍浸繁。而圖學幾絶。閒有因玩好模寫景物以悦目。而有關于理者固鮮。圖學之中興。非神聖不能作。非明智不能傳。洪範歷千有餘年。非箕子孰能陳之。先天圖埋没者二千餘年。至邵子而始出。濂溪周子再開萬世道學之淵源者。太極圖也。而通書次之。蓋有一圖之義。極千萬言而不能盡者。圖之妙。實不在書之後也。近世夾漈鄭公遂作圖譜略。固不足以盡天下之圖。而圖之名義亦可概見。其論縱横開闔。援引宏博。既富矣哉。而于理非其所尙。此爲可恨焉耳。予曩自麗澤歸。温習舊書。有未解者。因手畫成圖。沈潛玩索。萬理悠然而輻輳。益知圖之爲可貴。而靜中之有眞樂也。敘其所以。貽之子姓。非敢爲他人道。吁。邵子垂没。始以先天圖授之伯温。未嘗不哂其過計也。先天圖卒大明于後世者。豈伯温所能與于斯乎。烏在其爲能授也哉。研幾圖序。

梓材謹案。四庫書存目録研幾圖一卷。提要云。宋王柏撰。又言本傳雖載其嘗撰研幾圖。然其本不傳。元代諸儒亦未嘗一字及之。是書至明永樂中突出。此本自二五交運以下。爲圖者凡七十三云。

夫載道傳世。書之功大矣。書有六義。其來已久。蓋自蒼頡始制文字。雖點畫偏旁之微。有精義入神之妙。有自然布置之宜。後人推之。以爲有象形指事會意諧聲轉注假借六者之别。雖分千衍萬。要不越此。夫象形者。寫其跡也。指事者。推其義也。會意者。合其形而兼乎義者也。諧聲者。合其聲以附乎形者也。轉注者。形之變也。假借者。聲之變也。學者精辨乎此。則古今文字若網之在綱。有條而不紊矣。是以古之小學之教。自十歲則教之書計。而大司徒之屬有保氏者。所以誘掖夫未成之材。而教之道藝者。六書居其一焉。蓋將使之自末以窮本。由藝以達道。因小學之流。泝乎大學之源。小而習之。終其身而不厭。古人于六書之義。其重若此。蒼頡而下。至周宣王時。有史籀者。演暢古文。著爲大篆。漢志謂爲周人教學童之書。雖時與古文小異。而六義初未失也。自秦斯輩省改古籀。約爲小篆。而古文浸微。獄吏程邈。欲趨約易。變爲隸體。而籀篆亦廢。又有草書者。日趨簡便。而六藝亦幾乎絶。漢人猶稍知尊崇字學。尉律試吏者課以八體。而必使諷籀至九千字以上。吏民上書。或劾其不正者。然而古法既變。雜體紛然。非復蒼史之舊。其後揚雄之訓纂。相如之凡將。史游之急就。以致甄豐之改定古文。是雖有意于存古。要皆略而不備。及後漢和安時。許慎受學賈逵。迺始兼采史籀雄斯。作説文解字萬六百有餘上之。其書詳博。最爲近古。然隸學行之既久。行草八分雜然並出。視史籀反爲奇怪。鍾王而降。眞草爭妍。顧野王廣益説文爲玉篇。始從其楷。孫愐增加陸法言切韻。更爲唐韻。説文雖存。而學之者鮮矣。逮太曆中。李陽冰始尚説文。修正筆法。自謂篆籀中興。然時持臆説。排斥許氏。識者謂其筆力雖殊絶。而古體益壞。歷考古今。紛紛異尙。固無以加于説文也。然叔重止得象形諧聲二義。而其餘復略。且病于子母之混淆。國初詔徐鉉校定説文。雖曰不遺六書之體。然大略亦得二義而已。但説文無翻切。鉉始取孫愐音切附之。大中祥符。有詔刊正玉篇廣韻。而説文復衰。又有丁度集韻。司馬類篇之屬。其名不一。或訓或釋。或證或辨。至王安石字説作。而又一以會意解之。固未有全六義者也。玉篇類形不類聲。廣韻類聲不類形。大抵形尚可考。而聲爲難工。蓋形有定而聲無窮也。類形者少。類聲者多。類聲雖多。而未有正其始音之的者。世革風移。轉相假借。方音清濁。譌變因乘。甚矣。始音之難知也。柏知學最晚。小學功夫固大缺略。諸經雖多釋音。每病始音之未明。既而求于説文。又病從聲之難曉。一日以説文翻爲楷字。又得李文簡肅類韻之編。部敘雖非叔重之舊。然亦頗便于討閱。既而又得夾漈鄭公樵所著六書略一篇。喜不釋手。蓋其計覈精整。六義粲然。一掃千古之陋。而于假借一門。始音之義亦備。故獨取以附于説文翻楷之後。又得賈昌朝羣經音辨。取其三麗之評説。徐音賈辨鄭略微有異同。互相補發。按今證古。訂譌正誤。以之讀聖賢之書。于音義亦庶幾焉。今合而一之。名曰正始之音。嗚呼。昔沈約以郊居賦示王筠。讀至雌霓。五的反。撫掌笑曰。僕常恐人呼爲五雞反。遂以爲知音。以霓字從雨從兒。義合諧聲。固當讀爲五雞反。烏在其爲知音哉。韓昌黎鄙爾雅。謂非磊落人。爾雅固未爲盡善。是亦學之一端。而遽鄙之。過矣。而況後世自兒童已習爲進取捷徑之學。固視此爲迂也。迂非柏所敢避。但自念日月斯邁。于六藝始求其一。而未究其藴。方自笑其苟焉耳。正始之音序。

昔者洙泗設教。各因其材。雖以夫子之道如元氣流行。隨其所賦而無不充。然或進或止。或不惰。或自畫。實在乎人如何耳。以子貢之敏悟。而一貫之旨猶未融會。至于聞道無疑。豁然默契。乃在魯鈍之曾子。人見其昔之魯鈍者。忽頓悟于一日之下。豈知其篤學力行。固非一日之所至乎。夫子嘗曰。參也魯。程子曰。參也。竟以魯得之。夫魯非可以得道也。而其所以得道者。正以氣質雖魯。而不安于魯爾。今考其學道之方。用功之序。惜乎見于書者甚鮮。觀戴記所載曾子問一篇。其問禮之曲折。毫髮無遺。則其道問學之功。至纖至悉。可知矣。又觀魯論所記啓手足之言。戰戰兢兢。臨深履薄而後免。則其尊德性之功。至嚴至密。可知矣。大抵氣質之偏最難變化。精微之旨未易頓融。而曾子收效。反如是之速。非其不安于魯。而百倍其力。能至是歟。蓋嘗聞之。天之生是人也。莫不與之以仁義禮智之理。有是四者根乎其中。無有不善。此所謂天命之性。惟二五交運。氣質雜揉。不免有陰陽清濁之分。昏明純駁之異。則其所稟以生之氣。而天命之性固存乎其間。是氣亦性也。程子曰。形而後有氣質之性。善反之。則天地之性存焉。氣質之性。君子有弗性者焉。若曾子者。可謂能善反而復其降衷秉彝之初者矣。魯齋記。

中庸者。子思子所著之書。所以開大原。立大本。而承聖緒也。義理精微而實難于窺測。規橅宏遠而實難于會通。衆説淆雜而實難于折衷。此子朱子以任其責。而後學亦以春融而冰釋矣。惟愚滯之見。常覺其文勢時有斷續。語脈時有交互。思而不敢言也。疑而不敢問也。一日偶見西漢藝文志有曰。中庸説二篇。顔師古注曰。今禮記有中庸一篇。而不言其亡一也。惕然有感。然後知班固時尚見其初爲二也。合而亂。其出于小戴氏之手乎。彼不知古人著書未嘗自名其篇目。凡題辭皆後人之所分識。徒見兩篇之詞義不同。遂從而參伍錯綜。成就其總題已。天賦爲命。人受爲性。所賦所受。本此實理。故中庸二字爲道之目。未可爲綱。誠明二字可以爲綱。不可爲目。僕不揆狂僭。爲之隱索。取而析之。以類相從。追還舊觀。但見其綱領純而辨也如此之精。條目疏而理也如此之瑩。首尾相涵。可謂縝密。氣脈流通。可謂融暢。雖各提一性字。而其義不同。一原其性之所自來。一原其性之所實有。雖各提一教字。而其旨亦異。一以行爲主。故曰修道。一以知爲主。故曰明誠。始于天者終于天。始于誠者終于誠。分限嚴而不雜。塗轍一而不差。子思子亦可以無遺憾于千古之上矣。或曰。自漢晉以來。諸儒先未嘗疑也。至于朱子。章分句析。研幾極深而無閒言也。子何爲者。而勇于妄論乎。曰。非敢妄也。有所證也。此書惟哀公問政章交構爲最深。加以王肅貿貿然獨掇此章充塞乎家語之中。此先儒之所以不疑也。幸有在下位不獲乎上。民不可得而治矣十有四字。鄭氏所謂誤重在此者。此感人之報乎。其論舊章之痕跡尚未磨也。其往參之位置尚可掩也。使後世可以指瑕索瘢。正其苟合者。殆天意也。又以班固中庸説二篇五字。不列于諸子之上。而晦昧于古禮經之末。竊子朱子未必見也。或見而未必注思也。不然。以朱子之精明剛決。辭而闢之久矣。奚俟于今日哉。古中庸跋。

附録

四方來學者衆。隨其所學淺深。引誘啓迪。以開其適道之門。提綱疏目。析殊會一。未嘗不竭盡無餘。又編朱子指要示之。士大夫叩請者。每語之曰。士生天地閒。以萬物皆備之身。而不以古今自任。經綸自期者。皆自遏其躬而已。先生愛人以德。大率類此。
病先世遺書零落。整比成編。曰清風録。各爲題識。
台守聘爲上蔡書院師。首講謝子大居敬貴窮理之旨。敷暢瑩白。聽者竦然。意融心服。雖鄉之耆德。亦執弟子禮來謁。既爲講道于家。學者懷慕。不遠數百里相從弗置。
晚年積厚養固。精强清勁。雖少壯勿逮。孜孜述作。殆不知老之將至也。
其爲人學博而義精。心平而識遠。考訂羣書。如干將莫邪。所向肯綮。迎刃而解。凡朱子發端而未竟。疑而未決。與諸儒先闡明之未及者。莫不該攝融會。權衡裁斷。
先生自謂。研窮愈深。則義理愈呈露。涵養愈密。則趣味愈無窮。
嘗題書目詩曰。博而寡要豈通儒。三萬牙籤亦太虛。論語一編用不盡。世間何必許多書。
端平乙未新元詩曰。臺曆更新德未新。讀書未濟腹中貧。屢因快意行來錯。却向閒中認得眞。性性不忘千聖旨。惺惺毋欠滿腔仁。榮枯冷暖自消長。但見流行總是春。
又寄王澗詩曰。山中之樂屬高人。風月無邊取次吟。但使胸中飽邱壑。莫將片點著埃塵。
又新秋自警曰。直諒之言久不聞。秋來因作讀書吟。時時涵泳味無味。句句研窮深又深。老來已辜朋友望。閒中粗得聖賢心。無情歲月垂垂過。夕秀朝華豈暇尋。
嘗訪道于船山。至大安中途迷道。因作詩自警云。未識大安道。行行多路岐。人言訛近遠。山路信嶔巇。自有康莊處。多因便捷移。我今知堠子。萬里不須疑。

北山次韻云。審問方知道。冥行已迭歧。每因貪徑捷。多致覆欹巇。浪謂途言惑。先由己意移。知津要端的。直造始無疑。

倪公武和云。著脚爭此字。公私只兩歧。正途元自穩。捷徑不勝巇。見透行須透。心移境亦移。前人煩指點。進步莫遲疑。

有人說用。先生警之以詩曰。寄語紛紛利欲人。不知何者是經綸。行藏未可便輕議。學問先須辨得眞。莫把空言來誤世。要明明德去新民。大凡體立方言用。且著工夫檢自身。

北山爲作魯齋箴曰。卓哉王子。追蹤在昔。有扁斯石。朝警夕惕。勿病于魯。謂質難易。勿安于魯。謂思無益。由魯入道。有曾可式。氣質之偏。則懲則克。義理之微。則辨則析。知行兼盡。內外交迪。確乎其志。前哲是述。人十己千。明强乃必。從而上達。則在不息。滅裂鹵莽。乃吾自賊。歸咎于魯。豈不大惑。我作斯箴。侑坐是勒。勿貳爾心。服膺無斁。

金仁山祭之曰。猗歟先生。世際淵源。考亭上游。一二偏參。卒于北山。師資就正。有的其傳。立志居正。方其少年。英邁無前。議取秦關。俯視中原。及旣聞道。悉斂豪英。克己亦顏。宏毅似曾。攻堅鉤深。高視旁通。卽事卽物。無理不窮。論定諸經。決詖放淫。辨析羣言。折衷聖人。究其分殊。萬變俱融。會諸理一。天然有中。見其全體。靡所不具。庶其大用。隨其舉措。表裏輝映。動止準繩。山立時行。肅然襲人。日晶霜潔。玉栗金精。內明外齋。閨門朝廷。遇事理棼。神運權稱。如有用我。風飛雷興。出其緒餘。施諸造成。皋比所至。鳶魚高深。孰謂斯人。

而不用世。晚益油然。行藏無意。廟堂羣賢。明異薦聞。元祐訪落。伊川弓旌。如何昊天。不相斯文。如何先生。乃夢奠楹。

又率諸生祭之曰。嗚呼。望其人如泰山之巖巖。如秋霜烈日不可狎玩也。讀其書如日月之爲光。雷霆之爲威。如霜風之爲勁也。孰謂天地之至寶。而終藏深山大澤之畔也。吁。此吾所以深嗟痛哭。而有感于世道之變也歟。然自朱黄之日遐。屬□□其浸遠。歸靈光之獨存。耿神杓其明峻。天若以爲斯文之殿矣。何一朝而遽隕耶。

又告先生謚曰。國子祭酒楊公文仲等列請于朝。乞謚北山何先生。追贈先生。仍乞一體賜謚。公朝敷奏。特贈承事郎。仍同賜謚事下太常。以一德一心。踐行不爽。謚北山曰定。以廣聞多能。行善可紀。謚先生曰憲。事上得可。已劄付其家照應矣。然北山有累命之爵。故謚告即下。先生没有始贈之命。故告贈先下。又以一字之謚。乃七先生節一之例。而文公師生。上自羅李。下迨黄陳。例從二字。上悉連文所以明一原。盡衆美也。故再加北山曰文定。已形告詞。亦再加先生曰文憲。將頒後命。而警告日急。大勢阽危。禮文之事未遑。變故之來已極。自爾以後十餘年。故舊凋零。生徒散佚。大懼履祥等一旦淪胥。上未能竟先朝之再命。下無以表清議之同尊。鬱而弗彰。無補世道。夫以先生盛德。追崇之禮。異世同符。固非有待。然近代門人私謚其師。初非有待于請也。況有前朝之遺命乎。謹依省劄謚憲之明文。述朝旨加文之餘意。敬謚先生曰文憲。

黄文獻跋仙都與先生書曰。魯齋先生。學爲世師。其承傳之自。夫人能推言之。而其得于父兄培植之素。以爲受道之地者。世或莫之知也。夫以公閒生之質。又蚤有志于學。家庭之間。于一言一動之細。猶諄諄告誡。使致其謹如此。蒙以養正。聖功也。安可忽哉。

補汪先生開之

附録

宋濳溪題北山尺牘後曰。元思。時法先生之孫。魯齋少與之同學。嘗取論孟集義。别以鉛黄朱墨。以求朱子去取之意。而精于四書之學者。

補張思誠先生潤之

附録

當時北山門人。魯齋之外。首推先生。北山卒。魯齋謂金仁山曰。北山當世巨人。今弟子制服而非古。則無以示四方矣。仁山考古定制。議用白布深衣而純以素。素冠加絰于内。而加生絹于外。絰用細麻。帶用細苧。魯齋則更議用玄冠端武加白巾。曰。卽古之素委貌也。深衣不用素純。而布帶加葛絰。先生曰。不可。北山之生。不爲詭俗之事。今忽爲詭俗之服。非北山志也。吾當以學問躬行自勉。有以發明北山之學可矣。不必爲是服也。生絹白衫加布帶。而白巾如常。庶不駭于僞。且今人而古服。會之服之可也。儻朋友中有義利不明。出處失節者。見吾輩之服亦服之。反玷北山矣。魯齋不從。竟用己議。約其成服。先生不往

補 王立齋先生侃

雲濠謹案。先生爲文定孫。樓攻媿狀文定行實云。孫男十三人。儼。儀。倫。億。佣。脩。侑。佖。傴。儔。信。倓。其一未舉其名。豈卽先生耶。又案。吳禮部師道節録魯齋行實云。愛從子侃賢。與共學並居。開元死。與斂且葬。似先生祇爲魯齋從子。金華徵獻録作從子佋。佋與侃。古今文爾。

附録

先生冬日雜興詩曰。庭隙幽蘭手自種。託根不與春花共。冉冉同風數莖竹。襟期元作幽人供。如何江湖浪征逐。芳信却因馮翼送。多慚獨處歲將晚。尚想清標形曉夢。

又曰。澤國風饕霜力緊。黄落凋殘碧成錦。最憐柿葉與楓林。平原物色平瀟凜。造化不翕何所强。獨怪連朝漏融景。天理眞機默玩心。悟取靈根發深省。

魯齋和立齋踏月歌曰。我觀天壤閒。何處無此月。對月兩心同。正自欠此客。月清人更清。心境兩相迎。平生負此約。鬢影今星星。我有一要言。應與月同盟。清光無晦蝕。與德時時新。

又和伯兄適莊訪立齋詩曰。園林襟帶兩三家。翁季怡怡意度嘉。時把酒杯傾月影。或燒石鼎煮天花。青編有味毋吾隱。白髮無情任汝加。翠竹數竿新暎石。歲寒只此是生涯。

金仁山祭之曰。大學重關。誠意爲要。過此則人。不然則盜。允惟吾邦。濟濟宗師。公在其閒。是友是資。純直不疵。其生也性。誠實剛方。伊學之正。惟其此心。不愧屋漏。隱所獨爲。顯可人告。言行相顧。表裏無殊。心廣體胖。誠意之符。聖賢此關。亦既越止。天假之年。尚究極只。云胡一疾。荏苒三年。右緩左弱。不廢討研。一朝不寧。至此不淑。道日已孤。人如可贖。

梓材謹案。祭文此下云。我實企焉。遍參儒宗。既友公子。是獲游從。蓋仁山以先生爲前輩。故自稱後學云。

補縣尉吴先生梅

附録

師事北山。教以眞實堅苦。著四書發揮。參質于魯齋。

補文安金仁山先生履祥

雲濠謹案。先生卒于元成宗大德七年。國朝雍正二年從祀孔廟。

梓材謹案。咸淳十年。先生祭魯齋文云。履祥登門。今二十年。轉迷起弱。弘褊矯輕。進之北山。館我歲寒。施及其徒。鱗次朋升。蓋先生先事魯齋。因魯齋以事北山者。

又案。先生中年築室居仁山之下。文定爲書其扁曰仁山先生。又別自號曰次農。

仁山尚書表注

每州以一諸侯之長。專任牧民之事。夫諸侯固各牧其國之民。然或各私其國。曲防遏糴。州牧所以通其利也。故曰。食哉惟時。柔遠能邇。惟時。言民食之不可後時也。養民者。視年之上下而爲之備。視地之豐歉而爲之通。周知民之貧弱孤寡而爲之恤。不使民食之後時也。十二州冀豫爲中。餘皆外邊四裔。崇厚道德。信任元善。畏忌壬佞。率諸侯者意尚如此。則當時風俗治體可知矣。

讒殄之原。起于民情不達。政教不明。俗移于下而上不知。令出于上而下不同。納言所以傳君言而觀民風也。出納朕命。惟允所以。審君言而播民教也。此道化所以通于民心。民心所以化于上。而讒殄所以不行也。三代而上。道化出于一。異端不作。蓋以此爾。以上舜典。

堯之授舜曰。允執其中。此授之以治天下之要道也。一人之治天下。惟在于持此無過不及之則。以裁天下之事。使隨事各得而已爾。舜亦以命禹。則益之以三言。此又授之執中之要法也。夫用之所以不合乎中。以理欲雜乎方寸之閒。辨之不精。則守之不一。是以動而不中。則不能得其無過不及之則爾。理與氣會而爲心。心則一。而知覺意念所從發者異。故帝舜分爲界限以言之。道者人之主。先言人心而後言道心者。蓋道心之所以微。亦人心之危有以微之爾。惟精則辨乎人心道心之閒而不差。惟一則守此道心之主而不貳。中卽道之用也。大禹謨。

九德凡十八字。而合爲九德者上九字。其資質下九字。則進修亦有德性之全美者。然必用其有常者。謂有其德而持久者也。若一時如此。而悠久不然。則不常易變。不足爲有德矣。故雖以是九者定其有德之目。而必其有常然後用之。小人勉强于一時。亦似有德。然未幾而變焉。用之豈可保其爲吉哉。皐陶謨。

以義制事。以禮制心。卽建中之綱目也。立之義以制天下之事。使每事各得其時中至善之宜。而無過不及。立之禮以制天下之心。使人心各循其規矩準繩之則。而不偏不倚。經制既立。人心風俗既正。雖傳之後世。固有餘裕。豈有來世口實之憂哉。仲虺之誥。

古今之德。皆可師也。而制行不同。不可拘一定之師。惟在于主其善而已。天下之理雖善也。而隨時取中。則又不可拘一定之主。所以參會攷比之者。則在此心之克一焉。蓋古今德行。或柔或剛。或正直。或無爲。或勤勞。在我不可拘一定之法。必擇其善者而從之。所謂審其是也。然善無定主。均一事也。或施之彼時則爲是。施之今日則爲非。均一節也。或用之此事則爲非。而彼事則爲是者。此聖門所謂時中。所以考比參同之者。非純誠有定之心。豈能精擇而不差也哉。所以貴于一德也。咸有一德。

五福以好德居四。而傳則以好德爲重。蓋五福皆係于天。而人之所可勉者。惟好德而已。又錫福雖係于人主。而人主所可錫者。亦惟富而已。

攸好德者。學問之事。而以爲福者。人生而惡弱昏愚者多矣。今其氣稟清明。知德義之美而樂之。豈非福之大者。若使此心昏庸。所好非德。雖壽富安逸。所謂飽暖逸居而無教。祇以荒亡戕賊。近于禽獸。何足爲福哉。以上洪範。

宗伯不言司。蓋所掌者禮。禮莫重于祭。祭莫切于宗廟。不敢言司。尊宗廟且崇禮也。上下者。尊卑貴賤之等。儀和則不僭不逼。各安其分。有序則和也。司寇。刑官也。不曰刑。而曰禁。禁。止也。書法于木以示之。止人之爲惡也。王者制刑示民。以禁于未然。至于用刑。則不得已也。以上周官。

書者。二帝三王聖賢君臣之心。所以運量警省。經綸通變。敷政施命之文也。君子于此。考迹以觀其用。察言以求其心。以誠諸身。以措諸其事。大之用天下國家。小之爲天下國家用。顧不幸不得見帝王之全書。幸而僅存者。又不幸有差誤異同附會破碎之失。考論不精。則失其事迹之實。字辭不辨。則失其所以言之意。此書所以未易讀也。燼于秦。灰于楚。鉗于斯何偶語挾書之律。久之。而伏生之耄言僅傳。孔子之壁藏復露。伏生者。漢謂今文。孔壁者。漢謂古文。顧伏生齊語易訛。而安國討論未盡。安國雖以伏生之書考古文。不能以古文之書訂今文。是以古文多平易。今文多艱澀。今文雖立學官。而大小夏侯歐陽又各不同。古文竟漢世不列學官。後漢劉陶獨推今文三家與古文異同。是正文字七百餘事。號曰中文尚書。不幸而不傳于世。至東晉而古文孔傳始出。至蕭齊始備。至蕭梁始行北方。至唐貞觀。悉屏諸家。獨立孔傳。且命孔穎達諸儒爲之疏。夫古文比今文固多且正。但其出最後。經師私相傳授。其閒豈無傳述傅會。所以大序大體不類西京。而謂出安國。小序事意多謬經文。而上誣孔子。朱子傳注諸經略備。獨書未及。嘗別出小序。辨正疑誤。指其要領。以授蔡氏而爲集傳。諸説至此有所折衷矣。而書成于朱子既没之後。門人語録未萃之前。猶或不無遺漏放失之憾。予玆表注之作。雖爲疏略。苟能得其綱要。無所疑礙。則其精詳之藴。固在夫自得之者何如耳。尚書表注序。

梓材謹案。四庫全書著録先生尚書表注二卷。提要言。其初作尚書表注二十卷。柳氏所撰行狀稱。早歲所著尚書章釋句解。已有成書。是也。經義考稱其尚存。今未之見。又言。此書與蔡氏集傳頗有異同。其徵引伏氏孔氏文字同異。亦確有根原。所列作書歲月。則與所作通鑑前編悉本胡五峯皇王大紀。參考後先。雖未必一一盡確。然要非盡無據而作也。

梓材又案。四庫又著録先生大學疏義一卷。提要稱。其謹嚴篤實。猶有朱子之遺。又論語集注考證十卷。孟子集注考證七卷。提要稱。其書于朱子未定之説。但折衷歸一。于事跡典故。攷訂尤多。蓋集注以發明理道爲主。于此類率沿襲舊文。未遑詳核。故仁山拾遺補闕。以彌縫其隙。于朱子深爲有功。惟其自稱此書不無微牾。自我言之則爲忠臣。自他人言之則爲讒賊。則殊不可訓云。

大學疏義

格物致知之傳不存。而後世儒者莫知所以爲説。故或遺之而不復言。或言之而有不盡。或不得其意而他爲之説。遂使大學始教之目不明于天下。而人不知所以爲學。是以天下之理有未明。吾心之體有不盡。而所謂至善之所在者。自孟子以後千有餘年。罔然莫知也。此其所以意有不誠。心有不正。身有不修。家國天下不可得而治。其本蓋在于此。自程夫子始明其義。以開大學之原。而朱子又修其辭。以補傳義之缺。然後聖賢所以爲學之方。與其教人之法。燦然復明于天下。其辭明而盡。其説精而密。而其爲法。則功程有據。而細大不遺。工夫積習而貫通可至。雖使聖人復生于世。其爲説無以易此矣。開嘗因是而推之。所謂人心之靈。莫不有知者。蓋人稟天地正通之氣。則莫不有虛靈知覺之心也。所謂天下之物。莫不有理者。蓋事物盈于天地之間。而莫不各有精微至善之理也。所謂理有未窮。則知有不盡者。蓋理在萬物。而吾心虛靈之體自無不知。知在吾心。而氣稟物理之昏已有所蔽。故欲致吾之知。以全其本。在于窮物之理。以充其知。不能窮極乎物。以極衆理之物。則無以推極吾知。而盡心體之全矣。所謂大學之始教者。謂大學教人之目。以格物致知爲始也。物有未格。則知有不致。而何以能誠其意。以正其心。脩其身。而齊家治國平天下也哉。是以大學之教人。必以格物致知爲始焉。所謂卽凡天下之物者。卽者。隨其所遇之謂也。凡者。大無不包之辭也。蓋格物者。初未嘗有截然一定之目。而亦未有精粗巨細之間也。惟事物之在天下者無限。而接于吾前者亦無窮。故必隨其所遇。巨細精粗大小幽顯。莫不格之。以窮其理焉。所謂因其已知之理。而益窮之。以求至乎其極者。夫格物所以致知也。今而先之曰。因其已知之理。何也。夫心之本體虛靈知覺。固無所不知。但爲氣稟所拘。物欲所蔽。則有以狹之耳。然其本然知覺之體則有未嘗息者。故其于事物形迹之顯。有不待格而自知。但其蘊奥精微之極。則必待格而而㊀後知也。故致知者。因吾心之知此理。而推之以至于盡之謂。格物

㊀「而而」衍一「而」。

所以推盡吾之知耳。夫豈懵然無知。而能格夫物也。所謂用力之久而一旦豁然貫通者。格物者。非謂格一物而萬物通。亦非謂萬物皆盡格而後通。但積習既多。則工夫自熟。心知日廣。而其推類觸長。貫注融通。天下之物自無遺照矣。所謂衆物之表裏精粗無不到。而吾心之全體大用無不明者。表者。名實之形而易見也。裏者。曲折之蘊而難知者也。粗者。其事迹也。精者。其妙理也。全體。無不具者也。大用。無不貫者也。全體卽大用之體。大用卽全體之用也。衆物之表裏精粗有一未盡。則吾心之全體大用爲有欠缺。故必有以窮萬物之理。而盡其裏者精者。則吾心之全體無不用。又有以究萬理之事。而盡其表者粗者。則吾心之大用無不盡。表裏精粗無不到者。物格也。全體大用無不明者。知至也。故結之曰。此謂物格。此謂知之至也。其兼言而異于他傳者。蓋致知在格物。此格卽爲致。非二節也。凡補傳之意既簡而精。而或問之言復詳而悉。非後世學者所能著語者。今惟疏其傳義如上。而不能有所發明云。

論語集注考證

按孔子稱危邦不入。亂邦不居。夫子既去魯矣。以衛靈公之無道也而居衛。以陳國之小。歲有吳師。而在陳。以蔡侯死于盜。國遷于吳。民分于楚。而如蔡。不幾乎居亂而入危與。曰。前日之言。君子守身之常法。今日之事。夫子行道之大權也。夫以聖人盛德。固無施不可。使夫二三君者能用孔子。委國而聽之。則衛可正。陳可强。蔡可守也。而皆不能。惜夫。雖然夫子既知其不能用矣。其時楚昭之賢聞于天下。夫子固將如楚也。當在衛也。特以衛靈公致粟有際可之禮。而再主蘧伯玉之家。當在陳也。又以司城貞子爲之主。而陳侯亦有言議之適。故爲二國留行。然其如蔡。蓋爲如楚也。何以知之。有子曰。夫子失魯司寇。將之荆。先之以子夏。又申之以冉有。則知孔子去魯則將之楚矣。聖人無固無必。故爲二國留行爾。然而適楚又卒爲子西所阻。愚以爲。此皆非聖人之意也。

按。朱子有言。當衛輒之時。父爭于外。子拒于内。不知其國何得度日。是謂君子于此不可一日處也。孔子世家謂。孔子自楚反衛。在哀公六年。其後自衛反魯。首尾又六年矣。以衛父子之亂。而夫子久于其國。何耶。豈居亂邦。見惡人。在聖則可。或時其得政。而將借是以正名義也。又考陳世家。則楚昭卒之年。孔子在陳。非反衛也。考之衛世家。則齊弑悼公之年。孔子始自陳至衛。明年反魯。則非久于衛也。然猶在衛。何也。孔子在陳曰。盍歸乎來。蓋思魯之狂士。則自陳至衛。蓋過衛耳。意則主于歸魯也。以夫子門人如子夏子羔子貢之徒亦多衛人者。孔子于魯。爲父母之邦。其出也。既以司寇去國。則其反也。不可以無故而復國。故明年召之卽歸矣。經世于丙辰。書孔子自陳至衛。于丁巳。書自衛反魯。可以訂世家之謬。而孔子久速之可于此見矣。以上序說。

學而一篇。記夫子之言。爲書之首。而弟子之言凡四人。惟曾子之言直而簡。有子之言曲而中。子夏言激而易廢學。子貢言外而不由内。此曾子所以傳道。而有子之言所以似夫子也。末章子貢之言。其進宜未易量。學而。

志學章。朱子于本文之下。但隨文解義。而其終總說處最盡。蓋聖人固自有聖人之資。然聖人又自有聖人之學。又自有聖人之進。但非常情所可窺測爾。蓋天下之理無窮。而聖人之心純亦不已。已則非聖人矣。其實三十而立。聖人之爲聖人者已成。此後但愈妙愈熟。所謂借其近似以自名。猶夫子一貫。而曾子借忠恕以名之也。爲政。

古者。二王之後。各守其先代禮物。聖人于夏殷之禮。不曰吾能知之。而曰吾能言之。此蓋定禮樂時語也。聖人生知之資。其于禮之義理則知之明矣。此其所言。蓋爲二代制度文物之詳爾。雖當時二代之禮亡失將盡。而以聖人之資。觸類旁通。皆能歷歷言之。但聖人謹重之意。必欲得典籍故舊以證成其書。而文獻二者卒不可得。故終于從周。後人迄不見其成書之盛也。其閒見于禮記者。又多雜以門人經師之說。惜哉。八佾。

天下豈無天資之美者。但習所移而志不立。不能好學以充其資耳。然但言忠信。而不言知睿。知睿之資。固不易得。但聖人之于人。尚忠信而不尚知睿。終然忠信爲基本。知睿或難保也。世人多以聖人生知之資絶不可及而自棄。故聖人以好學勉之。公冶長。

顔子好學。如博文約禮。欲罷不能。克己復禮。請事斯語。私足以發。語之不惰。皆是也。而夫子答哀公之問。特舉不遷怒不貳過爲言。二事固亦克己之功。而未盡顔子好學之事。且顔子未當事權。有何可怒。蓋借是以諫曉哀公也。夫子答問之閒。各切其人之病。哀公爲人躁妄。故夫子答其弟子好學之問。而舉顔子不遷怒不貳過以曉之。卽顔子二事之功。爲哀公對病之藥。惜哀公不能繹且改也。

仁者。心之德也。不違仁者。心無私欲。而能有其德爾。但張子之意。欲始學者分別三月不違。與日月至焉者。深淺分明。故借内外賓主以譬之。而或問有仁在内在外之説。于是諸老之説始離矣。大抵既是譬喻。只取分明。固難得義理恰好也。今且以張子之喻言之。仁譬則屋也。心譬則人也。其心三月未違仁。是人不違屋。常在屋内。雖三月外有時少違。卽復歸來。必也是主。日月至焉焉㊀者。是人每在屋外也。雖或日一至或月一至。然終是客。既知其内外賓主如此不同。便須勉勉以進于不違。循循而莫或違之。至于久而熟焉。則有非人力所能與者矣。以上雍也。

曰不圖爲樂之至于斯也。爲字平聲。謂舜之作樂。何其情文善美之盡如此。近有北士因漢志陳敬仲以韶奔齊之説。遂謂夫子在齊聞韶。三月忘味。傷之至也。曰。韶乃陳樂。何爲而至于齊。蓋傷陳氏之必篡齊也。其後陳成子果弑簡公。夫子請討之。此乃證古集之説。路史意亦然。大爲躁妄。且感韶之盛。而三月忘味。程子猶以爲非聖人之心。故集注取史記學之三月以證之。豈有陳氏專齊。而夫子一聞樂聲。三月忘味。聖人之心。乃傷忿固滯如此。聖人之怒。在物不在已。何爲忿忿悒悒。一病三月也。學者不如守文公之説。求聖人之心。而好爲新奇。何所不至。可憂

㊀「焉焉」衍一「焉」。

甚矣。

子貢善問。莫精在怨乎一問。蓋伯夷叔齊固以事言。而怨乎一問。又以心言。事可勉而心不可掩。夫言夷齊則不爲衛君。已可知矣。然使伯夷逃國。而其心猶曰。我固當立。特以父命。不得不逃。即此不得不然之心則怨矣。其與衛輒惟恐失國之心何遠哉。此子貢所以再有此問也。惟伯夷以不違父命爲安。叔齊以不躐天倫爲正。脱然惟恐有國之爲累。而曾無幾微不得已之心。此其所以爲賢。而孟子直以聖之清許之。緬想此心。而下視衛輒之心。眞天淵之不相近矣。而謂夫子爲輒乎。或問于此。極爲詳明。惜不編入集注。學者不可不參看。然不獨以此論古人心迹之辨。又當以此自察于心術幾微之間也。

按。文行忠信。此夫子教人先後淺深之序也。文者。詩書六藝之文。所以考聖賢之成法。識事理之當然。蓋先教以知之也。知而後能行。知之固將以行之也。故進之乎行。既知之。又能行之矣。然存心之未實。則知或務于誇博。而行或出于矯僞。安保其久而不變。故又進之以忠信。忠信皆實也。分而言之。則忠發于心。而信周于外。程子謂。發己自盡爲忠。循物無違謂信。天下固有存心忠實。而事物未能盡循而無違者。故又以信終之。至于信。則事事皆得其實。而用無不當矣。此夫子教人先後淺深之序。有此四節也。或疑首篇言行有餘力則以學文。而此章以文爲先。何也。曰。首篇言弟子居家之職。此章則夫子設教之序也。朱子嘗論知行二字。論先後則知爲先。論輕重則行爲重。知爲先。此章是也。行爲重。首篇之言是也。然首篇雖以學文爲後。乃所以審其行而進于實也。或又疑四教與四科如何。曰。四教以先後淺深言。四科以成德達才言。夫固各有攸當也。以上述而。

朱子舊以夫子述武王之言而及此。但以周爲言。故統爲一章。而或問遂收胡氏之説。復以事勢言之。遂以此段爲專言文王。其實文王終。武王立。十三年而始伐紂。則十二年之閒。紂勢猶熾而惡未稔。未卽儆然與之並立也。以三分有二之勢。而猶事之。則不謂之周家忠厚不可也。故曰至德。至德之言。亦聖人衰世之意。蓋自春秋以來。諸大國于周室何有。前楚後秦。虎視耽耽。羣雄垂涎。未敢先發。欲取而不能。非可取而不取也。況于服事之乎。以此言之。則武王謂之非至德不可。斯言也。亦聖人衰世之意也。泰伯。

道體之本然。自大德敦化説來。則道乃物之體。而物乃道之用。此道體也。自小德川流指出。此體是有形之體。而物乃爲道之質。與道爲體。猶云與道做質也。道無形質。逝者如斯夫一句。意尚孤。不舍晝夜。意思方可見。蓋大德之敦化如此也。

何有于我哉。語録曰。語有一二處如此。皆不可曉。舊有三説。一以爲。此數事我皆無有。一謂。此數事外。我復何有。一説云。于我何有。然皆未安。今缺之。又曰。此等處。也因人言而發。履祥按。味二則字。及不敢字。當從第二説。人必有言夫子道德之全者。而夫子不敢當。因曰。出但事公卿。入但事父兄。于喪事不敢不勉以企及。不爲酒困。如此而已。外此何能有于我哉。一以自謙。二以見道之難能。三以見近事之不可忽。于文意似通。然此四句。在國在家。

處凶處樂。皆已備盡。不可謂近事而可忽也。以上子罕。

曾子傳道。有若似聖人。公西華之才勝于宰我。澹臺滅明之勇亞于子路。子羔之孝次于閔子。樊遲之才亞于冉有。曾點漆雕開已見大意。子賤之政。原思之守。其他諸賢。未易梗舉。開元禮既拘十哲之數。其後顏子升侑。而以曾子補十哲。是矣。曾子升侑。而遂以子張備十哲。可乎。景定之禮。以顏曾思孟爲四侑。萬世公論。于斯爲允。然前此議者猶以顏路曾晳伯魚並在下列爲未安。則如之何。則亦復古之制而已。古者廟寢之制。前爲堂而後爲室。宗廟之祭。先室事而後堂事。而庠序之禮。先獻酬而後燕禮。今二丁之祭。宜先用饗禮。牲幣旅陳享先聖。而南面于堂。以顏曾思孟侑。繼用燕禮。籩豆簠簋奠先聖。而東面于堂。以顏路曾晳而下七十子左右旅食。如昭穆之例焉。斯爲得之。其餘從祀者。雖東西夾室可也。先進。

自古聖賢相傳。至夫子教人爲學。則曰爲仁最爲親切。然而仁爲何理。孔門初無明言。前人未有正訓。蓋古者義理素明。不待訓說。自制文字之初。此理已分明。仁字从人而傍从二。是人人字。言人之所以爲人也。又科斗古文。仁从人一心。或作千心。謂仁卽人一心之理。千人所共之心也。故孔門論學。但曰爲仁。集注所謂全其心之德也。至子思孟子時。異端之言仁者漸差。故子思孟子正言其名義。子思曰。仁者。人也。孟子曰。仁。人心也。又曰。仁也者。人也。合而言之。道也。又曰。不仁不智。無禮無義。推而爲四端之說。然自此以來。異端日多。義理日晦。諸儒不察。更無定論。韓子獨以博愛名仁。程子非之。以爲仁是性。愛是情。然亦以爲。仁無正訓。言愛言覺皆非也。但合孔孟言仁處觀之。一二歲得之未晚。如曰公而以人體之則爲仁。又曰四德之元。猶五常之仁。偏言則一事。專言則包四者。仁之正訓。可謂引而不發。躍如也。至朱子言之始明備。曰。仁者。天地生物之心。而人得之以爲心者也。此卽程子所謂四德之元也。孟子所謂。仁。人心也。曰。仁者。心之德。愛之理。心之德者。專言之也。愛之理者。又偏言之也。而此章正名之曰。心之全德。可謂盡矣。凡集注言仁帶及人處。則曰。心之德。愛之理。獨説心處。與爲學處。則曰。心之全德。曰心德之全。是于專言偏言處又分别明辨矣。然此章帶禮説。孟子對義説。又兼四性説。程子又兼五常説。學者不可不思。蓋心之全德。天理渾然。其中自是無所不備。聖賢切于明道教人。故就中又指出其間體段子目。以此仁之中。又自有裁制。各當處謂之義。又各有節文處謂之禮。藏在中而有分辨謂之智。無非著實謂之信。既備諸體段。故見諸發見。謂之四端五常。而不害爲仁之渾然也。而語録又有梅仁杏仁之喻。此允爲親切。人之心德謂之仁。故梅杏之心亦謂之仁。正取此義。古人既以人心之仁名梅杏之仁。學者試以梅杏之仁反觀吾心之仁。梅杏有此仁。故種之卽生。人心有此仁。故感之卽動而發。然梅杏之仁。種之而生。生而長。長而花。花而實。如此則梅杏仁中專是生之性已具。此長成收藏之性在其中矣。使仁之中不具此生長收藏之性。則何以生之後。有幹枝花實長成收藏之節哉。今又觀梅杏之仁。有尖處是根芽。純是仁意。内分爲兩片。是仁中已對有仁義。其文理分明。卽禮也。藏此生意在内。卽智也。充實不虛。則信也。其仁不實。則種之便不生不長矣。以此觀之。則人心之仁悉包義禮智信在其中可知。然梅杏之實有此仁。又是元初種子有此仁。故生而爲梅杏之實。無不有此仁。此所謂天地生物之心。而人得之以爲心者。論仁者。至朱子人心全德之訓可謂明備。今推明會粹其説。以俟學者。顔淵。

所貴學于聖人者。以大學明德新民之道。修己治人之方也。而樊須以學稼圃爲問。故夫子以不如老農老圃拒之。責之至矣。而又以小人名之。繼以大人之事言之。可謂明盡。然觀章末四方之民至焉用稼之語。則樊須所欲學。蓋欲如許行爲神農之言者。孟子闢許行章。又此章之注疏也。農圃同一事。秦所謂種樹之書。漢所謂農家者流。是也。子路。

夫子懲子路之失。以示工夫之難盡。程子推敬字之極。以見功用之無窮。夫敬之功用固大。然非一人獨敬便能如此感應。亦惟上下一于恭敬。則充積薰蒸。天地自位。萬物自育。氣無不和。四靈何有不至。此卽禮運篇所謂體信達順之道也。此當參攷禮運上文。又曰。聰明睿知皆由此出。夫敬又非塊然自守而自能安人及物也。蓋惟敬則私欲不作。心體日明。所聞無所溺。所見無所蔽。睿聖通微。智燭日廣。所以事事處其當。物物得其情。則百姓人物無不安者。且可以此事天饗帝。況在人物有不可格者乎。語録曰。體信是忠。達順是恕。體信是無一毫之僞。達順是發而皆中節。無一物不得其所。憲問。

孔子生長于魯。至是五十餘年。天下之士多從之者。魯之君臣豈有不知其賢。而未嘗能用孔子也。定公三十年。一旦起而用之。論語左氏皆不言其故。獨孟子稱孔子于季桓子見行可之仕。

而此篇謂季桓子受女樂不朝。孔子行。是孔子此時之行藏。係季桓之用捨也。何哉。魯自三家四分公室。而季氏取其二。季氏專魯。而魯公無民久矣。使魯之君而欲用孔子。豈能遽奪季氏之權以畀孔子。季氏亦豈肯遜己之權以與孔子哉。自定公之五年。季平子卒。其家臣陽虎始用事。乃執桓子。囚之辱之于晉。陷之于齊師。且盟且詛。八年。又將享桓子而殺之。僅而獲免。當是時。非惟魯國不可爲。而季氏亦自不可支矣。桓子于此。亦謀所以爲止亂興衰之計。故舉孔子于公而試用之。已而政聲四達。卻齊而歸地。于是攝行相事。墮三都。夫三都者。三家之疆邑也。當是時。公山弗擾在費。而郈侯犯之。亂未久也。三家之有三都。本非公室之便。而三都之爲三都。至是亦非三都之便矣。故叔孫氏始墮郈。繼而季桓子墮費。已而孟孫氏不肯墮郕。圍之弗克。其不肯墮郕也。公斂處父之言曰。無郕是無孟氏也。然則無費是亦無季氏也。而墮之。當是時。桓子之心未敢自計其私也。夫三都已墮其二。則郕之不墮。固亦未害。夫子久之必有處矣。既而魯國方治。而齊人乃歸女樂。而謂是以閒魯之用孔子。寧不幾于兒戲乎。是殆必得其閒矣。季氏。權臣也。桓子舍己之權以聽孔子。而墮其名都以强公室。其中豈無介介者。顧以衰敗之餘。藉之振起。今紀綱既定。外侮既却。魯既治矣。桓子豈甘終于自絀者。縱桓子甘之。季氏私人必有以爲不利者。故其信任之意必已漸衰。特未敢驟舍孔子。而孔子顧亦無隙可行爾。故齊人歸女樂以促之。夫齊何懼于我而歸女樂。于事可疑。于禮非正。有國者固不可陷此爲鄰國所覘也。使桓子而猶惟夫子之聽。豈其受此。受之已非矣。而又君臣荒淫其中。三日不朝。故孔子去之。然考之孟子與史記。蓋其膰肉不至而行也。而此篇則爲爲女樂。蓋孔子之行決于此。而特發于膰肉爾。孟子曰。孔子爲魯司寇。不用。從而祭膰肉不至。不税冕而行。夫謂之不用。則不用固久矣。受女樂。其事一也。夫郊之必致膰于大夫。彝禮也。孔子何此之待哉。待遇之惡。必有日矣。夫使其致膰猶彝禮也。而不致是顯然疏卻之也。于是而行。復何俟哉。此夫子之出處本末事情也。朱子于此。取范氏之言。謂此篇記仁賢之出處。而折中以聖人之行。以見中庸之道。何以見其爲中庸也。因合齊魯而觀之。于齊不用。則禮雖隆而去。去他國之道也。于魯不用。則禮衰而去。去父母國之道也。使孔子以所以去魯者去齊。則于道爲不及。以所以去齊者去魯。則于道爲太過矣。分齊魯而觀之。當在齊也。季孟之禮固非所以待孔子。然猶將用之。而去則爲太過。曰不能用矣。顧以禮隆而留。則又不及也。此去齊所以爲中也。當在魯也。女樂未受。逆探其未形之意而去之。過也。受女樂不朝而去之。則中矣。然于父母之邦而如此。亦微過也。故于膰肉不至而去。爲得其中。膰肉不至而不去。則又不及矣。此去魯所以爲中也。此中庸之道也。然則三仁柳下惠何以未得爲中庸。曰。世謂微子歸周。固妄也。遯去而已。然微子仁于清。視夫子之去魯則爲過。比干仁于忠。視夫子之去齊爲不及。箕子柳下惠降志辱身。視夫子之去魯。又爲過于和而不及于中矣。抑三仁之于紂。親則諸父諸兄。職則父師少師也。其終始力量止于如此。若伊尹周公處之。又必有道矣。而況于孔子。聖人大用。固非賢人所及。故愚又推而索言之。微子。

論語二十篇。格言多矣。至此篇言帝王相傳與爲政之略。而又以此三言繼之。蓋切要丁寧之語。中庸之篇。始言一理。中散萬事。言至誠之道。至聖之德。可謂詳矣。而末章復自下學立心之始言之。以推至其極。亦是如此。又論語起止都説君子。語録亦每拈起並説。愚謂篇首君子是盡其在我。聽其在人。篇末君子是盡其在我。聽其在天。篇首君子之量。篇末君子之守。人而知不得命分。則無以爲君子矣。堯曰。

孟子集注攷證

按史記年表。魏惠王三十五年。孟子至梁。乃齊宣王之七年。明年。魏惠王卒。襄王立。齊宣王十九年卒。湣王立。燕噲之七年。乃湣王之十年。但書噲子之皆死。而並不言齊伐燕。齊世家亦不言及伐燕事。史記年表世家兩無明文。而孟子爲最詳。其次詳見戰國策。曰。蘇秦之在燕。與其相子之婚。而蘇代與子之交。秦死。齊宣王復用蘇代。代爲齊使燕。燕王問宣王何如。對曰。必不霸。不信其臣。以激燕王而厚子之也。以是燕王大信子之。子之遺代五百金。聽其所使。人遂説燕王以國讓子之。老不聽政。顧爲臣三年。國内大亂。市被與太子平謀攻子之。不克。儲子謂齊宣王。因而仆之。王令章子將五都之兵。因北地之衆以伐燕。士卒不戰。城門不閉。燕王噲死。齊大勝。子之亡。此通鑑所據以係之宣王也。但年表以齊威王立三十六年。宣王立十九年。湣王立四十年。通鑑則下減湣王之十年。上益威王之十年。移下宣王十年以合伐燕之事。文公語録疑通鑑移十年。考異無他據。按。温公考異于此時之年大抵以竹書爲正。而不盡從年表。竹書魏惠王之三十六年未卒。明年又稱後元年。又十六年卒。吕成公謂。竹書記前代事雖多訛繆。然其書戰國時事必可信也。況是魏國之史。其書魏國之年。必實于史記年表矣。年表于魏年既誤。則其于齊年安得盡無所誤。況伐燕之事。莫詳于孟子。莫略于史記。安得取其略者。而反疑其詳者。傳曰。所見異辭。所聞異辭。所傳聞異辭。齊宣王伐燕。孟子所見也。謂爲湣王者。荀卿所聞也。史記又所傳聞者也。安得以後世所傳聞之辭。而反疑孟子所見之辭乎。且温公固疑孟子者。通鑑尚取孟子爲正。文公尊孟子者。序説及集注反取荀子史記。而疑孟子爲差。雖曰疑以傳疑。而後人將以爲實。且益資非孟子之據矣。故履祥以爲。伐燕之事。雖微戰國策。亦當以孟子爲斷。況又有戰國策之可據乎。或曰。荀卿事齊宣王。三爲祭酒。宣王伐燕即薨。荀卿爲宣王諱過。後見湣王之不善。故以伐燕歸之湣王。文公嘗謂孟子弟子爲孟子諱。故以湣王爲宣王。愚亦謂荀卿爲宣王諱。故以伐燕爲湣王。序説。

按邵氏聞見後録。人有非孟子者。謂孟子起頭便不可曉。孟子每云不見諸侯。而其書首云見梁惠王。此固姍侮之辭。亦是不曾看史記。史記云。惠王數敗于軍旅。卑禮厚幣以招賢者。鄒衍淳于髡孟軻皆至梁。邢疏引此。北士見之。遂又謂孟子至梁。鄒衍淳于髡爲從。史記列傳稱鄒衍後孟子。又云。梁惠王郊迎鄒衍。尊禮如此。豈與孟軻困于齊梁同哉。則梁惠之尊信孟子。反不如衍。此孟子道所以不行于梁也。又傳雖稱客有見髡于梁惠王者。然不云孟子見之也。集注引史記。是補孟子書之缺。以知孟子之見梁惠王。應其禮幣之聘爾。

桓文之事。事謂其所以爲霸之謀畫經營也。若糾合一匡之事。孔門固嘗言之矣。以上梁惠王。

知言卽是物格知至之效。緬想孟子格致之初。亦是從言語用功。本自聖賢之言格來。以知其原。又自天下之言格去。以要其流。章内四目。似指異端。蓋天下之言足以惑人。最難察識者。惟異端爲甚。其粗淺者。固易見也。然天下之言。不問淺深。亦不出其數端。此章雖不及所以知言之方。然知其所以病。卽知言之方也。蓋以此理之正。辨其于此理之差。其于是非毫釐之間。如匠石斲鼻端之堊。不容絲髮淺深也。大抵人于心中見得有差。決是害事。蓋其心術識見議論一向如此。爲害不細。小差則小害。大差則大害。所謂生于其心。害于其政。人見聖賢之闢異端。則曰衛道爾。言論之末爾。殊不知其爲救世之大功。如老子之言。其害實則爲申韓。虚則爲西晉佛氏之言。其害淺則爲梁爲南唐。深則眞是無父無君。率獸食人。公孫丑。

夏后氏五十而貢。殷人七十而助。集注之説雖明。而語録亦自疑之。古者田制。遂徑畛洫塗澮道。凡水陸封樹。自禹濬畎澮距川以來。積世累代而後成。若商又變爲六百三十畝之區。周又變爲九百畝之井。則一時徑遂改易。固不甚難。而溝畛洫塗。例須改作。大費民力。久而不定。何異王莽之改制。聖人作事。因民之利。必不如此。按。古者以平地爲田。其同溝共井者無甚疆界。但各以畝數爲計。而古所謂畝者。又與今小大斜折方不同。古者六尺爲步。步百爲畝。所謂畝者。闊一步。長百步。古人重黍稷粱菽。其所謂畝。若今種豆麥者作田疇也。詩所謂南東其畝。謂田閒作疇。向南向東。視水土之利也。古者中土既是平田。但止以田疇爲計。夏后氏之時。田耒盡闢。又去古未遠。雖士大夫無不躬稼。受田者多。故每夫受田五十畝。比周一井。則十八家受之。而自貢其什一。至殷人則田已開闢。一夫受田七十畮。比周一井。則十二家受之。而助耕公田六十畮。至周則土田盡闢。而君子小人又分在官者食公田之禄。工商不盡受田。惟農受田。故得以百畝爲限。鄉遂用貢法。十夫有溝。都鄙用助法。八家同井。而一夫各受田百畮。其廬舍。則撥田之外。又共撥若干畮。三代可以例推之也。

按。莊子書亦盛言楊墨之辨。如白鉗楊墨之比。攘棄仁義。謂楊墨所言仁義也。然莊子與楊朱同師同道。故多偏言儒墨之是非。又云儒墨子辨。以墨對儒。且云。當時有鄭緩爲儒。而弟爲墨。十年而其父母右墨。緩以死爭。今按。孟子之時。邪説詖行甚多。大率楊墨二家之説。如楊朱之説。則莊列其尤著。凡莊子所稱之人。皆宗楊朱之徒也。太史公亦謂。申韓之慘刻少恩。皆原于道德之意。蓋其爲我而無情。不屑世故。一切芻狗視之。故殘忍而不恤也。若陳仲子之孑介自取。無親戚君臣上下。許行不知上下相資養之道。白圭之貊道。皆是説也。至于墨翟自謂有弟子禽滑釐等三百人。莊子亦云。相里勤之弟子五侯之徒。南方之墨者苦獲己齒鄧陵子之屬。俱稱墨經。相謂別墨。又宋牼禁攻寢兵救世之戰。周行天下。上説下教。强聒不舍。荀子舉宋牼與墨翟並言。若公孫龍堅白異同之辨。莊子亦舉而歸之墨翟禽滑釐之流。淳于髡雖學無所主。而慕晏嬰。是亦墨也。又荀子亦言慎墨季惠四家。而季乃楊朱之友。儀秦之棄親戚而遊諸侯。亦云救世之戰。蓋宋牼之類。但其設心反覆以取世資。此又其最下者。以此知孟子謂天下之言不歸楊則歸墨。是當時異端邪説不出此二家之流也。以上滕文公。

非禮之禮。如就位而與右師言。不待招而見諸侯。與世俗之繁文。趨時之謬敬。異端之儀制。進退拜跪之不典。皆是。非義之義。如陳仲子之廉。楊朱之取爲我。鄉原之善。儀衍之大丈夫。遊俠之義氣。聶政荆軻之許人以死。皆是。集注。察理不精乃一章之要旨。事不察則蔽。察不精則差。所以有非禮義之禮義。隨事順理則無非禮之禮。因時處宜則無非義之義。離婁。

按周禮。諸公之地。封疆方五百里。其食者半。諸侯之也。封疆方四百里。其食者三之一。諸伯之地。封疆方三百里。其食者三之一。諸子之地。封疆方二百里。其食者四之一。諸男之地。封疆方百里。其食者四之一。按王制。天子之田方千里。公侯田方百里。伯七十里。子男五十里。不能五十里者。不達于天子。附于諸侯。曰附庸。天子之三公之田視公侯。天子之卿視伯。天子之大夫視子男。天子之元士視附庸。制農田百畝。百畝之分。上農夫食九人。其次食八人。其次食七人。其次食六人。下農夫食五人。庶人在官者。其禄以是爲差也。諸侯之下士視上農夫。禄足以代其耕。中士倍下士。上士倍中士。下大夫倍上士。卿四大夫禄。君十卿禄。履祥按。孟子之説與王制無大異。但周禮所言五等封疆大相懸絶。意者王制所言天子之田方千里。以及五等之田。則是與孟子皆以田言也。周禮首言。凡建邦國。以土圭定其地而正其域。諸公之地封疆方五百里。以及子男之地。蓋周初舊諸侯之國尚多。故周家封國之始。皆以周之親親勳庸爵爲五等。以統舊國。則其封疆所統。皆以地言也。以田言。則天子千里。公侯百里。伯七十里。子男五十里。以地言。則舉山川土田附庸皆在其所統。故諸公之地方五百里。下至子男之地。猶一二百里也。且如周家封國之始。乃命魯公俾侯于東錫之山川。土田附庸則是田方百里。而山川附庸則方五百里也。周封太公于齊。以表東海之邦。封周公于魯。以統附庸。封召公于燕。以殿北服。若止于百里之地。何以爲表鎭哉。況周召皆有采邑于王畿。而又表封于燕魯。周公支庶凡蔣邢茅胙祭又計六國。則周公之地亦廣矣。此所以有五百里之説也。計太公召公亦有然者。故愚敢以爲孟子王制以田計。而周禮則并山川土田附庸所統言之也。萬章。

堯舜之道。孝弟而已矣。爲之在行止疾徐之閒。衣服言語習行之際。此所謂人皆可以爲也。下學而上達耳。告子。

按邵子經世書。自巳會之末。以運經世之一之未。歲在甲辰。而帝堯卽位。二聖相授。至經世之亥。一百四十歲而交午會。以運經世之二之子。歲在甲子。禹攝之八年。下至經世之三之卯。歲在乙未。凡四百五十二年。而成湯有天下。下至以運經世之四之亥。歲在癸亥。凡六百二十九年。而文王爲西伯。是入以運經世之五。至以運經世之六之未。庚戌之歲。凡五百八十餘年。而孔子生。又七十一年庚申獲麟。三年壬戌之歲。孔子卒。至以運經世之七之寅。乙酉之歲。孟軻至梁。上去孔子卒凡一百四十三年。盡心。

樂始終條理圖孔子

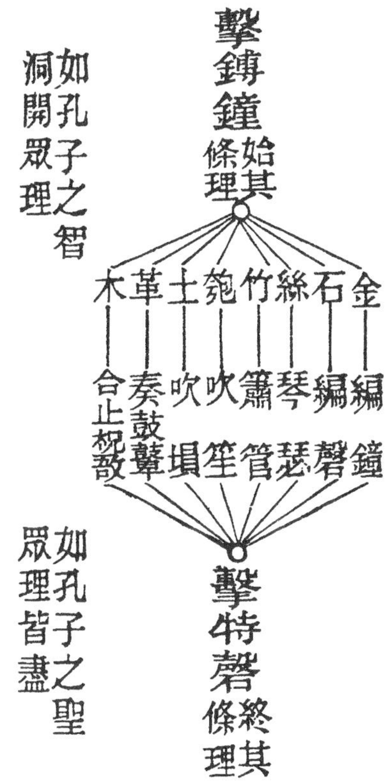
擊鎛鐘
始其條理
金
石
絲
竹
匏
土
革
木
編鐘
編磬
琴瑟
簫管
吹笙
吹塤
奏鼓鼙
合止柷敔
擊特磬
終其條理
如孔子之智
洞開眾理
如孔子之聖
眾理皆盡

射百步圖三子孔子

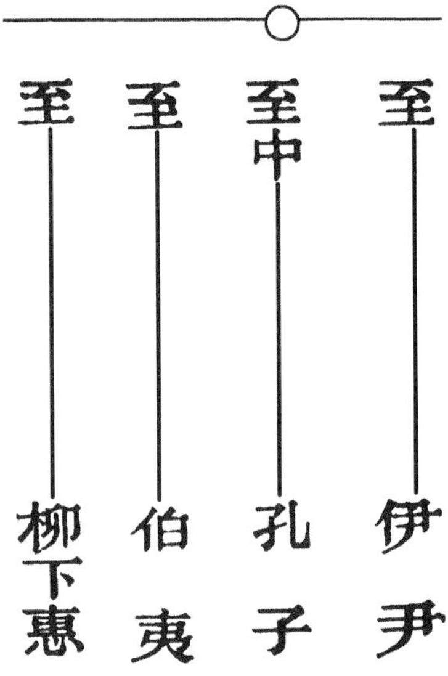

通鑑前編

考之于書曰。嬪于虞。是虞者。有國之稱也。參之國語。史伯之言曰。虞幕能協風以成。樂物生者也。以虞幕並稷契而言。則幕爲有功始封之君。虞爲有國之號。而舜所自出以王天下者也。攷之左氏。史趙之言曰。自幕至于瞽瞍。無違命。舜重之以明德。夫自幕至瞽瞍。則非自黃帝昌意顓頊窮蟬敬康句望橋牛以至瞽瞍也。

尙書虞夏傳云。惟十有四祀。還歸。二年。而廟中苟有歌大化大訓六府九原而夏道興。按此九功之歌也。大訓大化。其三事之歌。與九功之歌舊矣。禹言于帝。比音而樂之。後世守之。以爲禹樂。騷所謂啓九辨與九歌是也。周官九德之歌。九韶之舞。以享人鬼。蓋兼用虞夏之樂。而説者以九韶爲韶樂。誤矣。

伯益卽伯翳。秦聲以入爲去。故謂益爲翳也。太史公見書孟子之言也。則五帝本紀言益。見秦紀之爲翳也。則秦本紀從翳。蓋疑而未決也。疑而未決。故于陳杞世家之末。又言垂益夔龍不知所封。則遂謬矣。胡不合二書而思之。秦紀所謂佐禹治水。豈非書所謂隨山刊木。暨益奏庶鮮食者乎。所謂馴服鳥獸。豈非書所謂益作朕虞。若予上下鳥獸者乎。其事同。其聲同。而獨以二書字異。仍析一人而二之。可謂誤矣。

公山不狃以費畔。季氏佛肸以中牟畔。趙氏皆家臣畔。大夫也而召孔子。孔子雖卒不往。而云欲往者。蓋大夫畔諸侯。而陪臣以張公室爲名也。子韓晳曰。大夫而欲張公室。罪莫大焉。此當時流俗之言也。抑大夫而欲張公室。亦名義也。故欲往。以明其可也。然二人者。皆以己私爲之。非眞可與有爲也。故卒不往。以知其不可也。

朱子曰。古史之體可見者。書春秋而已。春秋編年通紀。以見事之先後。書則每事別紀。以見事之始末。意者當時史官既以編年紀事。至于大事。則又採合而別記之。若二典所記。上下百有餘年。而武成金縢諸篇。或更數月。或歷數年。其閒豈無異事。蓋必已具于編年之史。而今不復見矣。履祥按。竹書紀年載三代以來事跡。然詭誕不經。今亦不可盡見。史記年表起周共和庚申之歲。以上則無記焉。歷世浸遠。其事往往雜見于他書。靡適折衷。邵子皇極經世獨紀堯以來起甲辰爲編年曆。胡氏皇王大紀亦紀甲辰以下之年。廣漢張氏因經世之年頗附以事。顧胡過于詳。而張失之簡。今本之以子史傳記。附之以經。翼之以諸家之論。且考其繫年之故。解其辭事。辨其疑誤。如東萊呂氏大事記。而不敢盡倣其例、起帝堯元載。至周威烈王二十三年。接于資治通鑑。名曰通鑑前編。昔司馬公編輯通鑑。先爲長編。蓋長編不嫌于詳。而通鑑則取其要也。後之君子或有取于斯焉。要删之以爲通鑑前紀。是亦區區之所望也。通鑑前編序。

梓材謹案。先生又有後序云。通鑑前編。起帝堯元載甲辰。止威烈王二十三年戊辰。凡一千九百五十五年。通爲十八卷。二帝三王之事粗見首尾。大抵出于尚書諸經者爲可考信。其出于子史雜書者。不失之誕妄。則失之淺陋。惟以尚書之僅存者。于今爲帝王全書。劉道原外紀之作。尚書不入。雖曰尊經避聖。然帝王之事。舍尚書。眞稗官小說之流耳。今不敢從外紀之例。而從胡氏大紀之例焉。顧尚書一經。諸儒解者雖已精詳。但以未嘗涵泳反覆。以推篇章之全意。而句解字釋。意或不屬。履祥因爲之注釋章旨。陋意所到。雖不能詳。然聖經之篇章。與聖人之體用。似或得之。又云。周平王以後。春秋自有全書。但左氏收拾國史。以翼經事。于隱公之篇多誤。莊公之篇多缺。其閒亦多有所遺。如楚隋所以爭。起于請爵。管仲所以霸。本于內政。皆略不書。甚而孔子出處述作。亦俱不書焉。以其書主于解經。而其事或具于外傳諸史。秦誓之作。在于封殽尸之後。傳既不及。而書序又謬其時。衛輒父子爭國。夫子自楚反陳。久之至衛。明年卽反魯。而記者多謂夫子久于在衛。履祥所編。欲止平王。而諸若此類。不可不辨。獲麟以後。事多亡逸。欲備古今。以接通鑑。則于春秋所不能避。

亦不敢盡入也。春秋一書。固聖人晚年哀痛之意。然孔子周遊無位。典册不備。未必盡得周史。因見宗魯一國之策。多違舊章。就加筆削。以示大法。其餘多因舊史。不盡改也。則其歲月名號。改以從周。未必謬聖人之意。況又自皇極經世之例。遂併論次。以接通鑑焉。又云。荀悦漢紀申鑒之書。志在獻替。而遭值建安之季。王仲淹續經之作。疾病而聞江都之變。泫然流涕曰。生民厭亂久矣。天其或者將啓堯舜之運。而吾不與焉。則命也。履祥末學。非一公比。而其生不辰。罹此百憂。其所以拳拳綴輯者。特不爲憂悴廢業耳。覆醬瓿固可知也。劉道原外紀後序。傷于廢疾。愚嘗三復其辭而深悲之。孰知吾之所悲。又有大于道原者耶。皆與前序互相發明。

雲濠謹案。四庫書目著録先生通鑑前編十八卷。舉要三卷。提要云。蓋其撰述之意。在于引經據典。以矯劉恕外紀之好奇。惟其師事王柏。柏勇于改經。金氏亦好持新説。至引周書紀異。于周昭王三十二年書釋氏生。則其徵引羣籍。去取失當。亦未必遽在恕書上也。然援據頗博。其審定羣説。亦多與經訓相發明。其於講學諸家中。猶可謂究心史籍。不爲游談者矣。

仁山文集

深衣者。先生㊀燕閒深居之服也。衣之朝者謂之朝服。祭者謂之祭衣。燕閒深居之服則謂之深衣。古者上衣下裳以爲服。而連衣裳爲深衣。完且便焉。故有虞氏以爲燕衣。三代用之。周諸侯大夫士朝服而朝。而深衣以夕。庶人吉服之盛也。周衰禮廢。後世失之矣。深衣之復製。自温文正公

㊀「生」當爲「王」。

始也。其復明也。自子朱子始也。其制用布。古者深衣之布十有五升。則幅之縷凡千有二百。今無之。取其細者可也。度用指尺稱人體也。體有長短。而指尺如之。自然之數也。不以指尺。則度不應數。長短不稱于體。指尺之法。各以其人左手中指。直取之。上下節文之間。以其中之長爲寸之長。曲取之。屈其指。兩節文之端度其中爲寸亦如之。積寸十以爲尺。衣全四幅。幅之廣凡尺有八寸。以布二幅。中屈之。不裁其腋。其前幅領裙之邊餘二寸。下屬于裳。裳十有二幅。以布六幅。交裂之。一殺而上。一殺而下。其端一廣一狹爲要。上屬于衣。而下廣爲齊。衣全幅一。則裳狹幅之三屬焉。狹之度六寸。積十有二。則七尺有二寸。廣之度尺有二寸。積十有二。則丈四尺有四寸。此其大約也。然衣前有領。且前裾疊而後裾展。故裳之幅前廣于後。則後狹于前。則不餘幅。邊之直合以爲衺。音篤。則其直應繩。以衺之長爲身之長。古者上衣率二尺二寸。裳如其人。約餘四尺。故短不見膚。長不被土。屬于衣袷。可以運肘。袂之本。其徑二尺有二寸。今加之可也。微廣而員殺。以爲袂之徑尺有二寸。行舉手而應規。其長三尺有六寸。則反詘之及肘。裳之兩旁連屬縫之。前後之幅不殊。謂之續衽。右邊交而左。左邊交而右。左右交鉤。謂之鉤邊。或曰。幅之邊交鉤縫之。則表裏如一也。謂之鉤邊。衣領之交其袷。如矩以抱方也。帶下當髀。則看上當脅。則不袷當要。圍之結于前。重繚而下垂之爲紳。紳者。言其屈而重之也。紳之長齊其裳。用組五綵約。帶之結餘則垂之。長齊其紳。紳垂三尺。則組之長六尺有三寸。三寸以并組約而垂。各三尺。與紳齊焉。凡帶。古者大夫四寸。士二寸。今皆博四寸。古者士以下皆禪。而今夾縫之。古者天子以素而朱裏。諸侯大夫以素。士以練。居士以錦。弟子以縞。而今以白繪。其飾之也以緇。古之士帶也。古者天子諸侯終禪之。大夫禪垂。士下禪。今有爵者通飾之。古諸侯之帶也。無爵者飾其紳。古大夫之帶也。其長。古者士三尺。有司三尺有五寸。子游曰。三分帶。下紳居二焉。而今與裳齊。禮從宜。而有可以義起者也。其繩。具父母大父母之績。具父母以青。領表裏皆二寸。袪邊齊表裏皆一寸有半。今純以黑。色之便也。具慶加官。純古也。君子曰。取義之多乎。其餘深衣乎。衣之全也。以象天也。裳之博也。以象地也。袷之矩也。以正義也。袂之規也。以容仁也。背之純。以中直也。下齊之權衡。以行平也。故深衣者。規矩準繩之服也。服其服。必思蹈其理焉。是以君子清純以律天。博厚以律地。仁義以法規矩。直其正以法繩。平其行以法權衡。故詩曰。服之無斁。又曰。緇衣之宜兮。小雅曰。行歸于周。萬民所望。此之謂也。深衣外傳。

宗周班祿之制。自天子而下凡四等國。自諸侯而下凡六等。其下惟農。農田百畝。上農夫食九人。上次食八人。中食七人。中次食六人。下食五人。亦凡五等。百畝均也。而若是差。地有肥磽。力有强弱也。然古者以周尺八尺爲步。步百爲畝。今以官尺五尺爲步。二百四十步爲畝。古者周尺當今浙尺七寸四分。今之浙尺當今官尺一尺一寸三分。絶長補短。則古者百畝。當今東田三十三畝有奇也。以今三十三畝有奇之田。一夫耕之。其屋基與其租稅之入。古又出之公田。宜其力贍者食九人而無不足。弱者食五人而亦有餘也。予生二千餘載之後。去周室遠矣。學先王之道。將以措諸國家。謂君心可正。卿士大夫可齊。民風可一。夷狄可屏也。而非有庠以養之。非有卿士大夫以興之。羣試有司。類非宗周之制。取聖人之經。副字儷語。謂之程文。少有振厲。則有司駭之。以爲非度。予以是數黜。家貧親老。亦甚病焉。知予者以爲有志未遇。責予者以爲未能忘禄仕也。嗟乎。有志未遇者。時也。而未能忘禄仕。亦勢也。使予得百畝之田而耕之。予亦豈能區區然較得失一夫之目哉。顏子一簞食。一瓢飲。不改其樂。孔子賢之。彼顏子猶有簞食瓢飲足以事育。安知千載之下。其貧又有甚于顏子者。予也。上無可宮之椽。下無可植之畝。進無代耕之禄。退無歸耕之計也。食人之食則多愧。自食其力則無地。不然。予何求哉。予嘗欲于相山之下。晏原之閒。爲舍八楹。擬古一畝半之宅。求田三十三畝有奇。擬古百畝之田。注下灌高。擬古遂畝。予負笠而荷蓧。深耕而力耘。畜雞種蔬。上養下教。閒歌七月之詩。公劉之雅。天子清源以厚下。公卿大夫忘私以爲公。使時和年豐。穡事不擾。則予也。固三代之農也。他何求哉。予力貧而體弱。不能爲上農之事。庶幾其次。次不能爲。庶幾其中。中不能爲。爲中次亦可矣。故命之曰次農。噫。三代之治不可見。百畝之田未易求。安得遂吾之所求耶。復安得見吾之所不可見者耶。次農說。

爲師服者。弔服加麻。心喪三年。古也。古則不可以世俗之服爲服。布襴。俗服也。今之服緦功以上者用之。生絹鉤領之衫。俗服也。今之服緦麻者亦用之。用今緦麻之服。是不得全其喪父無服之重也。疑衰。古士之弔服也。其制今亡矣。白布深衣。古庶人之弔服也。其制今猶有存。

古之士。今之官也。今之士。其未仕者。古之庶人也。故宜用古庶人之服。而以深衣爲弔服。昔者。朱子之喪。門人用緦麻深衣而布緣矣。今之深衣。紵而非麻。如之何。曰。凡布皆麻也。古以三十升麻爲麻冕之布。以十五升麻爲深衣之布。故孔子以麻冕可從純。而深衣之麻今無之。自司馬公子朱子皆云。用極細布。則今深衣之布。以紵代麻久矣。其緣則禮孤子純以素。是喪父既除服之服也。孔門喪夫子者若喪父而無服。則以喪父除服之服。爲若喪父無服之服。是純以素可也。其冠則庶人之弔素委貌。今失其制。以帛代之可也。帛則何以加絰。曰。士冠。其吉之冠也。色玄。五梁左掩右。其非吉。則素冠也。色白。三梁而右掩左。今用素冠加絰于內。而生絹單帛加于外可也。加絰于冠可也。而外用帛則又俗。如之何。曰。用古之禮。而不駭今之俗。亦以代幅巾云爾。加麻之絰。緦服之絰也。今用麻而小之可也。加麻之帶。緦服之帶也。緦服之帶。亦布之細者也。今用細紵可也。然則用深衣則何屨。曰。古有弔服。而無弔屨。深衣方屨。古也。然古之方屨。非獨爲深衣也。凡屨皆方也。今之屨。凡屨皆員也。今之君子。其服深衣員屨。從其俗者多矣。方屨可也。從俗屨亦可也。爲師弔服加麻議。

武王周公。伐殷誅紂而立武庚。使管叔蔡叔霍叔監殷。管叔以殷畔。雖孟子亦認爲周公之過。而蘇氏又盛稱武王之疏。以成敗之跡言之。過則誠過。而疏則誠疏矣。而聖人正其誼不謀其利。明其道不計其功。于此略可見。然以處事之理言之。固亦未爲疏也。君臣之際。天下之大戒。昔者。成湯伐桀則放之。武王克殷而紂死矣。武王爲天下除殘而已。故不必加兵于其身也。聖人惡之。止其身而已。固不必誅絶其子孫也。于是立武庚以存其祀。以常情論之。誅其父母而立其子。安知武庚之不復反乎。慮其反而不立。與立之而不能保其不反。是不得以存之也。于是分殷之故都。使管叔蔡叔霍叔爲之監以監之。夫天子使其大夫爲三監。監于方伯之國。國三人。亦殷禮也。況所使爲監者。又吾之懿親介弟也。武庚何得爲亂于其國。假使管叔而至不肖。何至挾武庚以叛哉。聖人于此。亦仁之至。義之盡矣。不幸武王則既喪。成王則尚幼。而天下之政則周公攝之。是豈其得已也。彼管叔者。國家之謂。何又因以爲利。彼固以爲。周之天下。或者周公可以取之。已爲之兄。而不得與也。此管叔不肖之心也。而況武庚實疑之。于是唱爲流言。以撼周公。既而成王悟。周公歸。而遂挾武庚以叛。彼武庚者。矙周室之内難。以爲商之天下。或者己可以復取之。三叔之愚。可因使也。此武庚至愚之心也。而況三叔實藉之。于是始爲浮言。以誘三叔。既而三叔與之連。遂挾三監淮奄以叛。以三叔武庚之叛。同于叛而不同于情。武庚之叛。意在于復商。三叔之叛。意在于得周也。至于奄之叛。意不過于助商。而淮夷之叛。則外乘應商之聲。内撼周公之子。其意又在于得魯。三叔非武庚不足以動衆。武庚非三叔不足以間周公。淮夷非乘此聲勢又不能以得魯。此所以相挺而起。同歸于亂周也。抑當是時。亂周之禍亦烈矣。武庚挾殷畿之頑民。而三監又各挾其國之衆。東至于奄。南及于淮夷徐戎。自秦漢之勢言之。所謂山東大抵皆反者也。其他封國雖多。然新造之邦。不中以禦之。故邦君御事。有艱大之説。其艱難誠大也。有民不静亦惟在王宮君室之説。是欲閉關自守也。大誥一書。朱子謂其多不可曉。以今觀之。當時邦君舊人。固嘗與于武王弔伐之事者。非不知殷之當黜也。特以時勢之艱大。故欲違卜自守耳。是以大誥一書。不及其他。惟釋其艱大之疑。與其違卜之説。自肆予沖人以下。釋其艱大也。予惟小子以下。釋其違卜也。爾惟舊人以下。釋其艱大也。予曷其極卜以下。釋其違卜也。若夫事理。則固不在言矣。抑大誥之書曰。殷小腆。曰。殷逋播臣。于三監則略而不詳。何也。蓋不忍言也。不忍言。則親親也。其卒誅之。何也。曰。親親尊尊。並行不悖。周道然也。故于家曰親親焉。于國曰君臣也。象之欲殺舜。止于亂家。故舜得以全之。管叔之欲殺周公。至于亂國。故成王得以誅之。周公不得以全之也。使管叔而可以無誅。則天下後世之爲王懿親者。皆可以亂天下而無死也。可以亂天下而無死。則天下之亂相尋于後世矣。而可乎。故黜殷。天下之公義也。誅管蔡。亦天下之公義也。夫苟天下之公義。聖人不得而私。亦不得而避也。吁。是亦成王周公之不幸也。三監論。

書稱舜格于文祖。卽受終于堯之祖也。稱禹受命于神宗。卽舜宗堯之廟也。其禘黄帝。其郊嚳。卽宗堯之意耳。是以有虞子孫猶郊堯而宗舜。以天下相傳。則有天下之大統焉。有虞受堯之天下則宗堯。宗堯則禘郊堯之宗祖。計堯以前。亦或有然者矣。況國語固云。禘郊祖宗。與報爲五。則禮固有並行而不相悖者。宗堯論。

古之國家子弟固非如後世之豢養。舜之爲田漁而人從之。又非必如今之漁人陶工也。或者見逐于父母。故勞役之。或避世嫡。不敢居而自歸于田漁。亦因是以行其政教。而濟時之窮。故雜書有謂。舜見器之苦惡而陶河濱。見時之貴糴而販負夏。孔子曰。耕漁陶販。非舜事也。而往爲之。以救敗耳。此説雖出雜書。而實得聖人之意。又瞽瞍之欲殺舜。在其初年之閒。而堯之舉舜。則在其克諧之後。史記反覆重出而莫之辨。固也。然孟子當時亦不辨萬章之失。何也。蓋孟子不在于辨世俗傳訛之跡。而在于發明聖人處變之心。欲使學者得聖人之心。以推天理人倫之至。則其事跡之前後有無皆不必辨矣。舜漁陶論。

舜郊嚳宗堯。則禹固當郊堯而宗舜矣。而乃以堯舜之祀歸之舜之子孫。顧自郊鯀焉。何也。曰。此夏之末造也。夫三聖以天下爲公。則皆奉其祀。三王之子孫以天下爲家。則各祖其祖。舜之宗堯。禹之宗舜。一也。舜之郊嚳。禹之郊堯。亦一也。其郊鯀也。則夏之末造也。祀夏配天。其諸始于少康乎。于是郊堯宗舜則屬之虞思之國矣。孔子曰。杞之郊也禹也。宋之郊也契也。蓋商周存二代之後。猶尊賢也。尊賢則杞郊禹矣。杞而郊禹。則虞郊舜而唐郊堯者。天子之事守也。郊鯀論。

西伯戡黎。武王也。自史遷以文王伐者爲戡黎。受之以祖伊之告。于是傳注皆以爲文王。失之矣。孔子稱三分天下有其二。以服事殷。是爲至德。而傳稱文王率殷之叛國以事紂。則戡黎之役。文王豈遽稱兵天子之畿乎。然則文王固嘗伐邢伐崇伐密須矣。而奚獨難于伐黎。蓋諸侯賜弓矢然後征。賜斧鉞然後殺。自文王獻洛西之地。紂賜弓矢斧鉞。得專征伐。則西諸侯之失道者。文王得專討之。若崇若密須。率西諸侯也。自關河以東諸侯。非文王之得討。況畿内之諸侯乎。

三分天下有其二。特江漢以南。風化所服。皆歸之爾。文王固未嘗有南國之師也。而豈有畿内之師乎。西伯戡黎辨。

予謂面縛銜璧必武庚也。後世失其傳也。武王爲生民請命。其于紂。放廢之而已。必不果加兵其頸也。既而入商。則紂已自焚矣。武庚爲紂嫡冢。父死子繼。則國家乃其責。故面縛銜璧。衰絰輿櫬。造軍門以聽罪焉。武王悼紂之自焚。憐武庚之自罪。是以釋其縛。焚其櫬。使奉有殷之祀。示不絶紂也。若微子則遁于荒野。一時武王釋箕子之囚。封比干之墓。固已恩禮舉行悉徧。而未及微子。以微子遁野。未之獲也。迨武庚再叛。卒于就戮。始求微子。以代殷後。而微子于此。義始不可辭耳。前日奔周之説。毋乃躁謬已乎。箕子不奔周辨。

炎古之野。大地之洋。波湯湯兮翠華重。省方獨立。回天天無光。此志未就。死矣死南荒。不作田横。横來者王。不作幼安。歸死其鄉。欲作孔明。無地空翱翔。惟餘箕子。仁賢之意留蒼茫。穹壤無窮此恨長。千世萬世。聞者徒悲傷。廣箕子操。

附録

幼而敏睿。父兄稍授之書。卽能記誦。比長。益自策勵。

補太學生。既乃自悔其非。屏舉子業不事。取尚書熟讀而精究之。

初見文憲。請問爲學之方。文憲曰。居敬以持其志。立志以定其本。又問讀書之目。曰。自四書始。

又見北山。北山謂之曰。會之屢言。賢者之賢。理欲之分。便當自今始。

往來何王二公閒。何示以省察克治。王示以涵養充拓。語雖甚約。先生服之終身。嘗若有未盡焉。

通鑑前編既成。以授許白雲曰。二帝三王之盛。其微言懿行。宜後王所當法。戰國申商之術。其苛法亂政。亦後王所當戒。則是編不可以不著也。

嚴陵故有釣臺書院。宇棟雖具。誦絃久絶。郡守聞先生之賢。致書奉幣。厚禮來聘。先生感其言。爲之一起。至則因嚴先生懷仁輔賢之説。據發仁義之奥而極言之。聞者始知義理之學眞足以動人。

先生既生有睿稟。濟以精識。踐修涵養。深造自得。動作語默。太和流溢。四方學者。風承嚮接。肅襟造請。先生因人開發。如察脈投劑。適中夫寒勢虛實之候。動輒孚格。不俟終日。或一時不契。則寬以養之。徐以誘之。待其自得。謂古者有注必有疏。朱氏于論語孟子製集注。多因門人之問有所更定。其問所不及者。容有未備也。及其于事物名數。或以爲非要而略之。乃皆爲之修補附益。成一家言。曰論孟攷證。朱氏于大學既爲章句。又作或問。而後之學者尚有疑焉。乃隨其章第。衍爲疏義。以暢其旨。申爲指義。以統其會。

柳道傳狀其行實曰。先生之學。以其絶稟。濟之精識。得于義理之涵濡。而成于踐修之克闡。

研窮經義。以究窺聖賢心術之微。歷考傳注。以服襲儒先識鑒之確。無一理不致體驗。參伍錯綜。所以應其變。無一書不加點勘。鉛黄朱墨。所以發其凡。平其心。易其氣。而不爲浚恒之求深。鉤其玄。探其賾。而不爲臆決之無證。自其壯歲。韜英蓄鋭。致其人十己百之功。固已深造自得乎優柔厭飫之域。迨夫晚暮。意篤見凝。心和體舒。所發皆睟盎。所處皆寬平。于一動作語默之閒。自然丕冒太和之内。而無回護掩覆之弊。學之成已蓋若此。

許白雲曰。聖賢之心。盡在四書。而四書之義。備于朱子。顧其立言。辭約意廣。讀者或得其粗。而不能悉究其義。或以一偏之致自異。而初不知未離其範圍。世之詆訾貿亂爲新奇者。其弊正在此耳。此金先生考證之由所作也。

又序先生論孟集注攷證曰。先師之著是。或隱栝其説。或演繹其簡妙。或攄其幽。發其粹。或補其古今名物之略。或引羣言以證之。大而道德性命之精微。細而訓詁名義之弗可知者。本隱以之顯。求易而得難。吁。盡在此矣。蓋求孔孟之道者。不可不讀論孟。讀論孟者。不可不由集注。集注有攷證。則精朱子之義。而孔孟之道章章乎人心矣。

吴師道跋廣箕子操曰。宋末爲相者。曾聘先生館中。先生以奇策干之。不果用而去。先生感激舊知。後爲賦此。辭旨悲慨。音節高古。眞奇作也。

梓材謹案。王阮亭居易録云。仁山集二卷。董道所編。仁山道學不工詩。而廣箕子操一篇特工。又云。此操似爲陳宜中而作。

徐禮序先生言行録曰。先生于宋氏爲遺民。龠粟不相及。而悴蔘於邑。抱一以終。此所謂求仁得仁。報不以養者哉。

馬平泉曰。仁山生當宋事不可爲之時。絶意進取。宗法周程。斯誠儒者之高蹈。至因襄陽圍急。進牽制擣虚之策。蓋孫子救韓故智也。然爾時元勢方强。東有重關之固。與戰國又自不同。此策卽用。未必遂撤襄陽之師。然處無氣之朝。上下痿痺。以布衣談兵。皇皇急國家之難。雖濟否未可知。就其發揚蹈厲。亦足以少壯南朝之氣。而爲低眉拱手空談性命者。羞其顔而褫其魄矣。我想當是時信國文文山方捧檄勤王。拮據兵閒。先生豈其流亞歟。

汪先生蒙

兪先生皋合傳。

汪蒙。兪皋。文定之徒也。金仁山與之爲同門之友。文定確守師傳。凡文公語録文集諸書。商確考訂之所及。取其已定之論。精切之語。彙敘而類次之。名爲發揮。文公成公所輯周程張子之微言曰近思録者。亦隨文箋義。爲近思録發揮。未詮定而文定歿。仁山乃與二先生續鈔。校正篇次先後。一仍文定之舊云。柳待制集。

梓材謹案。仁山文集書爲師弔服加麻議後云。旣而汪功父以書來。謂魯齋先生定議玄冠加帛。深衣布帶加葛絰。易蒙以養正。聖功也。功父蓋卽汪先生之字。

魯齋學侶

補修撰潘介巖先生墀

雲濠謹案。文獻通考先生號芥軒。

梓材謹案。袁清容誌司獄潘君墓。稱麗澤二潘有言。大潘君。吾里人。以介直忤世死。先生一字介巖。當卽大潘君。是嘗主麗澤之祠。而爲成公東萊私淑矣。

時先生充之

時充之。□□人。嘗訪盤溪。有詩。王魯齋次韻云。聖賢常出此心公。有爲爲之未必充。絶學當歸三洞左。正源欲障百川東。坐春立雪誰能繼。弄月吟風豈浪從。方已烏頭力應鮮。因循又過一年終。濂洛風雅。

魯齋同調

參政文本心先生及翁

文及翁。號本心。成都人。官至參政。其爲侍郎也。文文山與書言。邸狀開。屢見丐祠。尊性樂在簡淡。急流勇退。仙風道骨人也。但老文學。爲諸儒典刑。眞侍從爲朝路風采。上必不聽去耳。又附道體堂書云。本心癸卯榜眼。後來廬陵省其叔可則。先生時年十八。邑校廉試全篇論題曰。中道狂狷。鄉原如何。冠榜。遂通譜焉。文文山集。

附録

嘗作賀新郎詞曰。一勺西湖水。渡江來。百年歌舞。百年酣醉。回首洛陽花世界。煙渺黍離之地。更不復。新亭墮淚。簇樂紅妝搖畫舫。問中流擊楫何人是。千古恨。幾時洗。余生自負澂清志。更有誰磻溪未遇。傅巖未起。國事如今誰仗倚。衣帶一江而已。便都道。江神堪恃。借問孤山林處士。但掉頭笑指梅花蕋。天下事。可知矣。

隱君章先生叔和

章叔和。東陽人。有抱負。不求仕進。門人受業者遍東西州。柳貫徐子奇出其門。東陽縣志。

壽雲師承

李東谷先生景文附弟景傳。

李景文。號東谷。黄巖人。黄超然嘗從之遊。所著有東谷詩稿。弟景傳。號古梅。理宗時。與兄同登鄉科。俱能文。號二李。台州府志。

仁山講友

徐先生鈞

徐鈞字秉國。號見心。蘭溪人。宋汀州使君時升之子。以父任爲濠州定遠尉。宋亡不仕。家故多書。日以史籍自娱。與金仁山善。延以教子。朝夕相摩切。明修己治人之道。著史詠一千五百三十首。許白雲張子長黄晉卿皆爲之序。金華徵獻略。

張氏先緒

庫使張先生觀光

張觀光字直夫。一字用賓。東陽人。世居邑南屏巖。因以自號。學者稱屏巖先生。天性通敏。羣經子史。莫不涉覽。少游太學。德祐納土從三宫北上。用執政薦。授婺州路儒學教授。元初婺有學自先生始。調紹興路平準行用庫大使。以母老不起。遂家于金華。有屏巖小稿。子長樞。其子也。東陽縣志。

方氏家學

補 尚書方蛟峯先生逢辰

蛟峯文集

古易經傳各爲一書。至漢以上下經及十翼爲十二篇。則已合經傳爲一矣。後漢鄭氏懼學者未能一貫。遂以彖象傳附各卦經後。魏王氏又以彖象傳各附經下。獨乾則鄭氏之舊耳。乾。聖人之事。全體大用。規模宏擴。非切己實下工夫。則羲文周孔之心實未易窺之。予暗室屋漏。自謂進德功夫。正欲以文王周孔之辭求伏羲之畫。以孔子之傳求文王周公之心。不得不引傳各附經下。以便省察。以自求切己實踐之益。非爲人爲之也。易外傳自序。

予嘗謂。學而時習之。此洙泗教人第一語也。生乎三代。人皆有士君子之行。秦漢而下。斯民也獨非三代直道之民哉。教之無法而不習也。横城義塾記。

附録

公天稟卓絶。于書無所不讀。而會于理學。以爲歸宿。自爲幕職。官至秉麾。持節所至。以教化爲先務。暇日輒從容庠序閒。授學者以求端用力之方。自躬行上起。自人倫日用上起。鄉寇猖獗。官舍民居盡燬。而書院巍然。諸生來集。倡明正道。以致知力行名其堂。以仁義禮智名其齋。

楊升庵外集曰。蛟峯未第時。率羣士易登雲扁。請邱公爲之記。邱公記略曰。丹漆金碧。輝煌炳麗。十手爭指。十目爭視。文則文矣。安在乎。堂堂之陳。正正之旗。空拳可以冒白刃乎。日月卻從閒裡過。功名豈向嬾中來。此十四字。座右銘也。若文不副實。非特爲諸君羞。抑可爲是扁羞。終篇千餘言。父之于子。師之于弟。有難言者。可謂法語之言。而方公欣然受之。明年。舉鄉薦第一人。貢成均。狀元及第。未必不激于此也。

陳石士師論孫覿專祠摺子曰。臣抵浙視事。後據嚴州府淳安縣詳宋臣方逢辰奉祀生事。

衢州府江山縣詳宋太學生徐應鑣闔門殉節應予奉祀生事。臣覆核。方應辰。宋時名儒。其祀典載在學政全書承襲奉祀條内。固准予接充。徐應鑣之一門忠烈。係近從郡縣志乘查出。雖尚未列入學政全書。亦復可與接充。

補府簿方山房先生逢振

附録

方虛谷爲石峽書院賦曰。予君玉之好脩兮。鼓斯文而爲倡。昆季儼其連璧兮。邁潁坡之超放。出寸雲必爲霖兮。寧退處而孤抗。肯斯堂于傍近兮。奉聖賢之遺像。聚學徒而涖止兮。咸攝齊于函丈。俾掃松而釋菜兮。契予衷之歆仰。摭鹿洞之故實兮。謂升堂而受講。

縣尉方巖隱先生逢嘉

方逢嘉字君會。淳安人。蛟峯弟。領漕薦。任無錫尉。調轉船兩名司事。凡知者累以文學政事公廉明敏薦。俱不就。歸隱于馬巖山。號巖隱。姓譜。

補隱君方富山先生一夔

梓材謹案。嚴州志載。先生幼承家訓。壯與何潛齋諸老遊。

蛟峯講友

主簿吴晉齋先生攀龍

吴攀龍字元登。淳安人。刻苦問學。登咸淳元年進士第。任饒州安仁主簿。其與方蛟峯何潛齋爲同門友。嘗見器于趙白雲。爲大書齋扁曰愛敬。又曰晉齋。嚴州府志。

御史何潛齋先生夢桂

何夢桂字巖叟。淳安人。咸淳進士。爲太常博士。歷監察御史。所著有易衍。中庸致用等書。學者稱爲潛齋先生。浙江通志。

梓材謹案。萬姓統譜言。先生宋亡不仕。于易尤精。有先儒所未發者。

雲濠謹案。辟疆園宋文選載。先生仕至大理寺太卿。知時事不可爲。遂引去。至元初。陳大海薦之朝。授江西儒學提舉。以疾辭。後累徵不起。又云。所與遊者。蛟峯方公。止齋陳公。似誤。止齋與先生不同時。又案。有宋文苑作者攷。稱先生初名應祈。字申甫。

潛齋文集

易六十有四卦而始于乾。乾之四德而始于元。春秋二百四十二年而始于君之始年。紀年之首則又始于元。元者。其天地方開之運。帝王出治之端。最不可不謹者也。夫子彖易既曰。大哉乾元。萬物資始。董仲舒説春秋亦曰。春秋謂一爲元。所以視大始也。大哉。始之爲義乎。此易與春秋所以首之以元之一字乎。策問。

蛟峯同調

補主簿蔣先生沐

雲濠謹案。金華徵獻略載。先生之里人孫德之譜之。賈似道謫徙廬陵。似道敗。乃還。

附録

蛟峯爲記横城義塾曰。其鄉之長衢安恬。本東萊水心説齋岷隱山堂講道之所。故東陽至今彬彬多美才。澤甫思所以成其美。創義塾。招賢師。與一鄉之士共之。猶以爲未大也。闔一郡之士皆在焉。猶以爲未大也。闔鄰郡之士皆在焉。其爲塾規曰。一旬以九日讀聖賢書。講明窮理正心修己治人之道。以一日習科舉業。可謂本末兼該也。凡入塾者不限其來。而始入也爲倍供生。考其德業而陞行供生。可謂教養有節也。若夫起居出入有度。登降揖遜有數。周旋游息有矩。條目纖悉備具。斬斬截截。有郡縣學之所無者。

何氏學侶

監院何先生景文

何景文字俊翁。潛齋從子。同受學訥齋。又同年登第。初授合肥簿。遷監行在文思院。學問卓絶。後進師之。嚴陵志。

魯齋家學

補 運使王敬巖先生佖

雲濠謹案。先生嘗作朱子年譜序。又有所記朱文公語後録二十卷。四庫存目録紫陽宗旨二十四卷。提要云。舊本題宋王佖撰。其書採輯朱子文集語類。分誨人。析理。明經。論事四門。每門各分子目。其中注語有出朱子原文者。亦有出佖所增識者。又言。浙江通志經籍門中。以朱文公語後録列爲一條。而以此書附載于下。不入標目。則疑非佖作矣。

附録

北山送敬巖江東都憲詩曰。褰帷不憚暑天長。少試平生活國方。吏蠹民冤盡梳洗。要令枯旱變豐穰。又曰。獄情微曖自難明。著意平反或失平。生死兩無纖芥恨。考求須盡察須精。又曰。功夫眞處在持操。外澤中乾亦謾勞。獨探聖言求實用。豈同末俗爲名高。

蔡久軒面奏答問曰。及讀至王佖予祠。玉音云。却是依他所乞。公奏曰。前後乞祠者多。陛下未嘗遽從。王佖因此事一上祠請。陛下卽與宫觀。所以外聞驚駭。今若仍畀以事任。則羣疑自釋矣。上首肯之。

金仁山祭之曰。昔在孝宗。相維魯公。于時朱子。亦在外庸。書疏所通。直辭正誼。譬諸春秋。責賢者備。世莫知此。曰盾曰矛。數十年來。公議悠悠。惟敬巖公。秉資超卓。魯公之孫。朱子之學。兩公之門。于是始通。兩公之心。至此昭融。公在薦紳。力行所學。凜凜直清。蹇蹇諤諤。越在外服。麾節煌煌。所至政聲。明敏剛方。嚴陵之政。士信民服。江東之政。家尸户祝。終其愈偉。不畏于强。匪狐匪鼠。孰敢予抗。風波畏途。天日有赫。詔公辭行。佚公祠秩。風木未盡。壑舟已移。如何不淑。而至于斯。

梓材謹案。儒林宗派亦以先生爲魯齋門人。蓋本魯齋族子也。攷仁山祭文。自稱里學生。且云。我從魯齋。遂交思成。實推實引。以登公門。仁山于思成爲同門。于先生固以前輩事之。思成疑卽思誠。謂張先生潤之也。

梓材又案。黄晉卿誌承務肖翁墓。言先生受業于文憲。以及㩲堂劉先生炎。雙峯饒先生魯。其學皆本于朱子。于是言道學者推爲朱氏之嫡傳云。

王先生璞

王璞。魯齋族孫也。魯齋爲作愛日齋箴曰。天地之化。一日不停。歲不我與。日月駿奔。是以君子。自强不息。審己乾乾。夕焉斯惕。禹惜寸陰。周公待旦。矧是大聖。罔敢或倦。出作入息。衆人蚩蚩。自暴自棄。老大傷悲。我年當少。我學不力。明德昧昧。噬臍無及。嗟爾小子。

毋曰妙齡。髫齔幾何。頎頎而巾。爾寒襲裘。爾饑重味。師友琢磨。家庭訓誨。牕牖明潔。硯席清夷。于焉不學。鳥獸鬚眉。相期爾深。爾勵爾勉。毋視他人。我監不遠。一善一惡。夢覺之閒。一喜一懼。父母之年。于斯二者。兢兢業業。毋怠而忘。毋作而輟。東方明矣。圖書滿前。視此名篇。千程一鞭。日云暮矣。默計爾工。歌此銘詩。冰炭爾衷。

州倅王中中先生子章

王子章。金華人。魯齋先生之諸孫也。以文學倅海寧。既代且老。猶日孜孜。進德不已。更號中中子。貢玩齋集。

文學王先生雲卿

王雲卿。玉齋之子。與其羣從俱以材見用于時。而先生得睦之文學掾。黄晉卿送以詩序云。睦學蓋吕公過化之地。乃今朝廷。右文興治。朱氏之書方盛行。雲卿又以文憲諸孫補吕公故處。睦之人士得不有求異聞于雲卿者乎。黄文獻集。

敬巖同調

學諭陸先生震發

陸震發字德甫。淳安人。少聰敏。書多淹洽。而尤明于春秋。淳祐中。知州王佖。知縣虞㸌。力薦之朝。以親老乞鄉校就養。乃授學諭。嘗撰修學記。有云。人之一心。本自虛明。本自廣大。

無賢不肖。均具至理。特患物于物。而不能物物耳。其修己教人。一本諸此。所著有春秋講義藁志一卷。兩浙名賢録。

魯齋門人

補堂長王石潭先生賁

王蘊文語

惟求則非邦也與以後。皆聖人之言。非曾晳之問。

車玉峯曰。此語確然可信。曾晳不應如此問。其問無味。

梓材謹案。玉峯嘗與先生友。稱之爲隱君子。見脚氣集。

補縣令陳南村先生天瑞

雲濠謹案。萬姓統譜載。先生爲待制公輔之後。師事王魯齋。明性理之學。志潔而行廉。爲金華令。有能名。台州府志稱其與周敬孫楊珏楊錡倶師事魯齋。世稱古堂先生。

補康敏黄壽雲先生超然

周易通義自序

易有太極。是生陰陽。陰陽交易而成對待。易之體也。所謂先天也。陰陽變易而有流行。易之用也。所謂後天也。體中有用。用中有體。萬化之原。萬古之會。萬象之藴。萬物之情。萬用之經。萬事之時。盡在是矣。大傳曰。易之興也。其于中古乎。言其興。則昔之廢可知也。春秋傳。韓宣子聘魯。始見易象。易象。周公所作。象詞獨見于魯。則其晦又可知也。先天當天地開闢之運中闇得後天。後天當再開闢之運又中闇得十翼。孔安國謂贊易道以黜八索。雖其詳不可考。意蓋可推矣。彖傳象傳文言序卦雜卦所以翼文王也。繫辭説卦兼羲文而並翼也。世皆以後天賴十翼而明。爲夫子之功。不知先天由十翼而傳。微夫子。後世殆不知有伏羲之易也。夫子之功所以大也。所以關天地盛衰之運也。此道若廢若興。若晦若明。更千有餘載。然後有周子太極圖説。有邵子皇極經世書。發揮先天之藴。尤爲暴白。其于天地盛衰之運。亦非偶然出者。於戲至矣。超然少而讀易。不得其門。後乃求之周子邵子之書。又取朱子本義讀之。始粗窺蹊隧。尚恨本義朱子嘗欲再修而未及。于是悉其疲薾。參會互考。始則採之先儒以盡其情。中則反之蔀闇以竭其陋。終則本之經意以斂其歸。因而成表目曰通義。通義者。蓋將卽夫子通之文王之義。以上遡伏羲之義也。嗟夫。觀吾之名書。則知吾釋經之意矣。昔者。聖人之作易也。非但以包羅理氣。剖析象數而已。一畫一辭。乃理氣象數凝結而成文者也。此所以關天地之運也。伏羲畫之。文王繫之。夫子翼之。同爲出于理氣象數之自然。亦猶之自本而榦。自榦而枝。不但太極自生出之後序爲然。三聖之序猶是也。此通義之所以作也。

周易發例自序

余嘗竊譬箋易當如畫家寫生。六十四卦之義。三百八十四爻之情。正邪險易。利害攻取。猶之老少妍媸。意興情態。各隨其人。不但位置耳目口鼻而已。後世明智之儒。數喜談易。觀其筆力馳騁。上旁下礴。可謂健矣。然未免自以意位置。故雖極天下之至工。而其人則不似也。似不似未暇論。或置口于鼻。易耳以目。則又不復爲人矣。凡掩襲時義。悖亂上下。象外生占。占外生説者。皆顛倒耳目口鼻之數也。易以德位時義爲重。有此德。當此位。適此時。行此義。處己治人之道。趨吉避凶之機。差之毫釐。謬且千里。如其實象失眞。虛理任意。當靜反動。當承反應。聽其説雖美。考諸事實乖。是又如比五音而强目以聽。盛八珍而責鼻以食。其不至賊人之性也幾希。予爲此懼。每以讀易之法。當先推卦義。以求六爻之情。情有難通則參以象。象有難通則參以位。位復難通則參以三百八十四爻之例。例明而聖人之意十得其五六矣。朱子嘗言。上古之書莫大于易。中古之書莫大于春秋。竊謂易有吉凶。即春秋之有刑德也。易以吉凶寓于三百八十四爻之行事。春秋以刑德寓于二百四十二年之行事。是故讀二書者。皆宜究聖人命辭之例。易例圓通。苟能深明其意。在後知圓通之中極爲謹嚴。與春秋等。今學春秋者。必求春秋之凡例。獨易之例。乃置而不講。上者鑿理。下者鑿象。精粗不同。鑿均也。凡例既明。易乃可窺。作發例。

梓材謹案。元張蛻廬翥爲柔川書院記。謂先生著有易通義二十卷。別爲或問五卷。發例三卷。識蒙五卷。若他所著。西清文集十卷。詩話十卷。筆談十卷。地理撮要十卷。擬神會要曆十卷。與歲計録云。

壽雲遺文

惟先王和民善俗之政。雖節目至鉅。然其先無不于鄉者。是故鄉遂比閭以安其業。鄉師稽器以共其事。鄉射以序德。鄉飲以賓賢。又加鄉老于大夫之上。以示所尊。祀鄉先生于社。以久所敬。使其樂生重本之心固。故各知愛慎。而其教也易入。恭長慈幼之習勝。故不相慕犯。而其化也易成。民生斯時。其相友相助相與扶持者。豈特淳風未散使然哉。上之人實造就之也。厥後商鞅變法。萬古罪首。然猶鄉置三老。以掌教化。自後言之。鞅可盡呰耶。天台縣太平鄉義社記。

夫自有文言以來。世之著爲書者。何其多也。往往書益多。世益不理。興亡盛衰。循至無窮。甚者叔末之所遺。乃有載籍之所無者。世不悟本。尚欲馳騾于言語聲技之末。以誇當代而垂無窮。凡若此者。皆非居士今日之所讀也。西清道院記。

山居宜蜂。蜂往來游泳。寂寞聞之尤宜。予滋喜之。于喜之中。又有甚敬者焉。凡蜂之聚必有王。王存與存。王死與死。義無他適。吾取其節。每歲春秋之仲。蜂有色黑而大者。曰烏蜂。烏蜂能卵。爲王。後王將蠢動。前王輒別徙。衆多隨之。其留不去者。則留奉後王。野人謂蜂分。吾取其讓。一日兩衙以朝其主。吾取其禮。菌花爲糧。釀露爲醴。其所飲茹。必草木之精華。與夫沉瀣之清泠。舍是不屑飲。與屢飫墦閒之食者遠。吾取其潔。數千百爲羣。朝採暮㘅。各競其職。其王未嘗數數然策之也。彼自力耳。吾取其整。春之食儲以待夏。秋之食積以御冬。吾取其豫。門守甚致。他爲患者。以死拒之。不使得入。吾取其嚴。養蜂之家。時其蜂之盛。割房取蜜。又取房爲蠟。足供世用。載在本草。尤爲醫家所重。吾取其惠。噫。吾人處世。偷生以圖存。習嬾以爲安。勤不足以備乏。才不足以利衆。有愧是蜂者多矣。蜂之節。張巡許遠輩人也。其讓。魯隱公之所愧也。其禮。三代之儀也。其豫。九年之蓄也。其潔。屈大夫所爲列于離騷者也。其整。諸葛武侯王猛之理其國者也。其嚴。齊之徒人費也。其惠。仁人君子所以利物者也。然則予不特甚敬之。又甚愧之。故髣髴焉而不得者也。蜂記。

附録

壽雲與車玉峯往來金華王魯齋之門。得理學之傳。而尤精于易。幼有高志。聰明博達。讀書不閒晨夜。研精探奥。絶出流輩。每雞鳴盥櫛就書齋。戒子弟不得通賓客。及關白家事。必待午餉行乃許行之。率以爲常。推本伏羲先天圖。翼以邵子皇極經世。著周易通義。發程朱傳義未盡之意。别爲或問發例釋象。

其諡議曰。故壽雲先生黄超然。文肅華冑。詩禮名家。學貫六經。尤邃于易。安居恬靜。不以貧窶動其心。性識高明。不以功名易其志。博達之才。道德之化。漸于鄉里也遠。淵源之學。仁義之教。發于後人也深。故既没而名益彰。所著周易通義等書。羽翼程朱。開明後進。是宜于設教之所。賜以書院之號。所謂鄉先生没而祭于社者。先生有焉。定議易名。國有令典。按謚法。壽考且寧曰康。好古不怠曰敏。請謚康敏。

梓材謹案。柔川書院記云。書院建于黄氏之塾。故家向宋工部尚書懋。始徙台之黄巖州。九世爲承奉郎。汝霖生兩淮提舉希愈。提舉生光山令應時。令生太學内舍景龍。内舍生壽雲先生超然。所謂文肅華胄。蓋指尚書懋也。

補教授張導江先生頴

雲濠謹案。先生所著。自四經歸極。孝經口義。喪服總類。冕弁服考。引彀訓蒙。經史入門。闕里通載。淮陰課稿等書。及文集若干卷。

導江文集

象設非古也。開元禮猶云設席。是無象也。高臺巍坐。而席地之禮不可見。帶劍。秦漢冠服之飾也。開元禮朝會猶有解劍之席。冕服挾劍。未之有聞。二者之失。所從來久矣。神位西坐東向。尸位也。配位東坐西向。主人位也。自尸禮廢。禮家謂。自内出者無匹不行。自外至者無主不止。故立神以配而爲主焉。開元以後。遷神位南面。配位猶故也。進顔孟南向參列如浮圖老子宫者。孔子祖庭廣記謂。金大定四十年所行。何所稽乎。楹間兩階。五齊三酒。以四代之器爲備物之享也。列數瓦缶。果爲何說。尸尊不就洗。禮也。登罍爵于牀洗者。以尸尊自居。犧象不錯諸地。主人遂不坐實爵。簡亦甚矣。幣之未薦。寘諸神位之左。亦不敢褻陳之階庭。與主人俱升則不嚴矣。蓋事由草創。未之講也。釋奠儀注序。

附録

生始四歲。主簿君攜以見李秀巖眞西山。俱目爲奇童。改試春秋。平舟楊棟勉之學義理之學。師魯齋。君有才華。以所讀書十數條演繹其義。質于師。不答。君請曰。某不敏。願先生啓發之。乃出君所論。指示之曰。若所論。昔人已嘗如此云云。朱子所不取也。俾讀論孟精義。自此君得聞所未聞。

既而平舟罷參政居台。而台之趙守及臨海趙令並喜講學。君造請其閒。多所資益。自六經語孟傳注。以及周程張氏之微言。朱子所嘗論定者。靡不潛心玩索。究極根柢。用功既專。久而不懈。所學益弘深微密。南北之士鮮能及之。

爲三氏教授。鄒魯之人服誦遺訓。久而不忘。

正顔孟配位南向之失。升曾子子思配饗。以周程張邵司馬朱張呂九儒從祀。

先生氣宇端重。音吐洪亮。講説特精詳。子弟從之者詵詵如也。

教人讀近思録爲四子階梯。四子以朱子章句集注爲本。次讀儀禮詩朱氏傳。書蔡氏傳。易先朱子啓蒙本義。以達程傳。春秋胡氏傳。張氏集傳。讀史及諸子百家。定其是非邪正。作文書字亦爲有法。

梓材謹案。姚牧庵爲呂經歷神道碑有云。蓋文公夫壻。黄勉齋饒雙峯師事焉。導江則受學雙峯。牧庵與經歷子洙善。導江弟子也。其言當得其實。是先生又爲雙峯門人。又案。虞道園序孔林廟學新設管句簡西碧之任詩云。前三十年。導江張達善氏嘗爲孔林之師。固嘗發明斯道之大。以迪其人矣。張先生。吾蜀人某外祖氏之門人也。外祖卽平舟楊氏也。

補 聞人桂山先生詵

梓材謹案。王忠文爲聞人凝熙墓表云。宋季有諱韶者。爲金華縣令。因家焉。縣令生逸孫。元初爲温州路儒學教授。教授生詵老。仍世業儒。號桂山翁。娶劉侍郎諸孫女。實生凝熙。凝熙幼有異質。學有嚮方。鄉先達定庵王公瀚。與其子魯齋文憲公柏。崇尚伊洛之學。以承朱子之傳。翁皆及其門。而所學得之定庵爲多。于是以其所得者以教凝熙。父子自爲師友。據此則先生實名詵老。然考宋濳溪爲凝熙行狀。言教授娶王先生詵之女。生子號桂山翁。翁生始三歲而教授亡。王後去適項氏。翁鞠于其家。因從其姓。及長。娶劉而生凝熙。乃以凝熙還氏聞人。是詵爲先生外祖之名矣。未知孰是。

補 州判盛聖泉先生象翁

梓材謹案。台州府志載。先生生宋季。嘗從車玉峯黄壽雲二先生遊。得淵源之學。則先生嘗及黄氏之門矣。又稱士人遊其門者踵相接。因其所居與聖水山近。遂尊之曰聖泉先生。又云。延祐閒。始由薦辟官平陽汀州路教授。聘典江浙行省文衡。識陸文奎高古之文。所著又有易學直方本源云。

隱君楊樵寄先生錡

楊錡字宗彝。臨海人。嘗師事王魯齋。魯齋謂之曰。子有用才也。吾語汝學之體用。同舍張達善自以爲不及。每稱曰畏友。制置司及臬司辟。皆不就。自號樵寄幸民。一日疾革。索筆書曰。八十有五。失德事無。啓手啓足。吾知免夫。所著拾掇等稿。上蔡師説。台州府志。

王先生全夫

王全夫。名玉慶。東陽湖滄人。潛心理奥。從王魯齋遊。嘗稱其讀書不苟。不爲入耳出口之學。正學編。

楊陳講友

曹先生淇

曹淇字元圭。號霞寓。天台人。與郡人楊珏陳天瑞車若水黄超然爲友。倡明理學于上蔡書院。台之儒風。一時爲盛。有訓兒録。台州府志。

導江講友

補 貞獻趙松澗先生宏偉

梓材謹案。吴禮部送時彦誠序。稱趙公子英持使者節來浙東。以古道風勵學者。後進晚生不倦獎誘之。于許君深所敬禮。延教其孫璉字伯器者。

敬氏先緒

補提學敬大寧先生鉉

常博敬先生文長合傳。

敬鉉字鼎臣。易州人。祖父及兄皆進士起家。先生亦第進士。爲中都路提學。著春秋備忘四十卷。仁宗朝命刻其書。嘗隱居大寧山。學者稱大寧先生。從子文長。有學行。官太常博士平章政事。儼。其子也。畿輔通志。

雲濠謹案。謝山補平章傳。以先生爲其大父。據此則其從祖也。攷元史。儼之祖名鑑。則從祖是矣。又案。經義考本吳草廬集。載先生春秋備忘三十卷。明三傳例八卷。其言四十卷者似誤。又先生續屏山杜氏春秋遺說八卷。見張氏内閣書目。又案。文長史作元長。

附録

吳草廬序先生春秋備忘曰。弱冠受讀。學之三十年而始著書。年幾七十。而修改猶未已。前後凡五易稿。總數十家之説而去取之。其援據之博。采覽之詳。編纂之勤。決擇之審。至謹至悉。惴惴然不偶易。可謂篤志窮經者矣。

梓材謹案。湛然居士集載。李屏山臨終。出鳴道集説付敬鼎臣曰。此吾末後把交之作也。子其秘之。當有賞音者。是先生固屏山之徒也。

姜氏先緒

姜先生澤附師楊夢午。王月溪。趙松坡。董覺齋。

姜澤字潤甫。蘭溪人。祖父以資雄于鄉。先生生而父母卒。或欺其孤。蠹蝕幾盡。女兄歸金華楊某者。挾之以歸楊氏。鞠育之如己子。稍長。俾從鄉先生楊夢午王月溪趙松坡董覺齋遊。志慮淵冲而識見迥拔云。宋文憲集。

立齋家學

王先生彦恭

王彦恭。立齋之姪也。立齋夜對梅花。示以詩云。羈旅不自怡。坐閱芳歲晚。江湖有莫逆。梅花遠到眼。平生相慰藉。風期無近遠。今夕共短檠。與子興不淺。又曰。羈旅閱世紛。坐念百憂集。共子時劇談。滿懷冰雪潔。儀型誰有常。梅花静玉立。何用對忘憂。歲寒偏有益。濂洛風雅。

仁山門人

補文懿許白雲先生謙

雲濠謹案。先生國朝雍正二年從祀孔廟。

梓材謹案。胡仲子爲白雲亭記曰。儒者之學。尊本明統。宋南渡以來。朱子嘗以是傳之黄文肅公。再傳而爲仁山金公。至先生蓋六傳矣。永康應典八華精舍義田記云。許子之學。受之仁山金子。金子受之魯齋王子。王子受之北山何子。是皆以何王金許遞傳。故胡氏上溯朱黄爲六傳也。其實仁山初從魯齋。卒業于何。祇得爲朱子之三傳。至先生亦止四傳爾。

許白雲説

古之學者。出于口而可以心存。存于心而可以身踐。

白雲經説

六經載道之器。欲求道者。不可外乎經。

詩以順性情之正。易以謹事變之幾。禮以固其外。樂以和其平。書以示聖賢之功用。春秋以誅賞其善惡。

讀書叢説自序

自堯至襄王六十五君。堯元年至襄二十八年。歷年一千七百三十四。而惟十八君之世有書。以亡書攷之。亦惟沃丁太戊仲丁河亶甲祖乙五君之世有書十篇耳。自此二十三君之外。其餘豈無出號令記政事之言。蓋皆孔子所芟夷者。緯書謂。孔子求帝魁之書。迄于秦穆。凡三千二百四十篇。雖其言未必實。然有書者不止二十三君則明矣。愚嘗謂聖人欲納天下于善。無他道焉。惟示之觀㊀戒而已。故孔子于春秋。嚴其褒貶之辭。使人知所懼。于書獨存其善。使人知所法。是知春秋之貶辭多而褒甚寡。書則全去其不善。獨存其善也。雖桀紂之事。猶存于篇。蓋有聖人誅鉏其暴虐。消弭其禍亂。獨取乎湯武周公之作。而非欲徒紀其不善也。至于羿浞之篡夏。幽厲之滅周。略不及之。觀此則聖人之心可見矣。

梓材謹案。四庫全書著録先生讀書叢説六卷。提要云。自蔡氏書集傳出。解經者大抵樂其簡易。不復參攷諸書。白雲獨博覈事實。不株守一家。故稱叢説。又云。書内載其師金氏説爲多。卷首書紀年一篇。卽據仁山通鑑前編起算。其閒得失雜出。亦不盡確然。宋末元初。説經者多尙虛談。而白雲于詩考名物。于書參典制。猶有先儒篤實之遺。是足貴也。又著録詩集傳名物鈔八卷。提要云。白雲雖受學于王魯齋。而醇正則遠過其師。研究諸經。亦多明古義。故是書所考名物音訓頗有根據。足以補集傳之闕遺。卷末譜作詩時世。其例本之康成。其説則改從集傳。蓋淵源授受。各尊所聞。然書中實多采用陸氏釋文。及孔氏正義。亦未嘗株守一家。名之曰鈔。蓋以此云。提要持論平允。第以白雲受學魯齋。未知所本。攷白雲以宋咸淳六年庚午生。越五歲。咸淳十年甲戌。魯齋卒。不得爲受業弟子也。

讀四書叢説

學而章。集注先覺二字。當專以古之聖賢言之。蓋聖賢制行立言。無非天理之至。凡威儀之

㊀「觀」當爲「勸」。

節。六藝之文。經之所載者。皆足爲萬世之凖的。學者當于此求知其理。學行其事。故有成而無弊。然皆日用之常。未有出于人倫之外者。至于今之先覺。不過資之使指引以求聖賢之心耳。蓋其學未到此地位。不可便把做凖的也。當把先覺之所爲五字作一串看。乃得其意。

坐如尸。坐時習。立如齊。立時習。此是就人所爲上。提此二字以爲例。以二者推之。則凡動容周旋。事親敬長。接人應物。各隨其制而習之。是無事無時而不習也。又進步言之。坐如尸。則于坐之始終時習之如尸。立如齊。則于立之始終時習之如齊。是一事上無時而不習也。兼此二義看方備。

朋來之樂有二意。善固人所同有。我既得之。而朋友相從。亦皆知之能之。道合志同。人我無間。此是及人之樂。又我之樂。雖自以爲得。而未知邪正淺深。今朋友之來。自近及遠。如是之衆。則是我之學果同乎人心。而可信此是爲己之樂。

本經三節。以文勢言之。學習與朋來不愠是一截。説樂君子是一截。然君子之德之成。非獨不愠所能致。若但不愠卽是成德。則孤陋寡聞而人無可知。異端邪説而人不是我。乃悍然不顧。囂囂自得。其罪不亦大乎。故朱子曰。故惟成德者能之。又曰。德之所以成云云。而程子亦曰。非樂不足以語君子。言須上兩節工夫方可成德。

巧言章。集注以專言之仁當之。若總而言。致飾悦人。全是私意。故天理泯棼而言巧言是無信。令色非莊是無禮。不能守正。而求説于人。是不知義。外飾欲欺人。而終爲識者所知。是不智。一舉而心德皆亡。

知巧言令色之非仁。則知直言正色之爲仁。然此只就言色上論。蓋仁是心之德。延平先生所謂當理而無私者也。凡欲動于中則心私矣。其接于事。不當于理者。皆非仁也。夫致飾于外。不當理也。務以悦人。皆私心也。推此類而言之。則非禮之視聽言動。心私違理處。皆非仁。本注人欲肆而本心之德亡。雖就言色上言。而所包者甚廣。又恐學者止于言色上致察。故著程子之説于圈外。使人隨事致察。而立心以公也。

弟子章。謹信守身之事。上下四者。接人之事。以孝弟爲行之大。故言于先。其實以謹信二字貫于四者之閒。蓋謹信則孝弟愛衆親仁皆得其道。己不謹信。則四者皆無實。至于學文。亦謹信者能之。

君子不重章。是學者最先用力處。心主忠信。貌存忠厚。内外相應。方可爲學。不忠信則心虚妄。不重厚則貌輕躁。虚妄輕躁。如何學得道。人資質稍聰俊者。最要戒輕。輕則百事皆不成。道在天地閒。只是實理。至重至大。如何被輕躁人擔當得去。

愼終追遠章。愼終存哀中之敬。追遠動敬中之哀。

信近章。集注謹之于始。慮其所終。始者。信也恭也因也。終者。復言也遠恥辱也可宗主也。慮者。欲近義禮而得其親也。謹者。必近義禮而得其親也。

無求飽安章。敏于事。是敏速于行事。無懈惰之氣。無優游之心。見義卽爲。如恐不及。又不但主于行事而已。至于學文明理之事。亦欲敏速。所謂爲學務時敏也。以上學而。

道之以政章。德禮固能化民。而非政刑則德意不能徧流于下。所以平天下必用絜矩之道。有法制禁令。則德澤方可下流。雖堯舜之世而有四凶。刑亦不可廢也。朱子恐讀書者謂聖人立意前一節不如後一節。只就德禮上看。而輕政刑。因于圈外明聖人本具此意。所謂有關雎麟趾之意。然後可以行周官法度。本末之謂也。

孟懿子問孝章。三家僭禮。因魯僭天子。故三家僭諸侯。有併及天子之禮僭之者。如三家視桓楹。喪而設撥。葬禮之僭也。八佾舞于庭。歌雍以徹俎。祭禮之僭也。其他如朝服之以縞。自季康子始。又如臺門而旅樹反坫繡黼丹朱中衣。大夫之僭禮。則三家凡居處服御無非僭也。處己如此。則處其親者可以類推。

如愚章。如愚。承教時也。其私。臨事時也。師友難疑答問之際。須是見識開明。事理通達。直下承當。是之謂發。顔子既無疑于夫子之言。心領神會。却不曾見于言。但實踐于行。故聖人著箇亦字。謂雖不言。而其行亦足以發吾意也。要看得言字重便見意。言與私對。愚與發對。置亦字在中間。此亦字不是閒慢語助辭。

温故章。時習舊閲。而每有新得。故非一也。必時時温之。或温此。或温彼也。温則必有所得。温此有得。温彼亦有得。一温有得。又温亦有得。時兼新故。每兼累温。時每二字。注中活眼。

誨由章。内六知字稍有不同。上下兩知字。總言心之知。中間四知字。指一事之知而言。

民服章。居敬窮理爲舉直錯枉之本。窮理則燭枉直明。居敬則舉錯當。居敬又窮理之本也。

子張問十世章。人稟五行之全氣而生。故皆得其理之全。所謂木神爲仁。金神爲義。火神爲禮。水神爲智。土神爲信。以五行之形言之。木時發生。金剛斷制。火有文采。水善流動。土重不遷。俱各有意。此是五常之原。此五者。亘宇宙窮古今不可變。而又只是日用常行之理。故曰常。以上爲政。

泰山章。當時四分魯國。季氏取二。孟叔如一。魯君無民亦無賦。雖欲祭。不可得。季氏既專魯。則凡魯當行典禮。皆自爲之。旅泰山若代魯行事耳。亦不知其僭。冉有誠不能救也。欲正之。則必使季氏復其大夫之舊。魯之政一歸于公。然後可。此豈冉有之力所能。故以實告之。孔子亦不再責冉有。而自歎也。

告朔章。朔之爲言蘇也。謂月之魄也。已滿明皆盡。至晦日而死矣。月之一日。明乃復生。是死而復蘇也。

兩其字指告朔而言。謂爾愛其告朔之羊。以爲無實而妄費。我則愛其告朔之禮。恐因此名而後可復其實。

管仲章。三歸。臺名。三歸。算法也。言作臺度其基。廣袤若干尺。高若干尺。而其頂廣袤若干尺。取上下之數中折之。則其半廣袤若干尺。以爲作臺之數。

韶武章。韶樂今不能知。樂記言武樂有發揚蹈厲之容。夾振駟伐之事。是于樂中見用武戰鬭之意。舜武皆聖人。不是征伐便不及堯舜。然揖讓氣象自是好。征伐氣象自是不及。故曰武未盡善。以上八佾。

惟仁者能好惡章。凡仁者必知。非知不能行仁。故纔説仁人便是有知者。知人善惡者知也。好惡之者仁也。里仁。

公冶長章。集注。其必有以取之矣。其字指長也。取之猶言得之。言長取之也。謂聖人言其可妻。是必長有德而有以得聖人此言矣。若云聖人有取乎長。則不須用其字。此章兩節。要見不是一時説話。其意便自分曉。

孔文子章。大凡天資敏鋭。必視學爲易。而不能細索深求。精思篤好。至于恥下問。節目尤多。貴者恃位恥問賤。富者恃財恥問貧。年高者恥問幼。能者恥問不能。多恥問寡。凡此皆是切中學者之急病。如是則文子自是可師。當自省而痛治之。

三思章。當用格物工夫。在思之前。理既明。則所思可善。若未明理。再思也未合理。百思也未合理。聖人只就文子上斷其思之過。而格物之道自然見于言外。以上公冶長。

雍也章。集注。中有主。是説以敬存心。自治嚴。是説以敬治身。

朱子謂。自處以敬。則中有主而自治嚴。程子謂。居敬則心中無物。一言有。一言無。似相抵牾。蓋有以理言。無以欲言。則二説正相發。

賢哉回也章。集注。周子令程子尋孔顔樂處。意猶在知上。朱子則教人學顔子之學。行之久而有得。則我亦自有顔子之樂矣。

博文約禮章。約是收束向身意思。集注。約。要也。通釋曰。博謂泛而取之以極其廣。約謂反而束之以極其要。此語精切。以上雍也。

德之不修章。講學是此章之要。既學又須是去講論然後明。義理皆是講學中來。講既明了。則知德之所以修。義之所在而徙。有不善者而改之。若不先講學。則三者皆不知。當爲之則只作知行看。徙義改不善是修德之目。

富可求章。如不可求一句。上添一其字。下添一何字。則語意自明。以上述而。

三分有二章。周都在雍州。梁在雍正南。豫居雍東南。徐居豫東。荆居豫南。揚居徐南。故六州皆歸周了。紂都冀州。兖居冀東。青居冀東南。故三州尚屬紂。此亦是大約如此。泰伯。

在川上章。如字非如似之如。不是以川流比道。是正言道之流行也。如斯正指流而不息。一。道體就氣化流行處説。是説所以生物者。未説到物上。二。道體是就物上指形而上者而言。三。道體指物而言。本注道體。是道爲物之體段。程子道體。是物爲道之體質。子罕。

廐焚章。雜記曰。廐焚。孔子拜鄉人爲火來者。然則乃孔子之私廐。故于退朝而後問。鄉黨。

子曰師也過章。集注以道以中庸爲至一句爲主。方説得上面過不及意明。不然則是子張之才德過子夏。而子夏不及子張矣。故過中。失中。歸于中。屢提起中字説。

柴也愚章。吴氏謂通下章爲一章。然前四人以質言。後二人以學言也。庶乎對億中。屢空對貨殖。顔子惟庶乎。所以樂天。至于屢空而不顧。子貢惟不受命。故但能億事而已。

聞斯行諸章。夫子非教冉有不必禀父母之命。禀命自是常禮。正恐冉有遇義當行者不能勇爲耳。蓋行事須是有決斷。志在必行。然後禀命而卽行。若見義前却。自無主見。不勇爲。則非父兄使之也。禀命之意。卽在聞斯行諸之中。以上先進。

顔淵問仁章。克己復禮是分説。四勿是合説。此章全以禮字代仁字。蓋仁以理言。恐難捉摸體認。故以天理節文之禮爲言。仁卽天理之公。禮卽天理之節文。本非二物也。身之接于物者。事事合乎節文。而無一毫私僞。卽是人欲淨盡。天理流行。卽爲全體之仁。

仲弓問仁章。上二句敬以持己。中兩句恕以及物。下兩句敬恕之效驗。孟子謂。强恕而行。求仁莫近焉。行恕熟卽仁。行仁須自恕起。

先事後得節。粗鄙近利。粗就忿忘身上言。鄙就攻人惡言。近利就得上説。

樊遲問仁章。虞廷聖之臣固多。而獨言舉皋陶者。蓋大禹終受帝禪。此下惟皋之德最優。舜命禹總師。而禹之所讓惟皋。及帝贊之。則曰。臣庶罔或干予正。民協于中。時乃功。又曰。四方風動。惟乃之休。于此正見得不仁者遠意思。以上顔淵。

修己以敬章。修己以敬一句。敬字重。下修己兩句。敬字亦在其中。憲問。

人無遠慮。以地言之。人若無千里之思慮。則憂在几案前。以時言之。人若無百年之思慮。

則憂卽在頃刻閒。衛靈公。

逸民章。六人之德。伯夷叔齊爲最。虞仲夷逸次之。柳下惠少連又次之。前言七人。後止六人。不見言朱張者。或是朱張之德無可稱。或是失簡。皆不可曉。

太師摯章。古者天子一日四飯。魯用天子禮樂。其君必一日亦四飯。所謂亞三四飯。乃于飯時主作樂侑食之官也。不言初飯者。或主初飯之官不他適也。以上微子。

不知命章。有天理之命。有氣數之命。天理之命。人得之以爲性者也。氣數之命。人得之以爲生死壽夭貧富貴賤者也。此章命字。蓋兼二者而言。知氣數之命。則利不必趨。害不必避。知天理之命。則利不可趨。害不可避。堯曰。○以上論語。

水㊀神爲仁。火神爲禮。金神爲義。水神爲智。土神爲信。凡言往來開闢。只是說氣。然必有理爲之主。氣譬如舟。所以乘載。理譬如柂。所以運舟者也。此所謂神。卽理之妙者也。大抵說陰陽五行只是說氣。而理自然在其中。大學章句序。

在明明德句。凡言德有二意。得天理而存于心者德也。行道有得于心亦德也。此明明德字就得處言。則是上一意。及加明之之功。而有得于己。然後有下一意。

賢親樂利節。金先生曰。賢其賢者。高山仰止。景行行止。崇其德也。親其親者。敬其所尊。

㊀「水」當爲「木」。

愛其所親。象其賢也。樂其樂者。風清俗美。上安下順。樂其遺化也。利其利者。分井受廛。安居樂業。沐其餘澤也。

如惡惡臭二句。惡惡臭。好好色。人人皆實有此心。非僞也。二如字。曉學者當實爲善去惡。若惡惡臭好好色之爲也。此二句作兩層看。

康誥曰如保赤子一節。保赤子。是父母愛子之心。如保者。是言君養民亦當如父母之保赤子。赤子不能言。父母保之。雖不中。不遠。況民之能言而意易曉者。所欲與之聚。所惡勿施。雖不中民之心。亦不遠矣。前言孝弟慈。而此獨就慈上言者。蓋治國是上之撫下。故專就愛民處言。

絜矩章。矩以器言。即木匠之曲尺也。以義言。則方也。總言。則用曲尺以度方絜矩。即是度義兩字。此章大意。治天下在乎絜矩。而絜矩于用人取財處爲要。然得失之幾。全在忠信驕泰上。發于心者忠。接于物者信。則事皆務實。好善惡惡。皆得其正。而能盡絜矩之道。存于心者矜驕。行之以侈肆。必不能絜矩。則遠正人。而讒諂聚斂之人進矣。以上大學。

中庸專言道。故起首便言道學道統。道學主于學。兼上下言之。道統主于行。獨以有位者言之。至孔子之生。他無聖人在位。則道統自在孔子。凡言統者。學亦在其中。學字固可包統字。

理與氣合而生人。心爲一身之主宰。又理氣之會而能知覺者也。人心發于氣。如耳目口鼻四肢之欲是也。然此亦是人身之所必有。但有發之正不正爾。故但云危。謂易流入于不善也。道心發于理。如惻隱羞惡辭讓是非之端是也。亦存乎氣之中。爲人心之危者晦之。故微而難見。大抵人心可善可惡。道心全善而無惡。

繼往聖。開來學。此學字應前道學字。前道學是總包上古以來相傳者。此學字是夫子教後人者。言繼往聖。是明夫子教人。亦是述上古聖聖相傳者耳。則子思所憂者。豈專指夫子之教哉。以上中庸序。

不偏不倚是豎説中字。指未發之體而言。無過不及是横説中字。指已發之用而言。此皆以四旁影出中字。平如地之平。而無杌隉危處。常者一定之理。無詭異。又常久而不可變易。惟其平正。便可長久。奇異險怪。便不可長久。平横説。常豎説。此是正解庸字。總之。惟中故庸。中而又須可庸。乃中庸之道。中庸解。

致中和節。位育以無位者言之。則一身一家皆各有天地萬物。以一身言。若心正氣順。則自然睟面盎背。動容周旋中禮。是位育也。以一家言。以孝感而父母安。以慈化而子孫順。以弟友接而兄弟和。以敬處而夫婦正。以寬御而奴僕盡其職。及一家之事。莫不當理。皆位育也。但不如有位者所感大而全爾。

道之不行也節。道不行不明。非是人不行之不明之。是言道自不行于天下。不明于天下。謂大道窒而晦也。

子路問强章。南陽方。北陰方。陽舒散而陰收斂。舒散便和柔。收斂便剛勁。此蓋大約言風氣之偏則風俗隨異。其實南人豈盡柔弱。亦有剛勁者。北人豈盡剛勁。亦有柔弱者。然寬柔以教。

不報無道。是言柔之甚而善者。衽金革。死而不厭。是言剛之甚而過者。
索隱節。索隱是求人之所不必知。行怪是行人之所不必行。
詩云鳶飛節。活潑潑地。此是程子形容子思。用鳶魚兩語。使人知化育流行如此活潑潑地。學者須眞見得天地萬物皆如此。流動充滿。活潑潑地。略無滯礙之意方可。
道不遠人節。人之爲道而遠人。此爲字重。猶言行道。不可以爲道。此爲字輕。猶言謂之道。
齊明盛服節。齊明盛服只就心上説。盛服乃説身。齊是用功屏其思慮之不齊者。而一于所祭之鬼神。明是既齊而心之體明潔不雜。可交乎鬼神也。
武王末受命節。末猶後也終也。蓋周自太王王季文王累世積德累功。國土已大。最後至武王。始受天命爲天下君。周公乃承之而追王先王。如此説末字。則與上下文却相貫穿。訓末爲老。恐未安。
武王周公節。舜之孝行于一家。故只謂之大孝。周制禮達乎天下。故曰達孝。
敏樹是樹藝之樹。是活字。
仁者人也。此是自古來第一箇訓字。言混成而意深密。深體味之。則具人之形必須盡乎仁。其所以盡仁。則不過盡人道而已。朱子所謂天地生物之心。人得以生者。元者善之長。人具此生理。自然有惻怛慈愛之意。皆是就源頭指出示人。與他處解仁字不同。
語録道前定不窮一句。連上三句。都是在裏面是有箇妙用。千變萬化而不窮之謂。事到面前都理會得。都處置得。

有弗學節。學問是資之于人。思辨是求之于己。蓋學須要自得。故雖有學問兩節工夫。又恐入耳不能注心。未爲自得也。子思示人誠之之方至矣。

相在爾室節。人居屋漏之中。自視其身。尚不分明。以譬君子不但于人所不知己所獨知之地而慎之。于己所不知之地。亦所當慎也。此節首章戒懼之事。首章自内説至外。故先言戒懼。而後言慎獨。末章自外説至内。故先言慎獨。而後言戒懼。以上中庸。

梁惠首章。君子利己之心不可有。利物之心不可無。孟子不言利。是專攻人利己之心。絶利己之心。然後可行利物之事。然利物乃所以利己也。至于不遺親後君。則己亦無不利矣。但不可假仁義以求利耳。

沼上章。麋鹿魚鳥各得其所。咸遂其性。可見文王德被萬物。都在春風和氣中。觀兩在字。而下文魚鹿云云。尤見文王仁及物而物感動處。物且如此。于人可知。

晉國天下莫强章。易猶淺也。此金先生説。蓋耕深則土疏通而苗易發達。耘淺則但去草而不傷穀根。以上梁惠王。

公孫丑章。公孫丑問管晏。而孟子獨鄙管仲。不言晏子。晏子之事。任才能功列皆非管仲比。而管仲輔桓。爲五霸首。尤天下之所共宗仰。故孟子惟斥管仲。

置郵。字書馬遞曰置。步遞曰郵。漢西域傳。因騎置以聞。師古曰。卽今驛馬也。黄霸傳。

郵亭。師古曰。書舍謂傳送文書所止處。如今驛館。

養氣章。孟子之學。是知言養氣。知言卽知道。知道屬心。爲内。養氣屬事。爲外。格物致知以明心。遇事行義以養氣。然所以知其義而集之者。心也。卽志帥之説。至于集義。是要心無愧怍。既無愧怍則氣自生。雖有内外之殊。及其至也。只是養此心耳。

知言則盡心知性。萬理洞然。何所疑惑。養氣則動皆合義。遇事卽行。何有畏怯。二者既令。何能動心。

有事勿忘是直養。勿正勿助是無害。

揠苗一段八十五字。專言私意害氣之失。

孟子之學。盡格物致知之功。故能明夫道義。而于天下之言。皆知其是非邪正。而無所疑。然所以致其知者。亦自夫前聖賢之言而得之。故知言雖是致知之效。而致知未始不因言也。所以朱子以盡心知性爲知言之本。至于養浩然之氣。雖專在于集義。而欲集夫義。必先知義所在然後可。是知言又集義之本也。知言以開其先。養氣以培其後。此所以不動心也。然孟子之自言知言。却只説知詖淫邪遁。是全説今人之言。蓋此章本意是説應事不動心故也。以上公孫丑。

道在邇章。仁義根于人心。人所同有。行之則甚近而易。其要在乎親親長長。但人人各自親親長長。則仁義流行。天下其有不平者乎。

君子深造之以道章。主于行而知在其中。工夫只在深造以道四字上。至于自得。則自然有以下效驗。以知行二者各體認之。可見孟子之意。主于行者爲尤重也。程子則專主于知。故在圈外。以上離婁。

性猶杞柳章。人受天之理以生。本具仁義禮智之性。人之有惡。是失其本性之善。非其眞也。告子不知。乃謂人性本不善。因矯揉以爲仁義。猶矯揉杞柳以爲桮棬。孟子謂人之于仁義。乃其本有而所當行者。豈矯揉而成。若告子謂矯揉而成。乃是戕賊人之常性而爲之耳。揉杞柳以爲桮棬。是戕賊之也。非可以喻仁義也。若此言之。行人不知者。將眞以爲戕賊人爲仁義。誰肯從之。是仁義之禍也。

欲貴章。世人但知公卿大夫之爵爲貴。而不知在我之身皆有貴者。乃天所賦之善。所謂天爵也。天爵人所同有。故思則得之。人爵各有命分。雖求之無益。孟子前章尙有修天爵而人爵自至之説。此章則于人爵下兩不顧字。是不將這箇爲念。以上告子。

伯夷辟紂章。主意在文王之政。有國者所當法。不主言二老之去就。

口之于味章。性也之性。氣質之性也。有性焉之性。天地之性也。有命焉之命。本以氣言。而亦有禮在中爲之品節限制。命也之命。本以理言。而所稟之氣有清濁厚薄之不同。上五者。人性皆欲之。而有命分不同。不可必得。然亦有禮在中品節其命分。下五者。本皆天理。而却有命分。一定不得。其至君子。則但循天理而行。以求至其極。故不爲命分所拘。以上盡心。

梓材謹案。經義考載先生讀四書叢説二十卷。立齋書目有。又云未見。四庫書目著録者四卷。提要云。書中發揮義理。

皆言簡義該。或有難曉。則爲圖以明之。務使無所疑滯而後已。其于訓詁名物。亦頗考證。有足補章句所未備。于朱子一家之學。可謂有所發明矣。蓋係兩江總督採進本。大學中庸各一卷。孟子二卷。中庸闕其半。論語已全闕。然二十卷之本。馮君雲濠醉經閣有之。俾盛茂才炳漢節其要義如此。

八華講義

書曰。惟學遜志。務時敏。厥修乃來。允懷于茲。道積于厥躬。人生無知無能。必學而後有所得。學者當順遜其志。虛心以求。專以是爲務。無時而不敏。則修者卽源源而來矣。蓋爲學之效甚速。人病不求耳。苟專力以求之。則無時無處非益也。其效之速旣如是。能篤信而深念于此。攻之逾深。則道之積于身者日盛矣。遜志則有細密之功。時敏則無閒斷之患。其來其積。皆自此得之。古來論學。實始于此。固萬世之成憲也。然而所學果何事耶。學爲聖人而已。聖人果何學而至耶。聖人之性。非與人殊。不過盡人倫之至而已。學者以聖人爲之標準。知其的。日行以求其至。明其道而不計其功。至于聖賢之分量。成效之淺深。皆自然而然。己不得預也。一有計較期必之心。則非所以爲學矣。且天之生人也。其倫有五。曰君臣父子夫婦長幼朋友。五者。天下之達道。舉天下之事。錯綜萬變。莫不畢在五倫之中。天之賦人以形。卽命之以性。其類亦有五。曰仁義禮智信。五者。天下之常道。舉天下之理。支派萬殊。莫不畢在五性之中。詩曰。天生蒸民。有物有則。人倫。物之大者也。五常。物之則也。昔者聖人使契爲司徒。教以人倫。父子有親。君臣有義。夫婦有别。長幼有序。朋友有信。曰。勞之來之。匡之直之。輔之翼之。使自得之。又從而振德之。使教者以是而教。學者由是而學。蓋人倫之外。無餘事也。五常之外。無餘理也。父子之所以親。爲人心本有此仁。君臣之所以合。爲人心本有此義。心本具乎禮。長幼所以有序。心本具乎智。夫婦所以有别。朋友之所以交。非心本有此信乎。五常之理。原具于吾心。而無少虧。人倫之事。日接于吾身。而不能舍。此道之所以不可須臾離也。此學之所以當遜志而務時敏也。五常之道。配乎人倫。雖各有所主。然而未嘗不互相爲用。父子主于仁。而深愛和氣愉色婉容是仁之仁。父母有過。諫而不逆。是仁之義。應唯敬對周旋愼齋是仁之禮。先意承志。樂心不違。是仁之智。生敬死哀。事親有終。是仁之信。此子事父之大略也。君臣主于義。而以君成禮。弗納于淫。爲義之仁。道合則從。不可則去。爲義之義。責難于君。陳善閉邪。爲義之禮。達不離道。澤加于民。爲義之智。託孤寄命。節不可奪。爲義之信。此臣事君之大略也。由是而推之。保身以盡夫孝。致身以盡夫忠。細微委曲。莫非五常之用也。又廣而推之。夫婦之别。長幼之序。朋友之信。五常不可勝用矣。鈞是人也。鈞賦是性也。聖人生而知之。安而行之。衆人則迷而漸遠。故效先覺之所爲。乃可明善而復其初。然而天下之理豈易窮。天下之事豈易周。非盡博學審問愼思明辨之功不可也。自中古君師之職分。則敬敷五教之任不出于司徒。而切磋琢磨之責全在于朋友。或扶持開導獎勸誘掖于人欲未萌之先。或攻擊淬礪防閑禁遏于天理既虧之後。心之方虚。則使戒懼于不睹不聞之際。意之初動。則使謹愼于己所獨知之時。是以講貫乎仁之理明。則父子得其正。義之理明。則君臣得其正。禮智之理明。則夫婦長幼無不得其正矣。是故朋友之名。雖居五倫之後。而于學問之事實先。朋友之職。較之四倫若輕。而于學問之功實重。學者欲極夫四倫之理。宜盡朋友之道。欲盡朋友之道。在明夫信而已矣。天之道一于誠。其流行則爲元亨利貞之德。人之性一于信。其昭著則爲仁義禮智之綱。故曰。誠者天道。思誠者人道。信者。誠之異名。能盡人之信。則可契于天之誠矣。朋友講習。非信無以成德也。某少而失學。長而寡聞。闒茸迂疏。鹵莽滅裂。雖嘗立于碩師之門。歷時淺而用功微。環顧其中。未少有得。諸君過聽。强要而來。欲以輔仁。内實懷愧。諸君天資卓犖。問學有素。年若道似。略無相踰。未知所以奉益也。然愚平昔誦聖人誨子路知之爲知之不知爲不知之語。深所服膺。每欲以信自守。講問辨析有分寸之知。敢不傾竭爲諸君言。苟所不知。不敢穿鑿爲諸君誑。諸君其亦篤于信以求天性。敦于朋友以求盡人倫。交勸互發。非彼得則此得焉。庶不孤此會也。

八華學規

心靜明理之本。

貌恭進德之基。

剛毅乃足自勵。

謙讓可以求益。
有善當與人共。
有惡勿忌人攻。
以上各自省察。去其所有。勉其所無。
出入以時。
有故必告。
言語無雜。
講議無譁。
觀書無泛。
作事無惰。
勿相爾汝。
勿作無益。
右請互相警省。同歸于善。幸勿外敬内慢。面從退違。

附録

甫能言。母陶氏授以孝經論語。入耳輒不忘。

自登金氏之門。卽以聖賢之學爲己任。師弟子開口授指劃。盡得其相傳之奥。閲四年而金氏没。先生乃益加充闡。自得者爲多。

于書無不讀。窮探聖微。雖殘文羨語。皆不敢忽。有不可通。則不敢强。于先儒之説有所未安。亦不苟同也。

有自省編。晝之所爲。夜必書之。其不可書者。則不爲也。旁而釋老之言。亦洞究其藴。嘗謂學者孰不曰闢異端。苟不深探其隱。而識其所以然。能辨其同異。别其是非也幾希。

延祐初。居東陽八華山。學者翕然從之。尋開門講學。遠而幽冀齊魯。近而荆揚吴越。皆不憚百舍來受學焉。

其教人也。至誠諄悉。内外殫盡。嘗曰。己有知。使人亦知。豈不快哉。或有所問難。而詞不能自達。則爲之言其所欲言。而解其所惑。討論講貫。終日不倦。

嘗告其門人曰。近年少氣鋭。每每奇論。迷不知復。流爲誕妄。非小失也。聖人明道設教。制爲六經。故後之欲聞道者必求諸經。然經非道也。而道以經存。傳注非經也。而經以傳顯。由傳注以求經。由經以知道。藴而爲德行。發之爲文章事業。皆不倍乎聖人。則所謂行道也。傳注固不能盡經意。而自得者亦在精思之後耳。不然。梯空凌虚而遽自尊大。道無是也。

嘗作白雲亭詩云。夜深來此倚闌干。十里樓臺俯首看。月到中天花影正。露零半地草光寒。氣清頓覺山川近。意遠從知宇宙寬。一笑直從雲外落。幾家兒女夢初殘。

柳道傳祭之曰。以仁巖之達識。而遜于二老之閒。其傳緒之眞固。的然歸之王氏之世。緬鄉學之重光。山爲暉而川爲媚。奈何聖蘊之宗。遂厭戎馬之氣。兄時弱年。展也立志。士之從師。猶女之從人。必先介而後贄。方登門請事之初。已得其人于進趨旋視之際。曰。微是子之粹凝。其何以當任重道遠之寄。會先生起從祠塾之特招。而承顏接辭之素願。因得不踰跬而自遂。人十其功而己百之。學必至充類而爲知。晝劃糜以加飡。夜爇薪以照字。披攘墳典。采摘訓傳。務爲高深宏遠。而不墜于習俗之薈翳。苟蹈道之弗頗。亦皇恤乎室之空而躬之瘁。

吴淵潁哀頌先生辭曰。君天資深厚。學力純至。手鈔口誦。志行彌篤。家故貧。僦屋以居。達人大官。踵門候謁。交剡論薦。曾不爲之少動。山東兩河江淮閩海之閒。賓客弟子。擔簦負笈。執經請業。又必爲之搜擿明白。斟酌飽滿而後去。君信可謂得夫師道之重矣。

鄭師山挽先生詩曰。宋朱徧窮海。婺水獨淵源。學悟文辭陋。人知德性尊。邱原今若此。洙泗復誰論。賴有遺風在。能令薄俗敦。

黄文獻誌其墓曰。先生出于三先生之鄉。而克任其承傳之重。遭逢聖世。治教休明。三先生之學。卒以大顯于世。

又曰。程子之道。得朱子而復明。朱子之道。至先生益尊。先生之功大矣。

吴正傳序先生讀四書叢説曰。君上承淵源之傳。雖見仁山甚晚。而契詣最深。天資純明。而又加以堅苦篤實之功。妙理融乎言表。成説具于胸中。問難開陳。無少凝滯。抑揚反覆。使人竦聽深思。隨其淺深而有得焉。

又序先生詩集傳名物鈔曰。公念朱傳猶有未備者。旁搜博采。而多引王金。附以己見。要皆精義微旨。前所未發。又以小序及鄭氏歐陽氏譜世次多乖。一從朱子補定。正音釋。考名物度數。粲然畢具。其有功前儒。嘉惠後學。羽翼朱傳于無窮。豈特小補而已哉。

張長史序讀書叢説曰。先生不幸無位。退而求之于經。不爲新奇。不爲近名。卒以救往説之偏。得聖人之意。而會乎大中之歸。既没而其言立。其施于人者溥矣。

馬平泉曰。文懿翩翩如白鶴翔于雲中。豈塵埃之網所能及耶。史稱其不以科舉之文授及門。曰。此義利所由分也。亦翹然自著其高標。然吾聞之。孔孟生今亦應舉。此非朱文公之言乎。文懿爲紫陽世嫡。豈未之聞耶。且夫一王之興。自有制度。朝廷以文章取士。而士本所學以爲文而應之。何不義之有。豈違制而廢君臣之義爲義乎。雖然夫子云。天下有道則見。無道則隱。亦顧其時何如耳。是故無不可作之制藝。而有不可進取之時。文懿于當時政治。必有所大不安于心者。是言也。其殆託詞。而欲與其徒共遊于評論之外也乎。號稱白雲。蓋取嶺上多白雲之意。其所以自怡悦者深矣。

補臺掾郭先生子昭

梓材謹案。先生汝寧人。佚其名。子昭其字也。袁清容集有先生淮東㈠廉司經略餞行詩序云。子昭之吏事。不拘文以求苛者也。若釃渠于川。順其自然。激射穿鑿㈡。不能以逆水之性。又稱其學優而辭工。

補文肅柳靜儉先生貫

雲濠謹案。先生行狀。受經仁山。又從鄉先生方鳳與粤謝翱括吴思齊遊。大肆于文。復裹糧出見紫陽方回淮陰龔開南陽仇遠句章戴表元永康胡之純長孺兄弟。又往授隆山牟應龍史學。

梓材謹案。先生墓表。江西秩滿而歸。杜門不出。自號烏蜀山人。扁其齋曰靜儉。

柳道傳説

六經垂世。立教之言不可一日不明于天下也。

文肅文集

孔明挺身託孤。不放不攝。而人無閒言。權逼人主。不疑不忌。而士知所勸。所謂約官職。

㈠「東」當爲「南」。
㈡「鑿」當爲「鑿」。

從權制。開誠心。布公道。蓋無非帝者之政也。覩其規模宏遠。眞足以鼓舞豪傑。憑藉一世。而身隕未幾。炎祚遂熄。知之者不過以爲是特將略之雄耳。而不知儒者明體達用之學。至孔明無餘蘊矣。國學私試策問。

學者大抵有自利之心。而志日益卑。道日益遠。夫其自利之心根著于中。則未得謂得。未至謂至。自高者恥于問。自多者恥于求。而若剽掠纖碎。緣飾淺末。已足以雄夸于制作之林。而爲獵取名爵之資矣。答臨川危太樸書。

古之教者。家有塾。黨有庠。遂有序。國有學。自閭胥族師黨正州長。其屬民皆有教治政令。其考德糾過皆有勸戒。故閭側左右塾之出入受教者。卽其視養于庠而進射于序者也。曰賢曰能。則鄉遂大夫以禮而賓興之者也。曰有道。曰有德。則大司樂之教以樂德樂語樂舞者也。州鄉之考察。其法詳。司徒之升選。其制嚴。學校因閭井而興。閭井因學校而睦。幼之爲小學。壯之爲大學。內之爲國學。外之爲鄉學。鄉吏教于鄉。師保教于國。無一學不厚于民。無一民不麗于學。其先後有序。其終始相成蓋如此。建德縣修學記。

義出于人心。而還以制乎人心者也。惟其本義以制情。是以因義以成利。鄭氏義門記。

士不幸不生聖人之時。不被聖人之澤。是則繫之時矣。而又幸而得乘道統絕續之運。出于諸儒完經翼傳之餘。進獲所承。而退獲所守。是豈不又繫之人乎。崇化堂記。

書院之作。往往擇勝林樾。寄懷泉石。撫雲霞之舒卷。攬霽曀之往來。所以爲高深。爲流峙。

未嘗不與陰陽之降升理欲之消息者。相尋于無窮。學豈有他術哉。亦驗諸此而已。新修石門洞書院記。

學可勉而至。德必養而成。養之熟不熟。固繫學之至未至。孟子所謂知言者。至之之事。而養氣者。得之之功。然則配義與道之氣。以直養而無害。則知爲致知。言爲知言。德爲成德。而踐于君子之域也果矣。杜思成更字說。

自聖學不明。羣儒雕鏤。組繡分裂破碎千五百年。而周程張邵五夫子重徽繼照。六經之道煥然復明于天下。而堯舜禹湯文武周公孔子所以載道立教之言。人極賴以扶持。人心賴以開濟者。千萬世如一日也。然而宇宙之閒。光風麗日之時。不多于風雨晦冥之變。龜龍麟鳳之蓄。不多于鴟鴞蛇虺之羣。章明開拓之未幾。而蠹壞剝蝕之隨至。人心世變。其相爲闔闢于茫昧不可致詰之中者。君子常視之。以爲學術消長之候。仁山先生行狀。

附録

公之生也。外大父閤門俞葵及其父知汝州金同擢右科進士第。因名之曰贇。義取以兩文易兩武。贇于今文爲貫。故公自署其名爲貫云。

吴文正公澂嘗語人曰。東陽柳君。卿雲甘雨也。程文憲公以墨一丸授先生曰。文章正印今屬子矣。天下士將被其澤。

由助教爲博士。前後在弟子列者千餘人。業成而仕。後多知名。

泰定三年。出提舉江西等處儒學。先生典學甚有聲。所至必延名士以教學者。凡興復學宫事。不遺餘力。諸生敬若神明。其後出爲名臣良吏者甚衆。

戴剡源送先生赴江山序曰。江山固衢佳邑。道傳又金華良士。不患無以盡其才。昔夫子歎十室之邑。必有忠信。而憂好學之不至。道傳往。而以好學鼓動江山之人。道之成也。豈惟江山。聞江山之風者。旦將四面裹糧而來也。

蘇滋溪序先生文集曰。施教訓于成均。則胄子服其學。司議論于奉常。則禮官推其博。

黄文獻表先生墓曰。公修漢先賢徐孺子墓。立宋高士蘇雲卿祠。古碑碣所紀有關于名教者。必訪求而重刻之。苟可以扶世導民者。無不爲也。讀書博覽强記。靡所不通。故其文灑肆演迤。春容紆餘。才完而氣充。事詳而詞覈。蔚然成一家言。老不廢詩。視少作尤古硬奇逸。而意味淵永。晚益沈潛于理學。以爲歸宿之地焉。

戴九靈記墓表碑陰曰。先生之見知于當世久矣。然其所以知先生者。徒以其文耳。而德之藴于躬者。人未必盡知之也。今想其温如春風。肅如秋霜。粲如雲霞之卷舒。凝如崖嶂之森峭。恢恢乎而有容也。汪汪乎而莫測也。澄澄乎而不可撓也。以之正家則家治。以之涖官則官治。蓋將無所施而不可。然則先生之學。豈直文而已哉。

宋景濂狀先生行實曰。先生雖居巖壑。海内仰之猶如魯泰山。作鎮海隅。莫不以其出處爲斯文隆替之候。生平以奬進人才爲己任。諄諄勸誘。至老不倦。讀書博覽强記。自禮樂兵刑陰陽律曆田乘地志字學族譜及老佛家書。莫不通貫。善楷法。工篆籀。京兆杜公本謂其妙處不減李陽冰。爲文章有奇氣。春容紆徐。如老將統百萬兵。雖旗幟鮮明。戈甲焜煌。不見有喑嗚叱咤之聲。若先生者。庶幾有德有言。爲一代之儒宗者矣。

又先生私謚文肅議曰。惟先生之文。天下靡不聞知。以德配之。于義爲稱。先生之德。宏深博大。兹不敢擬議。然表見而易覩者。非曰肅乎。

王先生眞文

王眞文。

隱君楊西清先生復義

楊復義字子宜。西安人。宋末。與父偕隱。師事金仁山。歸于西清。授徒講學。當事屢徵辟不就。常衣葛。行吟草澤閒。家素饒裕。立義學義廩義塚。時號爲西清隱士。衢州府志。

康靖孟森碧先生夢恂詳見簡齋門人。

教授王斗山先生庭槐

王庭槐。東陽人。台府教授。受業仁山門。嘗開義塾。名曰道院。東陽縣志。

梓材謹案。先生號斗山。見胡古愚所作王氏義塾學田記。

白雲講友

山長蔣先生迅雷

蔣迅雷字聲甫。東陽人。善詞賦。胄監劉必大取其文上之。授衢州柯山書院長。遭憂歸。遂不復仕。柳道傳許白雲皆嘗同遊。先生既老。歲與鄉耆爲會。稱述古先長老遺訓。閒及風俗美惡。使弟子聽之。扁其堂曰老老堂。白雲爲之銘。隆慶東陽志。

大使許遯齋先生文奎別見滄洲諸儒學案補遺。

縣尉潘先生明之

潘明之。□□人。至大閒嘉興尉。與金華許白雲友善。白雲稱先生英資挺特。德性剛明。傳朱呂之學。能折節下民。在縣時。嘗聘白雲教其縣人。白雲未赴。先生亦遂解縣。姓譜。

州同李適庵先生惠

李惠字公澤。東陽人。博涉經史。志行高潔。大臣以才薦。爲歸德州同知。力辭不赴。居石門。築圃蒔花木。與同人論文談藝。鼓瑟爲樂。作石門六觀詩。許白雲陳鹿皮皆相屬和。著有適庵集。金華徵獻略。

白雲學侶

補修撰張子長先生樞

梓材謹案。先生幼受教于父屏巖先生觀光。元史隱逸傳言。先生嘗著春秋三傳歸一義。刊定三國志。又林下節議曲江張公年譜各一卷。敝帚編若干卷。

張長史集

昔三代之時。道術既一。風俗既同。士生其閒。學藝修明。而德行純備。其出而見于世。皆可以爲大夫士君公。上賴其成。而下被其澤。歷世浸久。而風聲不□㊀者。由習之于豫。而用之得宜故也。後世論人之方。不能如古。而士以未成之才。輕試于用。往往習之非豫。而用之不得其宜。是以政不堅凝。而民受其敗。禮部郎中吴君墓表。

附録

其爲文務推明經史。以扶翼教道。尤長于紀事。

㊀「□」當作「泯」。

謂學春秋者必始于三傳。而其義例互有不同。乃辨析其是非。會通其歸趣。參以儒先之説。裁以至當之論。爲三傳歸一義三十卷。又謂啖氏于春秋卓然有見。于千載之下。而陸氏繼之。所纂春秋微旨。以朱墨别三傳之當否。歲久漫滅。寖失其眞。乃重加考訂。爲三傳朱墨本若干卷。言有未周。意有未暢。則出新義以補之。

謂三國之正閏固不待言。自古有國必有號。史亦從其實而書之。漢之爲漢。未嘗稱蜀。陳壽欲帝魏。而以晉承其統。遂以蜀易漢。抑此以伸彼也。壽父獲罪于諸葛武侯。而壽又爲武侯子瞻所薄。故于武侯之駿功俊烈多略弗著。而武侯再挫。司馬懿亦没。而不及内以報私憾。外以爲時諱也。譙周。壽之所師。力贊後主納款于魏。賣降覆國。不以爲非。反善其策。餘所書往往類是。乃糾其疵謬之害義。正其繁簡之失宜。爲刊定三國志六十五卷。又别撰漢本紀列傳。附以魏吴載記。爲續後漢書七十三卷。三國之臣有能致節于其君者。舊史或諱不書而失其實。或僅見于異代之史。皆爲更定。而于漢事必備載。以詳正統。或一事數説。必參訂使歸于一。是非疑似。抑揚予奪。咸有論著。繫于各篇之後。名曰訓志。

宋亡。死事大臣概登史册。其卑官下吏士卒婦女之死者。史多弗録。先生乃詢諸故老。旁採稗官。得若干人。爲宋季逸事若干卷。

先生高才博學。有目空四海之意。白雲爲文予之。略曰。子也夙昔尚友古昔。範模經訓。馳騁史籍。雖百家之縱横。猶三餘之掎摭。目五行而俱下。口一誦而終憶。援弓矢以有待。兹墉隼之可射。爾其致廣極高。抑鋒止鋭。茂花發于深根。大聲震于宏器。誠既積而莫掩。道何遠之不致。蓋微箴之云。

補 郎中吴正傳先生師道

雲濠謹案。先生所著。有易詩書雜説。春秋胡傳附辨。戰國策校注。敬鄉前後録。及文集二十卷。經義考載。先生春秋胡氏傳附辨雜説十二卷。吴淵穎集作補説。

梓材謹案。先生上袁伯長學士書云。以鄉書上禮部。獲出先生之門。是清容爲先生受知師也。又題于介翁詩選後云。愚年十二三時。從之遊。會以故舍去。是先生嘗及于氏門矣。

吴禮部説

道散于羣經。會于四書。經者。道之所存。而事之本也。

吴禮部集

士者。衆民之綱。綱先壞而餘隨之。必也。變今之道。反古之制。使士有常用。用有常尊。而賢者出焉。爲之範防裁制。則一正而民定。何亂之足云。原士。

二氏之立言。高者直指性命。爲宏闊勝大之説。聰明者惑焉。卑者談禍福緣業。輔以禨憒禁咒。愚昧者信焉。今之目之者曰。是能祈天永命也。是能救災致福也。如是而已。不知其誕也。

是尊信其粗。而未始及其精也。夫其能自立者。在禁欲忍難。而其溺人心。則性命之説爲尤甚。今也爲其徒而不知其道。尊其教而不及其精。徒曰佛老之盛。蓋眩于耳目之外而不察。其實固未嘗盛也。是猶横潦之無根。羸人之盛氣。豈足恃也哉。異端説

涵養須用敬。進學則在致知。學者工夫。惟居敬窮理二事。正容謹節。存心主一。居敬之事也。讀書問道。應事接物。窮理之方也。二者皆主于敬焉。斯言也。先儒所以會聖賢之精微而示人以約者與。備體用本末而入德之要與。與許益之書。

羲文周孔因時之教。變通不同。固難執象徇卦。執象徇爻。以求其必合。復古者正欲救學者支離牽合之弊。非若程朱傳義專解經旨可相附也。與劉生論易書。

事莫大于存古。學莫善于闕疑。夫子作春秋。仍夏五殘文。漢儒校經。未嘗去本字。但云當作某。某讀如某。示謹重也。戰國策校注序。

禹謨曰功。洪範曰疇。二字未嘗互見。謨陳德政教養之事。範著天道人爲之蘊。範之體段固大于謨。彼所云功者。指其成績而言。可言順而不可言逆。可言吉而不可言凶。若六極者。可以言功乎。戒休董威。義主勸督。九功之事。曰休曰威。雖與作福作威者類。此指君之所得。而福極。蓋有君所不得爲。而多係于天者矣。謝氏洪範衍義後序。

齋居四箴

予幼而志學。行年三十。而業不加進。過未能寡。其于成己之道。可憾多矣。端居深念。

因爲四箴以自儆。曰學。曰思。曰言。曰行。庶乎約守近修。交至互發。以適其至善之歸云爾。

汝之向也。靡靡乎騁外。今也知反乎内。吾幸汝之悔也。汝之向也。剛鋭以日倍。今也不加進而苦退。吾懼汝之怠也。勉之哉。志不可隳。資不可恃。工不可晝。效不可覬。若是不至。則非汝之罪矣。學箴。

心虚而靈。思睿以通。廓然心量。非思曷充。知由爾精。義自爾窮。審意之發。決志之從。弗昏以繆。時乃之功。聖人不思。吾則豈同。動而無邪。靜儼其容。敬以一之。齊聖之終。思箴。

汝言好直。直則取憎。衆人好諛。諛則汝弗能。雖然吾弗患汝之弗直。而患汝之弗慎其出也。人言萬端。巧佞詭欺。陰餂而試。陽導而隨。汝直弗悟。亦害之貽。嗚呼察之。幾反之思。思而得之。言然後時。言箴。

力行天下之獨。奮志百世之上。不知者以爲愚。未信者以爲妄。嗟嗟君子。惟病夫己。究觀汝昔。亦允蹈已。先民有言。靡不有始。敬之敬之。往慎汝止。聖賢同歸。天地是似。謂予何人。爲之則是。行箴。

附録

遷建德縣尹。郡學有田七百畝。爲豪民所占。郡下其事建德。俾先生究治之。卽爲案其圖籍。

悉以歸于學。

中書左丞呂思誠。侍御史孔思立。薦先生經行高。宜爲人師。召入爲國子助教。君在京師。未嘗事造請。惟晨夕坐館中課諸生。講明經義。表章正學。惟恐不及。或以爲太嚴者。君聞之曰。爲人師而可以寬自處乎。吾盡吾職而已。遑及其他。嘗語諸生曰。聖人之道。至朱子而大明。朱子之學。至許文正公而得定。向非許公見之之確。守之之固。其不爲異論所遷者幾希。故在館三年。一遵朱子之訓。而守許公之法。未嘗以私意臆説參錯其間。

諸公言于朝。請以劉文靖公因從祀孔子廟廷。事下國子監。君以爲劉公以蓋世之才。而爲朱子之學。其學術之正。固無愧于從祀。然事大體重。非學官所專決。必廷中集議而後可施行。始疑其持兩端不肯卽下議。未幾咸以爲是。

吳淵穎序先生春秋胡傳補説曰。春秋。聖人之法書。世之學者。猶議法之吏。惟其知聖人之道揆而宅心恕恕㊀。然後可以通聖人之法守而立説坦夷。蓋惟程氏爲能通乎制事之權衡。揆道之模範。又無完書。世之盛行。胡傳而已。胡傳本于㊁程氏之學。程氏之學又信乎聖人時中之大法

㊀「恕恕」當爲「忠恕」。
㊁「于」當爲「乎」。

也。然而猶有所未備者焉。今也正傳乃從而補之。誠是也。正傳。其眞議法之吏哉。

黃晉卿序先生文集曰。初。紫陽朱子之門人高第曰勉齋黃氏。自黃氏四傳曰北山何氏。魯齋王氏。仁山金氏。白雲許氏。皆婺人。正傳。金氏里中子。不及受業其門。而耳濡目染其微辭奥義于遺編之中。閒以質于許氏。而悉究其旨趣。是以近世言理學者。婺爲最盛。

又曰。正傳既以道自任。晚益邃于文。剖析之精。援據之博。論議之公。視古人可無愧。其所推明者。無非紫陽朱子之學。其好己之道勝。則昌黎韓子之志也。

呂氏先緒

呂水西先生汲

呂汲字仲修。永康人。少嗜學。至老不懈。讀書務窮理。而于百家數術。靡不旁通其說。自號水西翁。子權。遺從許益之受學八華山中。黃文獻集。

張氏先緒

補學正張頤庵先生衍

補教授張木齋先生主善合傳。

張衍。金華人。延祐閒。爲湖學正。著述四書講章。發明聖賢傳心要旨。號頤庵。趙子昂篆扁。後以教授致仕。子主善。承家教。名動山林。號木齋。以明經薦爲衢學教授。嘗署府事。有聲。金華府志。

柳氏講友

杜先生彬

杜彬字思成。道傳之友也。年過四十而猶自媢于學。始名斌。字國賓。道傳爲之正其名而奉其字云。柳待制集。

柳氏同調

處士紞石烈先生希元

紞石烈希元。成都處士。柳道傳爲太常博士。舉以自代。稱其年踰半百。篤志窮經。于易春秋二書。精考密察。探賾鉤玄。不背先儒訓釋之旨。自得聖人制作之微。安貧樂道。若將終身。而孝友之行。刑于家庭。信義之實。稱于朋友云。柳待制集。

梓材謹案。先生著有周易集傳。袁清容爲之序。

文氏門人

鄉舉陸先生文圭別見鶴山學案補遺。

章氏門人

文肅柳靜儉先生貫

詳上仁山門人。

徐先生子奇

徐子奇。

蛟峯家學

方先生梁

方梁。蛟峯子。蛟峯經寇亂。居室蕩燬。命其子等修葺書院。偕生徒講明修己治人之道。辟疆園宋文選。

蛟峯門人

教授魏石川先生新之

補

梓材謹案。宋潛溪銘先生墓言。先生始以力學自奮。與兄升龍從學雲潭。受書易于鄉先生王某。

附録

授慶元府學教授。至官。以濂洛關閩正學爲己任。推明中庸性道奥旨。反覆殆無餘藴。初。

鄞士多宗金溪二陸氏之學。聞先生之學。翕然信服之。學録劉光尤所畏敬。光嘗集解孝經。自謂無所憾。先生爲刊正十有一條。皆有關物則民彝之大者。光不覺下拜曰。先生之言。其于聖經深有合哉。

浙東提舉黄東發震一見器之。遂以文學孝廉薦于朝。

所居有垂雲洞。因倡嗜義之士建垂雲書院。開迪新學。孜孜如不及。講經之暇。與方蛟峯何灊齋孫盤峯爲泉石之游。學者尊之。號石川先生。

著易學蠡測。又見先儒列卦爲方圓圖。乃以己意成三隅圖。曲盡妙理。

德祐丙子。元兵入臨安。游軍至鄞。時學設兩教授。號東西廳教授。王櫸懼曰。吾儕死生決于今日矣。先生從容曰。非止今日。有生之初已定。不若聽之。顏色不少變。

隱君秦先生庚

秦庚。其先鹽城人。遷居崇明之東沙。先生從蛟峯學。咸淳末。以詩試通州第一。入元不仕。漕萬户劉玉溪聞其隱德。延致于館。因又徙崑之太倉。家焉。東維子集。

許先生仲文

許先生仲舉合傳。

許先生民瞻合傳。

許仲文。仲舉。民瞻。東陽人。從蛟峯遊。咸以政績顯。王海日文。

梓材謹案。此本海日記四傳堂文首云。四傳堂者。昭仁許元昭兄弟爲方蛟峯石蟠松李草閣吴德基四先生而作也。又云。元昭之先。素重儒術。不靳厚幣延聘四方名賢爲弟子師。如蛟峯先生則致自嚴陸。蟠松先生則致自烏傷。草閣先生則致自永康。德基先生則致自蘭江。師友東南相繼而集。蟠松名一鰲。詳見滄洲諸儒學案。草閣李曄德基吴履並詳本卷。

蛟峯續傳

知州喬見山先生幼聞別見麗澤諸儒學案補遺。

陳霽月先生一中

教授吕存齋先生應焱合傳。

陳一中。吕應焱。皆東陽人。景定閒。蔣沐建横城義塾。延蛟峯爲師。四明吴龍明及二先生繼之。取考亭白鹿洞規。表之堂上。損藍田吕氏約于鄉者。列之堂下云。東陽縣志。

雲濠謹案。黄文獻爲蔣氏遠懷亭記云。方公撤臯比而去。鄉先達見山喬公霽月陳公存齋吕公繼之。四明東洲吴公又繼之。爲教悉遵其舊法。霽月存齋卽二先生之號。吴東洲蓋在其後云。又案。吕先生景定二年鄉舉。官吉州教授。

吴東洲先生龍朋

吴龍朋。

蔣氏家學

蔣先生國光

蔣先生國賓合傳。

蔣先生國華合傳。

蔣先生國珍合傳。

蔣國光。建昌君長子。尋升學館。弟國賓。建昌仲子。國華。國珍。建昌從子。俱取漕薦。黄文獻集。

縣尉蔣先生吉相

蔣吉相字通卿。東陽横城人。建昌主簿沐之子。通經史大義。晦跡林泉。無仕進意。平章孔公以見成宗。令備宿衛。以恭謹稱。仁宗正位東宫。因留事焉。時初置利用監。先生爲知事。上既登極。止調穀城尉。卽日就道。兵燹後。民多非土著。往往起而爲盜。至是始設尉。鎮之以靜。糾之以嚴。俗爲變。而盜亦衰息。以改葬歸。民庶道請留。委曲勞遣久之。乃羅拜而別。卒于家。黄文獻集。

敬巖家學

修職王成齋先生瑊詳見魯齋家學。

王先生肖翁

王肖翁字傳朋。金華人。文定玄孫。直敷文閣佖之孫也。才學兼美。起家衢婺二郡儒學録。陞婺郡儒學正。考滿。爲靜江教授。卽移病歸家食十年。延祐末。復起教授南康。會白鹿洞書院山長缺。郡守崔翼之請先生攝山長事。書院久廢。先生爲興復之。來學者滋衆。歷轉嘉興録事。以松江府判官致仕。命未下而先生卒。年六十五。先生上承世德。相業之隆。道統之重。萃于一門者。家庭之所見聞爲多云。黄文獻集。

王氏門人

徐先生韶

徐韶字君美。台州人。學于王蘊文。嘗著正朔郊祀祫禘辨。及春秋講義。學者尙之。浙江通志。

周氏家學

補 待制周先生仁榮

梓材謹案。台州府志稱。先生治易禮春秋。而工爲文章。其所教弟子多爲名人。而泰不華實爲進士第一。

附録

先生築一室。纔落成。友人楊公道輿疾至門曰。願假君新宅以死。先生讓正寢居之。妻子有難色。先生弗顧。未幾楊死。箱財二十有八。莫適主者。楊之弟詣求分財。先生曰。若兄寄死于我。意固有在。喪事之費。悉自己出。終不利其一毫。對衆封籍。自平陽呼其子來。悉付與之。

判官周先生仔肩

周仔肩字本道。敬孫之子。而本心之弟也。以春秋登延祐五年進士第。終惠州路總管府判官。與其兄俱以文學名。元史。

楊氏家學

楊先生圭

楊圭字景義。簡齋子。克世其學。台州府志。

黄氏家學

山長黄先生中

黄先生侃合傳。

黄中。壽雲先生子。至初庵山長。弟侃。克承先志。闢家塾爲柔川書院。中祠二程子朱子。侑以壽雲云。張蛻庵遺文。

黄己齋先生宏

黄宏字子約。號己齋。壽雲從子。博極羣書。尤長于詞賦。有以史才薦者。不就。落魄江湖幾三十年。文章流播天下。有穀城稿。台州府志。

黄氏門人

州判盛聖泉先生象翁詳上魯齋門人。

張氏門人

補待制楊通微先生剛中

梓材謹案。先生稱通微先生。見鐵崖楊文舉文集序。金陵新志云。其先松陽人。徙居建康。又云。著易通微。説詩講義若千卷。元史本傳云。有霜月集行于世。

儼思齋銘

理究斯明。爲殊爲同。學求斯詳。疇初疇終。匪心斯圖。何彰弗蒙。既端爾容。既肅爾躬。

冥凝虛游。視遺聽空。思而以斯。無微不通。跛倚踞敧。必弛于中。矯笑躁言。必隳而功。戒哉無忘。惟道之融。

補尚書夾谷先生之奇

雲濠謹案。萬姓統譜載。先生其先金源人。徙家滕州。受業東平康曄。是先生不專師導江。

秘書呂蘊齋先生律

呂律。鄄城人。文貞公衍之子。先生幼時。父書律字試之。三試皆識。故名。嘗師事張導江。傳其性命之學。官承務郎。知嶧州。後退居峗山書院。教授生徒。延祐中。起爲承直郎。歷陞秘書少監。旣致仕。居濮之富春園。自號蘊齋。姓譜。

文肅孔先生思誨

孔思誨字明道。世家魯之曲阜。孔子五十四世孫也。天姿穎秀。羈貫讀書。已識大義。導江張頿爲三氏教授。先生受業焉。講求理義。薄詞章。尊德行。導江深器重之。大德七年。游京師。國子祭酒耶律有尙謀薦辟之。以母老固辭。母喪畢。舉茂才。授花縣教授。調寧陽學。教養有法。旋授中議大夫。襲封衍聖公。陞嘉議大夫。先生自以宗祀責重。恒懼勿稱。涖事之際。必敬且愼。請置尼山書院。五季時。孔末之後方盛。欲以僞滅眞。乘亂害宣聖子孫幾盡。其後欲冒稱。先生以爲。不早辨則眞僞久益莫究。彼于我不共戴天。乃共拜殿庭而列于族可乎。遂會族人。稽典故斥絶之。先生端重簡默。動容不苟。嗜學。誨人本乎眞誠。于宗族尤隆恩義。子弟皆籍于學。教養不怠。暮年多疾。未嘗廢書。作字端楷可法。故三氏子孫與凡四方受業仕而有聞于時者。多經造就。元統元年卒。贈中奉大夫。河南江北等處行中書省參知政事護軍。追封魯郡公。謚文肅。危太樸集。

附録

家貧。躬耕以爲養。雖劇寒暑。而爲學未嘗懈。遠近爭聘爲弟子師。

文貞馬石田先生祖常

馬祖常字伯庸。世爲雍左部。居靖州天山。高祖錫里吉思。金季爲鳳翔兵馬判官。以節死。子孫因其官。以馬爲氏。父潤。同知漳州路總管府事。家于光州。先生七歲知學。得錢卽以市書。既長。益篤于學。蜀儒張導江頴講道儀眞。往受業其門。質以疑義數十。導江甚器之。延祐初。科舉法行。鄉貢會試皆中第一。廷試爲第二人。授應奉翰林文字。拜監察御史。英宗爲皇太子。上書請愼簡師傅。于是姦臣鐵木迭兒爲丞相。先生知其盜覰國史。率同列劾奏其十罪。仁宗震怒。黜龍㊀之。先生薦賢拔滯。知無不言。俄改宣政院經歷。月餘辭歸。起爲社稷署令。亡何。姦臣

㊀「龍」當爲「罷」。

復相。遷開平縣尹。退居光州。久之。姦臣死。乃除翰林待制。歷除禮部尚書。辭歸。天曆元年。召爲燕王内尉。累官同知徽政院事。遂拜御史中丞。除樞密副使。頃之。辭職歸光州。復除江南行臺中丞。又遷陝西行臺中丞。皆以疾不赴。至元四年卒。年六十四。贈攄思宣憲協正功臣河南行省右丞上護軍魏郡公。謚文貞。先生工于文章。宏瞻㈠而精核。務去陳言。專以先秦兩漢爲法。而自成一家之言。尤致力于詩。有文集行于世。元史。

雲濠謹案。王阮亭居易録載。馬伯庸石田文集十五卷。至元五年。江北淮東道肅政廉訪司奉旨刊行。謂元代文章極盛。色目人著名者。如伯庸及趙世延。索木魯叔。康里巎巎。貫雲石。辛文房。薩都剌輩皆是也。

梓材謹案。先生爲元清河神道碑云。祖常曩從公遊。及公考士又辱第下列。是先生嘗及元氏之門。清河集有送馬翰林南歸序。

附録

公上言。本朝□㈡諸國人既肄業國學。講誦孔孟遺書。當革易故俗。敬事諸母。以厚彝倫。天下高其議。

公自少至老。好學彌篤。雖在扈從。手亦未嘗釋卷。

㈠「瞻」當爲「贍」。

㈡「□」當作「及」。

許文忠公爲神道碑曰。公先世已事華學。至公始大以肆。爲文精核。務去陳言。師先秦兩漢。尤致力于詩。淩轢古作。大篇短章。無不可傳者。

正字呂先生洙

呂洙。相之安陽輔巖人。官正字。其父眞州路總管府經歷郁遣之從張導江達善學。姚牧庵集。

王先生元

王元。

馬氏講友

侍御胡先生彝

胡彝。安陽人。甫丱。母夫人王謂其父曰。是兒資穎悟。可令蚤就學業。遂求經師講先王禮樂詩書之義。善屬文。起家爲大都儒學録。歷監察御史。右司都事。左司員外郎。工部侍郎。拜陝西諸道行御史臺治書侍御史。馬伯庸嘗與同學古文。馬石田集。

聞人家學

補 提舉聞人凝熙先生夢吉

輔之。

附録

公之學一以誠爲本。涵養防馴。内外一致。下帷講授。前後授學者數逾二千。各隨其資而裁其誨學者。必先道德而後文藝。故其辭章若不經意。時而出之。文義深鬱。亦粲然可觀。

宋景濂議先生私謚凝熙曰。言其植志。則以三德六行爲本原。而涼偷之事弗爲也。言其講學。則以四書五經爲標準。而非聖之書不習也。言其攻辭。則以文字從職爲載道之用。而斥鉤章棘句爲非學也。言其訓人。則以眞實不欺爲凝道之端。而指出口入耳爲小夫也。

吴氏先緒

吴先生景奎

吴景奎字文可。蘭溪人。凝熙高第履之父也。故爲儒。鄉人師尊之。好爲詩。所著有藥房樵唱。宋景濂爲之序。宋文憲集。

宋氏先緒

隱君宋蓉峯先生文昭

宋文昭。一名朝。字文霆。金華潛溪人。景濂之父也。有隱德。朝廷賜號曰蓉峯處士。歐陽圭齋集。

附録

雅志書詩。見子濂知學。驩然曰。予家自文通先生以來。世多巨儒。深懼詩禮之澤或絶。以爲君子羞。心惄焉弗寧。雖夢寐弗忘之。汝宜從名人游。毋隕厥宗。

又曰。予所望汝者。爲孝子。爲悌弟。爲良師儒。雖貧至骨無憾。

宋庸庵悼蓉峯處士詩曰。處士年高太史宅。仙華山墜少微星。客車送柩過千兩。子業傳家重六經。山氣猶疑風肅肅。溪光長見水泠泠。從來同姓多傷感。三誦哀章涕淚零。

宋氏師承

包南澗先生廷藻

包廷藻字文叔。自號南澗。烏傷人。閭右之族爭聘致爲弟子師。專以講解章旨爲第一義。潛溪之祖嘗延于家塾。俾諸孫師事之。而潛溪甫十二齡。亦預焉。宋文憲集。

林氏門人

補 提舉陳兩峯先生德永

兩峯遺文

堯舜之盛德至矣。堯自子朱殄世。雖有九子。無一聞焉。舜後爲夏賓。爲商恪。至周配以太姬而封于少昊之墟。周衰始并于楚。而後昌于齊。秦滅諸侯。齊最後滅。秦亡。田榮統王三齊。亦足以少伸松柏之怨矣。浪碭之夫。自詭堯後。考之載籍。皆不足徵。惟左氏言之。先儒謂其獨出一句。上下文脈皆不相連。當是哀平之閒儒生附會之語。此田横所以不肯北面事之也。陳氏族譜序。

宋氏先緒

朱約齋先生□

朱約齋。台州人。序賢父。兩代皆碩學名儒。金華徵獻略。

朱氏師承

補　秘丞李五峯先生孝光

李孝光字季和。樂清人。少博學。篤志復古。隱居鴈蕩山五峯下。四方之士遠來受學。泰不華以師事之。至正七年。以秘書監著作郎召見于宣文閣。進孝經圖說。帝大悦。賜上尊。明年。陞秘書監丞。卒于官。年五十三。先生以文章名當世。其文一取法古人。而不趨世尚。非先秦兩漢語弗以措詞。有文集二十卷。元史。

五峯遺文

先王道民以學。所以蘄至仁也。然仁無難易。顧存心何如。蓋心存而後善思。善思而後得。思而得之。賢于聞諸人者甚遠。程夫子嘗言。克己復禮。乾道也。主敬行恕。坤道也。弟子問焉。則以其質有所近。力有所任之者告之。而未嘗抉其原焉。是欲其思而得也。學者于此。誠思而得之。則必知所以用力。知所以用力。則顏冉之仁不在顏冉。而在吾之身。天下歸仁。邦家無怨。又豈有易是者。重修樂清縣學記。

五峯講友

曾先生應孫

曾應孫。樂清人。嗜學。尚氣節。與李五峯孝光友善。精醫。施藥活人。方國珍煽亂。都帥泰不華延至。先生計議爲方略。深見器重。及泰不華殉節。先生爲位哭之。居平以詩書垂訓。善處鄉曲。雖孩赤皆知敬慕。温州舊志。

趙氏家學

教授趙先生思敬

趙思敬。貞獻宏偉次子也。嘗以處士徵爲教授。元史。

忠定趙先生璉見下白雲門人。

總管趙先生琬

趙琬字仲德。伯器弟。仕至台州路總管。至正二十七年。方國瑛以方掞之至黄巖。先生潛登白龍嶴。舍于民家。絶粒不食。人勸之食。輒瞑目却之。七日而死。元史。

梓材謹案。吴禮部送趙伯器序。言其嘗挾二季游江湖賢士大夫閒。先生其一也。其一人則無可考矣。

學正門人

補文肅鄧匪石先生文原

雲濠謹案。先生文集曰素履齋稿。所著又有讀易類編。

梓材謹案。吴草廬爲先生神道碑云。趙承旨子昂歷言其師友姓名。而善之與焉。

梓材又案。先生所著。又有巴西先生文集。其爲翰林侍講學士貫公文集序云。獲事翰林承旨姚先生。蓋謂姚牧庵也。又爲季先生墓誌銘云。文原于先生。僅獲一執贄于將命者。而先生之學亦弗克究厥施云云。不可謂非季氏門人矣。又刑部尚書高公行狀云。文原自公爲都事使。俛首受公知。亦與在舉中。則大同趙氏亦其受知師矣。

昔之學者。常患其不如古人。今之學者。常患其不勝古人。求勝古人而卒以不如。予不知其可也。胡雲峯四書通序。

萃之象曰。萃。聚也。觀其所聚。而天地萬物之情可見矣。夫復可以見天地之心而不及其情。大壯見天地而不及萬物。維咸恒萃則天地萬物之性皆可見。而萃又統咸恒之萬而歸于一者也。其象澤上于地。若陂水以濡。其盈以沛。厥施與麗澤講習之義可以類觀。故學之有資于萃聚又如此。吾夫子之言曰。既會通以行其典禮。惟會故通。不會不通也。汪又善四書類編序。

自四書之學行。家傳而人誦之矣。求諸致知而力行者。率千百不一二。自世之論儒者。常以是相詬病。凡道必有對待。自陰陽剛柔仁義引而伸之。不可殫盡。學者每有所偏。或舉一而遺其二。從其易而不究其所難。故去道日遠。聽言視行。聖人猶爲宰予而改。矧去聖人若是其遠也哉。夫圖也書也。致知之事也。而未及乎力行也。傳之書者。可圖也。傳之心者。不可圖也。必得傳心之妙。而後可與學道。程子見四書章圖序。

竊維帝之平水土也。九賦既均。又曰六府三事。以示天下萬世治道之本。獨洪範九疇。未嘗爲虞帝敷陳其説。後千有餘年。箕子始以爲武王告。使箕子蒙難而不獲信其志。又無武王者興。則九疇將遂湮而無傳乎。自夏歷商。孰傳之而至箕子。其事遠。莫可考。世知帝功與天地並。而洪範九疇鮮有能研精理奧。究諸力行者。使其書徒以言語傳。漢儒旁摭庶徵。推致五行。其言非不較著明甚。而先王綜理天下之要亦已微矣。八卦九疇。道相經緯。天所以畀聖人者。豈偶然哉。帝禹廟碑。

鄧匪石語

經籍之弗墜。翳漢儒是賴。

六經之書。先聖王之道在焉。故六經在天地。亘萬古而無弊。有興衰治亂之不常者。人也。而非書也。

附録

公六歲入小學。九歲從三山楊先生受春秋。

既見科舉事廢。遂一意務爲聖賢之學。開門授徒。户屨常滿。成宗崩。預纂修實録。姚文公王文肅公並爲承旨。持見不同。閲公所具稿。互有指摘。公不與辨。第令櫝藏以俟。後數日。二公取視之。皆莫能易一字。

出爲江浙等處儒學提舉。教人先學行而後文藝。士習爲之丕變。士子或爲私書。以非考亭之學。公命毁其書。曰。吾以息邪説也。

鄧氏同調

州判白湛淵先生珽

白珽字廷玉。錢塘人。本四明名儒舒少度遺腹子。通武郎嶸育以爲嗣。五歲能屬詞。八歲能賦詩。十三受經太學。有聲場屋間。元丞相伯顔平江南。聞其賢。檄爲安豐丞。不赴。客于藏書之家。晝繙夜誦。鐙墮花穴帽不知也。如是者十有七年。嘗游梁鄭齊魯。歷覽河山之勝。登臨弔古。訊人物風土。慨然有尚友千載之意。李文簡衎力挽起之。授太平路儒學正。攝行教授事。悉心官政。修建天門采石二書院。轉常州路儒學教授。再遷教授慶元。未上。薦陞江浙等處儒學提舉司副提舉。時鄧文肅文原爲之長。與先生志氣脗合。舉刺得宜。文化大行。秩既滿。銓曹有不知先生者。署淮東鹽倉大使。先生自以鹽算非所諳習。不俟終更即謝事。養疴海陵。遠近學徒擔簦相從者無虛月。再遷蘭州判官。不復出。所居西湖。有泉自天竺來。及門而匯。榜之曰湛淵。因以自號。晚歸老棲霞。又號棲霞山人。天曆元年卒。年八十一。先生性至孝。自幼至老。無一日廢間㊀學。故長于詩文。戴剡源謂其注波五經之淵。披條百氏之畹。蓋確論也。所著書曰詩。曰文。曰經子類訓。曰集翠裘。曰靜語。皆二十卷。黄文獻言。杭都舊事。如淮陰龔開。嚴陵何夢桂。眉山家

㊀「間」當爲「問」。

之巽。莆田劉濩。西秦張楧虎。林仇遠。齊東周密。凡十餘人。相與倡明雅道。而先生齒爲最少。乃與羣公相頡頏南北兩山間云。宋文憲集。

雲濠謹案。方桐江送白廷玉如當塗詩序。自署紫陽後學。又續集送白廷玉常州教授序。

湛淵靜語

邵康節生席不赴。蓋有見也。伊川生日亦不事飲宴。前修似此者多。近劉極齋宏濟蜀人遇誕日。必齋沐焚香端坐曰。父憂母難之日也。予自幼不逮事父母。遇是日卽齋。不葷不酒。既仕。雖出亦齋。不嬉笑。不與讌席。此當爲事也。惟年老欲勉從子孫之道。則于齋祭之次日爲壽。猶或可也。

魯齋續傳

補隱君牟靜正先生楷

靜正遺文

孔子曰。可使由之。不可使知之。徒由之而不求以知之。可乎哉。然禮有冠昏喪祭。而獨有取于喪。何歟。禮之行由于俗之厚。俗之厚由于喪之重也。周公所以成周家忠厚之俗。亦惟喪祭之重而已。喪祭之重。民俗之厚也。民俗厚而後冠昏之禮可行矣。車氏内外服制通釋序。

附録

持身嚴肅。鄰里沾化。爲文章以性命爲先。辭華爲後。

詹先生道傳

詹道傳。臨川人。著有四書纂箋二十六卷。用魯齋先生所定之句讀。會近代諸儒之箋釋而考訂之。藏于家塾。以授其徒。建陽陳子善鋟而行之。胡一中爲之序。經義考。

梓材謹案。四庫全書目著録先生四書纂箋二十八卷。提要云。是書大致皆有根柢。猶元儒之務實。學者與張存中四書通鑑證相較。固猶在其上矣。

牟氏同調

補 隱君陳西山先生紹大

附録

先生嚴毅方正。未嘗言人過失。

白雲家學

補 祭酒許先生元

梓材謹案。金華府志載先生從葉儀范祖幹學。

附録

恪守家教。其學一宗朱子。非五經四書不讀。非濂洛關閩之學不講。爲國子祭酒十年。自稽古禮文之事。至于人材進退。時政弛張。無不預議。及修舉廢墜。更規設法。以教國子。

晚至韶。卽張文獻公祠以居。好事者繪爲南華謫居圖。

補 教授許先生亨

梓材謹案。先生爲白雲先生次子。白雲以爲兄璟後。有詩集曰樗散雜言。潛溪嘗爲之序。又案。東陽縣志言。白雲二子。明初皆爲大官而死于法。

白雲門人

補 純孝范伯軒先生祖幹

雲濠謹案。金華府志載。先生受業白雲許先生之門。太祖師師下婺。辟爲諮議。以親老辭。

附録

戊戌。明太祖下金華。與葉儀同召。初幸學。以大學進講。上命剖析其義。先生乃曰。帝王之道。自修身齊家以至于治國平天下。必上下四旁均齊方正。使萬物各得其所。而後可以言治。上喜曰。聖人之道所以爲萬世法。吾自起兵以來。號令賞罰一有不平。何以服衆。夫武定禍亂。文致太平。類此道也。甚加禮敬。

引誘學者。惓惓眞切。惟恐其不入于善。嘗曰。君子之所不可及者。其惟人之所不見乎。四方士夫嘗問安否爲斯道重輕。

方正學曰。斯道之微。不能無敝。苟非賢者。則莫振其衰而扶其顚。自宋之亡。大統中絶。顧瞻金華。有光燁燁。吾儕小子不幸。而不見其盛時矣。所得見五六公焉。曰宋曰胡。曰范曰葉。此數公者。皆百世之士。往歲不淑。而葉公卒。胡公逝。既而宋公薨于蜀。范公奄去而不可挽。自今以往。蚩蚩之衆。何所儆而爲善。茫茫之緒。誰爲之繼而孰爲之延乎。

補

經略李先生國鳳

梓材謹案。先生受業白雲。顧考宋濳溪爲聞人凝熙行狀言。凝熙改泉州。教授某郡。李君國鳳方經略江南。得承制專封拜。君嘗從凝熙游。知位不稱其德。擢爲福建副提舉。是先生又爲聞氏門人也。

附録

嘗序貢玩齋文集曰。三代而上。文與理具。六經之文是也。三代而下。文自文。理自理。言之不能措諸文者有之矣。文之而戾乎理者亦有之矣。道何自而明乎。

補經師葉南陽先生儀

葉南陽語

聖賢言行。盡于六經四書。其微辭奥義。則近世先儒之説備矣。由其言以求其心。涵泳從容。久自得之。不可先立己意而妄有是非也。

附録

受學于白雲。白雲語以學者必以五性人倫爲本。以開明心術。變化氣質爲先。先生朝夕惕厲。研究奥旨。

學士吴沈稱其理明識精。一介不苟。安貧守道。死而不變。誠篤信醇儒也。

補文忠敬先生儼

附録

家居十餘年。瘁不能行。猶劬書不廢。臨終戒子弟曰。國恩未報而至不禄。奈何。汝曹當清白守恒業。無急仕進。正衣幘端坐而逝。

補學録唐存齋先生懷德

雲濠謹案。先生。説齋先生七世從孫也。見宋潛溪所誌墓銘。黄氏千頃堂書目以爲。七世孫蓋誤脱從字。

附録

其學以濂洛爲宗。粹然一出于正。以廉訪副使暢公之聘。講授淮陰。先生搜剔經髓。意融而言隨之。聞者爭聽。户外之屨常滿。

補文公歐陽圭齋先生玄

附録

初。虞文靖公集助教成均。其父井齋先生汲方教授于潭。見公文大驚。手封一帙寄文靖。謂公他日必與之並駕齊驅。由是文靖薦公升朝。聲譽赫赫然一相埒。卒符于井齋之言。

宋濳溪序文公文集曰。必生于光嶽氣完之時。通乎天人精微之藴。索乎歷代盛衰之故。洞乎百物榮悴之情。覈乎鬼神幽明之賾。貫乎華夷離合之由。舉其大也。極乎天地。語其小也。入夫芒杪。而後聚其精魄。形諸篇翰。渢渢乎。泱泱乎。誠不可尚已。世有與于斯者。其惟歐陽文公乎。

補 教授胡長山先生翰

胡仲子説

六藝之文。易也。書也。詩也。春秋也。禮樂也。樂亡。而禮僅存其三。曰儀禮也。周禮也。禮記也。漢儒概而言之。以爲六藝。史遷曰。六藝經傳以千萬數。窮年不能究其説。累世不能通其學。聖人之言。豈越□若是哉。火于秦。汩于漢。加之傳注日以滋蔓。故習于訓詁者溺于專門。流于術數者拘于災異。否則辭章而已。學者誠以身體之。以心會之。則聖人之道不在于書。而在吾身吾心矣。

胡仲子集

春秋常事不書。而凡日食地震星變則書之。雷電雨雹隕霜雨雪則書之。螽蝝螟螽木冰梅李實則書之。春秋何書也。謹天戒也。何以謹天戒。修人事也。王省惟歲。而卿士惟月。斯之謂也。越人對。

後世宗法不行。宋儒往往欲立小宗之法。今士庶人之家。祭祀有用宗子法者。亦合于禮之意乎。抑以古卿大夫之事。而今士庶人行之。得無僭乎。朱子之述家禮。固欲同志之士熟講而勉行也。其于祭祀之禮。未嘗不嚴于主人主婦之位。則固寓宗子之法矣。不然則亦有可處置者乎。與許門諸友論宗法。

鼎也和不和無以調吾味。其失也戾。恭也敬不敬無以直吾内。其失也僞。雄也權不權無以行吾義。其失也敝。溥也周不周無以廣吾惠。其失也比。惟周也得仁之周。權也持義之制。敬也存禮之本。和也適樂之趣。仁義禮樂。斯罔不備。嚴氏子字辭。

梓材謹案。謝山困學紀聞三箋。于周禮大司徒以土圭土其地條云。古人無葬經而有宅經。此説最爲不易。詳見胡仲子集。

附録

蘇伯衡祭先生文曰。良金美玉。庶足以方公學術之精純。商鼎周彝。庶足以擬公述作之古。惟嚴毅以自持。曾毀譽之不假。故不合者甚多。而合者恒寡。

宋濳溪序仲子文集曰。先生嘗慕邵子程子之爲人。所養甚深。極乎博而守則約。務乎大而不遺乎細。于人鮮有推讓。而所許者。衆必以爲賢。于言不輕發。而所言者。人必以爲當。其所著衡運井牧皇初諸文有習之辭。而所得者非習之所及也。

梓材謹案。潛溪又稱先生奇邁卓越。務師古人。出言簡奥不繁。動中繩墨。如夏圭商敦。望而知非時物焉。

補聘君朱丹溪先生震亨

雲濠謹案。先生所得醫學之傳者。羅知悌字子敬。世稱太無先生。本理宗朝寺人。得金劉完素之再傳。而旁通張從正李杲二家之説。見戴九靈所作丹溪翁傳。

醫論

陽動而變。陰靜而合。而生水火金木土。然火有二焉。曰君火。曰相火。君火者。人火也。相火者。天火也。火内陰而外陽。主乎動者也。故凡動皆屬火。以名而言。形質相生。配于五行。故謂之君。以位而言。生于虚無。守位稟命。故謂之相。天主生物恒于動。人有此生亦恒于動。然其所以恒于動者。皆相火助之也。見于天者。出于龍雷則木之氣。出于海則水之氣也。具于人者。寄于肝腎二部。肝屬木而腎屬水也。膽者肝之府。膀胱者腎之府。心胞絡者。腎之配三焦。以焦言。而下焦司肝腎之下。皆陰而下者也。天非此火不能生。人非此火不能以有生。天之火雖出于木而皆本乎地。故雷非伏。龍非蟄。海非附于地。則不能鳴。不能飛。不能波也。鳴也飛也波也。動而爲相火者也。肝腎之陰悉具相火。人而同乎天也。或曰。相火天人所同。東垣何以指爲元氣之賊。又謂火與元氣不兩立。一勝則一負。然則如之何而可使之無勝負乎。曰。周子曰。神發知矣。五性感動而萬事出。五者之性。爲物所感。不能不動。謂之動者。即内經五火也。相火易動五性。厥陽之火又從而扇之。則妄動矣。火之妄動則煎熬眞陰。陽虚則病。陰絶則死。君火之氣經以暑與熱言之。而相火之氣則以火言。蓋表其暴悍酷烈。有甚于君火也。故曰相火元氣之賊。周子曰。聖人定之以中正仁義而主靜。朱子曰。必使道心常爲之主。而人心每聽命焉。此善處乎火者也。人心聽命于道心。而又能主之以靜。彼五火將寂然不動。而相火者。惟有扶助造化。而爲生生不息之運用爾。夫何元氣之賊哉。或曰。内經相火。注言少陰少陽矣。未嘗言及厥陰太陽。而吾子言之。何也。曰。足太陽少陰。東垣嘗言之。治以炒柏。取其辛味能瀉水中之火。戴人亦言。膽與三焦。肝與胞絡。皆從火治。此歷指龍雷之火也。余以天人之火皆生于地。如上文所云者。實廣二公之意耳。或曰。内經言火者非一。往往于六氣中見之。而言臟腑者。未之有也。二公豈他有所據耶。曰。經以百病皆生于風寒暑濕。燥火之動而變者也。岐伯歷指病機一十九條。而屬火者五。此非相火爲病之出于臟腑者乎。考之内經。諸熱瞀瘛則屬之火。諸狂躁越則屬之火。諸病胕腫痛酸驚駭則屬之火。又原病式曰。諸風掉眩屬于肝火之動也。諸氣膹鬱屬于肺火之升也。諸濕腫滿屬于脾火之勝也。諸痛癢瘡瘍屬于心火之用也。是皆火之爲病出于臟腑者然也。噫。以陳無擇之通達。猶以暖熾論君火。日用之火論相火。是宜後人之聾瞽哉。相火論。

人受天地之氣以生。天之陽氣爲氣。地之陰氣爲血。然氣常有餘。而血常不足。何爲其然也。

天火也。爲陽。而逆于地之外。地居天之中。爲陰。而天之大氣舉之。日實也。屬陽。而運于月之外。月缺也。屬陰。而稟日之光以爲明者也。則是地之陰已不勝夫天之陽。月之陰亦不敵于日之陽。天地日月尙然。而況人乎。故人之生。男子十六歲而精通。女子十四歲而經行。是有形之後。有待于乳哺水穀之養。而後陰可與陽配。成乎人而爲人之父母。古人必近三十二十而後嫁娶者。可見陰氣之難于成。而古人之善于保養也。錢仲陽于腎有補而無瀉。其知此意者乎。又按禮記注曰。人惟五十然後養陰者有以加。內經年至四十。陰氣自半而起居衰矣。男子六十四歲而精絶。女子四十九歲而經斷。夫以陰氣之成。止爲三十年之運用而竟已先虧。可不知所保養也。經曰。陽者天也。主外。陰者地也。主內。故陽道實。陰道虛。斯言豈欺我哉。或曰。遠取諸天地日月。近取諸男女之身。曰餘。曰不足。吾已知之矣。人在氣交之中。今欲順陰陽之理。而爲攝養之法。如之何則可。曰。主閉藏者腎也。司疏泄者肝也。二臟皆有相火。而其系上屬于心。心君火也。爲物所感則易于動。心動則相火翕然而隨。聖人教人收心養心。其旨深矣。天地以五行更迭衰旺而成四時。人之五臟六腑亦應之而衰旺。四月屬巳。五月屬午。爲火大旺。火爲肺金之夫。火旺則金衰。六月屬未。爲土大旺。土爲水之夫。土旺則水衰。況腎水嘗藉肺金爲母以補助其不足。古人于夏月必獨宿而淡味。兢兢業業保養金水二藏。正嫌火土之旺爾。內經又曰。冬藏精者。春不病温。十月屬亥。十一月屬子。正火氣潛伏閉藏以養其本然之眞。而爲來春升動發生之本。若于此時不恣欲以自戕。至春升之際。根本壯實。氣不輕浮。尙何病之可言哉。陽有餘陰不足論。

附録

先生爲白雲高第。其清修苦節絶類古篤行之士。所至人多化之。與人交。一以三綱五紀爲去就。嘗曰。天下有道則行有枝葉。天下無道則辭有枝葉。夫行本也。辭從而生者也。苟見枝葉之辭。去本而末是務。輒怒溢顔面。若將浼焉。嘗應試不利。歎曰。不仕固無義。然得失則有命焉。苟推一家之政。以達于鄉黨州閭。寧非仕乎。

其家故有祭田。而祭無恒所。乃建祠堂。以奉先世神主。講行朱子家禮。屏釋老之教。罷瀆神之祀。持公平以服衆心。排紛難以安閭里。人多德之。

覃懷鄭公持節浙東。尤敬先生。以尊客禮禮之。衆或不樂。競短其行于公。公笑曰。朱聘君盛舉諸公之長。而諸公顧反短之。何其量之懸絶耶。皆慙不能對。

四方以疾迎候者無虚日。先生無不卽往。雖雨雪載途亦不爲止。僕夫告痛。先生諭之曰。疾者度刻如歲。而欲自逸耶。

其爲醫。以劉守眞完素張從正李東垣杲三家之説推廣之。去其短而用其長。又復參以太極之理。易禮記通書正蒙諸書之義。貫穿内經之言。以尋其指歸。而謂内經之言火。與太極動而生陽五性感動之説有合。其言陰道虚。則又與禮記之養陰意同。因作相火及陽有餘陰不足之論以發揮之。

梓材謹案。金華府志載其嘗著宋論格致餘論。局方發揮。傷寒論辨。外科精要發揮。本草衍義補遺。丹溪心法。金華徵獻略又有風水問答。解風水。

浦陽鄭大和十世同居。先生爲之喜動顏面。其家所講冠昏喪祭之禮。每咨于先生而後定。

胡仲子序先生風水問答曰。易曰。仰以觀于天文。俯以察于地理。天確然在上。其文著矣。地隤然在下。其理微矣。著者觀之。微者察之。知乎此者。知乎幽明之故。非聖人孰與焉。而漢魏以來。言地理者。往往溺于形法之末。則既失實。至其爲書。若宅經葬經之屬。又必秘而亡逸不傳。則失之愈遠矣。朱君力辨之。以爲人之生也。合宗族以居。爲宫室以處。審曲面勢。得則吉。不得則凶。其理較然。及其死也。祖宗之神上參于天。舉而葬者枯骨耳。積歲之久。并已朽矣。安知禍福于人。貴賤于人。壽夭于人哉。故葬不擇地。而居必度室。據往事以明方今。出入詩書之閒。固儒者之言也。昔者先王辨方正位。體國經野。土宜之法。用之以相民宅。土圭之法。用之以求地中。皆爲都邑宫室設也。而冢人墓大夫之職。公墓以昭穆。邦墓以族葬。借欲擇之。其兆域禁令。孰得而犯。以是知君之言爲得也。

御史王先生餘慶 補

雲濠謹案。先生之父字申伯。黄文獻公書王申伯詩卷後。稱先生尤善爲古章句。元史儒學吴師道傳附載。先生仕爲江南行臺監察御史。亦以儒學名重當世云。

補 教授李靜學先生唐

雲濠謹案。東陽縣志載。先生一名公常。學于許謙黄縉。是先生亦黄氏門人也。

附録

洪武初。以明經薦授本邑儒學教諭。諸生多所造就。

太祖下婺州。先生與吴沈。許元。葉瓚玉。胡翰。汪仲山。金信。徐孳。童冀。戴良。吴履。孫履。張起敬會食省中。日令三人進講經史。陳治道。

致仕家居。從學者益衆。

補 戚朝陽先生崇僧

附録

從鄉先生許公講道于東陽之八華山。博通經史。旁及諸子百家。

吕公級創義塾。聚族人子弟使就學。委先生主教事。扁其室曰朝陽。

先生高祖袁州君。與從兄如圭如玉。並受業東萊吕氏之門。而許公之所承傳本于朱子。先生以得于許公者。歸而稽諸家庭之所聞者。無不脗合。自信愈篤。

補朱裕軒先生同善

梓材謹案。先生治中叔騏之子。徐文清高第中之孫也。

附録

先生賦質迥拔。日涵濡庭訓。時文懿講道八華山。復執經往從焉。辟爲兩淮屯府幕屬。赴官未數月。復謝去。還隱丹溪之濱。遠近生徒嚮風奔附。

補隱君劉青村先生涓

附録

自幼警敏。日記數千言。比長。尤肆力于經傳。聞白雲承考亭之緒。講道八華山中。乃執經從遊。厲志力學。卒爲入室弟子。

補推官李先生裕

雲濠謹案。金華徵獻略載。先生爲朱文公門人大同孫。著有中行齋稿。宋濂爲作墓銘。

梓材謹案。袁清容集有荅李生裕詩。題注尚書大同公曾孫。先生蓋嘗及袁氏之門。特以爲大同曾孫異耳。

附録

君幼失父母。鞠于嫂氏。事諸兄有若嚴君。既就外傅。即知家學相仍之盛。確然思以踵其後。許文懿公講道八華山。從學久之。因歎曰。學貴明體適用。不見諸用。未見其可也。爲國子生。虞文靖公爲祭酒。極器之。指授以制作之故。學遂大進。同知汴梁陳州事。修州學。聘賢師儒。申五倫之教。民大悦。

補 李先生序

附録

嘗遊京師。宋學士褧。危左丞素。見其所著四書新説。理優才贍。皆爲莫逆交。

梓材謹案。先生所著。又有絪緼集。

補 貞節蔣若晦先生元

雲濠謹案。宋潛溪志其墓曰。聚書萬卷。致力其中。所著又有大學章句纂要。四書述義若干卷。治平首策二卷。韻原六十卷。

附録

修建昌所創義塾。延師儒教其子姓至于鄉人。每歲冬至。殺牲置酒。會長老俊人。行鄉飲酒禮。先生爲之講説嘉謨偉行使聽之。曰。爲父兄子弟當如是。鄉民莫不化服。

補張先生匡敬

附録

洪武初。應召赴金陵。尋以親老辭歸。卒于家。同門范祖幹葉儀各有贊。

補馬一得先生道貫

附録

白雲歿。制服盡禮如親喪。學者稱之。

梓材謹案。東陽縣志載先生云。白雲及門甚多。而惟先生爲著。永樂閒。纂修經傳。取其言之合旨者附焉。

王木訥先生毅

王毅字剛叔。龍泉人。別以木訥自號。先生夙稟異質。篤志問學。早從上饒鄭原善游。既聞聖賢求仁之方。及登金華許文懿之門。又有得于理一分殊之旨。所學一出于正。教授鄉里。户外之屨至無所容。講解經義。于天理人欲勝負消長之際。尤極懇切。感悟者或泣下。至正甲午盜起。先生領鄉兵往禦之。里井恃以爲安。而先生竟爲遺孽所害。門人胡深勒兵討賊。申復讐之義。又與章溢卽所居爲祠以祀之。王忠文集。

梓材謹案。宋景濂作先生傳云。其先自瑯琊徙居。處之龍泉。又言先生六歲知書。以躬行實踐爲教。發明本心之學。又案。括蒼彙紀言。先生讀朱子書。慨然以師道自任。一時游其門者。章溢胡深徐操季汶等。爲國元勳。有木訥集行世。

附録

世父與明令聚徒教授。束脩之上。悉以購書。積至萬餘卷。精思疾讀。惟恐其不盡。因觀周子太極圖説。歎曰。此升聖域之梯階也。人心與上堪下輿同大。局于一藝。可乎。先生爲學。深見天地萬物一體之意。視衆氓之顚隮如己病之。苟力可救。雖鈇鉞鼎鑊在前後。有所不暇恤。

性不溺文辭。歎曰。當今之世。何能文者如牛毛。而植德者若麟角。盍亦知重輕乎。

忠定趙先生璉

趙璉字伯器。潁川人。侍御史宏偉之孫也。登至治初進士。累官至湖廣行省左右司郎中。除杭州路總管。先生强毅開敏。精力絶人。吏莫不服其明決。不敢欺。浙右病于徭役。民充坊里正者皆破其家。朝廷令行省召八郡守集議便民之法。先生獻議。以屬縣坊正爲雇役里正。用田賦以均之。民咸爲便。召拜吏部侍郎。後爲淮南參知政事。移鎭泰州。張士誠既降復叛。欲挾先生登其舟。先生瞋目大駡。遂死之。其僕楊兒以身蔽之亦死。姓譜。

梓材謹案。元史忠義先生本傳云。謚曰忠定。吴禮部文集有送先生序。言其生有道之家。清淳沈厚。夙有異質。侍游來南。得師之實。惟許君討論指授。夜以繼日。羣經六藝之旨充乎有聞。

董處侯先生鎭

董鎭字仲貞。其先河南人。曾祖官臨安。遂家澉浦。父仲温尙宋室主爲駙馬。先生聞金華許白雲爲考亭之學。裹糧往從。白雲深器之。白雲卒。先生築室仙華山。三年而後歸。仙華山。白雲講學處也。歸作嘉會堂于靈泉。右畫考亭像。左書儒行篇。從游日衆。洪武丁未卒。劉青田基題其墓曰董處侯。杭州府志。

雲濠謹案。海鹽文獻志言。先生通經術。有用世志。值元亂。隱居海寧之泉山。

宗先生誠

縣令馮先生翊合傳。

宗誠字仲實。義烏人。受業許白雲。經明學邃。家居授徒。所著有孝友通紀及詩文。同邑馮翊字原輔。亦受業白雲。洪武中。以明經薦。除新淦知縣。著有崑山片玉集。金華賢達傳。

韓先生禮仲

韓禮仲。天台人。從學東陽許白雲之門。薦辟。固辭不就。元統間。遇寇警。率衆防禦。後居民被水災。先生竭貲賑救。立義塚以瘞枯骸。人甚德之。天台縣志。

經師楊先生仲齊

楊仲齊。東陽人。仲彰之弟。與金涓同學于白雲。閉户讀書。爲文有氣有光。法度可采。熊侯以同知潘庭堅薦爲武義經師。邑宰胡子實舉以充貢。黽勉戒途。遽辭疾而還。心愈求僻。徘徊蜀山之間。僦法興精舍小樓爲修讀之計。東陽縣志。

張先生翼

張翼。清河人。受經于高陽先生。得其端緒。而能益致思勉之功。柳道傳以思學名其齋。而箴以發之曰。心外無學。學原于思。思而有得。乃驗于爲。又曰。方其未思。戒爾外馳。如止水源。不波不隨。及其旣思。毋惑多歧。必端其趨。必底于夷。又曰。下學上達。在爾孳孳。思誠而誠。夫何遠而。柳待制集。

傅先生似

傅似。杏溪先生玄孫賀之從子也。賀卒無子。節婦陳氏以先生嗣。教之學而猶不廢于耕。會高陽許先生栖隱八華山中。去傅氏不十里。節婦遣先生束書從學。遂知義理之宗緒。以植其家。柳待制集。

許敬齋先生□

許敏齋先生□合傳。

許敬齋。敏齋。東陽人。白雲居于八華。二先生與樵隱等嘗從之遊。而其後和伯晉仲伯溫伯恭相與結亭于山上。以致景仰之意。王海日文。

隱君許樵隱先生熊別見滄洲諸儒學案補遺。

御史普化帖睦爾先生

普化帖睦爾。白野人。白雲門人也。南臺監察御史。白雲著讀書叢説。至正六年。先生與其僚大梁楊公惠移浙東廉訪使鋟版以傳。張長史集。

鄉貢項先生良才附師胡良。金安道。弟英才。

項良才。初名珪。字公望。臨海人。宋鄉貢進士。祖惠。本胡氏處士璣之甥也。而以爲子。先生年六十六。元至元二十年卒。黄晉卿銘其墓曰。君少學詩。事胡公良。惠之從子。作守莆陽。晚所執業。時之師表。白雲先生。金氏安道。君善説詩。不務苟同。曰以二南。始乎國風。中以王風。錯于鄭衛。著周興衰。厥有微意。檜曹之末。至豳而終。否泰剥復。循環不窮。繼是有作。

斯爲雅頌。孔子之衰。周公不夢。哦彼黍離。我心之憂。如醉如噎。曷能興周。小戎駟驖。風概雄偉。周之爲秦。噫乎悕矣。弟英才。與先生齊名。並薦于鄉。黄文獻集。

王先生順

王順字性之。烏傷人。自幼嗜學。嘗登許文懿公之門。讀書必欲見之躬行。使物被其澤。與朱震亨講切内經之説。汲汲以濟人爲務。謂移風易俗。必本于學。用建書塾。招良師。會鄉族優秀。俾子弟與之共學。通周易。有所爲必揲蓍玩占。宋文憲集。

金先生永

金永字仲明。婺州人。幼從許文懿公遊。長贅女氏。遂襲爲裝褫。潛溪以爲沈謐有守人也。宋文憲集。

朱先生巽亨

朱先生蒙正合傳。

朱巽亨與蒙正。丹溪先生二弟也。潛溪以爲皆善士。母戚氏。貞孝先生治之女。遇諸子有恩而嚴。稍長。遣從許文懿公遊。督教愈于夫在時云。宋文憲集。

何先生宗文

梓材謹案。何氏三宗並師白雲。先生蓋亦許氏門人也。

縣尉馬先生德璋

馬德璋。東陽人。德□弟。以文學舉授龍泉尉。元統甲戌之京師。會地震。詔求直言。偕鄭介夫上疏。論斥執政之咎。不報。謝病歸。史館移文獎之。東陽縣志。

李先生彦章

李彦章。白雲弟子。儒林宗派。

靖懿葛先生巖

葛巖字普賢。東陽人。隱居不仕。氣端而和。道方而直。其學以仁義忠信爲本。歿後。門人請天台方孝孺爲文誄之。以道其不幸。易其名曰靖懿。所著有詩文二卷。東陽縣志。

梓材謹案。先生嘗從白雲遊。見東陽志質疑。

趙先生嗣鴻

趙嗣鴻。蘭溪人。退藏山人若磬次子。退藏遺之受業于許先生。語之曰。吾衰而無成。汝兄既早失學。汝弟又以疾廢。三百年詩禮之傳。天其或者不汝絶乎。汝其勉之。黄文獻集。

陳先生元善。父仁。

從事陳先生亨道合傳。

陳先生利用合傳。

陳先生貞固合傳。

陳元善。亨道。利用。貞固。錢唐人。皆以儒術致身。父畬山老人仁。字子壽。除婺州録事參軍。秩滿轉衢州。雖從吏而嗜問學。遣子從許文懿公講道金華山。亨道從事漕府。正思齋文集。

汪先生杞別見滄洲諸儒學案補遺。

教諭沈先生□見下吴氏門人。

平仲師承

貢士劉龍津先生鐔

劉鐔字持中。號龍津。吉水人。年十九。以尚書魁貢士江西。宦遊廣海。所至講學。金華蘇伯衡高第弟子也。解春雨集。

柳氏家學

隱君柳先生卣

柳卣字致明。待制貫之子。内翰杜本。修撰張樞。極推許。謂其不黷榮利。有古逸民風。部使者辟爲書吏。辭。繼以薦者署紹慶路學正。亦辭。宋文憲集。

柳先生同

柳先生因合傳。

柳同。柳因。皆文獻之子。宋潛溪序柳氏譜云。文獻有子三人。皆善士。宋文獻集。

柳氏門人

補博士鄭先生濤

雲濠謹案。先生爲潛溪小傳云。予少景濂五歲。初從吳公游。始識景濂。及再從柳黃二公。而與景濂相從尤密。于學爲同志。于師爲同門。是則先生又爲吳黃門人。潛溪跋黃文獻公送鄭檢討序後云。仲舒黃文獻公之高第也。

補提舉戴九靈先生良

雲濠謹案。趙友同誌先生墓云。早從烏傷朱震亨習醫業。後以其術大顯于時。官至太醫院使。又言所著述有和陶詩一卷。九靈山房集三十卷。春秋經傳考三十二卷。又案。春秋經傳考。文集自序作春秋三傳纂。

梓材謹案。先生年譜云。號九靈山人。一號雲林先生。居鄞時。别號嚚嚚生。

梓材又案。先生送胡主簿詩序。自言于待制柳氏。學士黄氏。禮部吳氏。修撰張氏。太常胡氏。御史王氏。皆得而師友之。金華徵獻略第言。少學文于柳待制貫。黄侍講溍。學詩于余忠宣公闕。皆得其師承云。

戴九靈語

仁義禮智皆人所固有。聖人因人之所固有而爲之教焉。喜怒哀樂之情。人之所固有也。固有之情而美刺之。于是乎有詩。詩者。人之情也。情雖易放。而辭讓之心則其所固有也。以其固有之心而爲之節文。于是乎有禮。禮者。敬也。敬則自處卑矣。以其自卑之勢而又有書。書者。上所以通乎下之言也。上下既通。然後以其吉凶悔吝之機而作易焉。易作而春秋繼之。蓋至於春秋。則人之固有者舉亡之矣。然亦以其是是非非而爲之斷焉。聖人爲教之備如此。

九靈山房集

紀事莫如書。亦莫如春秋。古史之體可見者。此二書而已。而二書所載是非得失興壞理亂之故。其事至博。然其爲言不過如此而止。可謂得其要矣。其言要。故學者不可不盡心。能盡心然後能自得之。揚子雲所謂知言之要者是已。然而此二書也。蓋嘗經乎聖人之手。所以由聖人之後。歷千百年未有能幾乎此者也。至漢太史公乃始倣書爲史記。宋文正公又倣春秋爲通鑑。蓋史記則每事別紀。以具其事之始末。通鑑則編年通紀。以記其事之先後。皆可謂傑出之材矣。然其義例或謬于聖人。而且編次太詳。學者不能閱之而終篇。于是紫陽朱子復取而刪之。爲綱目若干卷。其立言嚴而正。簡而要。蓋純乎春秋之法矣。則聖人之後。不失古史之體者。惟綱目一書近之。通鑑前編舉要新書序。

學者。蓋欲明夫天理民彝自然之物則也。天理民彝之所在。固有不依文而立者。然古之聖人欲明是理于天下而垂之萬世。非託文字則不能以自明也。故自伏羲至于孔子。而垂世立教之具粲然矣。後之學者。必將由是沈潛参伍。以明乎在我之本然。然後知有所至。而力行以終之。其爲道不既簡且易乎。然自世變俗衰。爲師者不知所教。爲子弟者不知所學。則其求之于文字者。乃在乎記誦訓詁文辭之閒。是以書愈繁而理愈晦。學愈勞而心愈雜。此無他。蓋不知天理民彝之本然在我而不在彼也。一經齋記。

河南程氏曰。周正月。非春也。此一言足以破千載之惑。然又曰。假天時以立義。猶不輕于斥左氏之非。胡康侯見冬不可以爲春。遂發明程子意。謂春秋以夏時冠周月。如是則繫年之夏時與紀事之周月轉相矛盾。所謂分至啓閉。十有二候。十有二律。乃與天氣物化不相應。而春秋非上律天時之書矣。善乎。朱子之言曰。周改歲首而不改月數。若從胡氏之説。則月與時常差兩月。聖人作經。恐不若是之紛更。斯言豈欺我哉。夏正辨。

附録

家居遠城邑。朋友講習頗蘙。即買地縣西。結屋數十楹。日與同輩討論濂洛性理之微言。其自贊曰。處榮辱而不二。齊出處于一致。歌黍離麥秀之詩。詠剩水殘山之句。則于二子庶幾無媿。

揭伯防序九靈山房集曰。其典實嚴整得于柳待制。縝密明潔得于黄文獻。而又加之以舂容豐潤。故意無不達。味無不足。其詩則詞深興遠。而有鏘然之音。悠然之趣。雖余忠宣發之。而自得者尤多。

謝山鮚埼亭詩集九靈山房詩。吾懷九靈翁。大節如孤鸞。浮海未得遂。輾轉九洞天。如何變姓名。尚爲弋者彈。高皇不能屈。餘生終自殘。未聞翹車士。乃以牢獄塡。諸公不强諫。史册足長歎。黄竹夜淚落。白龍亦神寒。至今永樂寺。悽愴雲林煙。峑峩君臣義。不以夷夏遷。高皇提日月。赤手洗幽燕。九靈所遭遇。尙與余蔡懸。疑或可無死。巽詞得生還。不見東維子。平定巾欒欒。暫下讀書臺。卒返三泖閒。重淵見李黼。完節要無愆。而士各有心。不忘喪其元。高皇亦色動。晨星黯長干。滔滔江河下。大節良所難。爲我寓公重。山房永勿諼。

雲濠謹案。原注云。九靈變姓名曰方雲林。自作祭文。見文集中。又云。楊戴一死一生。楊之所以得放還者。由于四方平定巾一語得當帝意。然戴之倔强則過之矣。

夏先生逢慶

夏逢慶。金華人。東萊門人敬仲明誠之六世孫也。從柳道傳遊。柳待制集。

典籍王先生毅

王毅。胙城人。國子典籍。柳待制道傳至京。其父禮部郎與祖命之從學治經。同上。

梓材謹案。先生與白雲弟子木訥先生同居。

同知師先生晉

國子師先生升合傳。

同知師先生索羅合傳。

師晉。師升。濮陽人。廉訪使克恭子。並爲國子生。晉公試入等。同知泗洲事。廉訪從子曰索羅。登泰定元年進士。同知濬州事。柳道傳以博士教國子。皆執經席間。柳待制集。

國子崔先生敏

崔敏。胙城人。廉訪良承之子也。嘗以國子生從柳道傳學治經。介然有立。同上。

國子高先生本附弟榮。植。楝。

高本。太原人。詹事長史某之長子也。嘗以胄子從柳道傳受經。道傳字以孟端。而又字其弟榮以仲仁。植以叔剛。楝以季隆。爲高氏四子字序。同上。

甯先生九齡

甯九齡。吴人。嘗從柳道傳學治經。同上。

張先生□

張□。輝州人。中書右丞思明之子也。柳道傳至京。思明一見器重。俾諸子師事之。宋文獻集。

李氏師承

主簿吴先生志淳

吴志淳字主一。無爲州人。能詩善書。嘗仕元不顯遇。滁泗兵起。徙家豫章。明初與陶主敬劉伯温高季迪諸名士並稱。姓譜。

雲濠謹案。一統志載。先生工草隸。優于文學。元末。以薦歷靖安都昌二縣主簿。元亡遂不仕。

吴氏家學

補 閣學吴先生沈

梓材謹案。先生著有應酬二稿。瀫川集。

六經師律自序

聖人之兵。昭文德而威不軌者也。所以生人也。非殺人也。禦亂也。非爲亂也。孫子曰。兵者。詭道也。吾恐其非聖人意也。世道日貶。民論日卑。論將帥則以勇壯擊刺爲賢能。語行陣則以奇詭設伏爲巧妙。若曰。我將動之以仁義。行之以禮讓。雖三尺之童。亦指以爲迂闊而不切矣。昔者。荀卿子之非孫吴有曰。彼孫吴也。上勢利而尚變詐者也。又曰。齊之技擊不可以遇魏之武卒。魏之武卒不可以直秦之鋭士。秦之鋭士不可以當桓文之節制。桓文之節制不可以敵湯武之仁義。伊吕之將。子孫有國。與商周並。孫吴之徒。皆身戮于前。而國滅亡于後。報應之勢。各以類至。其説可謂當哉。至揚子雲。亦復不喜孫吴。而曰。不有司馬法乎。子雲之不喜孫吴。其意美矣。然不知當時子雲所見司馬法。乃古之書耶。抑穰苴所述之遺耶。聖人于師中之事。雖未嘗一一悉言。而其宏綱大用。則豈不可得而窺哉。蓋兵之始作也。非聖人之私意也。天地之所造設。聖人觀法之而已。掌之有其官。定之有其制。教之有其時。備之有其素。歌詩以勞之。禁戒以齊之。上順乎天。下應乎人。廓然大功。至正之心炳然。神武不殺之德。豈孫吴之所可測而得識哉。閒嘗不自揆度。以易詩書禮論孟諸經。其言其義有涉于師政者。輯録而類聚之。定爲五篇。一曰兵象。二曰兵用。三曰兵禮。四曰兵詩。五曰兵訓。總而題之曰六經師律。竊取子朱子儀禮集傳師田篇之意。而不自知其不可也。

吴先生深

吴深字原伯。蘭溪人。博士正傳之子也。其取友問學。急于飢渴。篝鐙挾册。疾病不休。倦則假寐凝思。以求聖賢之心。有疑則進而質之父師。退而與其弟沈私相講辨。父子兄弟自爲師友。年二十一卒。其友戴良爲辭以哭之。戴九靈集。

吴氏門人

補參議諸葛先生伯衡

附録

承旨危雲林先生素詳見靜明寶峯學案。

性清介。持名節。少時嘗從鄉先生游。獲聞前輩緒論。精求實踐。鄉里咸推重之。

胡先生章

胡章字煥文。樂平人。從遊于外。請贈言于其宗人仲退。道番陽。見博士祝蕃遠。又謁吴正傳于蘭溪。行古師弟子之禮。吴禮部集。

教授舒先生元

舒元。番陽人。泰定初。補四門生。將貢而上干銓曹。吴正傳適至。時至崇術之堂。不忘師友之誼。至順間。爲國子伴讀。得授宗仁衛教授。同上。

太學王先生光輔

王光輔。廬陵人。爲正傳同年吾素令君之從子。故從正傳遊。居大學三年。以覲省歸。正傳作序以送之。吴禮部集。

趙先生良恭

趙良恭。蘭溪人。宋周恭肅王十世孫也。受業吴禮部之門。以文學著名于時。王忠文集。

徐先生□

徐□。三衢人。從吴正傳于蘭溪。亟見而益親。正傳稱其天資明鋭。而纂言考義甚富云。吴禮部集。

元先生□

元□。薊邱人。生長侯伯之家。屬文爲詩。尤工書畫。正傳勉以爲經。同上。

教諭沈先生□

沈□。鄞人。久遊金華。嘗登許益之之門。而卒業于吴正傳。其所受實朱子之學。部使者薦其材于宣閫。署慈谿縣學教諭。黄文獻集。

附録

陳鹿皮送沈教諭詩曰。師友淵源正。公卿大望揚。鄉閭仍未達。世事故堪傷。汗竹秋鐙短。椒芹午飯香。只愁雙鬢髮。容易染秋霜。又曰。學舍山雲暗。層城海氣深。文章初近古。風俗遂如今。冷任三年客。亨衢萬里心。須君明教法。那得刺青衿。

張吳私淑

文憲宋潛溪先生濂詳下凝熙門人。

魏氏門人

王先生德先

王德先字□□。魏教授新之之門人也。教授著易學蠡測。先生演而傳之。宋潛溪集。

何先生芸孫父煥文。

何芸孫。分水人。父煥文。字伯章。年十六。遊太學求師友。何公子舉深器之。與卒業而歸。未幾喪父。遂棄舉子業。惟以養母爲事。所居介溪山佳處。岡嶺縈紆。淵泉渟浸。古柳環其旁。

學者因以柳溪先生稱之。丙子後。爲士者無科舉累。柳溪獨迎里之名儒魏公新之于塾。課子姪以義理之學。暇則吟詠情性。又時追記先朝諸老嘗所從遊者。嘉言善行。舉以相戒訓。相與感歎。以致不足之意。當是時。鄉校幾廢。曠積四五年。宣司從衆請。以先生學醇行正。命專講席。自是生徒來歸。補弊興作。歲祠月膳。一不糜公廩。蓋過庭之教然也。學最上。甫陞録郡庠。而衡陽教授之命遄下云。方桐江集。

秦氏家學

孝友秦先生玉

秦玉字德卿。崇明人。徙居太倉。先生八歲孤。卽知家世本末。既長。浸淫經史百氏書。獨不喜爲舉子業。家居講授二十年。事母兄盡子弟道。母卒未葬。比卒哭。里中遺火逼其廬。先生伏柩號絶。火爲自滅。所論著有詩篹。學庸標説。雜録漫稿若干卷。卒年五十有三。門人私諡曰孝友先生。子約。有文學。夷白齋稿。

梓材謹案。姑蘇志載先生云。其先淮安人。龍圖少游之後也。始遷崇明。後遷崑山。

附録

嘗曰。士讀書將以惠天下。不幸不及仕。而教人爲文行經術。亦惠耳。

先生讀書之舍。自名曰迂闊。

侍郎秦先生約

秦約字文仲。孝友先生玉之子。至正閒。官崇德州教授。洪武初。召拜禮部侍郎。以母老辭歸。再徵詣京。上疏陳乞復書院書堂義學。例當復舊。守令之選。另立一科。四十涖職。百日舉代。郡邑三年造册。與志書同進。以備國史採擇。上悦。以年老授以儒官。得溧陽教諭。八年請老。先生文章務求理勝。而詩尤工。著樵海集。別有師友話言等書。姑蘇志。

袁氏家學

貢㈠先生泰

袁泰字仲長。隱君通父子。敏學自修。克世其業云。牆東類稿。

本心門人

補隱君周紫微先生潤祖

梓材謹案。台州府志載先生云。鄉有不善者。以誠喻之。終其身不敢肆。吏胥催科。過境上。恥爲暴戾。當道行部。必問其廬而禮焉。又云。會朝廷使者經略江南。薦擬國子助教。既歿而命下。

㈠「貢」當爲「袁」。

補
忠介泰先生不華

雲濠謹案。先生元史本傳云。巴約特氏。初名達不花。文宗賜今名。世居伯榮山。其除紹興總管之㊀。嘗行鄉飲酒禮。教民興讓。越俗大化。又案。先生以至正十二年遇害。時年四十九。蓋以大德七年癸卯生。卽金仁山先生卒之歲。或以先生爲仁山門人。非也。史傳載其立廟台州。賜額崇節。又稱其善篆隸。温潤遒勁。嘗重類復古編十卷。攷正譌字。于經史多有據云。

典史陶白雲先生煜

陶煜字明遠。天台人。自號逍奥山人。又更號白雲漫士。從鄉先生周仁榮學。學成遊京邑。已而翩然來歸。曰。燕趙多奇士。今所見仍爾。家貧親且老。試吏蘭溪州。陞補江陰州。以年勞除杭州東北隅録事典史。遷湖州歸安。時湖州已陷賊。從主兵者畫計策。尚復湖州。調上虞縣卒。東維子集。

提舉趙澄南先生友蘭

趙友蘭字廉友。號澄南。黄巖人。幼聰慧。長從陳紹大周仁榮學。仕終浙江提舉。所著有澄南稿。台州府志。

㊀「之」衍。

南村師承

進士錢先生壁

錢壁字伯全。雲間人。陶九成之師也。壬申科進士。端重清愼。語不傷氣。嘗內一女鬟。風姿秀雅。殊可人意。室氏勸先生私之。正色答曰。我之所以置此者。欲以侍巾櫛耳。豈有他意哉。汝乃反欲敗吾德耶。卽具貲嫁之。果處子也。輟耕録。

紫巖講友

補 隱君朱鞠隱先生嗣壽

附録

嘗曰。古者爲學。精神心術一寓之于事爲。或慮其有不正也。必資體驗擴充之功。所以皓首窮經。不敢輕寘之。若拈華摘豔。鉥心劌腎于辭章閒。陋之陋者也。

孟氏門人

中奉張古邨先生起源附子紳。

張起源。青州人。居雲門山。一號古邨。少學于天台孟長文。而長文之學則出于金文安公。

先生講道淮楚之閒。四方遠近翕然從之。皆稱古邨先生。仕至衡州路照磨。卒贈中奉大夫。禮部尚書。護軍。所著文集凡三十卷。子紳。克世其學。嘗出遊三吳。即姑蘇建塾。誨其邑人子弟。題曰雲門精舍。示不忘其出。且祠黄文肅以下五先生于中。明其先後原委之的不倍于朱子者。而又合父師而奉焉。姑蘇志。

王氏門人

王先生彝

王彝字常宗。其先蜀人。父官崑山教授。召修元史。賜金幣。以母老乞歸。先生少孤貧。讀書天台山中。師事王眞文。得蘭溪金文安之傳。學有端緒。嘗著論力詆楊廉夫。有三近齋稿。列朝詩集傳。

己齋門人

牟南軒先生若畯

牟若畯字子南。號南軒。黄巖人。靜正先生楷從弟。少從黄宏遊。與潘伯修潘從善周潤祖爲友。博極羣書。善屬文。尤豪于詩。所著有擊甌吟。覆瓿集。台州府志。

南村講友

潘先生伯修見下西山門人。

潘先生從善

潘從善字擇可。太平人。至正中。以進士累官國史編修。終福建儒學提舉。工詩古文。善小楷書。所著有松溪集。同上。

楊氏家學

補提學楊先生翮

楊翮字文舉。通微先生之嗣也。通微之學出導江張氏。張氏之學出紫陽朱子。故其爲議論文章。不一于正不出也。所著碑銘敘誌箴頌論贊凡若干卷。楊鐵崖序之。喜其識職而后㈠毗于律。理督而其言沛如也。東維子集。

楊氏門人

李先生恒

李恒字晉仲。金陵人。爲上饒教諭。至治癸亥以進士貢。泰定甲子受録于教授。吳文正集。

㈠「后」當爲「各」。

梓材謹案。元史儒林傳作李恒。爲上虞楊志行之甥。由鄉貢進士累遷江浙儒學副提舉。亦以文鳴江東。紆徐豐潤。學者多傳之。

孔氏家學

衍聖孔先生克堅

孔克堅字璟夫。文肅公思誨之子。少廓達通敏。日誦千餘言。始冠。游學成均。通春秋左氏傳。襲封衍聖公。歷遷禮部尚書。知貢舉。時四方士避亂。多集郡邑。先生請設流寓科以取之。擢陝西行臺侍御史。除國子祭酒。以世亂謝病歸。及明取中原。趣入朝。待以賓禮而不名。洪武三年。以疾告還。卒于舟中。宋文憲集。

馬氏家學

知事馬先生祖謙

馬祖謙字元德。文貞公祖常之弟也。少入鄉校。日記數百言。踰冠。從文貞至京師。補國子員。試中選。授承事郎。同知保德州事。調監東鹿縣。興學訓農。以勵其民。尋召爲昭德萬户府知事。卒年四十二。蘇滋溪集。

馬氏門人

監丞陳先生旅詳見草廬學案。

凝熙門人

補知州吴德基先生履

梓材謹案。先生嘗爲原道書院山長。

附録

元季教授鄉里。名動一時。

宋潛溪爲之像贊曰。若人者。其古君子之徒歟。聞人急難。卽欲赴之。力縱不及。心懸懸其如饑。水火在前。幾若弗知。輾轉不寐。而長夜以思。世滔滔而莫察。吾獨探其隱微。彼以藝文爲矜衒者。其相知也不亦淺。而若人者。其古君子之徒歟。

補文憲宋潛溪先生濂

雲濠謹案。鄭檢討濤作先生小傳云。年六歲入小學。其師包文叔授以李瀚蒙求。一日而盡。王忠文公禕序先生文集云。景濂早受業立夫氏。而私淑于吴氏張氏。且久遊柳黄二公之門。間又因許氏門人以究夫道學之旨。所謂許氏門人。未知其爲何人也。

雲濠又案。先生所著。又有孝經新說。周禮集說。

梓材謹案。先生爲吴正傳碑云。濂于先生固弟子行。是先生私淑吴氏之徵。又按。先生贈韓伯時序云。余生于婺。與許公同鄉里。雖獲一拜林下。而未及與聞道德性命之言。而許公棄捐館舍。遂從其徒而私淑。是先生固白雲私淑弟子也。先生嘗題朱彦修遺墨後云。予嘗從先生遊。又蔣季高哀辭序云。初濂年二十餘。頗嗜學。聞文懿弟子三衢方先生以性理學講授東陽之南溪。徒步往從之游。先生所主。蓋蔣君子晦家。子晦。季高父也。濂因獲受季高父子閒。攷蔣子晦亦文懿門人。是先生于許氏門人淵源固不一家。而于方先生爲尤切矣。

梓材又案。王忠文公爲先生傳云。景濂既聞因許氏門人而究其說。獨念吕氏之傳且墜。奮然思繼其絶學。又足以知其志之所存。是先生又當爲東萊私淑。

梓材又案。先生爲汪環谷詩集傳音義會通序云。濂少先生七歲。應書武材時嘗一會之。迄今三十餘年。先生以修元史被召至京師。會濂亦來總裁史事。于是與先生談經。其深詣遠到。殆非當世之士所可及。方欲執弟子禮而請業焉。而先生飄然東歸。已爲敘其書以志歆豔之私。則以爲環谷私淑亦可也。

潛溪經說

聖人之言曰經。其言雖不出于聖人。而爲聖人所取。亦曰經。經者。天下之常道也。易書春秋用其全。詩與禮擇其純而去其僞。未有不合乎道而不可行于世者也。故易詩書春秋禮皆曰經。五經之外。論語爲聖人之言。孟子以大賢明聖人之道。謂之經亦宜。其他諸子所著。正不勝譎。醇不逮疵。烏足以爲經哉。

文當以聖人爲宗。古之立言。簡奇莫如易。又莫如春秋。序事精嚴莫如儀禮。又莫如檀弓。又莫如書。書之中又莫如禹貢。又莫如顧命。論議浩浩而不見其涯。又莫如易之大傳。陳情託物莫如詩。詩之中。反覆詠歎又莫如國風。鋪張王政又莫如二雅。推美盛德又莫如三頌。有闔有開。有變有化。脈絡之流通。首尾之相應。莫如中庸。又莫如孟子。孟子之中。又莫如養氣好辨等章。人能致力于斯。得之深者固與天地相始終。得其淺者亦能震盪翕張。與諸子較所長于一世。蓋文之所存。道之所在也。文不繫道。不作焉可也。

孔子傳易。孟子釋詩。加數言而其意炳如。辭不費也。辭之費。經之離乎。漢儒訓經。使人緣經以求義。優柔而自得之。有見乎爾也。近世傳文。或略千言。學者復求傳中之傳。離經遠矣。造端者。唐之孔穎達乎。

五經自孟氏後。無兼通之者。

世求聖人于人。求聖人之道于經。斯遠已。我可聖人也。我言可經也。弗思之耳。

龍門子凝道記

君子之任道也。用則行。舍則藏。在易困之初六。則曰。臀困于株木。入于幽谷。三歲不覿。象曰。入于幽谷。幽不明也。言乎困而無自出幽之勢也。泰之初九則又曰。拔茅茹。以其彙。征吉。象曰。拔茅征吉。志在外也。言時既泰。則君子志在上進也。君子未嘗不欲救斯民也。又惡進不由禮也。禮喪則道喪矣。吾聞君子守道終身弗屈者有之矣。未聞枉道以徇人者也。

吾嘗觀易焉。其發陰陽之精藴乎。陽息于子而極于巳。消于午而極于亥。故一陽之卦。三十二分之十六而升爲二。又三十二分之八而升爲三。又三十二分之四而升爲四。又三十二分之二而升爲五。又三十二分之一而升爲六。極于巳矣。五陽之卦。三十二分之十六而降爲四。又三十二分之八而降爲三。又三十二分之四而降爲二。又三十二分之二而降爲一。極于亥矣。何其遲于始而速于終也。吾嘗觀易矣。其發陰陽之精藴乎。

天下之物孰爲大。曰。心爲大。仰觀乎天。清明穹窿。日月之運行。陰陽之變化。其廣矣大矣。俯察乎地。廣博持載。山川之融結。草木之繁蕪。亦廣矣大矣。而此心直與之參。混合無閒。萬象森列。而莫不備焉。非直與之參也。天地之所以位。由此心也。萬物之所以育。由此心也。能體此心之量而踐之者。聖人之事也。如羲堯舜文孔子是也。能知此心欲踐之而未至一閒者。大賢之事也。如顔淵孟軻是也。或存或亡。而其功未醇者。學者之事也。董仲舒王通是也。全失其心而唯游氣所徇者。小人之事也。如盜跖惡來是也。然而此心甚大也。未易治也。未易養也。欻然而西。忽焉而東。其妙不測。而乘氣機出入者也。苟失正焉。翩然而風起。滃然而泉湧。有不可殫名者矣。是故孔子敘書。傳禮記。删詩。正樂。序易彖繫象説卦文言。作春秋。何莫不爲此心也。諸氏百子之異説。出則汗牛馬。貯則充棟宇。雖言有純疵。學有深淺。亦爲此心也。心一立。四海國家可以治。心不立。則不足以存一身。使人人知心。若是則家可顔孟也。人可堯舜也。

六經不必作矣。況諸氏百子乎。

天氣之運也。一晝一夜行九十餘萬里。人氣之運也。一晝一夜行一萬三千五百通。是人與天無一息止也。天止一息則災害生。人止一息則疢疾起。君子法天之健以自强。故聖。小人違天以自肆。故狂。是一息不法天則心死一息也。一朝不法天則心死一朝也。人心旣死。是行尸耳。其行事果能合天乎。然則法天亦有道乎。曰。有。存心之謂也。

陰中有陽。陽中有陰。非相同也。而自同同也。非相有也。而自有有也。非相生也。而自生生也。皆自然而已。火性至熱也。而蕭邱有涼燄焉。水性至寒也。而華陽有温泉焉。驗之物化。參之天運。皆自然而已。所以聖人作易。一本之自然。何容心哉。

大學之要。在于三綱八目。孔氏旣著于經。曾子之門人又以所聞而又爲之傳。綱與目之名。無有所謂本來者。何必傳以釋之。自知止而後有定。及聽訟吾猶人也。此之謂知之至也。二條實釋致知格物之傳。蓋未嘗闕也。

蘿山子

馴而弗擾。靖而弗逸。明而勿察。勤而弗煩。四者有失。天下受其害。

文憲文集

興學在乎明經。明經在乎選傅。得良傅。則正鵠設而射志定。土笵齊而鑄器良。聲流教溢。俗轉風移。反是則政隳矣。答郡守聘五經師書。

詩至于三百篇而止爾。然其爲體。有三經焉。有三緯焉。所謂三經者。風雅頌也。聲樂部分由是而建。所謂三緯者。賦比興也。制作法度由是而定。故周官大師之教國子。必使之以是六者。三經而三緯之。所以聽其音節之詳。玩其義理之純。養其性情之正。詩之爲用。其深且大者蓋如此。學詩者。其可不取之以爲法乎。樗散雜言序。

臣聞諸師云。五經之有春秋。猶法律之有斷例也。法律則用刑禁暴以爲之範防。斷例則斟酌物情是非而定罪之重輕也。是故古之君臣無不習乎春秋。使君而知春秋。方能盡代天理物之道。使臣而知春秋。方能盡事君如事天之誠。天衷以之而昭。民彝以之而正。何莫非春秋之教也。然其書法實嚴。必當曲暢以觀其同。參伍以察其變。所謂屬辭比事者始可言也。不然。如涉彼大海。渺渺無津涯。豈一蠡之可測哉。春秋本末序。

書有之。惟天無親。克敬爲親。民罔常懷。懷于有仁。鬼神無常享。享于克誠。曰敬曰仁曰誠。皆中心所具。非由外鑠我也。此心若存。則動靜合道。建中保極之原。清而弗擾。庶績咸熙。否則天飛淵淪。凜乎若朽索之馭六馬。惟欲之從。而罔克攸濟。治忽之幾。其始甚微。不可不慎也。觀心亭記。

六經皆心學也。心中之理無不具。故六經之言無不該。六經所以筆吾心之理者也。人無二心。六經無二理。因心是有理。故經有是言。心譬則形。而經譬則影也。無是形則無是影。無是心則無是經。其道不亦較然矣乎。然而聖人一心皆理也。衆人理雖本具。而欲則害之。蓋有不得全其正者。故聖人復因其心之所有。而以六經教之。無非教之以復其本心之正也。聖人之道。唯在乎治心。心一正則衆事無不正。猶將百萬之卒。在于一帥。帥正則靡不從令。不正則奔潰角逐。無所不至矣。尚何望其能卻敵哉。大哉心乎。正則治。邪則亂。不可不慎也。六經論。

儒者非一也。世之人不察也。有游俠之儒。有文史之儒。有曠達之儒。有智數之儒。有章句之儒。有事功之儒。有道德之儒。儒者非一也。世之人不察也。能察之然後可入道也。游俠之儒。田仲王猛是也。弗要于理。惟氣之使。不可以入道也。文史之儒。如司馬遷班固是也。浮文勝質。纖巧斲樸。不可以入道也。曠達之儒。莊周列禦寇是也。肆情縱誕。滅絶人紀。不可以入道也。智數之儒。張良陳平是也。出入機慮。或流譎詐。不可以入道也。章句之儒。毛萇鄭玄是也。牽合傅會。有乖墳典。不可以入道也。事功之儒。管仲晏嬰是也。跡存經世。心則有假。不可以入道也。道德之儒。孔子是也。千萬世之所宗也。我所願。則學孔子也。其道則仁義禮智信也。其倫則父子君臣夫婦長幼朋友也。其事易知。且易行也。能行之。則身可修也。家可齊也。國可治也。天下可平也。我所願。則學孔子也。七儒解。

斯文。天地之元氣。得其正者其文醇。得其偏者其文駁。世之治也。正文行乎上。則治道修而政教行。世之亂也。正文鬱乎下。則學術顯而經義彰。斯文之正。本乎道。輔于倫理。據乎事。有益乎治。推之于千載之上而合。參之于四海之外而準。傳之乎百世之下而無弊。文得其正。窮泰何足以累之。深裒先生私謚貞文議。

古者立學專以明人倫。子雖齊聖。不先父食久矣。故禹不先鯀。湯不先契。文武不先不窋。宋祖帝乙。鄭祖厲王。猶上祖也。今一切寘而不講。顔回曾參孔伋。子也。配享堂上。顔路曾點孔鯉。父也。列祀廡閒。張載則二程之表叔也。乃坐其下。淳祐初。張居程上。後因國子監集講再定。張遂居程下。顛倒彝倫。莫此爲甚。吾不知其爲何説也。古者奠皆西面。今還神南面。奠者北面。失神道尚右之義。古者大夫束帛以依神。士結茆爲叢。無有設像之事。今摶土而肖之。失神而明之之義。古者既灌迎牲。既奠焫蕭合羶薌。今薰薌太簡。古者郊廟祭享。與凡朝覲會同之事。皆設庭燎。甸人共之。火師監之。其數則天子百。公五十。餘三十。以爲不若是則不嚴且敬也。今乃以秉炬當之矣。古者鬱合鬯。臭陰達于淵泉。既灌然後迎牲。蕭合黍稷。臭陽達于牆屋。既奠然後焫蕭合羶薌。蓋求神于陰陽也。今乃用薰香代之矣。古者士見師以菜爲贄。故始入學必釋菜。其學官時祭皆釋奠。今專用春秋。非也。又襲用魏漢律所置大晟樂。先儒所謂亂世之音也。古之有道有德者使教焉。死則以爲樂祖。祭于瞽宗。此之謂先師。若漢禮有高堂生。樂有制氏。詩有毛公。書有伏生之類也。又凡始在學者。必釋奠于先聖先師。釋奠必有合。有國故則否。謂國無先聖先師。則所釋奠者當與鄰國合。若唐虞有夔伯夷。周有周公。魯有孔子。則各自奠之。不合也。當是時。學者各自祭其先師。非其師勿學也。非其學勿祭也。學校旣廢。天下莫知所師。孔子集羣聖之大成。顔回曾參孔伋孟軻實傳孔子之道。尊之以爲先聖先師。而通祀于天下。固宜。其餘當如其邦之先賢。雖七十二子之祀。亦當罷去。而于國學設之。庶幾弗悖禮意。開元禮。國學祀先聖孔子。以顔子等七十二賢配。諸州但以先師顔子配。今也雜寘而妄列。甚至荀況之言性惡。揚雄之事王莽。王弼之宗莊老。賈逵之忽細行。杜預之建短喪。馬融之黨附勢家。亦厠其中。吾不知其爲何説也。或者曰。建安熊氏欲以伏羲爲道統之宗。神農黄帝堯舜禹湯文武各以次而列焉。皋陶伊尹太公望周公暨稷契夷益傅説箕子。皆可與享于先王。天子公卿所宜師式也。當以此秩祀天子之學。若孔子實兼祖述憲章之任。其爲通祀。則自天子下達矣。苟如其言。則道統益尊。三皇不汩于醫師。太公不辱于武夫也。不識可乎。昔周有天下。立四代之學。其所謂先聖者。虞庠則以舜。夏學則以禹。殷學則以湯。東膠則以文王。復各取當時左右四聖成其德業者爲之先師。以配享焉。此固天子立學之法也。奚爲而不可也。孔子廟堂議。

吾心與天地同大。吾性與聖賢同貴。奈之何隨于曲學。局于文藝。忘其眞實之歸。溺此浮華之麗。顚隮于得失之塗。眩惑于是非之際。縱濫廁于大方。曾不離乎小智。靜言思之。幾欲賈涕。奮自今以爲始。日載惕而再厲。有如升嶽者。當極于崇巓。辟若改火者。須資夫新燧。期融通于高朗。誓薅治其蕪穢。用致知爲進德之方。藉持敬爲涵養之地。續墜緒之茫茫。昭遺經之晰晰。

雖任重以道遠。必篤行而學詣。庶幾七尺之軀。不負兩閒之愧爾。其勉旃以終厥志。自題畫像贊。

磨兜堅。愼勿言。口爲禍門。昔人之云。磨兜堅。人各有心。山高水深。磨兜堅。高不知極。深不知測。磨兜堅。言出諸口。禍隨其後。磨兜堅。鐘鼓之聲。因叩而鳴。磨兜堅。不叩而鳴。必駭衆聽。磨兜堅。惟口之則。守之以默。是曰玄德。磨兜堅。磨兜堅。愼勿言。磨兜堅箴。

附録

年十五。里人張繼之。長者也。告其父曰。是子天分非凡。當令從名師。卽有成爾。乃攜之入府城。俾受業聞人夢吉。習易詩書春秋。通焉。

吴貞文授經于白麟溪上。攻古文辭。金華胡翰亦來從學。致書于先生曰。舉子業不足恩。景濂盍來同學古文辭乎。先生欣然從貞文。博極經史。悉得其閫奥。無幾。貞文解館歸。先生嗣主教席。子弟年十六者皆相從。讀書講道東明山中。受業者一門凡四十餘人。始終越二十年。

至正中。薦授翰林編修。以親老辭。不行。入龍門山。著書踰十餘年。

先生貌豐偉。美鬚髯。視近而明。一黍上能作數字。自少至老。未嘗一日去書卷。

是時義門家長大和方著規範示子孫。公爲參定之。

擢太子贊善。凡一言一動。皆以禮法諷諭。使歸于道。太子每斂容嘉納。言則稱師父。仍書舊學二字以賜。

上嘗問。帝王之學。何書最要。先生以眞西山大學衍義對。上覽而悦之。令左右大書。揭諸兩廡之壁。時睇觀之。一日。上御兩廡。大臣皆侍坐。上指衍義中言司馬遷論黄老事。令先生講析。先生言漢武嗜神仙。好邊功。民力旣竭。譬以重刑。幾至大亂。臣以爲能以義理養性。則邪説不能侵。興學教民。則禍亂不能作。刑罰非所先也。

上問。三代以上。所讀何書。對曰。上古載籍未立。不專讀誦。而尚躬行。人君兼治教之責。躬行以率之。天下有不從教化者乎。上問取士之法。先生言。取士莫善于鄉擧里選。用人莫善于因能任官。任官莫善于久居不遷。

先生于書無所不窺。于文無所不工。兼通二氏學。深入閫奥。至其議論著撰。則一遵紫陽之旨。其論四書有曰。上論首言學。蓋持身之大務也。下論首言禮樂。蓋持世之大務也。持身持世。總是聖賢帝王相傳之要。故以堯曰終之。總之不外一中。上論終之以時哉時哉。卽時中之義。乃孔子取以通天地萬物而渾于一貫者。

先生臨終。作觀化帖八十二字。略云。君子觀化。小人怛化。中心旣怛。何以能觀。我心情識盡空。等于太虚。不見空空。不見不空。大小乘法門不過如此。人不自信。可憐可笑。示恪示懌。蓋其從行二孫也。

歐陽原功嘗目其文如淮陰將兵。百戰百勝。志不少懾。又如晴霽終南。衆皺前陳。攬拾不暇。陳衆仲序先生文集曰。柳公之文。龐蔚隆凝。如泰山之雲層。鋪疊湧沓。莫窮其端倪。黄公之文。清圓切密。動中法度。如孫吴用兵。神出鬼没。而部伍整然不亂。景濂之文。其辭韻沈鬱類柳公。體裁簡嚴似黄公。大哉文乎。不可無淵源乎。

王忠文公記先生思孅人辭後曰。景濂生成公之鄉。特起而拔出。其學博。其志篤。恒以吕氏之學不講爲己憂。而不勝夫景行之思。思之不可見。故辭而著之。託物連類。婉而成章。其意蓋眷眷焉。是殆將以吕氏之學爲學者乎。

方正學祭之曰。公之量可以包天下。而天下不能容公之一身。公之識可以鑑一世。而舉世不能知公之爲人。道可以陶冶造化。而不獲終于正寢。德可以涵濡萬類。而不獲蓋其後昆。其所有者。皆衆人之所難勉。而未嘗自以爲足。其所遇者。皆衆人之所難處。則快然委命。而不置乎戚欣。此公之所以跨越前古。拔彙超倫。控宇宙而獨立。後天地而長存者乎。

又贊曰。細析密微。大包幽邈。庸言極論。莫非正學。翼孟宗韓。沿朱遵洛。簞瓢陋巷。若飫萬鍾。訓物型蒙。惟孝惟忠。

省掾唐先生元嘉

唐元嘉字顯德。蘭溪人。進士釋褐。授仁和縣丞。陞浙江行省掾。至正末。從丞相答剌罕節制金陵。兵敗被執。不屈死之。金華先民傳。

梓材謹案。先生。聞人凝熙先生夢吉門人也。官仁和縣丞時。凝熙没。與同門翰林編修宋濂。原道書院山長吴履等。既相與私謚。又告郡太守祠之學宫。見明文海凝熙墓表。

千户樓先生士寶別見龍川學案補遺。

縣丞姜先生熇

姜熇。澤之孫。能積學。爲名儒。以薦者爲婺州路儒學録。尋舉進士。擢永平延安丞。與宋景濂同出于聞人先生之門。宋文憲集。

山長張先生道生父繼祖。

張道生。金華人。父繼祖字繼之。力學而尙志操。延祐閒。署雙溪書院山長。調瀏陽州學教授。爲復侵疆。先生力學如其父。余觀薦爲武夷書院山長。宋景濂年幼時見教授。教授即相器重。俾同先生師事城南聞人先生。同上。

照磨王先生樫

王樫字德潤。金鄉人。學治經。試進士不中。即棄去。卒爲浙西道肅政廉訪司照磨。兼承發架閣。忤御史。以事中。下符逮就吏。拔刃自剄。先生自幼寓金華。與宋景濂同日從聞人先生學。文憲文集。

張先生孟兼

張孟兼。浦江人。以文詞知名。性耿亮不阿。洪武初。薦入史館。與修元史。累官山東按察副使。所著有白石山房稿若干卷。金華先民傳。

梓材謹案。儒林宗派列先生于凝熙弟子。

附録

誠意伯劉基豪不肯妄下人。而獨喜稱孟兼。上嘗問今天下文章士。基對翰林學士宋濂第一。臣基次之。又其次則有張孟兼。

經略李先生國鳳詳上白雲門人。

吴宋講友

隱君韓先生循仁

韓循仁字進之。其先金華人。明經潔行。隱居授徒。一時名士如宋濂吴履。皆其深交。元末兵起。避地居永康之岡谷。專以山水文集自娱。貧窶無所介意。宋濂嘗爲作菊軒銘。稱之曰。耆年碩德。爲後進矜式。所著有南山集。金華府志。

唐氏同調

助教李草閣先生曄附師鄭僖。

李曄字宗表。其先汴人。元季徙家錢塘。少從永康鄭僖遊。僖奇其才。以女妻之。避兵金華。

翺翔永康東陽二邑間。明初。有司舉奏。補國子監助教。未幾。以病免歸。卜築永康魁山下。講學授徒。與諸詩人唱酬爲樂。累不以貧窶介意。門人唐仲暹編其詩文爲草閣集。凡七卷。金華府志。

梓材謹案。東陽縣志云。其先封邱人。有諱初者。從宋南遷。遂居錢塘。與此少異。又永康鄭僖作從永嘉鄭公僖學。

陳氏家學

陳先生杲

陳先生多遜合傳。

陳杲字孔英。黃巖人。兩峯先生德永子。至正壬辰。兩峯載書史避難山谷中。道江上。遇盜被執。溺于水。力出之。盜以刃加兩峯頸。索金帛。則抱持泣曰。我父老儒。貧無他貲。願以身代死。盜殺之。其弟多遜。復肉袒趨至。請代其兄。身被數創。死而復甦。兩峯乃得免。知州趙宜浩上其事。一死一生。愛親敬兄。蓋同道云。台州府志。

陳氏門人

補長史朱白雲先生右

朱長史語

貫三才而一之者。文也。羲軒之文。見諸圖畫。唐虞稽諸典謨。三代具諸易書詩禮春秋。故易以闡象。其文奥。書道政事。其文雅。詩發性情。其文婉。禮辨等威。其文理。春秋斷以義。其文嚴。然皆言近而指遠。辭約而義周。固千萬世之常經。不可尚已。

白雲遺稿

天相元德。崇信五經。詔取士科。書以朱子訂傳爲主。經生學子。尤知嚮方。則孔氏删定之書將行于今矣。噫。世固有明經而不得以行道者。未有德不明而能行道者也。固有通其辭而不得其心者。未有不察其辭而能知其心者也。然則道之行當自明經始。經之通當自達辭始。達其辭以知其心。即其心以行夫道。奚可以二觀哉。右生也晚。于道未聞。信習是經。積有年矣。集傳之作。非後學所敢妄議。嘗參諸當代名儒。質以所聞父師之教。則不無相發明者。于是謹述集傳發揮六卷。綱領始末一卷。指掌圖一卷。通證二卷。凡一十卷。藏之于家。以詔子孫。蓋以書有古今。時有先後。人心之所同然一耳。心之所同然者何也。謂理也義也。聖人先得我心之所同然耳。苟得其所同然。雖越天地。亘古今。如一日也。書集傳發揮自序。

愚讀禹貢。而知聖人之書法謹而有辨也。其載九州山川地理曲折。及貢賦封域之事。言簡意密。詞嚴義周。一字之閒。含蓄無盡。如書山川。廣平曰原。下溼曰隰。山南曰陽。水北曰汭。地高曰丘。再成曰陶。高平曰陸。瀦水曰澤。其土色。無塊曰壤。土黏曰埴。脈起曰墳。青黑曰黎。玄而疏曰壚。其草木。少長曰夭。上竦曰喬。繇言其茂條無甚長。叢生而積曰苞。其水道。

因水入水曰達。循行水涯曰沿。舟行水上曰浮。絶水而渡曰逾曰亂。大水會小水曰過。小水合大水謂之入。二水勢均相入謂之會。會而合之一謂之同。其治功。除木曰刊。祭山曰旅。致功曰績。可種曰藝。可治曰乂。順其道曰從。得其正曰殷。經始治之謂之載。已盡平治謂之既。其賦法。最薄曰貞。雜出曰錯。其貢賦。常獻曰貢。器盛曰篚。包裹曰包。待命曰錫。非一物曰錯。凡例不過四十。而千萬世之豐功盛德盡在是矣。因詮次以便覽者。禹貢凡例自序。

附録

元至正間。司教蕭山慈谿。因家上虞之五大夫市。博學好古。後進多從之遊。

李雲陽序書傳發揮曰。自集傳既行之後。諸儒之講論益精。考討益密。皆足以發是書之隱而闡其微。于是朱君伯賢復會其所長。附以己見。編而爲集。名曰發揮。蓋非以求異乎蔡氏之傳。乃取以補其闕遺而全之也。

梓材謹案。先生臨海人。後徙上虞。元末。累舉不就。所著又有性理原書。書傳發揮。

雲濠謹案。先生著有邾子世家一卷。阮亭居易録謂其雜采春秋三傳國語爲之。年表一卷。起己未。周平王四十九年。魯隱公元年。終癸酉。周元王八年。魯哀公二十七年。凡二百五十五年。會盟戰伐之蹟具焉。其自序以爲。以邾繫魯。以魯繫周。以周繫天云。

李氏家學

李先生至剛別見草廬學案補遺。

李氏門人

忠介先生泰(一)不華詳上本心門人。

長史朱先生右詳上陳氏門人。

孝子陶南村先生宗儀見下陶氏家學。

匪石門人

知事俞學易先生鎮父天民。

俞鎮字伯貞。崇德人。早承父天民訓講朱輔之學。長受業于鄧文原。通五經。尤精于易。延祐丁巳。領鄉薦第一。官至建德路知事。以文學顯于世。得其指授。悉爲聞人。扁齋居曰學易。門人稱爲學易先生。有修詞稿二十卷行世。崇德縣志。

參政王先生士熙別見泰山學案補遺。

(一)「先生泰」當爲「泰先生」。

參政周堅白先生伯琦別見草廬學案補遺。

馮先生思温

馮思温。鄧善之門人。官集賢大學士。黄文獻集。

班先生惟志

班惟志。善之門人。官集賢待制。同上。

邱先生以道

邱以道。鄄城人。幼從鄧善之執業。已穎悟異凡兒。長益務學。有操尙。以容德名齋。而善之爲之箴曰。惟人稟靈。萬類攸司。執德務宏。燭理慎微。在易著象。謙吉莫比。包荒爲泰。包承爲否。容以虚受。恕視人己。匪曰尙同。混彼涇渭。趣舍或偏。薰蕕斯異。弗罪馭吏。弗擾獄市。時稱善治。皆容之細。世俗道漓。交匪義合。或矯言笑。中華外洽。錦穽不戒。禍逾衷甲。咨爾深省。中和是經。勿詭而慝。勿隘以爭。視嵩不高。如衡持平。如水鑑物。而不留形。休休有容。我思孟明。或用箴言。以配座銘。鄧巴西集。

陶中山先生□

陶□。鄧善之門人也。世居大梁。而宦遊于昇。往來溧水間。以中山自號云。牆東類稿。

牟氏家學

牟南軒先生若畯見上己齋門人。

紀善牟惺惺先生完

牟完字元亮。號惺惺主人。黄巖人。楷從孫。天性謹厚。博學能文。洪武九年。廷試首選。擢吏部驗封司主事。尋簡耆儒輔導親藩。改燕府紀善。仁廟爲世子。實受業焉。所著有四禮家儀。台州府志。

西山門人

隱君潘先生伯修附師林興祖。

潘伯修字省中。黄巖人。少從陳紹大習舉子業。後從林興祖游。林大器重之。嘗三中省試。至春官輒不偶。遂隱居教授。多所著述。旁通天文地理律曆之學。爲詩文皆寓微意。曰。文章不關世教。雖工無益也。方氏兵起。泰不華來鎮黄巖。每咨訪焉。後方氏劫致慶元。欲使長幕府。力辭歸。用事者不悦。使盜待諸隘。殺之。所著有江檻集。台州府志。

附録

黄雲泉有言。潘先生。莫邪大劍也。其精光足以動星斗。其鋒鍔足以破堅珉。而不保其缺折之患。雖有。不害其爲千金之寶也。嗟夫。寧爲玉碎。不爲瓦全。其潘先生之謂歟。

提舉趙澄南先生友蘭見上本心門人。

潘氏講友

山長姚一庵先生慤

姚慤字仲誠。號一庵。黄巖人。應元子。嘗從林興祖遊。敦行善。文林雅器重之。至正丁亥。中浙江鄉試第七。計偕。極口論天下事。有司以爲不識忌諱。黜之。考官黄溍力爭。歎曰。爲之在我。成之在人。當道聞其賢。爲立登俊坊以表之。後薦授江東書院山長。台州府志。

祭酒門人

博士張先生文華

張文華字彦光。東陽人。從祭酒許存仁游。以仁孝稱。縣令謝寧述職。薦于朝。以翰林博士召。赴京面辭。遂放還。東陽縣志。

劉先生鏞

劉鏞。許祭酒存仁之徒也。祭酒字以叔聲。且爲之説三百餘言。而載九靈題其後。戴九靈集。

范氏門人

祭酒許先生元詳上白雲家學。

端木先生孝思

端木孝思。溧陽人。少學于金華范祖幹之門。實朱吕道學正傳。後寓于洪州。時趙鐵峯熊雲西熊西宇學問金華。同一傳授。其門人子弟如傅拱辰熊伯機。一見而契所聞。相與推敬之。其書學師事翰林學士危太樸。待制朔儔。皆嘗受業于趙文敏者。使朝鮮還。擢武庫員外郎。謝病歸。解學士大紳序以送之。解春雨集。

唐氏門人

徐先生孳

徐孳。唐思誠門人。思誠卒。狀其行實。宋文憲集。

歐陽家學

歐陽先生佑

歐陽佑字公輔。文公之孫也。潛溪謂其問學精該。論議英發。無愧于家學云。宋文憲集。

歐陽門人

教授蘇先生伯衡詳下蘇氏家學。

參政貢先生師泰詳見草廬學案。

教諭解筠澗先生開

解開字開先。吉水人。學士縉之父也。明兵起。守臣梁克中欲棄地去。先生往見。爲劃計招附羣雄。郡賴以安。後遁迹山中。明初。徵爲本縣師。訓迪有方。吉水文學之盛。自先生始。學者稱筠澗先生。著有書解文集若干卷。人物志。

雲濠謹案。春雨學士表鑑湖阡云。公治五經。皆有師授。書易得之家傳。講于竹坪劉先生。始授春秋于如愚黃先生。至正初人太學。講于吾素王先生。元慶毛先生。學禮于太古熊先生。少時學詩于申齋桂隱二劉先生。後益爲古文辭。詩歌師事黃文獻公。揭文安公。卒業于楚國大司徒歐陽文公之門。又云。先公少從大父學于永豐于信于瑞。通五經。書易講于竹西滄浪二劉先生。明德夏先生。道益張先生。與耕王先生。學春秋于如愚黃先生。叔父蒼林先生。餘同。

太學周先生子直

周子直字□□。吉水人。太學生。與解開先同出入于歐陽文公揭文安公之門。早卒。解春雨集。

解氏講友

隱君歐陽莘雲先生衡

歐陽衡字師尹。吉水人。文忠公修十六世孫也。元事解開先。學者稱莘雲先生。至正舉進士。不仕。隱居山谷閒。時四方大亂。尙有學者義而從之。先生不拒也。先生于書無所不讀。讀無不記。雖山經地志。稗官小説。醫藥之術。皆通析融會。所著文集若干卷。解春雨集。

雲濠謹案。春雨學士少時嘗從講學于先生。見其所作文忠譜序。

黄先生琢

黄琢字玉潤。吉水人。以春秋教授鄉里。有春秋舉要行世。吉安府志。

蘇氏家學

補教授蘇先生伯衡

雲濠謹案。解大紳送劉孝章序云。以所爲文求正于平仲蘇先生。先生與先君子受業于黄歐。爲同門。則先生固黄文獻歐陽文公門人也。

梓材謹案。先生所著有空同子二十八篇。全文集共十五卷。

空同子

聖賢道德之光。積于中而發乎外。故其言不文而文。譬猶天地之光。雨露之潤。物之魂魄以生花蔓毛羽。極人力所不能爲。孰非自然哉。故學于聖人之道。則聖人之言莫之致而致之矣。學于聖人之言。非惟不得其道。並其所謂言。亦且不能至矣。

附録

先生嘗作畏愼箴曰。君子容心若救火。用畏爲水。若防川。用畏爲土。若馭馬。用畏爲勒。肆厥心罔有弗存。君子莅事若治絲。用愼爲經。若運輻。用愼爲轂。若除蔓。用愼爲斤。肆厥事罔有弗濟。其見幾防患如此。而卒不免。天下傷之。

朱氏門人

文憲宋潛溪先生濂詳上凝熙門人。

醫學趙太初先生良本

趙良本字立道。浦江人。宋宗室周王元儼十世至先生。少時好讀書。從學于吴貞文。通經史大略。有得諸心。輒先于行事。柳待制先生父友雅愛其爲人。命從朱先生震亨游。朱先生老儒。

通醫。盡傳以其術。監察御史聞其精于醫。薦授醫學正。不就。闢一室以居。研摩養生之說。三十年無懈。自號太初子。洪武六年卒。年七十。宋文憲集。

賈先生思誠

賈思誠。丹溪高第弟子也。有張録事判官者。以勞致疾。疾初作。大熱發四體中。繼之以昏仆。迨其甦也。雙目暈眩。耳中作秋蟬鳴。神思恍惚。延丹溪治之。丹溪曰。内搖其精。外勞其形。以腐其陰。以耗其生。宜收視返聽于太虚之庭。不可專藉藥而已之也。因屬先生留以護治之。先生視之如手足之親。無所不致其意慮。其怒之過也則治之以悲。悲之過也治之以喜。喜之過也治之以恐。恐之過也治之以思。思之過也治之以怒。其逆厥也。藥其湧泉以寤之。其怔忡也。按其心命而定之。如是數年而疾瘳。宋文憲集。

隱君戴先生士垚

戴士垚字仲積。浦江人。仲能之兄也。戴爲其鄉望族。子孫盛衍。先生分卑年少。一旦學識出諸父右。而能敬讓自持。不矜不揚。商事榷理。一族爲之聳聽。其母病。久不瘳。醫之知名者悉迎致。其藥餌之品。多附子靈砂之屬。錢動數萬計。先生營治勤悴。而病益以增。後遇烏傷朱彦修。始知其藥之非。方圖改法。而母病不可爲。先生痛追于心。旦暮號泣。幾不能終喪。既而曰。吾母不可復作。而他人之有親也。醫復持是殺之。其禍不更慘乎。乃悉取素難靈樞甲乙太素等書讀之。復奉幣彦修。以質其疑問。盡得金名醫劉張李三家之説。不數年來。隱名動吴越閒。有不遠數百里來迎者。先生以脈證形色定人死生。治不治輒先喻日期。後僂指徵之。百不失一二。至是益知母死之非命。痻瘵修省。怨悔内積。書雖强顔與人接。夜則咨嗟涕洟。衾枕爲之盡濡。如是者十餘年。遂至陰消陽勝。而痿痱之症作。僅一載竟卒。年四十三。宋文憲集。

梓材謹案。先生爲丹溪門人。丹溪嘗書五紙與之。及其子原禮。亦見文憲集。

提舉戴九靈先生良詳上凝熙門人。

太醫戴先生原禮

戴原禮名思忠。以字行。浦江人。家世業儒。究心醫術。而志在澤物。少隨父徒步至烏傷。從朱丹溪遊。丹溪盡授其術。丹溪門弟子頗多。惟先生父子最得其傳。父早卒。先生以名醫徵。官至太醫院使。明文海。

雲濠謹案。金華徵獻略載。先生醫既有名。吴中高士王賓願受方書。先生曰。北面拜受乃與。賓不肯。一日見先生他出。賓入室取其書去。賓不娶。臨死。以書授盛寅。侍文宣兩朝。皆有聲云。

王氏家學

都事王先生祖孝

王祖孝。御史餘慶之子也。被選爲長史。清愼雅厚。綽有父風。改調樞府都事。戴九靈集。

王氏門人

縣令高先生復亨

高復亨字本中。□□人。元時游燕京。從太史金華王餘慶學。及遊學士歐陽玄諸名公之門。洪武中。詔爲總戎掌書記。改河間獻縣。坐累謫鍾離。未幾。詔起官。復知諸城。樹學延儒。教化大行。尋以事免歸。姓譜。

李氏家學

補 侍郎李先生希明

雲濠謹案。先生一名謐。攝刑部尚書事。卒于官。見東陽縣志循吏。

戚氏門人

吕先生□

梓材謹案。吕水西遺諸孫學于戚氏。黄文獻爲水西墓誌。孫七人。熙。忠。燧。炯。燁。烜。焕。

朱氏家學

編修朱先生廉 別見滄洲諸儒學案補遺。

朱先生世沅

朱世沅。裕軒先生同善之子也。與兄世濂梓材案。世濂亦名濂。又作廉。潛溪並稱爲佳士。宋文憲集。

朱氏門人

經歷鄭先生泳見下宋氏門人。

公饒家學

院掾李節孝先生貫道附師張恭叔。兄怡堂。

李貫道字師曾。東陽人。篤學厲行。隨父裕仕陳州。師事張恭叔。甚器之。至正癸巳。魁浙榜。甲午登進士。授鄱陽縣丞。未第時。從兄怡堂研究性命之學。又與陳樵陳及析疑問難。自經史至卜律算數。無不淵通。至正戊子。遊浙西時。楊廉夫鄭明德蔣子中高納麟交薦爲和靖書院山長。黄侍講溍赴召。道吴門。見而喜曰。師曾。我師友也。能繼其家聲。必有以光道州之業矣。其見重如此。以薦辟詹事院掾。尋扈駕上京。以疾卒。門人私謚節孝先生。著有敝帚集。桂坡集。

仲倫門人

學官楊鶴巖先生芾别見滄洲諸儒學案補遺。

蔣氏家學

蔣先生大同

蔣大同字伯康。以字行。東陽人。嘗修義塾。以教鄉里。子弟幾數百人。供給衣糧庖湢者四十年。賑恤顛連無告者不問親疏。歲饑有倉。行旅經其門有資給。死有賻。而婚嫁者有助。人干貸之者。即如數無吝。甚見重于當時云。隆慶東陽志。

梓材謹案。宋文憲集以先生爲貞節先生之長子。善承其家學云。

附録

宋潛溪題其小像後曰。伯康立身行己。動法古人。阽危之際。又能力持其家。使勿墜。又曰。吾婺自東萊吕成公傳中原文獻之正。風聲氣習藹然如鄒魯。而其屬邑東陽爲尤甚。伯康向學之美。自非前修流風遺澤有以薰蒸之。未必遽至于此也。

蔣氏門人

朱先生茂遠

朱茂遠。南溪人。蔣若晦内兄之子也。問學暇日。游觀遠懷亭。感興裁詩。若晦嘉其能進之意。次其韻而酬之。貞節遺文。

張氏家學

御史張先生讓禮

張讓禮。金華人。匡敬子。隱居積學。有父風。洪武初。以明經聘起。赴京入對稱旨。命典國學。除監察御史。按撫中都。政聲赫然。越四年卒于官。金華府志。

江氏門人

程龍麓先生斗附門人程惟善。戴彥則。

程斗字仲元。開化人。世居龍山。號龍麓子。受業三江先生之門。傳性理之學。尤長于詩文。有龍麓子集。若程惟善戴彥則皆出其門。衢州府志。

方氏門人

宋先生濂詳上凝熙門人。

木訥門人

贊善章先生溢

章溢字三益。龍泉人。元末。統鄉兵保捍鄉土。入明。擢浙東按察司僉事。胡深兵入閩陷没。

處境復驚。先生爲副使。往撫之。先生至閩。誅其首叛者數人。民乃定。官至御史中丞兼太子贊善。姓譜。

附録

弱冠從鄉先生王剛叔游。從事于正心脩身之學。既又聞金華爲文獻之邦。閒出游。以咨叩其統緒。

與學士大夫談聖賢之道。如味飴蜜。尤篤尚伊洛之學。嘗曰。古人爲學。皆躬行實踐。人倫日用之閒。無非學也。今人以記誦詞章爲務。特學之末事耳。故于章句之習。皆不以屑意。而于綱常之大端。有關于世教者。恒切切爲人言之。

郎中胡先生深

胡深字仲淵。龍泉人。生有奇質。讀書過目卽成誦。師王木訥毅。元末。統鄉兵保障處州。入明。累擢浙東行省左右省郎中。總制處州軍民事。先生興利除害。惠愛甚多。後以征福建陳有定遇害。追封縉雲伯。姓譜。

梓材謹案。先生與章中丞並爲葉繼道學侶。卓忠貞敬誌繼道墓。稱胡參軍迎入括軍。敬事尤謹云。

附録

于醫尤精。常曰。窮而在下者不能及物。惟醫可能濟人耳。其守鄉郡凡五載。馭衆一以寬厚。用兵十餘年。未嘗妄戮一人。

章先生存道

章先生存誠合傳。

章存道。括蒼人。與其弟存誠。王訥齋先生高第弟子也。皆篤學力踐。能弗畔先生之教。宋文憲集。

主簿葉靜齋先生子奇

葉子奇字世傑。龍泉人。至正庚寅。以薦試方州。中第四人。退隱不仕。明初。浙江行中書省以學行薦。授岳州巴陵簿。尋致仕。卒。先生少穎悟。壯遊王剛叔門。聞理一分殊之旨。乃知聖賢之學不貴多聞。以靜爲主。因自號曰靜齋。所著有範通元理。草木子等書。兩浙名賢録。

元帥季先生汶

季汶字彦文。龍泉人。元至正中。率壯士從石抹宜孫討賊。授義兵萬户。明兵破處州。擢安南翼總管。賀李二將叛。殺總制孫炎。先生與邵平章夾擊。遂誅之。陞處州翼同知元帥。宋文憲集。

徐先生操

徐操。

項氏家學

迪功項先生鼎

項鼎。鄉貢良才之長子也。以孝友聞。對策鄉校。力詆權臣。以胡公良在朝。補官迪功。準遺浙東臬臺。黄文獻集。

何氏門人

丁雲崖先生存

丁存字性初。義烏人。性質樸不外撓。博學善屬文。尤長于詩賦。屢徵明經不就。嘗游宗文何先生門。相與闡明理學。以遡金許之傳。晚年優游盤谷。四方學者羣趨之。所著有雲崖雜稾。兩浙名賢録。

葛氏家學

長史葛先生誠

葛誠。原名信。字誠夫。隱君巖之子。幼承家學。以文章才器爲方孝孺所推。孝孺嘗過其好古齋。爲作記以薦。官秦府湘府長史。改燕府。與護衛指揮盧振俱被殺。著有順善集四卷。愚齋雜著二卷。東陽縣志。

梓材謹案。方文正好古齋記云。余遊太史公之門。東陽葛君信亦以其業來學。是先生固潛溪門人也。

白雲再傳

學録許先生怡

教諭許先生愉並見滄洲諸儒學案補遺。

俞先生善衛

俞善衛字原善。麗水人。有學行。嘗從許文懿公門人游。宋文憲集。

端先生禮

端先生智合傳。

端禮。溧水人。與弟智。從許文懿公門人遊。循循雅飭。有士君子之行。端氏出于孔門弟子子貢。衛人也。其姓端木。後人以省文。獨呼爲端云。宋文憲集。

梓材謹案。二端當是范氏弟子。端木孝思兄弟行。

戴氏家學

戴先生禮

戴禮。九靈子。能守其家學。金華徵獻略。

戴氏門人

補 處士李先生孝謙

梓材謹案。先生名本。孝謙其字也。黄氏千頃堂書目云。鄞人。葢鄞人傳寫之訛。

唐先生輪

唐先生轂合傳。

唐先生輻合傳。

唐輪。唐轂。唐輻。句章人。皆轅之弟也。戴九靈至鄞。轅率諸弟學于九靈。九靈字轅以伯度。輪以仲規。轂以叔直。輻以季齊。而爲之説。九靈山房集。

唐先生林

唐林。句章人。起賢之冢子。從戴九靈遊。九靈爲取班固學林之語。而字之以孟學。且爲説以告之。仝上。

訓導趙先生友同

趙友同字彦如。長洲人。沈潛温雅。有行誼。自少篤學。嘗從宋景濂游。洪武末。任華亭訓導。與修永樂大典。五經四書大全。姓譜。

章先生蟬

章蟬。九靈學徒也。嘗取韓退之詩語。扁其講學之齋曰耘業。九靈爲之銘。曰。士之于學。猶農之于田。耘而又耘。其業乃專。伊士所穡。何穡非性。由是而賢。由是而聖。惟四其端。仍五其常。既六其藝。亦三其綱。此而致力。是曰種學。始之不耘。終何以穫。去其害苗。耔而耨之。捕其食心。長而茂之。乃秀乃穎。乃堅乃好。乃觀厥成。有相之道。舍是奚植。怠是奚收。不植不收。誤我有秋。昔唐昌黎。庶幾知此。而以耘業。勉其學子。咨爾章生。是則是傚。匪以銘齋。亦克允蹈。九靈山房集。

夏先生璿

夏璿。鄞人。居郡東五里。戴九靈嘗客授其家。與其兄弟遊。以先生爲夏氏賢子弟。戴九靈集。

何氏續傳

鄉薦何先生本道

見下宋氏門人。

陶氏家學

孝子陶南村先生宗儀

陶宗儀字九成。天台人。博物洽聞。明于處世。至元間。避世松江之亭林。力耕以給食。然雅好著述。雖在甽畝。以筆硯自隨。嘗預置一甕于樹間。遇有所得。輒書以投其中。久之遂取次成帙。名曰南村輟耕録。行于世。姓譜。

梓材謹案。台州府志載。先生祖居黄巖之陶夏。後徙湫水。又言。其出游浙東西。師潞國張公翥。永嘉李孝光。京兆杜本。家甚貧。擢松江教授弟子。至正間。浙帥泰不華。南臺御史。辟舉行人校官。皆不就。晚益閉門著書。世所共傳輟耕録及説郛一百卷。書史會要九卷。四書偹遺二卷。又案。東維子銘其父墓。稱之爲陶孝子。

澄南門人

潘先生鯁

潘鯁。

鞠隱門人

補 尚書陶耐久先生凱

梓材謹案。台州府志以先生爲臨海人。官至禮部尚書。贈太子少保。以旌其忠。

德基門人

許先生季禮

許先生兌亨合傳。

許先生升亨合傳。

許先生大有合傳。

許先生中孚合傳。

許季禮。兌亨。升亨。大有。中孚。登吴德基李草閣之門。各以文學見推于遠近。王海日遺文。

宋氏家學

補 宋先生璲附子懌。

宋璲字仲衡。文憲公濂之次子。博雅善詩文。尤精書法。與宋克諸人齊名。洪武中。以薦爲中書舍人。一日。帝出元内庫蟠桃核半片。大可盈掌。命文憲記。使先生書之。稱爲雙絶。所著有水簾洞玉兔泉諸詩集。子懌力學。復工書。浦陽人物補遺。

宋氏門人

庶子鄭先生濟

鄭濟字仲辨。浦江人。洪武中。以東宫官屬久闕。命廷臣舉孝廉節義之士。廷臣以浦江鄭氏對。上曰。鄭氏知之素矣。其里人王氏能倣鄭氏家法。皆可選用。乃徵兩家子弟詣闕。以先生爲左春坊左庶子。王懃爲右春坊右庶子。餘皆給道里費遣歸。姓譜。

梓材謹案。先生著有大學正文一卷。方文正序其後言。太師金華宋公。欲取朱子之意。補第四章句。以授學者。而未果。浦陽鄭君仲辨。授學太史公。預聞其説。而雅善篆書。某因請以更定次序書之。將刻以示後世云。

參議鄭先生湜

鄭湜字仲持。浦江人。洪武中。有誣其家交通賊臣者。禍不可測。先生與其兄濂爭下獄。太祖聞言召見。慰諭甚至。拜先生爲福建布政司左參議。姓譜。

鄭貞孝先生淵

鄭淵字仲涵。浦江人。從潛溪游。先後十有餘年。潛溪謂。其于予義則師友。情如父子也。初年學舉子業。再踐場屋不合。乃棄去。潛心秦漢以來諸文章大家。又棄去。取羣聖人之經而燖温之。窮其道德性命之祕。質于濂洛關閩之説。充然如有所得。益思明體而適諸用。母病革。思食西域瓜。既食而卒。先生見瓜。終身弗忍食。居父喪。拊膺悲號。絶而再蘇者數四。有薦爲月泉書院山長者。辭不就。性好施與。絲毫事必咨稟于長者。不敢私。著有遂初齋稿十卷。續文類五十卷。其卒也。潛溪以爲宜私謚貞孝處士。宋文憲集。

梓材謹案。先生子楷狀潛溪行實云。與弟子入龍門山。著凝道記。及著孝經新説。周孔集注等書。弟子乃先公貞孝處士也。又云。楷自垂髫時。嘗侍先公。拜先生于林下。先生不以童子無知。即辱進而教之。故自稱門人。然則先生父子同在潛溪之門矣。

鄭先生泳

鄭泳字仲潛。浦陽人。温州路總管府經歷。以文學鳴。娶朱裕軒同善之女。歲時來會。與裕軒二子旁侍。問答經義。金春玉應。聽者欣欣忘倦。宋文憲集。

梓材謹案。先生封都事彦貞鉉之次子也。宋潛溪志都事墓云。彦貞仲子泳。與從子深。同講授脱脱太師家。彦貞爲書數千言。陳時政之弊。令進于太師。太師多采而行之。又言。彦貞子五人。長漢。才優識精。雖不大聲色。弟子莫不畏之。量入爲出。而其致用恒裕如也。次即泳。次湜。東陽丞。人謂才如長兄。次渶。江浙行省宣使。次㴶。孫十人。楨。棫。榦。樞。模。格。棠。米。杞。樹。又云。不敏與彦貞有連。而彦貞子若孫又皆從濂授經。則先生固在文憲之門矣。其子行如棠。已爲列傳。餘且俟博考以載入。又案。四庫存目著録先生鄭氏家儀。無卷數。提要言。其書依五禮分爲五篇。蓋本司馬氏書儀朱子家禮而損益之。並録其家日用常行之式編次成書云。

王先生綬

王綬。待制褘長子。潛溪門人。文憲文集。

博士王先生紳別見滄洲諸儒學案補遺。

鄭貞義先生洧

鄭洧字仲宗。浦陽人。從潛溪執經爲最久。叔端伯。其子也。文憲文集。

梓材謹案。先生爲右庶子濟之弟。庶子跋潛溪文粹云。青田劉公所選定。濟及弟洧。約同行之士劉剛林靜樓璉方孝孺相與繕寫成書。又案。金華府志載。仲德濂以事坐死。弟洧就吏死于京。人哀之。私謚曰貞義處士。

鄭先生渙

梓材謹案。先生爲仲舒之弟。嘗及潛溪之門。見潛溪集跋語。

鄭先生澳

梓材謹案。潛溪爲旌義編引云。太常博士濤以爲三規閱世頗久。其中尙有隨時變通者。乃帥三弟泳澳湜白于二兄濂源。同加損益。而合于一義云。予與源爲姻家。濤爲同門友。而泳等又皆執經從余學。是先生亦潛溪門人也。

鄭先生灝

鄭灝。浦江人。嘗從宋景濂學經于郡庠。宋文憲集。

王先生璉

王璉。長山人。器局沈凝。學問精密。師事宋景濂。洪武中。擢史館編修。選入文華堂肄業。尋攝御史。按河南。回奏稱旨。上説。謂近臣曰。文華堂諸生如王璉等。皆異日將相才也。姓譜。

御史黄先生昶

王㊀昶字叔暘。義烏人。文獻公溍之曾孫也。受業宋景濂之門。能古文辭。洪武中。拜監察御史。兩浙名賢録。

指揮胡先生楨

胡楨。龍泉人。王府參軍深之子也。潛溪授經青坊。先生以伴讀侍皇太子研席。因從潛溪遊。後擢僉處州衛指揮使司事。宋文憲集。

薦辟林先生靜

林靜字子山。號愚齋。吴興人。系出艾軒。嘗從宋潛溪遊。研窮九經百氏之書。黄晉卿守㊁文子貞皆延譽之。用御史辟署安定書院山長。辭不赴。篤志濂洛關閩之學。寤寐不忘。宋文憲集。

㊀「王」當爲「黄」。

㊁「守」當爲「宇」。

附録

嘗爲潛溪像贊而序之曰。公乘文明之運。贊一代之治。以其餘力。使學者復古。屏棄科第之趨。一闢于理學之學。其功不在朱子下。海宇之内。一人而已耳。

奉訓吴先生志道

吴志道。浦江人。集賢學士直方之次子。淵穎先生萊之弟也。官崇文監丞。奉訓大夫。從潛溪學最久。宋文憲文集。

鄉薦何先生本道

何本道。北山先生諸孫也。嘗受鄉薦。肄業成均。嘗執經從潛溪學。宋文憲集。

伴讀陳先生晟

陳晟字子晟。連江人。以周易解禮。部選爲楚王府伴讀。嘗從潛溪學文。同上。

檢討鄭道山先生棠

隱君鄭清逸先生柏合傳。

鄭棠字叔美。浦江人。與弟柏。俱受業宋潛溪之門。雲濠案。兩浙名賢録云。與從兄楷。弟桓。俱受業宋景濂之門。桓卽柏字之譌。以文詞知名。先生尤善馳騁。永樂與纂修大典。除翰林院典籍。陞檢討。以疾辭歸。所著金史評。元史評。及道山集二十卷。柏字叔端。隱居著書。或以其名達之蜀王。王曰。可謂清逸之士。人因以清逸處士稱之。著有聖朝文纂。文章正原。續文章正宗。金華賢達傳。進德齋稿。金華先民傳。

長史鄭醇翁先生楷

鄭楷字叔度。檢討棠之從兄也。蜀王聞其賢。奏除王府教授。賜號醇翁。陞長史。致仕。著有鳳鳴集。兩浙名賢録。

侍郎樓先生璉

樓璉字建連。金華人。嘗從宋景濂學。洪武中。以儒士召。歷官監察御史。謫戍雲南。建文時復官至侍郎。姓譜。

訓導趙先生友同見上戴氏門人。

劉先生剛

劉剛字養浩。義烏人。博學能文詞。遊京師。學文于宋文憲濂。義烏縣志。

鄭先生檝

鄭檝字叔通。溓之子。少凝慤寡言。能暗誦易詩書論語孟子。嘗從潛溪遊。年僅二十。宋文憲集。

駙馬李先生祺

李祺字子祺。定遠人。太師善長之子。尙順德公主。爲駙馬都尉。少嘗受業于潛溪。潛溪稱其好學。宋文憲集。

都督馮先生誠

馮誠字擇善。定遠人。郢國公國周之子。官都督。篤好學問。嘗受學于潛溪。同上。

中書張先生馮

張馮字子翼。瑞安人。以文學薦于朝。擢奉常贊禮郎。監祀廣西行中書。事潛溪惟謹。同上。

俞先生恂父大有。

俞恂。金華人。學于潛溪。父大有。尤好學。同上。

郭先生濬

郭濬字□□。寧海人。爲太學生。嘗從潛溪遊。以文學知名于時。同上。

太學王先生允中

王允中。建康人。潛溪司業成均時。爲日新齋生。執經侍左右。潛溪稱其神凝而志恬。同上。

伴讀王先生驥

王驥字致遠。錢塘人。年二十。即以春秋預薦浙江鄉闈。肄業成均。選爲諸王伴讀。入吴府。從宋學士學治經。兼攻文辭。宋文憲集。

黄先生宿見下平仲門人。

常贊黄先生仁

黄仁字淵靜。甌寧人。以易經舉鄉貢進士。選爲太常贊禮郎。嘗從潛溪學明經。宋文憲集。

編修張先生唯

張唯。廬陵人。元季義士光遠之季子也。流寓河南。薦除國史編修。仍俾肄業于堂。宋景濂見其有儁才。特請于上。録爲弟子員。宋文憲集。

王先生黼

王黼。虎林人。讀春秋而好爲文。問法于潛溪。潛溪作文説以贈之。文憲文集。

桂先生慎別見靜明寶峯學案補遺。

張夢庵先生肯

張肯字繼孟。一字寄夢。吴人。少從金華宋景濂學。所爲詩文。清麗有法。年八十餘卒。著有夢庵集。姑蘇志。

鄉貢徐先生友聞

徐友聞字季益。昌國人。自郡諸生貢入成均。奉旨受事中書。執經問難于潛溪。宋文憲集。

蔣先生學別見靜明寶峯學案補遺。

沈先生新民

沈新民。錢唐人。嘗從潛溪學經。文憲文集。

宗先生思睿

宗思睿。潛溪門人。

長史葛愚齋先生誠見上葛氏家學。

郎中吕雙泉先生熒父桌。

吕熒字愼明。永康人。父桌。博覽經史。先生幼承家學。稍長。復從潛溪遊。爲文章純正蔚贍。有奇氣。洪武中。吴沈以才德兼備薦于朝。歷官周府左長史。改刑部郎中。未幾。因事忤旨坐罪。縉紳惜之。所著有雙泉文集。金華府志。

李先生□

李生者。四明人也。嘗師潛溪。潛溪稱其爲人凝重。而不遷于物。穎鋭有以燭諸理。間發爲文。如水湧而山出。喧啾百鳥之中。見此孤鳳凰。越一年别去。潛溪作詩以送之。宋文憲集。

李氏門人

唐委順先生光祖詳見唐氏家學。

許先生季禮

許先生兑亨

許先生升亨

許先生大有

許先生中孚並見德基門人。

潘氏門人

隱君黄元白先生中德

黄中德字觀成。黄巖人。幼穎悟。受學于潘伯修之門。伯修爲方國珍所害。乃歎曰。人生于三。事之如一。讐其不㈠可不復乎。聞明師至婺。卽持書間道詣軍門。請爲師復讐。會方氏歸附。事乃寢。遂與其徒徜徉山水間。不復有仕進意。學者稱爲元白先生。台州府志。

隱君金水南先生道源附子礎。從子茂。

金道源字本仲。號水南。黄巖人。少好學。從潘伯修遊。博通羣經。隱居松巖山中。四方從遊者衆。所著有水南稿。子礎字廷器。有采蘭集。朱右爲序。從子茂字敬禮。有澹庵稿。同上。

解氏家學

御史解滄江先生綸

解綸字大經。吉水人。縉之兄也。洪武戊辰。與縉同舉進士。任御史。姓譜。

梓材謹案。學士狀先生行實云。伯兄于予。有父道焉。有師道焉。又言。其從族父元禄學易。又從高公文聲。

㈠「不」衍。

學士解春雨先生縉

解縉字大紳。吉水人。父開與弟闓有名。稱二解先生。年十九。舉鄉試第一。洪武二十一年。與兄綸同舉進士。官至翰林學士。兼右春坊大學士。先生少登朝。才高任事。直前好臧否。鯁直無顧忌。卒以讁死。列卿録。

梓材謹案。春雨堂題跋云。縉受學于太史蘇公平仲。則先生蘇氏門人也。

解氏門人

周先生徧

周徧字尚志。吉水人。知循州堯章之曾孫也。從解開先游。少開先二十二年。開先始教而受學焉。開先承累世之傳。以淑諸人。嘗曰。數十年來。觀尚志之誼。不辱吾門者也。解春雨集。

縣官徐先生子耕附師王勤窗。

徐子耕字□□。吉水人。入縣庠。從解開先學成充貢爲太學生。分教山西。擢爲廣東縣官。有政聲。始其父遺之從王勤窗先生學。所以奉事之如嚴君。後開先之叔季通主其家。先生二子從學。所以奉事之如勤窗。冬官主事廣成其一也。解春雨集。

歐陽門人

學士解春雨先生縉見上解氏家學。

周先生源

周源字子深。廬陵人。篤志于學。師事黄玉澗歐陽萃雲二先生。皆元季大儒。經學粹。善講説。尤以節操稱之。先生事之盡禮。盡得其説。而于書春秋之旨蓋豁如也。嘗闢地搆精舍。積書以訓子弟云。解春雨集。

平仲門人

解先生縉見上解氏家學。

黄先生宿父逢源。

黄宿字仲昭。浦江合溪之同居者也。父逢源字資深。與兄弟相友愛。先生學于蘇伯衡。又游于宋學士濂之門。以文詞稱。洪武丁卯。伯父逢吉以非罪陷重刑。先生挺身代行。死于法。鄉里哀之。金華徵獻略。

黄先生謚

黄謚。浦江合溪人。與從父宿。同學于蘇平仲。先生爲人慷慨孝友。能濟人之乏。解人之紛。

其父隆會讐人誣陷。會訊京師。先生往白其冤而卒。同上。

章氏家學

章先生藴

章先生德並見横渠學案補遺。

胡氏家學

指揮胡先生楨見上宋氏門人。

耐久門人

翰林張古學先生廷璧

張廷璧名轂。以字行。號古學。臨海人。穎悟絶倫。工草書。善詩文。嘗學于陶中立。洪武中。爲河南大倉訓導。改仙居令。永樂初。授帖翰林。應二十八宿之選。未幾。同進者皆授中書舍人。先生以歸省不預。卒于家。台州府志。

古學講友

徵君蔣遺安先生誼

蔣誼字廷制。號壺隱。臨海人。郎中箴之父。自幼與趙孝先張廷璧相友善。以學行重于時。

永樂初。薦之京。力辭而歸。棲遲西山。朝耕夜讀。因復號遺安。同上。

古學同調

隱君吴先生淳

吴淳字世英。仙居人。清介自持。不樂仕進。與吴德和原善輩設義塾。延翰林張廷璧訓其鄉之子弟。同上。